크리스 하먼 선집

시대를 꿰뚫어 본 한 혁명가의 시선

국립중앙도서관 출판예정도서목록(CIP)

크리스 하먼 선집 : 시대를 꿰뚫어 본 한 혁명가의 시선 /
지은이: 크리스 하먼 ; 엮은이: 최일봉. --- 서울 : 책갈피,
2016
    p. ;   cm

원표제: Selected writings
원저자명: Chris Harman
영어 원작을 한국어로 번역
ISBN 978-89-7966-120-0 03300 : ₩18000

사회 주의[社會主義]

340.24-KDC6
335-DDC23   CIP2016017156

크리스 하먼 선집

시대를 꿰뚫어 본 한 혁명가의 시선

크리스 하먼 지음 | 최일붕 엮음

책갈피

차례

머리말　7

엮은이 머리말　16

1부 역사와 이론

역사와 계급투쟁　23

여성해방과 계급투쟁　31

두 사람의 마르크스?　89

세계를 뒤흔든 1968년　93

철학과 혁명: 알튀세르 철학 비판　107

2부 정당과 계급

정당과 계급　160

학생과 운동　190

노동자 정당이 집권하면 노동자 정부인가　195

상식에서 양식으로　212

계급이라는 유령　220

학생과 노동계급　228

3부 소련과 동구권

러시아 혁명은 어떻게 패배했나　233

1956년 헝가리 혁명　263

둡체크의 몰락   273

동구권   277

국가자본주의론: 실천을 뒷받침하는 이론   322

4부 경제학

이윤율과 오늘의 세계   327

광란의 시장에 대한 진정한 대안   354

존 메이너드 케인스의 두 얼굴   361

경제의 정치학   365

경제 위기와 계급투쟁   369

민영화   374

5부 쟁점

새로운 '신좌파'   379

파시즘의 공세에 긴급히 맞서야 한다   387

기후변화와 계급투쟁   390

6부 제국주의와 저항

제3세계 민중에게 용기를 준 호찌민   402

아랍 혁명을 방어하라   407

제국주의 국가   412

후주   416

일러두기

1. 이 책은 Chris Harman, *Selected Writings*(Bookmarks, 2010)를 편역한 것이다.

2. 인명과 지명 등의 외래어는 최대한 외래어 표기법에 맞춰 표기했다.

3. 《 》 부호는 책과 잡지를 나타내고 〈 〉 부호는 신문, 주간지, 영화, 텔레비전 프로그램, 노래를 나타낸다. 논문은 " "로 나타냈다.

4. 본문에서 [ ]는 옮긴이가 독자의 이해를 돕거나 문맥을 매끄럽게 하려고 덧붙인 것이다. 지은이가 인용문에 덧붙인 것은 [― 지은이]로 표기했다.

5. 본문의 각주는 옮긴이가 넣은 것이다. 지은이의 각주는 '― 지은이'라고 표기했다.

6. 원문에서 이탤릭체로 강조한 부분은 고딕체로 나타냈다.

머리말

1883년에 마르크스가 사망하자 장례식에서 엥겔스는 평생의 동지였던 마르크스가 과학자이자 "무엇보다도 혁명가였다"고 강조했다. 이 말은 크리스 하먼에게도 꼭 들어맞는다. 그는 2009년 11월 이집트에서 갑작스럽게 때이른 죽음을 맞이해 사회주의자로서의 빛나는 삶에 종지부를 찍었다.

하먼은 왓퍼드에서 고등학교를 다닐 때 사회주의자가 됐다. 영국 사회주의노동자당SWP의 전신인 국제사회주의자들IS에 가입한 것은 리즈대학교 때였다. 대학 졸업 후에는 런던대학교 정치경제대학LSE 대학원에 진학했다. 거기서 하먼은 학생운동과 베트남 연대 운동을 건설하는 데 핵심적 구실을 했고, 〈레이버 워커〉[《소셜리스트 워커》의 옛 제회]와 《인터내셔널 소셜리즘》에 정기적으로 기고했다. 나중에 하먼은 오랫동안 이 두 간행물과 《소셜리스트 리뷰》의 뛰어난 편집자를 지냈다.

하먼은 뛰어난 업적을 많이 남겼다. 그가 일찍이 미들섹스대학교의 전임 교수직에서 해고된 것이 우리에게는 큰 행운이었다. 학계의 손실이 사회주의의 이득이 된 것이다. 하먼은 상근 활동가가 돼 국제사회주의자들과 사회주의노동자당에서 평생 지도적 구실을 했다. 동지들에게 말할 기회가 주어질 때마다 영국 곳곳과 전 세계 각지를 돌며 연설을 했고, 경이로울 정도로 많은 글을 썼다. 끊임없이 논평, 신문 기사, 논문, 소책자, 책을 썼고, 그 주제도 경제학, 철학, 세계사, 문화사에서 계급투쟁의 현 상태, 세계 노동운동의 역사, 이슬람과 여성해방, 혁명 전략에 이르기까지 매우 다양했다.

하먼은 자신을 국제사회주의자들과 사회주의노동자당을 잇는 전통의 창립자이자 핵심 사상가인 토니 클리프와 마이크 키드런의 제자로 봤다. 냉전기에 모든 좌파가 소련이나 미국 중 한편에 충성을 바쳐야 한다고 믿던 시대에 클리프와 키드런은 전후 자본주의의 변화한 현실을 직시해야 한다고 주장했다. 이 덕에 클리프와 키드런은 국가자본주의론과 빗나간 연속혁명 이론 같은 독창적 주장을 할 수 있었다.

하먼은 두 사람의 이론을 받아들이고 더 발전시켰다. 이 책에 실린 글 중 가장 오래된 것은 1966년에 쓴 헝가리 혁명 10주년 기념사["1956년 헝가리 혁명"]다. 이 글에서 하먼은 헝가리 체제의 착취적이고 반노동계급적 성격을 밝힐 뿐 아니라, 반란의 내적 동학을 기록하고 노동자 평의회의 중대한 구실을 지적한다. 이 글은 그의 첫 저서인 《동유럽의 관료와 혁명》(1974)의* 준비 작업으로 볼 수 있다. 이 책에서

---

* 국역: 《동유럽에서의 계급투쟁 1945~1983》(갈무리, 1994).

하먼은 1954년 동독, 1956년 폴란드와 헝가리, 1968년 체코슬로바키아, 1980~1982년 폴란드에서 일어난 혁명의 역사를 돌아보면서 마르크스주의 역사가로서의 재능을 보이기 시작했다.

하먼이 1917년 러시아 혁명 50주년을 기념해 쓴 "러시아 혁명은 어떻게 패배했나"는 러시아의 노동자와 농민이 이끈 혁명이 국제적으로 고립되고 "퇴보"한 뒤, 결국에는 스탈린의 반혁명으로 완전히 패배하는 과정을 명료하게 설명한다.

1971년에 쓴 "동구권"은 그 뒤 어떻게 소련 체제가 5개년계획을 통해 소련의 산업·농업 노동인구를 세계 제국주의의 경쟁적 축적에 종속시켰는지 보여 준다. 그러나 소련의 국가자본주의 체제는 가혹한 정책으로 한동안 급격한 산업화를 이뤘지만, 1971년이 되자 위기로 빠져드는 경향이 나타나기 시작했다. 성장률 하락과 경직된 중앙 지시의 불합리성 탓에 침체의 악순환이 생겨나고 대중적 저항이 일어났으며 억압도 증대했다. 하먼은 20년 뒤 스탈린주의 국가들을 무너뜨릴 개혁의 모순을 규명하면서 세계 체제의 본성을 이해해야 한다는 점과 진정한 저항 세력을 조직해야 한다는 점을 강조했다.

소련과 동구권에 대한 하먼의 분석이 발전함에 따라 정치경제학에 대한 이해도 함께 발전하고 깊어졌으며 서로 결합됐다. 결국 국가자본주의의 위기는 세계 자본주의의 더 크고 깊은 위기의 일부였다. 1989년에 쓴 "시장 사회주의의 환상"은* 국가자본주의의 쇠퇴에 대한

---

* "The myth of market socialism", *International Socialism* 42(1989). 길이 때문에 이번 책에는 실리지 않았다. 이 책의 후속 편에 실릴 예정이지만, 미리 www.marxists. org의 크리스 하먼 아카이브에 게재된 글을 읽어 봐도 좋을 것이다 — 영문판 편집자.

설명, 당시 유행하던 '시장 사회주의'에 대한 날카로운 비판, 현대 '법인 자본주의'에서 경쟁이 실제 작동하는 방식과 그것의 야만적이고 비효율적 성격에 대한 뛰어난 관찰, 노동자 민주주의의 확대에 기반한 진짜 사회주의의 정당성에 대한 주장이 모두 담긴 글이었다.

이 글은 수많은 뛰어난 글 중 하나일 뿐이다. 하먼이 1980년대 초에 쓴 글 네 편이 《위기를 설명하다》(1984)로* 출판됐다. 이 책은 상당한 반향을 얻었고, 특히 국가와 자본 간의 관계에 대한 분석의 일부로 군비 경제의 작용을 탐구한 점이 주목받았다. 1996년에 쓴 "부르주아 경제학의 위기"는** 모든 대학 경제학과의 필독서가 될 만했다. 하먼의 말처럼 경쟁 학파의 그 누구도 깊어 가는 경제 위기에 대한 해답을 제시하지 못했다. 기껏해야 "울며 겨자 먹기로 버티는 수밖에 없다"는 말만 할 뿐이다. 하먼은 노동계급의 혁명이야말로 유일한 현실적 해답이라고 말한다.

그 뒤로도 하먼은 '세계화', 현대 노동계급의 규모와 특성, 자본주의의 호황과 불황에 대한 추적, 현대 제국주의에 대한 분석 등을 다룬 글을 계속 썼고, 그의 마지막 저서인 《좀비 자본주의》(2009)는 그 백미였다. 이 글들을 다시 읽어 보면 하먼이 그저 옛날 이론을 반복하지 않고 새로운 상황에 맞게 적용하고 발전시킨 것에 놀랄 수밖에 없다. 하먼은 경험적 자료들에 놀랍도록 정통했고 그것을 대단히 명료하게

---

* 국역: 《마르크스주의와 공황론》(풀무질, 1995).

** 국역: 《부르주아 경제학의 위기》(책갈피, 2010). 단행본으로 이미 출판돼서 한국어판에서는 제외했다.

이해하고 표현하는 능력도 있었다. 하먼은 마르크스주의를 사상과 실천의 살아 있는 전통으로 계승하면서도 현실의 새로움을 받아들일 줄도 알았다. 세계가 빠르게 변하고 과거가 결코 그대로 되풀이되지 않기 때문에 옛 진리를 반복하는 것만으로는 절대 충분하지 않았다.

이런 통찰은 "1981년 여름의 소요에 대한 분석"을* 보면 잘 드러난다. 이 글은 사회주의자들이 새로운 현상을 접할 때 염두에 둬야 할 교훈을 제공한다. 무슨 일이 일어났나? 누가, 어떻게 참여했나? 비슷한 다른 사건과 어떤 점이 같고 어떤 점이 다른가? 어떤 해석과 해결책이 제시됐는가? 혁명적 사회주의자는 이것들을 어떻게 설명해야 하는가? 우리의 기대는 무엇이고 어떻게 개입해야 하는가?

이 책에 실린 세 편의 글이 하먼의 국제주의를 분명히 보여 주는데, 세 글 모두 사회주의자에게 중요한 질문을 던진다. 런던 콘웨이홀에서 열린 호찌민 추도식에서 하먼이 추도사["제3세계 민중에게 용기를 준 호찌민"]를 낭독하자 격렬한 비난이 쏟아졌다. 베트남 민중의 반제국주의 투쟁을 지지했기 때문이 아니라, 호찌민이 스탈린주의자였고, 수많은 트로츠키주의자를 살해한 데 책임이 있다고 거리낌 없이 얘기했기 때문이었다. 하먼은 첫째로 모든 투쟁에서 어느 편에 설 것인지 결정해야 한다고(그리고 절대 미국 제국주의를 지지해서는 안 된다고) 언제나 강조했다. 그러나 둘째로 동맹 세력을 주의깊게 평가하고 정치적 독립성을 지켜야 한다고도 말했다. 검은 9월단이 활동한 시기에 요르

---

* "The summer of 1981: a post-riot analysis", *International Socialism* 14(autumn 1981). 영국적 맥락에서만 이해할 수 있는 글이라 한국어판에서는 제외했다.

단의 팔레스타인 난민 수용소에 갔다와서 쓴 하먼의 기사['아랍 혁명을 방어하라']는 모든 '민족주의적' 사고가 지닌 복잡성과 약점을 잘 드러 낸다. 요르단 왕 후세인은 팔레스타인 사람들에게 이스라엘, 영국, 미 국 정부만큼이나 잔혹한 적이었다.

아랍 민족주의의 실패야말로 '이슬람주의' 정치의 등장을 자극한 요 인의 하나인데, 하먼의 수작 "이슬람주의, 계급, 혁명"의* 주제이기도 하다. 이 글은 종교와 종교에 기반한 정치에 대한 탁월한 유물론적 설명을 제공하며 그 내적 모순을 적절히 지적한다. 이 글은 이슬람주 의를 '파시즘'이라고 비난하는 사람들을 날카롭게 비판하며 주요 나 라들의 이슬람주의에 대해 특유의 풍부한 실증적 설명을 제공하고, 이슬람주의 정치에 대한 깊이 있는 이해와 마르크스주의의 대응 자세 를 제시한다.

하먼의 모든 글에는 깊은 역사적 통찰이 담겨 있고, 저술가로서 성 장하면서 그 자신이 뛰어난 역사가가 되기도 했다. 동유럽의 계급투 쟁에 대한 글들뿐 아니라 독일 공산당의 비극적인 역사를 다룬 역작 인 《패배한 혁명: 1918~1923년 독일》(1982)을** 썼고, 《세계를 뒤흔 든 1968》(1988)은 1968년 운동을 다룬 책 중 가장 뛰어나다. 다양 한 주제를 다루는 하먼의 글은 모두 사료들로 가득하지만, 그중 최고 는 《민중의 세계사》(1999)다. 이 선집에서는 《민중의 세계사》의 출간

---

* 《이슬람주의, 계급, 혁명》(책갈피, 2011). 단행본으로 이미 출판돼서 한국어판에서는 제외했다.

** 국역: 《패배한 혁명 1918~1923년 독일》(풀무질, 2007).

을 소개한 《소셜리스트 리뷰》의 짧은 글["역사와 계급투쟁"]과 "여성해방과 계급투쟁"이 역사가로서의 그의 면모를 잘 보여 준다. "여성해방과 계급투쟁"은 계급사회가 등장하던 시기에 여성 차별이 어떻게 발생했는지 상세한 사례를 들어 논증하고 페미니즘과의 최근 논쟁도 날카롭게 다룬다.

하먼은 무엇보다 혁명적 사회주의자였고, 세계의 온갖 병폐의 해결책은 오로지 하나, 곧 노동계급의 국제적 혁명이라고 봤다. 하먼은 러시아, 독일, 스페인, 포르투갈, 헝가리, 폴란드, 아르헨티나, 볼리비아 등에서 바로 이런 혁명이 시도됐다고 기록한다. 노동계급 혁명은 하먼에게 여러 투쟁과 사상, 정당을 평가하는 기준이었고, 그가 쓰고 말한 모든 것의 중심에 마르크스의 경구 "노동계급의 해방은 노동계급 스스로 쟁취해야 한다"가 자리 잡고 있었다.

그러나 하먼은 이 문구에 중요한 말을 덧붙였다. 바로 노동계급 혁명은 혁명적 사회주의자들이 적절한 형태의 정당을 조직하지 못하면 성공할 수 없다는 것이다. 이것은 정당이 혁명을 만들어 내기 때문이 아니다. 세계를 변화시킬, 특히 사회주의 혁명을 이룰 잠재력이 있는 운동의 내부가 분열돼 있기 때문이다. 모든 운동은 온갖 모순된 경향을 품고 있고 세상의 본질은 어떤지, 무엇이 가능하고 바람직한지에 대한 끊임없는 논쟁으로 가득하다. 그러므로 정당이 아니라 운동이 혁명을 만들어 내지만, 운동 안에서 조직된 사회주의자들이 어떻게 싸워야 이길 수 있는지 주장하고 논쟁하지 않고서는 가능성에 그칠 뿐이다. 하먼이 자신의 중요한 글 "정당과 계급"(1968)에서 썼듯 여기서 쟁점은 노동계급 운동의 창조성·자발성과 민주적 중앙집권 방식으로 활동하는 사회주의 정당의 의식적인 개입 가운데 하나를 택하는 문제가 아니라, 이 둘을 어떻게 결합할 것인가이다. 하먼은 어떤 주장을 하든 거듭 이 주장을 반복했다.

세 가지 측면이 여기서 나타난다. 1968년 4월에 국제사회주의자들이 발행한 리플릿 "파시즘의 공세에 긴급히 맞서야 한다"는 간명한 주장을 폈다. 극우파가 성장하고 있고, 혁명적 사회주의자는 이런 위협에 맞서 단결해야 한다는 것이다. 그 리플릿에서는 단결을 위한 네 가지 원칙을 제시한다. 거기에는 다음과 같은 가정이 깔려 있다. 바로 좌파 사이에는 많은 차이점이 있지만, 그 차이를 서로 토론할 수 있고 함께 행동하는 법을 배울 수 있다는 것이다. 그 리플릿 덕분에 국제사회주의자들은 1968년에 회원 수가 갑절 이상 늘었다.

1977년에 팀 포터와 함께 쓴 "노동자 정당이 집권하면 노동자 정부인가"에서 하먼은 사회주의자들이 의회를 활용해 '좌파' 정부를 만드는 데 힘써야 한다는 주장에 이의를 제기한다. 그 글의 요점은 사회주의자들이 노동운동 안에서 독립성을 유지해야 한다는 것, 사회주의자들은 노동자들이 스스로 싸우고 긴급한 정치적 문제를 자체적으로 해결하도록 촉구해야 한다는 것이다. 이 점을 잊으면 운동을 패배로 몰아넣게 된다. 이런 주장은 1850년에 마르크스가 주장한 '연속혁명'론의 현대판이다.

하먼의 됨됨이에 대해 몇 마디만 하자면, 그는 아주 겸손한 사람이었다. 이런 성품은 하먼의 문체에 고스란히 드러난다. 그는 보기 드물게 박식한 사람이었지만, 결코 으스대지 않았다. 하먼은 글을 매우 명료하게 썼고, 어떻게 하면 사람들을 설득할 수 있을지 항상 고민했다. 하먼은 사회주의노동자당에서 아주 인기 있는 연사였다. 그가 말을 재미있게 하기 때문은 아니었다. 한 동지는 나에게 그 이유를 두고 이렇게 말했다. "크리스의 연설에서 난 언제나 무언가를 배웁니다. 그래서 그 사람의 말을 듣는 걸 정말 좋아합니다."

하먼의 글도 마찬가지다. 그의 글을 읽고, 배워 보자.

콜린 바커

엮은이 머리말

크리스 하먼(1942~2009)은 영국의 사회주의노동자당 중앙위원이자 〈소셜리스트 워커〉와 《인터내셔널 소셜리즘》의 편집자로 활동하다 2009년 11월 7일 이집트 카이로에서 이집트 사회주의자, 반전운동가, 반신자유주의자 등이 연 포럼에 연사로 참가하던 중 심장마비로 사망했다(향년 66세). 그는 전 세계가 들썩인 1968년 당시 영국 학생운동의 중심이었던 런던대학교 정치경제대학에서 주도적 학생운동가로 사회주의 운동에 뛰어든 이래 40여 년간 혁명적 마르크스주의 이론가이자 활동가로 활약했다. 국내에 번역된 저서는 대표작 《민중의 세계사》와 《좀비 자본주의》, 《자본주의 국가》 말고도 《21세기 대공황과 마르크스주의》, 《오늘의 세계경제: 위기와 전망》, 《부르주아 경제학의 위기》, 《크리스 하먼의 마르크스 경제학 가이드》, 《쉽게 읽는 마르크스주의》, 《21세기의 혁명》, 《세계를 뒤흔든 1968》, 《이슬람주의, 계급, 혁명》 등 20여 권이 있다. 미번역된 저서는 훨씬 더 많다.

콜린 바커의 서문이 이 책의 내용을 소개했으니 여기서는 크리스 하먼과의 만남에 대해 소개하고자 한다. 나는 1990년 6월 말 처음으로 크리스를 만났다. 해마다 런던에서 사회주의노동자당 주최로 열리는 여름 포럼인 '마르크시즘'에 처음 참석하려고 런던에 머물던 중이었다. 내가 그에게서 받은 첫 인상은 게슈타포 장교처럼 생겼다는 것이었다. 지금은 영화배우 리암 니슨을 보면 그가 생각나지만 말이다. 게다가 크리스는, 당시에 사상이 형편없이 뒤죽박죽이던 나의 주장을 조금치도 한 귀로 듣고 한 귀로 흘려버리지 않고 즉각 반론을 폈다. 나는 겨우 1년여 전 중국 공산당 정부의 톈안먼 항쟁 유혈 진압을 경험하고야 비로소 국가자본주의론을 받아들였는데, 돌이켜보건대 절충주의적으로 뒤범벅된 이전의 사상을 여전히 갖고 있었다.

상처받은 자존심 때문에 언짢고 심기가 불편해졌지만, 나는 '마르크시즘'의 여러 토론회들에 참석하면서 생각이 점점 명료해지고 있음을 느끼고 그에 따라 자신감도 되살아나, 그동안 소심하게 꽁해진 마음을 풀고 크리스에게 관대해졌다. 특히, 당시 전개되고 있던 동유럽 스탈린주의 체제 붕괴에 대한 크리스의 강연에는 1000명쯤 되는 사람들이 참석해 매우 집중해 경청했다. 이 발제를 들으며 나는 크리스가 정말 위대한 마르크스주의 이론가이구나 하고 느꼈다.

크리스와의 두 번째 대면은 그가 동지이자 배우자인 탈라트와 함께 1991년 7월 20일경 한국을 방문했을 때였다. 그는 일주일은 온전히 시간을 내어, 당시 내가 조직한 사회주의 사상 토론 모임에 발제자로 참여했다. 사회주의 사상에 대한 국가 탄압이 혹심한 상황에서 비공개로 진행된 그 교육에는 겨우 스무 명 남짓이 참석했다. 열두세 가지 주제에 대한 공식 발제 외에도 다른 수많은 문제에 대한 질문이 쏟아져 토론은 날마다 예닐곱 시간씩 진행됐고, 끝나면 어김없이 뒤풀이 자리가 이어졌다. 크리스는 단 한 차례도 짜증을 내지 않고 실로 참을성 있게 질문에 답하고 뒤풀이 자리에도 하루도 빠지지 않았다.

크리스는 소련 사회의 진정한 성격에 대한 발제 중에 소련이 반동적 쿠데타냐 아래로부터의 대중 반란이냐 하는 갈림길에 서 있다고 전망했다. 크리스가 돌아가고 열흘 뒤 그의 예견대로 소련에서 격변이 일어났는데, 반동 쿠데타와 그에 반대한 대중 저항이 모두 일어났다.

그의 길잡이 구실 덕분에 우리의 토론 모임은 소련의 격동적 사태에 신속히, 제대로 대처할 수 있었다. 나는 그동안 쓰거나 번역한 기사, 논문 등을 묶어 며칠 만에 책자 형태로 내어, 소련이 마르크스가 말한 사회주의/공산주의 사회이기는커녕 자본주의의 변형태인 관료적 국가자본주의이므로, 보수파 관료들의 쿠데타를 지지하지 말고 대중의 저항을 지지해야 한다고 주장했다. 시장경제와 서방에 우호적인 옐친을 믿어서는 안 된다는 말도 덧붙이는 것을 잊지 않았다.

이런 정치적 주장이 호소력이 있어, 스무 명 남짓이던 그 토론 모임은 석달 만에 무려 180여 명으로 성장했다.

그러나 이듬해 2월 하순경 보안경찰이 우리의 토론 현장을 급습해 수십 명이 연행되고 나를 포함한 조직자들이 수배되는 상황이 발생했다. 보안경찰은 이럭저럭 크리스의 교육 사실을 알아 내어, 공소장에 크리스 하먼을 "한국 국제사회주의자들의 수괴"로 지목했다.

이 때문에 크리스는 십여 년간 한국을 방문하지 못하다가 2005년에야 비로소 다시 방문할 수 있었다. 이때 그는 새로운 인물들로 이뤄진 새로운 단체인 다함께의 여름 포럼 '전쟁과 변혁의 시대'에서 21세기 혁명과 자율주의 등에 대해 강연을 했다. 당시 다함께는 회원의 거의 전부가 2000년대 전반부의 반신자유주의/반전 운동으로 이끌려 들어온 급진적 청년들이어서 대부분 마르크스주의, 사회주의, 혁명, 혁명적 정치조직, 민주집중제 따위의 사상에 매우 이질감을 느끼고 있었다. 그럼에도 크리스의 발제가 정말 설득력 있어서 '21세기 혁명' 제하의 토론회에서는 크리스의 발제가 끝나고 이어진 청중 토론에서 일부 치기 어린 참석자가 거의 간증하듯이 혁명적 신념을 고백하고 일부 자유주의적 참석자가 이에 예민하게 반대하는 주장을 개진하는 자못 긴장된 순간도 있었다.

크리스가 그해 방한을 마치고 자기 나라로 귀국하기 전에 나는 사회주의노동자당이 유럽을 벗어나 제3세계 지역의 사회주의자들과 더 긴밀하게 토론해야 한다고 비판한 적이 있었다. 이듬해 크리스는 내 의견이 사회주의노동자당의 월간지인 《소셜리스트 리뷰》의 편집에 반영됐다고 했다. 또, 그는 당시 다함께가 대학생을 중시하는 것을 보고 사회주의노동자당도 대학생 조직을 강화하기 시작했다고도 덧붙였다. 그리고 2008년부터는 유럽 바깥의 조직들과 더 긴밀히 소통하기 시작했다.

이렇게 그는 마음이 열린 마르크스주의자·사회주의자였다. 경험으로나 능력으로나 자신과 비교 대상이 안 되는 내 의견도 그는 경청할 줄 알았다.

사실, 그 자신은 언제나 이집트 외에도 인도, 파키스탄, 중국, 터키, 볼리비아, 베네수엘라, 브라질, 아르헨티나, 남아공 등등 제3세계 지역의 여러 나라들을 돌아다니며 정치 활동을 했다.

크리스는 2009년 여름에도 방한해 다함께의 '맑시즘2009'에서 현재의 경제 위기, 세계 노동계급, 제국주의 등의 주제들에 대해 강연을 했다. 탈라트도 포스트콜로니얼리즘, 이란 등에 대해 발표했다.

2009년 여름 한국 방문을 마치고 중국을 향해 떠나던 크리스의 모습이 아직도 선하다. 그해 가을 그의 사망은 국제사회주의경향뿐 아니라 전 세계 모든 마르크스주의자들에게 손실이었다. 그는 옛 소련 국가자본주의 체제 붕괴 후 아직까지도 지속되고 있는 좌파의 사상적 혼돈에 굴하지 않고 꿋꿋이 고전 마르크스주의의 이론을 지킨 대가이자 거장이고 달인이었다.

크리스는 경제 분석뿐 아니라 철학과 역사학, 문학, 전략과 전술 등 거의 모든 문제들을 다루며 수많은 논문, 논설, 기사, 책 등을 발표했을 뿐 아니라, 각종 회의 참석, 집회 시위 조직, 파업 지원 활동에도 빠지지 않았다.

거인이 사라진 숲 속 오솔길을 나란히 손 붙잡고 올라가는 어린이들처럼 오늘날의 마르크스주의자들은 거인의 발자국을 따라 계속 전진해야 한다. 《크리스 하먼 선집: 시대를 꿰뚫어 본 한 혁명가의 시선》은 바로 이런 목적을 위한 것이다. 이 선집에 실린 글들은 각 국면이나 논쟁에서 중요한 구실을 한 것들이기 때문에, 글 하나하나마다 그의 역사적 통찰과 명확한 사상 그리고 혁명적 사회주의자로서의 그의 정신과 의지를 엿볼 수 있다.

크리스 하먼의 영문판 선집에 실린 글들 중에서 영국적 맥락 속에서만 이해할 수 있는 글 두 편과 이미 단행본으로 출판된 글(책갈피

문고판으로 출간된 "부르주아 경제학의 위기"와 "이슬람주의, 계급, 혁명")은 뺐다. 그 대신 영문판 선집에는 없지만 독자들이 읽으면 좋을 몇 편의 글을 추가했다. 알튀세르주의 철학을 비판한 "철학과 혁명"을 포함해 몇 개의 경제 관련 글 그리고 1968년 투쟁, 계급, 제국주의 등을 다룬 글들이다.

마지막으로, 크리스 하먼의 한국어판 선집을 엮을 때 일부 논문을 번역해 준 이진화 씨와 이수현 씨에게 감사드린다.

2016년 7월 4일

엮은이 최일붕

1부

역사와 이론

역사와 계급투쟁

여성해방과 계급투쟁

두 사람의 마르크스?

세계를 뒤흔든 1968년

철학과 혁명: 알튀세르 철학 비판

역사와 계급투쟁

숨겨진 역사

우리는 모두 서구가 '우월하다'고 믿으며 자라 왔다. 이런 통념에는 고대 그리스·로마에서 시작해 2000년간의 '유대·기독교 전통'을 포함하는 더 '문명화'되고, 더 혁신적이고, 더 '고상한' 문명이 쭉 이어져 내려왔다는 가정이 깔려 있다. 연속적 전통이 있다는 관념은 오늘날에도 여전히 볼 수 있고, 흔히 유럽에서 산업 자본주의가 등장한 원인으로 지목되기도 한다. 데이비드 랜즈의 영향력 있는 책 《국가의 부와 빈곤》이나 엘런 메익신스 우드의 《농민 시민과 노예》 같은 책이 그 사례이다. 서구가 더 우월하다는 믿음을 받아들이지 않는 사람들조차 문화적 연속성을 믿기도 하는데, 다만 거울 이미지일 뿐이다. 예컨

"Time, tide and class struggle", *Socialist Review* 236(December 1999).

대 에드워드 사이드는 《오리엔탈리즘》에서 아이스킬로스(기원전 5세기)에서 시작해 기독교의 등장과 십자군 전쟁을 지나 현대 제국주의에 이르기까지 유럽적 사고를 특징짓는 것은 유럽 바깥 세계를 깔보는 단일하고 사악한 문화라고 말한다.

사실 역사는 절대 이런 식으로 전개되지 않았다. 1000년 전 북서부 유럽은 가장 뒤처진 지역에 속했다. 그 지역은 철기시대 초기 사회였는데, 성읍城邑은 극히 적었고 도시는 사실상 존재하지 않았다. 가옥은 물론이고 성조차 나무로 짓고 진흙으로 벽을 발랐고, 마을들은 숲, 황야, 습지에 둘러싸여 서로 격리돼 있었다. 마을 사이에는 제대로 된 길도 없어서 여행이라도 할라치면 걷거나 노새와 말을 타고 험한 길을 가야 했다. 영주들은 자신이 착취하는 많은 소작농과 다를 바 없이 대부분 읽거나 쓸 줄 몰랐다. 문학이라 부를 만한 것은 수도원에서 만들어졌는데, 그마저도 대부분 오래된 종교 서적을 필사한 것이었다. 유럽에 '그리스·로마 전통'이 있었다 해도 그것은 한 줌정도의 라틴어 서적들이었고, 극소수의 수도승들만 읽었다.

유럽 동쪽의 아랍이나 중국, 서쪽의 중앙·남부 아메리카의 상황은 유럽과 완전히 대조적이었다. 세계에서 가장 큰 도시들은 전부 중국에 있었고, 바그다드와 카이로 같은 도시가 그 뒤를 이었다. 심지어 로마가 한창 전성기를 구가한 서기 2~3세기에 테오티우아칸(오늘날의 멕시코시티 근교에 있던 도시)은 로마만큼 컸고, 서기 14세기 인도 남부의 비자야나가르는 파리나 런던보다 컸다.

대상隊商들은 중국 북부에서 출발해 사마르칸트와 부하라를 지나 인도 북부, 테헤란, 바그다드, 콘스탄티노플까지 장거리 육로를 따라

오갔다. 주요 해상로는 두 개였는데, 하나는 중국 남부에서 출발해 인도 남부, 페르시아 만, 홍해를 이은 뒤, 그 아래의 아프리카 동부 해안과 잔지바르(아프리카 동해안의 섬)까지 잇는 길이었다. 다른 하나는 이집트, 오늘날의 알제리, 모로코와 그 바로 위의, 700년 넘게 이어진 스페인의 이슬람 문명을 잇는 정기 교역로였다.

여기서도 대다수 주민은 여전히 도시 바깥의 드넓은 지역에 퍼져 살며 땅을 일궈 생계를 유지하고 지배계급에게 소작료와 세금을 바쳤다. 그러나 도시에서는 유럽에서 상상도 할 수 없는 수준으로 읽고 쓰는 능력과 예술이 발달하고 과학·기술이 진보하고 있었다. 현재의 숫자 체계를 처음 만들어 내고, 숫자 0을 발견해 사용하고, 원주율을 계산하고, 지구의 크기를 어림하고(콜럼버스가 5세기 뒤에 계산한 것보다 더 정확했다), 유럽인은 거의 알지 못하던 고대 그리스와 헬레니즘 문명의 철학 전통을 계승해 더 풍부하게 한 것은 전부 인도와 그 뒤의 아랍 문명이 기원후 첫 1000년 동안 해낸 일이었다. 그동안 중국은 이미 수천 대의 수차水車를 돌리고 무쇠와 강철을 대량 생산했다. 또, 원양 항해가 가능하도록 조선술과 항해술(예컨대 나침반)을 발전시키고, 종이, 화약, 태엽 시계를 발명하고 유럽보다 5세기 앞서 책을 대량 인쇄했다.

어떻게 이런 발전이 일어날 수 있었을까? 그리고 왜 그 다음 1000년 동안 유럽이 이를 따라잡고, 추월하고, 마침내 오랜 문명의 심장부를 정복할 수 있었을까? 이에 대한 답을 문명마다 다른 '문화적' 특징에서 찾는 관점이 널리 유행하고 있다. 예컨대 데이비드 랜즈의 설명에 이런 시각이 지배적이고, 지난 1000년을 다루는 BBC 시리즈의 설명도 마찬가지다. 그러나 이런 관점으로는 어떻게 서로 다른 문화가 나타났는지를 설명할 수 없다. 즉, 왜 불교나 다른 종교가 아니라 힌두교가 중세 인도를 지배하게 됐는지, 왜 유교가 중국에서 경쟁 이데올로기를 제압할 수 있었는지, 또는 왜 중세 이슬람교가 7세기 이슬람교와 크게 다른지를 설명할 수 없다.

사실 '문화'가 서로 다른 것은 역사 발전의 결과물이지 원인이 아니다. 그리고 문화들은 서로 무관하게 존재하지 않았다. 우리는 유라시아와 아프리카에서(그리고 아메리카에서는 독자적으로) 인간의 생존 능력을 향상시키고 사회를 바꿔놓은 대단한 혁신들이 어떻게 퍼져 나갔는지 추적해 볼 수 있다. 중동에서 최초로 재배된 밀은 대서양 연안 유럽과 북아프리카, 태평양 연안 중국으로 전해졌고, 쌀은 중국 남부에서 인도 서부로 전파됐다. 철기의 사용은 소아시아에서 시작해 1500년에 걸쳐 유라시아 전역으로 퍼졌고, 비슷한 기간에 제강 기술이 서아프리카에서 중앙아프리카와 동아프리카로 확산됐다. 기원전 1000년에 아시아에서 낙타를 길들인 덕에 사하라 사막을 지나는 무역이 가능해졌고, 그 결과 무함마드 시기 아라비아는 완전히 뒤바뀌었다. 중앙아시아에서 발명된 마구와 중국에서 발명된 화약과 나침반, 종이는 중세 말 유럽의 발전에 필수적이었다.

문명과 착취

각 문화는 모두 단일한 세계 역사(또는 콜럼버스와 코르테스의 시기에 '구세계'와 '신세계'가 충돌하기 전까지는 비슷한 모습의 두 역사)에서 발생한 일시적 국면으로 나타났다. 여러 시기, 여러 장소에서 자연에 대한 인간의 지배력이 확대되자 지배계급의 손에 부가 집중되고 문자 그대로의 '문명'이 성장했다. '문명'의 성장으로 도시가 성장하고, 문자가 쓰이고, 상인과 장인이 별도 직업으로 정착하고, 종교 조직이 등장했다. 인류의 생산 수준이 낮았기 때문에 소수 착취자가 고되게 일하는 다수로부터 부를 쥐어짜지 않고서는 문명이 도약하는 데 필요한 자원을 집중시킬 수 없었다. 그래서 아프리카, 아시아, 유럽, 남·북 아메리카에서 연속적으로 등장한 문명과 문화 모두 이런 착취에 기반했다.

그러나 지배계급은 처음 등장할 때는 부의 생성을 촉진하는 구실을 했지만, 나중에는 예외없이 발전에 장애물이 됐다. 대체로 문명이 일정 수준까지 성장하고 나면 지배계급의 착취 수준이 너무 높아져서 하층민들이 사회에 필요한 물건들을 만드는 데 어려움을 겪는다. 그 결과 성장세는 역전되기 시작한다. 그래서 최초의 위대한 문명들인 메소포타미아, 인더스, 이집트, 크레타, 그리스 미케네 문명은 기원전 1400년 무렵 모두 크고 작은 '암흑기'를 겪었다. 그 후 기원전 1000년 쯤에 그리스, 로마, 인도, 중국 문명이 등장했다. 그러나 이 문명들 또한 서기 500년 무렵 차례로 큰 문제를 겪었다. 유럽은 사실상 산업도 상업도 없고, 읽고 쓰는 능력도 잃은 '암흑기'로 후퇴했다. 인도에서도 상업과 도시가 쇠퇴하고, 장인들은 시장 대신 사실상 촌락 단위의 자급자족을 위해 생산했다. 마을 공동체는 카스트로 계층화됐고, 문자는 브라만의 전유물이나 다름없었으며, 종교적 미신이 판쳤다. 이 시점에 힌두교가 마침내 불교를 밀어내고 지배 종교로 자리매김했고, 카스트 제도도 완전히 형체를 갖추고 뿌리를 내렸다. 중국은 유럽이나 인도 같은 퇴보를 경험하지는 않았지만 서기 3세기에 제국이 분열했다. 이후 200년 동안은 중국에서 상업, 도시, 교육이 되살아나지 못했다.

중동과 지중해 지역에서 문명 발전은 새롭게 나타난 이슬람교와 관련이 있었고, 400여 년간 지속됐다. 전성기 동안 아라비아 반도의 도시에서 기존의 기생적 지배계급으로부터 자유로운 새로운 상인 계급이 등장했다. 예언자 무함마드가 부여한 세계관 덕에 이 계급은 부패한 주변 제국들을 무너뜨리고 상업과 수공업 생산, 도시 발전을 촉진한 새로운 제국을 세울 수 있었다. 이후 수세기 동안 이 곳은 문학, 과학, 예술, 철학이 가장 번성한 지역이 됐고, 고대 인도, 이집트, 그리스, 로마에서 확립된 전통을 발전시켜 후대의 문명으로 전달했다.

기생

서기 1000년 무렵 이슬람 제국은 뿌리부터 썩어 가고 있었다. 티그리스강과 유프라테스강을 연결한 수로들 덕택에 메소포타미아는 수천 년 동안 세계에서 가장 비옥한 지역으로 알려졌다. 이슬람 지배자들은 초기에 이전 지배자들이 방치한 수로를 정비하고 재단장했다. 그러나 3세기가 흐르자 이슬람 지배자들도 과거 지배자들처럼 자만심을 품고 기생적인 존재가 됐고, 자신의 사치스런 생활을 위해 기꺼이 농촌을 황폐화시켰다. 이슬람의 옛 수도인 바그다드 주변의 땅은 메마르고 황량해졌고, 이슬람 세계는 반란과 내전으로 분열했다. 이제 카이로, 스페인의 코르도바, 중앙아시아의 부하라, 서아프리카의 팀북투를 중심으로 발전한 이슬람 문화는 한동안은 유럽보다 앞섰지만, 예전의 활력은 잃었다.

부흥한 중국 문명은 서기 1000년에도 매우 역동적이었다. 송나라 시절에 이룩한 상업과 산업의 발전은 인류가 이전까지 경험한 적 없고 그 뒤로도 16세기 유럽 르네상스까지는 다시 경험하지 못할 수준이었다. 사실 송나라에서의 발전이 없었더라면 르네상스와 그것이 예고한 자본주의의 발생은 불가능했을 것이다. 그러나 서기 1200년에 이르러 지배계급이 피지배층에 기생해 사치를 누리면서 중국 문명도 질식하기 시작했다. 만주족이 중국 북부에 금나라를 세우자 송은 중국 남부로 밀려났고, 13세기에 유목민족인 몽골에 금과 함께 정복됐다.

이때 몽골은 이란과 메소포타미아에 남아 있던 이슬람 제국의 마지막 흔적을 산산조각 내고, 인도 북부와 동유럽을 황폐화시켰다. 그 우두머리인 칭기즈칸은 무자비한 야만행위의 대명사가 됐다. 그러나 몽골 또한 상황의 원인이 아니라 결과물이었다. 위대한 문명의 언저리에서 유목민으로 살아가면서 몽골인들도 중국 문명을 따라 배웠고, 특히 무기 제조술에 능했다. 그리고 이 지식을 이웃의 교만한 지배자들한테 아주 효과적으로 써먹었다. 몽골인의 정복 전쟁이 유라시아의 반대편에 미친 영향도 부정적이지만은 않았다. 그 정복로를 따라 동양 문명에서 발달한 기술 지식이 서양까지 전파될 수 있었기 때문이다.

과거의 '후진성' 때문에 기생충 같은 지배계급으로부터 자유로웠던 것은 몽골인만이 아니다. 이 시기에 아프리카에서도 새로운 문명들이 번창했다. 이 문명들은 나일 강 서부로부터 아프리카 대륙을 가로질러 사하라 사막 이남 지역으로 뻗어 나갔고, 과거 이슬람 문명이 이룬 것들을 되살렸다. 그리고 서유럽에서는 동양에서 전해진 농경 기술이 새로운 착취 체계인 농노제와 결합해 이후 두 세기 동안 식량 생산량이 급격하게 증가했다. 그 결과 곧이어 상인과 도시와 도시계급이 발생했고, 옛 문명의 농업 기술뿐 아니라 산업 기술까지도 따라잡을 수 있었다. 13세기 즈음 대성당이 지어졌는데, 불과 몇백 년 전만 해도 서유럽에는 석조 건물이라곤 전혀 없었다. 또 이 시기에 선구적 지식인들이 이슬람 철학자와 수학자의 저술과 아랍어로 번역된 그리스와 로마 고전을 구하러 스페인의 톨레도까지 긴 여행을 했다.

그러나 그때까지도 유럽은 세계 문명을 이끌기에는 한참 부족했다. 16세기 유럽의 기술 수준은 무굴제국 시기 인도, 소아시아에서 일어나 동유럽 대부분과 중동을 정복한 오스만제국, 아프리카 니제르 강 유역의 이슬람 국가들, 중국의 명나라 정도밖에는 되지 않았다. 유럽이 결국 이런 지역들을 앞지르고 세계적 제국들을 창출할 수 있었던 것은 과거의 후진성 때문에 상인과 장인 계급이 사회를 자기 생각대로 바꾸기가 쉬웠기 때문이다. 유럽은 중국, 아랍, 인도에 비해 세계 역사라는 게임에 늦게 뛰어들었기에 더 유리한 점이 있었다. 그럼에도 유럽이 완전한 성공을 누리기까지는 300년이 넘는 정치적·이데올로기적·경제적 투쟁이 필요했다.

여성해방과 계급투쟁

혁명적 마르크스주의와 여러 페미니즘 사이에는 한 가지 중요한 차이가 있다. 혁명적 마르크스주의자들은 여성 차별이 — 남녀 간 생물학적 차이 때문이든 남성의 심리 때문이든 — 늘 있었다고 생각하지 않는다.[1]

혁명적 마르크스주의자들은 여성 차별이 역사상 특정 시기, 즉 사회가 계급으로 나뉘기 시작한 시기에 발생했다고 주장한다.[2]

모든 계급사회에서 여성은 차별받았지만, 적어도 계급 발생 이전의 일부 사회에서는 여성 차별이 없었다는 증거가 있다.

왜 계급 분화 이후에 여성 차별이 생겼는지는 간단하다. 생산력 발전 덕분에 전체 사회가 겨우 먹고 살 수준 이상으로 잉여를 생산할

"Women's liberation and revolutionary socialism", *International Socialism* 23(spring 1984).

수 있게 되자 계급이 발생하기 시작했다. 이 잉여로 모든 사람이 최저 생활수준에서 벗어날 수는 없었으나, 일부 사람의 생활은 크게 향상됐다. 이것은 생산력을 더욱 발전시키고, 문명과 예술의 발전을 촉진했다.

잉여 증대로 착취 계급과 피착취 계급 사이의 분열이 심화됐다. 또 분업이 발달하고 이 분업에서 특정한 위치를 차지한 사람들이 잉여생산물의 통제자, 즉 최초의 지배계급이 됐다.

이 시점에 비로소 남녀 간 생물학적 차이가 중요해졌다. 여성은 출산 부담이 있어서 특정한 생산적 기능들을 — 바로 잉여생산물에 대한 권리를 주장할 수 있는 일들을 — 맡지 않게 됐다. 예를 들면, 여성이 임신 중에도 일할 수 있는 괭이 경작 사회에서 그럴 수 없는 쟁기 경작이나 목축 사회로 넘어가자 여성은 핵심적인 생산적 기능들에서 쉽사리 배제됐다. 따라서 잉여는 남성이 통제하게 됐다.[3]

지배계급이 완전히 형태를 갖추자, 지배계급의 여성은 흔히 종속적 처지로 — 사실상 남성 지배자의 소유물로 — 격하됐다. 농민과 장인의 가정에서도 비슷한 상황이 벌어졌다. 남성 가장(가부장)이 가정과 외부 세계 사이의 교류를 통제하고, 아내는 하인이나 아이들과 마찬가지로 가장의 종속물에 불과했다.(예외적 사례야말로 오히려 이런 상황이 지배적이었음을 보여 준다. 즉, 남편이 사망하면 그 부인이 가장이 돼 가정의 모든 남녀를 지배했다.[4] 여성이 내다 팔 잉여생산물을 생산하는 경우에도, 그 여성은 정형화된 가부장적 가정의 일부 측면에 곧잘 도전했다.)[5]

자본주의 이전의 계급사회에서는 이처럼 모든 계급의 여성이 남성의 지배를 받았다. 그러나 모든 남성이 여성을 지배하지는 않았다. 왜냐하면, 일부 남성도 억압당했기 때문이다. 고대의 남성 노예나 가부장적 가정의 남성 하인은 여성과 마찬가지로 자유롭지 못했다(가부장적 가정의 남성 일부는 언젠가 예속적 처지에서 벗어나 자기도 가장의 지위를 누려 보겠다는 희망을 품을 수는 있었을 것이다).

어떤 경우든 여성 차별은 생산력 발전으로 특정 생산관계가 필요한 상황에서 나타났다. 다시 말해, 여성 차별은 사회의 물질적 변동에서 비롯했다.

일단 생산관계 탓에 여성 차별이 발생하자 그것은 이데올로기로도 표현됐다. 즉, 여성의 열등함과 남성에 대한 종속은 자연 질서로 여겨졌으며, 신앙, 종교의식宗敎儀式, 법률, 여성 신체 훼손[여성 할례나 전족 등] 같은 정교한 체계들로 더욱 공고해졌다. 그러나, 생산력과 생산관계의 발달이라는 측면을 고려하지 않고는 이런 현상들이 무엇에서 비롯했는지 설명할 수 없다.

자본주의는 가장 혁명적인 계급사회였다. 자본주의는 이전 계급사회의 제도들을 장악한 뒤 필요에 맞게 재편했다. 자본주의는 구舊제도의 위계질서나 편견에 굴복하지 않았다. 오히려 옛 위계질서에 대립하는 새 위계질서를 창출하고 낡은 편견들을 완전히 변형해 축적 몰이에 이용했다.

그래서 자본주의는 발생 당시 존재한 모든 제도 — 제도 종교, 왕정, 세습 신분, 토지 보유권, 신념 체계 — 와 처음에는 공존했지만 곧 이 모든 것에 양자택일을 강요했다. 즉, 자본축적의 이해관계에 맞게 변형되거나 그렇게 안 되면 분쇄됐다.

가족도 마찬가지였다. 전前자본주의 사회 가족제도에서 몇몇 요소들은 받아들였으나 그 요소들을 그대로 사용하기보다 자본주의의 필요에 맞게 완전히 재구성했다.

종교 전파나 왕정 유지, 반反계몽주의 확산 욕망이 자본주의를 추동하지 않는 것처럼 가족(과 여성 차별)을 유지하려는 욕망도 자본주의의 추진력이 아니다. 자본주의의 추진력은 단 하나, 축적을 위한 노동자 착취뿐이다. 종교나 군주제와 마찬가지로 가족도 자본주의의 이 목적에 도움이 될 때만 유용하다.

이 때문에 자본주의 사회의 가족은 고정불변의 실체가 아니다. 《공산당 선언》에서 마르크스와 엥겔스가 주목했듯이, 자본주의가 자신이 창출한 제도를 끊임없이 재편하는 이유는 축적 동기 때문이다.

자본가계급은 생산도구를 끊임없이 변혁하지 않고서는, 그리해서 생산관계를, 나아가 사회관계 전체를 변혁하지 않고서는 존재할 수 없다. 반면 과거의 모든 산업 계급은 낡은 생산양식을 그대로 유지하는 것을 첫째 존립 조건으로 삼았다. 생산의 지속적인 혁신, 모든 사회조건의 끊임없는 교란, 끝없는 불확실성과 동요야말로 과거와 다른 부르주아 시대의 특징이다. 확고부동한 관계는 고대의 유서 깊은 편견, 견해와 함께 모두 사라져 버리고, 새로 형성된 관계들은 미처 확립되기도 전에 이미 낡은 것이 돼 버린다. 견고한 것은 모두 녹아서 흔적도 없이 사라지고, 신성한 것은 모두 모욕당한다.

자본주의 사회의 가족

초창기 산업 자본주의는 전자본주의 사회 농민·장인의 가부장적 가족뿐 아니라, 새로운 노동계급 가족의 유대까지 완전히 파괴하는 경향이 있었다. 가족 파괴가 옛 신념 체계와 갈등을 일으킨다는 점을 자본주의는 전혀 개의치 않았다. 마르크스와 엥겔스가 《공산당 선언》에서 "프롤레타리아는 사실상 가족이 없다"고 언급한 이유다.

그러나 자본가계급은 가족이 파괴되면 축적을 지속하는 기초가 — 바로 노동계급의 재생산이 — 무너진다는 것을 곧 알아차렸다. 노동을 지속할 수 있게 노동자들을 확실히 재생하고 다음 세대의 노동자들을 양육할 방법을 찾아내야만 임금노동의 정신적·육체적 필요조건을 충족할 수 있었다.

당시 자본주의에는 재생산을 사회화할 수 있는 기술이나 자원(어린이집, 유치원, 공공 식당 등)이 없었다. 따라서 자본가계급 가운데 장기적 안목을 가진 대표들은 노동계급에게 알맞은 새로운 가족 형태를 창출해야 했다. 이 새로운 가족은 현세대 노동자들의 물질적 욕구를 충족하는 동시에 다음 세대의 노동자가 될 아이들을 기르는 일을 책임질 수 있어야 했다.

자본가계급은 파괴된 옛 가부장적 가정에서 일부 요소를 흡수해 재결합한 후 새로운 노동계급 가족을 만들어 냈다. 물론, 노동자들과 개별 자본가들이 새로운 가족 형태를 순순히 받아들이도록 자본주의는 옛 가부장적 가정과 연관된 이데올로기(성서 구절과 교회 관습 등)를 많이 이용했다. 그러나 자본가계급에게 의미 있었던 것은 가부장적 이데올로기의 보전이 아니라 노동력 공급을 보장받는다는 물질적 이익이었다.

새로운 노동계급 가족은 기본적으로 남편과 아내와 자녀로 이뤄진 핵가족이었다. 이런 가정에서 남편은 가족이 최소한의 생활수준을 유지하는 데 필요한 임금을 벌려고 하루 종일 일하고, 아내는 아이들을 낳고 기르며 남편의 노동력을 재생한다.

물론 이런 이상적 가족이 현실이 되는 경우는 드물었다. 개별 자본가들은 남성 노동자에게 기꺼이 '가족 임금'을 지급하려 하지 않았다. 따라서 노동계급의 아내들은 육아와 가사의 부담을 안고 있으면서도 일자리를 구할 수만 있다면 어떤 것이든(열악한 노동조건의 저임금 임시직, 가내 부업 등) 구해야 했다. 그러나 장기적인 자본축적을 위해서는 여전히 이상적 가족이 더 적합했다. 남성 고용주와 남성 노동자가 꾸민 가부장적 공모가 아니라 이런 필요야말로 노동계급 가족을 이상화한 이유를 잘 설명한다.

이 새로운 노동계급 가족은 자본주의 체제에 유리한 이데올로기를 제공했다. 즉, 남성 노동자는 잉여를 전혀 통제할 수 없다는 점에서 과거의 가부장과 다른데도 자신을 옛 가부장처럼 상상할 수 있었다. 온 가족의 생계가 걸린 돈을 도맡아 관리하며 임금을 자기 마음대로 쓸 수 있다고도 상상할 수 있었다. 자본주의 체제에서 남성 노동자는 기껏해야 자신과 자기 자녀들을 임금 노예로 만들 수단의 주인일 뿐인데도, 그는 자신을 가정의 주인이라고 믿을 수 있었다.

새로운 가족은 남성 노동자가 착취자의 가치관에 어느 정도 동조하도록 부추겼기 때문에 노동계급 내에서 분열을 자아냈다.

동시에, 여성은 가정에 고립돼 광범한 사회운동들과 단절됐다. 여성 차별의 결과 여성들이 체제에 맞서 투쟁하는 능력은 오랫동안 감소했고, 그래서 보수적 사회관을 갖기 쉬웠다. 교회 같은 기구는 이런 여성의 상황을 이용해 사회 변화에 반대하는 데 여성을 동원했다.

마르크스와 엥겔스가 여성이 사회적 생산 활동에 참여하는 것이 여성해방의 전제조건이라고 한 것은 바로 이 때문이었다. 그것이 비록 가장 극심한 종류의 착취에 바탕을 둔 자본주의 생산일지라도 말이다. 그렇지만 노동계급 남녀가 이 새로운 가족에 대대적으로 저항하리라고 생각하는 것은 오산이다.

비교적 높은 보수를 받는 직장에 다니는 여성들은 일을 그만두지 않으려고 어느 정도 저항했다. 그러나 암울한 대안(위험한 낙태, 반복되는 유산, 12시간을 공장에서 혹사당하고도 곧바로 육아에 매달려야 하는 현실, 어쩔 수 없이 받아들이는 독신)밖에 없는 여성들은 자신은 아이를 양육하고 남편이 자기를 먹여 살리는 이상적 가족에 대체로 끌렸다.[6]

자본주의 체제가 새로운 노동계급 가족이라는 이상을 창조해 낸 이유는 체제를 위해 일할 다음 세대 노동자들을 원했기 때문이다. 그러나 이 이상이 실현되려면 적어도 현재의 노동계급 어머니들의 건강에 어느 정도 관심을 기울여야 했다. 그렇기 때문에 노동계급 여성이 가족이라는 이상 자체에 반대하기보다 그 이상에 따라 살 수 없는 현실을 비난한 것은 별로 놀라운 일이 아니다.

이 새로운 가족 안에서도 여성은 외부 세계와 단절된 채 남편에게만 의존해야 하기 때문에 여전히 억압받는다. 그러나 출산과 육아 부담은 줄어들었다.

노동계급 남성에게도 새로운 가족에는 이점이 있었다. 노동계급 남성은 가족을 부양할 책임을 져야 하고 곧잘 이 사실에 분노하지만, 그 대가로 최소한의 건강을 유지하며 먹고살 수 있게 됐다.

또 다른 면에서도 이 가족 형태는 노동계급 남녀에게 이로웠다. 가정은 외로움과 심리적 소외의 세계에서 벗어날 도피처로 보였다. 자본주의가 발전해 도시로 유입된 노동자들은 옛 친구나 친척과 헤어져야 했다. 이런 상황에서 가족은 우정과 애정을 보장해 줄 방편으로 보였다. 또다시, 현실은 이상에 못 미치는데도 사람들은 계속 이상에 대한 미련을 버리지 못했다.

일부 페미니스트의 주장처럼 새로운 가족이 자본가계급 남성과 노동계급 남성이 공모해 만들어 낸 것은 아니었다. 그러나 노동계급 가족은 체제 유지에 이로운 개선안이었고, 자본주의의 종말을 내다보지 못한 남녀 노동자들도 대체로 이런 개선을 환영했다. 반동 세력이 여성 노동자를 포함한 노동자들의 지지를 얻으려 할 때 늘 '가족 수호'라는 구호를 이용하는 것도 바로 이 때문이었다.

자본주의에서의 여성 억압

핵가족 안에서 노동력을 재생하기 위해 이뤄지는 일들이야말로 오늘날 노동계급 여성을 억압하는 물질적 기초다. 노동계급 여성이 외부 세계와 단절된 채 남성에게 의존할 수밖에 없는 것은 바로 육아와 가사 부담 때문이다.

가사와 육아를 사회가 책임지는 대대적 변화가 일어나야만 노동계급 여성에 대한 억압이 종식될 수 있는 것도 바로 이 때문이다.

물론 여성 억압이 단지 물질적인 것만은 아니다. 이데올로기적 요소들이 가세해 물질적 억압을 뒷받침한다. 그러므로 아이가 없거나 아이가 다 자라서 여성이 가정 밖으로 나오더라도 여성 억압은 사라지지 않는다. 또, 여성이 남성보다 낮은 임금을 받고도 순순히 일하는 것은 물질적 압력과 이데올로기적 압력이 결합돼 있기 때문이다.

이데올로기 문제에 이르면 또 다른 요인을 고려해야 한다. 이데올로기는 노동계급 자신이 만든 것이 아니라 자본가계급의 대표들이 위에서부터 부과한 것이라는 점이다. 마르크스가 말했듯이, "지배적 사상은 곧 지배계급의 사상이다." 노동계급의 남녀가 서로 이해하는 관점이나 관계를 맺는 방식은 자신들의 물질적 조건뿐 아니라 지배계급 가족이 만들어 낸 이데올로기에 의해서도 결정된다.

그 이유와 내용이 아주 다르기는 하지만 자본주의에서 자본가계급 여성도 노동계급 여성과 유사한 억압을 받는다.

고전적 자본가계급 가족에서 여성은 많은 하인을 고용해 육아 부담을 전혀 지지 않았지만, 생산에도 전혀 참여하지 않았다. 남편은 잉여를 관리하며 아내 역시 상품으로 여겼다. 실제로 자본가계급의 결혼은 남성이 지배하는 가족들 사이의 거래였으며, 아내는 남편이 지배하는 가정의 장식물에 불과했다. 가사를 책임져야 하는 노동계급 여성과 달리, 지배계급 여성은 집에 갇힌 채 나태한 생활을 했다.

이 상태에 상응하는 이데올로기가 남성은 '근면'하고 '자신감' 있고

'저돌적'인 반면, 여성은 '수동적'이고 '얌전'하고 '상냥'하고 '감성적'이고 '변덕'스럽다는 것이었다. 이 이데올로기는 집이나 공장에서 힘들게 일하는 노동계급 여성의 현실과 전혀 맞지 않았다. 그러나 그런 남녀 상은 지배계급의 남녀뿐 아니라 노동계급의 남녀까지도 서로 기대하는 상투적인 것이었다. 왜냐하면 노동자들이 기성 사회를 당연한 것으로 여기는 한, 노동자들은 지배자의 세계관을 받아들이도록 엄청난 압력을 끊임없이 받기 때문이다.

노동계급 남성은 자본주의 사회에서 성공하면 무엇을 할까 꿈꿔 볼 것이다. 그 가운데 하나가 여성을 상품으로 소유하는 것이다. 노동계급 여성은 상류계급 여성이 지닌 여성다움을 익힐 수만 있다면 '성공'할 수도 있다고 꿈꿀 것이다(여성 잡지와 연속극은 결혼으로 계급 상승을 꾀하는 여성의 이야기를 다뤄서 이런 환상을 부채질한다).

이 모든 것들이 노동계급 가족의 현실을 이상화하고 신성하게 만들어서 자본주의가 유지되도록 돕는 기능을 한다. 즉, 이상화된 가족 이데올로기는 노동계급 가족을 결속하고 자본주의 체제를 유지하는 장치다. 종교, 포르노, 연속극, 여성 잡지, 법률 등은 모두 가족이 꼭 필요한 것이고 끊임없이 변하는 세상에서 가장 안정된 제도인 것처럼 보이게 한다.

그러나 자본주의에서는 어떤 제도도 변하지 않은 채 남아 있을 수 없다. 아무리 신성한 제도도 생산력 발전에 따른 급격한 변화를 피할 수 없다.

자본주의 사회의 물질적 조건이 변하자, 정형화된 노동계급 가족은 확립된 지 수십 년 만에 약화되기 시작했다.

19세기 중엽에 노동력 재생산이 가능하려면 노동계급 아내들은 아이를 8~10명을 낳아야 했고(1850년 영국에서 5살 이하 유아의 사망률은 60퍼센트에 이르렀다), 따라서 결혼 후 임신이나 육아에 사실상 전 생애를 바쳐야 했다.

그러나 자본주의 생산력이 크게 증대한 결과 새로운 기술이 개발돼서 노력을 훨씬 덜 들이고도 노동력 재생산이 가능하게 됐다. 보건이 향상되면서 유아 사망도 크게 줄었다.

자본주의 초기의 조잡한 피임법에 비하면 아주 효과적인 피임법이 새로 생겨났다. 처음에는 콘돔과 페서리가, 1960년대 초에는 피임약과 루프가 개발됐다. 출산율이 감소했고 노동계급 여성은 출산 부담에서 어느 정도 벗어날 수 있었다. 그렇다고 해서 자본주의 체제의 노동력 수요가 위협받지는 않았다.

이와 동시에 아이와 남편을 돌보는 일에도 새로운 기술이 사용되기 시작했다. 세탁기, 진공청소기, 냉장고, 현대적 난방기구 등 문명의 이기 덕택에 힘든 가사의 양이 대폭 줄어들었다.

가사 연구자들이 지적했듯이, 그럼에도 꼼짝 못하고 계속 집에 매여 있는 여성들, 특히 어린아이가 있는 여성들의 권태와 소외가 극복된 것은 아니다. 그러나 이제 여성은 가정 밖에서 직장을 구할 수 있게 됐는데, 어머니나 할머니 세대에는 꿈도 꾸지 못한 일이었다. 특히 5~6살 된 아이를 두어 명 둔 여성은 지루하고 고된 일에서 완전히 벗어날 수는 없어도 자신의 노동력을 팔아 가사 부담을 줄일 수는 있게 됐다(보모 고용, 간편식, 일회용 기저귀, 세탁소 이용, 매일 동네 가게를 들르는 대신 1주일에 한 번 대형 슈퍼에서 장보기 등등).

자본축적의 관점에서 볼 때, 이제 과거의 정형화된 가족은 낭비가 아주 심했다. 여성이 가정에서 자본주의 체제 유지를 위한 노동력 재생산에 필요한 것보다 더 많은 노동을 하고 있었기 때문이다.

　한 가정당 자녀가 평균 8명 이상이라면, 각 가정에서 자녀를 키우는 것이 자본주의 체제에는 더 경제적이다. 그러나 자녀가 둘 이하가 되면 사정이 달라진다. 보육 시설에서 성인 1명이 아이 6명을 돌본다고 할 때, 유급으로 아이를 돌보는 여성이 1명 있으면 여성 2명이 노동시장에 진출할 수 있게 된다. 특히 여성 자신이 번 돈에서 보육료를 지출한다면 더욱 안성맞춤이다. 자본주의 체제는 육아 사회화에 들 비용을 걱정하지 않고도 여성에게서 잉여가치를 착취해 낼 수 있다.

　쇠퇴기에 접어든 자본주의의 관점에서 본다면, 여성이 두 자녀와 남편만 돌보면서 집에 있는 것은 잠재적 잉여가치의 손실이다. 여성이 가정에서 하루 종일 일한다는 사실은 자본주의 체제에 별 도움이 안 된다. 여성이 임금 노예가 될 때라야 여성의 노동은 좀 더 쓸모 있는 것이 된다.

　그러므로 임금노동에 종사하는 여성의 숫자는 장기적으로 증가해 왔다. 1950년에 영국에서 임금노동을 하는 기혼 여성은 5명 중 1명도 채 안 됐으나, 오늘날에는 절반 이상이 임금노동을 한다. 미국에서는 20~25세 기혼 여성 중 임금노동에 종사하는 여성이 1957년에 31퍼센트였는데, 1968년에는 43퍼센트로 늘었다. 이런 증가는 1920년대 이후 계속된 현상이다. 1930년대의 공황이나 지난 10년 동안의 불황에도 이런 증가세는 뒤바뀌지 않았다.[7]

　두 차례의 세계대전이 끝나자, 전쟁 중 임금노동에 유입된 수많은 여성을 남성으로 대체하려는 조치들이 있었던 것은 사실이다. 그러나 이것이 반세기 이상 지속된 기혼 여성 노동의 비율이 증가해 온 추세를 막을 수는 없었다.

자본축적에 필요한 기본 조건을 유지할 책임을 진 자본주의 국가들은 이런 변화에 대응해야 했다. 즉, 점점 더 가족의 노동력 재생산 기능을 보완할 여러 조치(복지 혜택, 유아교육 등등)를 강구해야 했다.[8]

이런 변화들은 계속됐다. 노동계급 여성이 노동시장에 더 많이 편입될수록, 여성들은 취업을 가능하게 해 주는 시설을 더 많이 요구했다. 여성이 독립적 수입원을 갖게 되자, 남편에게 완전히 의존해야 한다는 옛 통념들을 의심하게 됐다. 여성들은 더 효과적인 피임법과 안전한 낙태를 요구하며 자녀를 더 적게 낳고 남편에게 가사노동의 분담을 요구하기 시작했다. 여성이 먼저 나서서 불행한 결혼을 청산하는 일이 갈수록 늘어났다.

오늘날 자본주의 체제는 마르크스가 100년 전에 예상했던 것, 즉 가족이 약화되는 경향을 보이고 있다. 그러나 반대 요인들 때문에 가족은 결코 완전히 해체될 수 없다. 왜냐하면,

(1) 육아를 사회가 완전히 담당하려면 어느 정도 투자가 필요한데, 자본주의 체제는 호황일 때조차 이를 꺼린다.

(2) 가족 이데올로기는 자본주의 체제를 안정시키는 데 여전히 중요한 구실을 한다. 여성은 아이를 돌보는 일이 자신의 최우선 관심사라고 믿기 때문에 남성보다 적게 받고도 일한다. 교회 같은 기구는 가족을 보호한다는 미명 아래 여성의 고립된 처지를 이용하며, 여전

히 자본주의 체제에 유익한 이데올로기적 안정장치들을 제공할 수 있다. 그래서 정부들은 자본주의 체제의 경제적 필요에 별로 중요하지 않을지라도 낙태 금지법을 계속 유지하고 이혼 규제를 완화하는 데 늑장을 부린다.

(3) 끝으로, 1970년대 중반 이후 새로운 경제 위기가 닥치자 여성을 노동시장으로 끌어들여 노동력 공급을 늘려야 할 압력은 줄어들었고, 자본주의 체제는 '가족 보호'라는 구호를 이용하는 반동적 세력에 더욱 의존하게 됐다. 이 때문에 일자리를 찾는 여성의 수가 증가하지 않은 것은 아니지만, 자본주의 체제는 더는 취업 여성을 돕는 데 필요한 투자를 늘리지 않게 됐다.

생산력 발전은 노동계급 가족 속에 구현된 오래된 사회관계에 압력을 가해 왔다. 그러나 그 사회관계를 파괴할 만큼 강력한 것은 아니었다.

자본주의에서 여성 차별은 끝날 수 있는가?

여성 차별은 개별화된 재생산이 사라지지 않고는 끝날 수 없다. 그런데 개별화된 재생산은 사회관계를 완전히 혁명적으로 바꾸기 전에는 사라지지 않는다. 사회관계의 혁명적 변화는 오직 두 경우에만 가능하다.

(1) 자본주의가 생산력을 끊임없이 확대하는 새로운 단계에 접어들 수 있다면, 자본주의 체제는 틀림없이 개별화된 재생산을 사회화되고 기계화된 가사 노동으로 바꿀 수 있을 것이며, 《멋진 신세계》식 아기 공장도 세울 수 있을 것이다. 그러나 이 같은 대안은 실현될 수 없을 것이다. 자본주의 체제가 그런 새로운 확장기에 들어설 수 없기 때문이다. 쇠퇴기에 접어든 자본주의는 침체하고 있으며, 이 때문에 체제 내 개혁만으로는 여성해방을 성취할 수 없다.

(2) 사회주의 혁명이 일어난다면, 자본주의에서 낭비되는 막대한 자원을 이용해 육아와 가사를 사회화할 물질적 토대를 마련할 수 있다. 그리고 반란을 일으킨 노동계급은 육아와 가사의 사회화를 맨 먼저 해야 할 일로 여길 것이다. 이것이 노동계급 여성뿐 아니라 노동계급 남성에게도 아주 요긴하기 때문이다. 물론, 사회주의 혁명이 일어난 뒤에도 자본주의의 이데올로기적 유산은 계속 남을 것이고, 그 유산에는 여성 차별적 태도도 포함될 것이다. 그러나 일단 자본주의 이데올로기의 물질적 기반이 파괴되고 나면, 그 이데올로기와 싸우는 일은 더욱 쉬워질 것이다.

자본주의에서 여성 차별을 만들어 내는 사회구조를 미국 남부의 짐 크로 법이나* 북아일랜드의 오렌지 운동** 같은 자본주의 발달 과

---

* 미국 남부 주에서 흑인을 지속적으로 차별하기 위해 만든 법으로 1876~1965년에 존속했다. 공공장소에서 흑인과 백인의 분리와 차별을 규정했다.
** 북아일랜드에서 개신교 측이 정치·경제 권력을 독점하고 가톨릭교도를 차별하려고 벌인 운동. 아일랜드를 점령한 오렌지공 윌리엄 3세에게서 따온 이름이다.

정에서 생겨난 다른 억압 구조들과 비교해 볼 수 있다.

이런 억압 구조들은 인종이나 종교를 기준으로 일부 사람들을 차별한다. 1950년대와 1960년대 같은 경제 호황기에는 많은 자본주의 지지자들조차 이런 차별을 낡은 것으로 여겼다. 당시에는 자본축적이 인종이나 종교에 관계없이 자유로이 노동력을 이용하는 것에 달린 것처럼 보였다. 이 시기에는 모든 사람이 평등하게 시장에 참여할 수 있어야 한다는 예전의 자유주의 원칙을 되풀이하는 이데올로기가 널리 퍼지고, 부르주아적 시민권을 강조하는 운동이 성장했다. 이 운동 덕택에 가장 천대받던 피억압 집단들도 정치적 행동에 나섰지만, 자본주의 체제는 이런 움직임에 자신 있게 대처했다. 그러나 1960년대 말 경제 위기 징조가 처음으로 나타나자 자본주의 체제는 더는 피억압 집단에게 실질적 평등을 허용할 수 없었다.

초기 여성해방운동도 자본주의 체제가 약속한 형식적 평등을 추구하는 일반적 운동의 한 갈래였다. 여성해방 요구는 중간계급 남성과 같은 종류의 삶을 살기를 원한 중간계급 여성들이 처음 제기했다. 그런데 이런 요구는 많은 노동계급 여성의 변화한 태도와도 들어맞았다. 이 여성들은 처음으로 자신을 자본주의 임금 노동인구의 평생 구성원이라고 느꼈다. 이 단계에서 여성해방 요구는 여성 노동을 자유로이 이용하기 위해 가족을 재구성하고자 한 자본주의 체제의 요구와 조화될 수 있을 듯했다.

그러나 노동계급 여성이 진정한 평등을 획득하려 할 때 부딪히는 장애물은 미국의 흑인이나 북아일랜드의 가톨릭교도가 겪는 장애보다 더 컸다. 자본주의 체제는 1970년대 중엽 이후의 불황기는 말할 것도 없고, 1960년대에도 재생산의 사회화에 드는 비용을 감당할 수 없었다. 여성이 임금 노예가 되는 정도의 제한된 변화만 가능했고(또 그런 변화만 필요했고), 여성 차별은 핵가족에 의존하는 개별화된 재생산이 지속된 탓에 결코 끝날 수 없었다.

자본주의와 여성운동의 위기

자본주의 위기 상황에서는 여성 차별이 끝날 수 없다는 냉엄한 현실 앞에서 여성운동에는 세 가지 대안이 있다.

(1) 현 체제 내에서 가능한 아주 제한된 개혁을 추구하며 해방이라는 목표를 포기하는 것. 이것은 곧 여성 대중의 상황은 전혀 손대지 않은 채 소수 특권층 여성의 개인적 지위 상승을 요구하는 것과 마찬가지다. 이것이 여성운동에 참가한 부르주아 여성과 매우 많은 중간계급 페미니스트들이 택한 길이었다.

(2) 분리주의적 대항 기구들을 창출해서 기성 사회와 절연하려고 애쓰는 것.

(3) 기성 사회에 도전하는 노동계급과 일체감을 느끼며 여성 차별을 낳는 구조들을 파괴하는 방식으로 나아가는 것.

이 대안 중 어떤 것이 여성운동 내에서 주도권을 쥘 것인지는 구체적 상황에 달렸다. 1960년대 말과 1970년대 초 (프랑스, 이탈리아, 스페인, 영국 등에서) 노동자 투쟁이 상승세였을 때는 거의 모든 여성운동이 적어도 부분적으로는 노동계급에게 이끌리는 추세였다. 여성운동의 요구는 노동계급 여성 대중에게 즉시 호소력 있는 것들(동일노동 동일임금, 24시간 보육, 낙태권 등)이었다. 그러나 노동계급 운동이 약하거나(미국) 1970년대 중반 이후 후퇴하기 시작한 곳(대부분의 다른 곳)에서는 한편으로는 페미니즘이, 다른 한편으로는 분리주의가 여성운동의 주도권을 장악했다.

실천에서 개혁주의와 분리주의는 서로서로 강화했다. 노동계급 혁명으로 여성해방을 이루자고 말하는 것을 '조야한 계급 환원주의'나 '구닥다리 레닌주의'로 취급하는 것이 여성운동 내에서 '상식'으로 된 데는 노동계급에 대한 부르주아 페미니스트들의 편견이 한몫했다. 남성과 협력하는 것을 반대한 분리주의자들은 실천에서 노동자 대중투쟁과 멀어졌다. 이것은 곧 자본주의 체제에서 주변적인 것 이상을 얻을 수 있는 유일한 투쟁에 참가하지 않는 것을 뜻했다.

분리주의와 개혁주의 사이의 분업은 결국 부르주아 정치인이나 개혁주의 정치인, 노조 관료, '여성', '흑인' 사이의 동맹을 요구하는 것으로 나타났다(1970년대 중엽 이후 서유럽 공산당들의 '민주대연합', 미국의 '무지개 연합', 영국의 토니 벤이나 켄 리빙스턴 같은 노동당 좌파의 의회주의 전략 등).

개혁주의로의 이동은 우연히 생긴 추세가 아니다. 자본주의에서 진정한 변화를 일으킬 수 있는 세력은 노동계급뿐이다. 만일 노동계급의 투쟁에 기초를 두지 않으면, 어쩔 수 없이 자본주의와 타협하게 된다. 그러나 분리주의자들은 노동계급 투쟁이 효과적이라는 생각을 거부한다. 여성 노동자들과 연관을 맺으려 할 때조차 분리주의자들은 노동계급의 일부인 여성이 다른 일부(남성)의 도움을 받지 않아도 승리할 수 있다고 전제한다. 이들은 승리를 보장할 수 있는 유일한 세력을 총동원하는 일을 회피한다.

미국과 북아일랜드의 시민권 운동과 마찬가지로, 1960년대 말과 1970년대 초의 여성운동은 자본주의 체제가 만든 억압에 대항해 사람들을 동원하기 시작했다. 여성운동의 이런 시도는 자본주의 체제에 대항하는 투쟁의 시발점 구실을 했다. 그러나 시민권 운동과 마찬가지로 여성운동도 일정한 한계 이상으로 투쟁을 진행할 수 없었다. 그 뒤에는 근본적으로 다른 종류의 운동으로 변할 것이냐, 아니면 여성 대중을 계속 차별받도록 내버려 둔 채 일부 운 좋은 개인들의 삶을 개선하는 데 그치느냐 하는 선택의 기로에 놓였다.[9]

우리가 당시에 존재한 것과 같은 여성운동을 되살리자고 말할 수 없는 이유가 바로 이 때문이다. 그 여성운동은 흘러간 시대의 산물이다.

물론 자본주의 체제가 위기에 빠져 여성의 권리를 공격하고, 이 때문에 여성의 저항이 고양될 수 있다. 실제로 영국에서는 낙태권을 제약하려고 할 때마다 이런 저항이 있었다. 이런 투쟁은 진심으로 지지해야 한다. 그러나 이런 투쟁에 참가한 사람들이, 한편에 개혁주의·분리주의 지지자들과 다른 편에 혁명적 사회주의의 관점에 선 사람들로 곧 양분되리라는 것 역시 예측할 수 있어야 한다.

잘못된 여성 차별 이론들

1960년대와 1970년대의 여성운동은 여성 차별을 다룬 자기 나름의 이론을 내놓았다. 혁명적 마르크스주의의 관점이 무엇인지 명확하게 이해하기 위해서 이 이론들이 무엇이 잘못됐는지를 살펴볼 필요가 있다.

영국 여성운동에서는 아직도 가부장제 이론이 우세하다.

이 이론의 주창자들은 여성 차별이 남성 지배의 결과이며 사회가 경제적 계급으로 나뉜 것과는 별로 관계없다고 주장한다. 가부장제 이론은 어떤 사회에서든 '남성'은 여성 차별에서 이득을 얻고,[10] 사회주의 혁명이 일어나더라도 여성은 계속 차별받을 것이라고 본다. 가부장제 이론은 계급사회의 동역학에 바탕을 두고 여성 차별을 설명하려는 시도를 '환원주의'라고 비난한다. 더 나아가 여성해방 투쟁은 노동계급 혁명과 사회주의와는 전혀 별개의 것이라고 결론 내린다(병행될 수는 있다).

가부장제 이론에 반대하는 페미니스트가 거의 없다는 점에서 이 이론은 '주도권'을 쥐고 있으며 여성운동 바깥의 개혁주의 좌파들도 대개 이 이론을 받아들인다. 여성운동 내 소수 인물들(예컨대, 실라 로보섬)은 '가부장제'라는 용어를 사용하는 것에 반대하지만,[11] 이 개념은 오늘날 대체로 의문의 여지없이 받아들여진다.

가부장제 이론은 큰 호소력이 있는데, 린지 저먼이 썼듯이 "가부장제 이론의 매력은 그것이 모든 사람에게 모든 것을 뜻할 수 있다는 점이다. 가부장제 이론은 유물론적 분석보다는 막연한 심정에 기초를 두고 있어, 여성운동 내 여러 조류의 애호를 받으면서 번창하고 있다."[12]

그러나 가부장제 이론의 이론적 기초는 아주 엉성하다. 여성이 늘 남성에게 억압받아 왔다면 왜 그런지, 남성은 어떤 식으로 여성을 종속시킬 수 있었는지를 물어야 하기 때문이다.

만일 이 질문에 대답할 수 없다면 가부장제 이론가들은 여성 차별을 설명할 수 없고, 따라서 어떻게 하면 여성 차별을 극복할 수 있는지도 이야기할 수 없다. 가부장제 이론은 결국 여성해방 이론이 아니라 어떤 해방도 배제하는 관점으로 끝난다.

한 가지 설명은 여성 차별을 이데올로기적 요인들에서 비롯한 것으로 설명하는 것이다. 지배 이데올로기가 여성을 종속적 존재로 여기는 것은 분명 여성의 종속을 강화한다. 남성은 자라면서 자신을 우월한 성으로 여기고 많은 여성은 자라면서 이 사실을 받아들인다. 그런데 여성 종속 이데올로기 자체는 어디에서 비롯하는가?

가부장제 이론을 주장하는 사람들은 이것을 설명할 수 없고 대개 유물론적 설명 자체를 포기한다. 예를 들면, 역사유물론은 잘못됐고 이데올로기는 '별도의 담론 양식'으로서 존재한다고들 말한다.

여성 차별을 유물론으로 설명하려는 가부장제 이론가들도 있다. 그러나 그 유물론은 계급사회를 도외시한다. 그러면 여성 차별의 기초로 남는 것은 단지 남녀 간의 생물학적 차이다. 그들이 보기에는 바로 이 차이야말로 남성들이 공모해 여성을 종속시킬 수 있는 이유다. 이렇게 보는 이론가 가운데 한 명인 하이디 하트먼은 남성들이 "여성의 노동을 통제하고 여성의 성을 제약한다"고 말한다.

하트먼은 자신의 견해를 뒷받침하려고 엥겔스를 동원하기까지 한다.[13] 하트먼은 엥겔스의 《가족, 사유재산, 국가의 기원》에서 다음의 유명한 구절을 인용한다.

> 역사에서 결정적 요소는 … 직접적 삶의 생산과 재생산이다. … 하나는 생활수단의 생산, 즉 의식주와 이에 필요한 도구의 생산이며, 다른 하나는 인간 그 자체의 생산, 즉 종의 번식이다. 특정 역사 시대의 인간들이 살아가는 사회조직은 이 두 종류의 생산에 의해 결정된다.

하트먼은 이 두 생산'양식'을 똑같이 중요한 것으로 여기면서 한 양식의 변화가 다른 양식의 변화와 필연적 연관이 있는 것은 아니라고 주장한다.

엥겔스의 생각은 분명 이와 달랐다. 엥겔스 자신은 계급사회가 발전하면서 차츰 두 양식이 공존하기 어려워지며, "가족 관계가 소유관계에 완전히 종속되는" 사회가 생겨난다고 말했다.

사실, '두 양식'을 말하는 것 자체가 완전한 혼동이다. 어떤 사회에서든 생산양식은 생산력과 생산관계의 결합이다. 생산력은 생산관계를 변화시키기 위해 끊임없이 압력을 가한다. 인간의 자연 지배력이 커질 때마다 인간들 사이에는 새로운 상호관계가 생겨나며, 그리하여 기존의 생산관계가 변화하기 시작한다. 그 결과 사회가 변화하거나 그러지 못하면 새로운 자연 관리 방식이 폐기돼야 한다. 이처럼 생산양식에는 언제나 긴장과 역동성이 존재하고 바로 그것이 인류 역사의 형태를 규정한다.

이런 긴장이 '재생산양식'에는 내재돼 있지 않다. 인간이 자신을 재생산할 새로운 방법(어떤 시대에는 무성생식을 하고, 어떤 시대에는 알을 낳고, 또 다른 시대에는 아이를 낳는 식)을 끊임없이 찾고 있는 것은 아니다. 즉, 새로운 재생산 방식이 끊임없이 사람들 사이의 기존 관계라는 장벽에 직면하는 게 아니다.

인간의 재생산 방식은 비교적 정체해 있다.[14] 만일 재생산이 인류 역사를 형성한다고 보면 그 역사에는 변화가 있을 수 없다. 만일 '재생산력'이 '재생산관계'를 결정한다면, 여성 차별은 필연적으로 늘 존재했어야 하며, 앞으로도 계속 존재하게 될 것이다.

그런데 사실 '재생산관계'(즉, 가족 구조)야말로 변화한다. 다른 인간관계와 마찬가지로 재생산관계도 물질 생산 영역에서 발생한 일의 결과로 변화한다.

앞서 지적한 바대로, 임신·육아 부담이 있어도 여성들은 자본주의 이전 사회에서는 물질 생산의 가장 중요한 영역을 맡을 수 있었고, 여성이 높은 사회적 지위를 누리며 남성과 평등하거나 심지어 남성보다 우월한 경우도 있었다.

재생산관계, 즉 가족은 '재생산양식'이 아니라 생산의 물질적 조건들이 결정한다.

일단 이것을 이해하면 자본주의가 어떻게 여성 차별을 철폐할 기초를 마련했는지도 알 수 있다. 자본주의에서 생산력이 엄청나게 발전해 한편으로는 '생물학적 현실'이 방해가 되더라도 누구든지 생산에 종사할 수 있게 됐고, 다른 한편으로는 인류 역사상 최초로 인간의 생명 활동을 변화시키는 기술(산아 제한 등)이 발명됐다. 그러나 자본주의 자체는 이런 잠재력이 완전히 실현되는 것을 막는다.

가부장제 이론은 이 사실을 인정하려 들지 않는다. 그 이론은 오늘날의 사회가 두 개의 아주 다른 힘에 의해 형성됐다고 주장한다. 하나는 착취를 통해 자본을 축적하려는 추진력이고, 나머지 하나는 모든 계급의 여성을 억압하려는 모든 계급 남성의 공모다.

가부장제 이론의 논리는 계급투쟁이 분명히 어떤 구실을 하기는 하지만 여성 차별과는 별 관계가 없다는 것이다. 그 이론은 여성해방이 모든 여성이 모든 남성에 맞서 싸우는 데 달려 있다고 보기 때문에, 진정으로 여성 억압을 끝내기 위한 실천에서는 계급투쟁에 등을 돌리게 된다.

이 이론은 여성운동 내 분리주의와 개혁주의가 요구하는 바에 꼭 들어맞는다. 분리주의자들은 자신이 이 이론을 철저히 적용하고 있다고 볼 것이다. 분리주의자들은 진심으로 역사를 남녀 간 권력투쟁으로 보는 사람들이다. 성범죄를 두고 모든 남성을 비난하는 문제이든, 노동조합 같은 '남성적 제도'를 반대하는 문제이든, 여성의 성 해방구를 만드는 문제이든, 마초적 공격성이 핵전쟁을 일으킨다며 '여성적 가치'를 내세우는 문제이든 간에, 분리주의 페미니스트들은 어떤 남성들과는 협력할 필요가 있다고 보는 페미니스트들을 공격할 수 있다.

그러나 개혁주의자들도 가부장제 이론을 이용할 수 있다. 왜냐하면 분리된 두 투쟁 영역이 있다면, 한 곳에서는 타협하면서 다른 곳에서는 싸움을 계속할 수 있기 때문이다. 바로 이렇게 영국에서는 노조 지도자들과 노동당 정부가 임금 억제에 협력한 것을 "페미니즘 소득 정책"으로 포장한 뒤 "가부장적 가치와 싸운다"는 말로 정당화했다. 또 그런 이유로 노조 간부가 된 여성은 간부직을 상부에서 임명하고,

그렇게 임명된 노조 간부들이 평균임금의 몇 배나 되는 보수를 받고, 소환되지 않는 것 등을 용인할 수 있는 것이다. 관료제 안에 '여성에게 적합한 직책'이 있기만 하다면 말이다.

절충적 이론들

일부 사회주의 페미니스트들은 가부장제 이론이 지닌 위험과 비일관성을 감지하고서 이에 맞서려 해 왔다. 그러나 그런 시도는 흔히 가부장제 이론을 반쯤 인정하는 것으로 끝났다.

실라 로보섬은 가부장제 이론을 거부한다. 그러나 로보섬도 '두 가지 생산양식' 이론으로 가족의 지속을 설명한다. 《여성의 의식, 남성의 세계》에서 로보섬은 가족이 자본주의 체제 내에 존재하는 전자본주의적 생산양식이라고 주장한다.[15] 그러나 이런 식의 논리는 가부장제 이론의 논리와 같다. 즉, 별개의 두 투쟁이 있는데, 그 둘이 지금 당장 연관될 필요는 없다는 것이다.

중간계급 여성운동의 주장 중 많은 부분에 반대하려고 노력해 온 혁명적 사회주의자들조차 그 이론적 구성물인 가부장제 이론을 많이 받아들이는 잘못을 저질렀다.

몇 년 전 《인터내셔널 소셜리즘》에 실린 존 스미스와 아이린 브뤼겔 사이의 논쟁이 이런 잘못을 보여 주는 좋은 예다.

스미스는 당시 여성운동을 지배한 라이프스타일 정치에 대해 통찰력 있고 중요한 비판을 가하면서 그 논쟁을 시작했다.[16] 스미스는 라이프스타일 정치에 반대하며 여성 차별이 지속되는 것은 자본주의에서 가족이 경제적으로 중요하기 때문이라고 주장했다. 그러나 이어서 스미스는 실라 로보섬, 슐라미스 파이어스톤, 하이디 하트먼 등이 제창한 '두 가지 생산양식 이론'에 기초해 자신의 논리를 펴며, 똑같이 앞뒤 맥락을 자른 채 엥겔스를 인용한다. 그 결과 너무나 혼란스러운 주장이 되고 말았다.

스미스는 생산 영역의 노동자 착취만큼이나 현재의 가족도 자본주의를 규정짓는 특징이라고 본다. 가족은 — 상부구조의 일부가 아니라 — "토대의 일부"라는 것이다. 자본주의는 "자유 노동"에 의존하는데, 개별화된 가정에서 노동이 재생산되지 않는다면 자유 노동은 있을 수 없다고 말하면서 그런 주장을 정당화했다.

이 주장은 마르크스주의를 극도로 왜곡한 것이다. 마르크스가 '자유 노동'이라고 했을 때는 (1) 노동자가 생산수단을 통제할 수 없고, (2) 노동자가 개별 자본가에 예속돼 있지 않으며, 따라서 그의 노동이 필요하지 않게 되는 순간 해고될 수 있다는 뜻이었다. 자유 노동이 국가가 운영하는 기관에서 재생산되고, 그 뒤 세상에 내보내져 자신을 팔거나 그러지 못하면 굶주리는 사회를 그려 보는 건 어렵지 않다.

앞서 설명한 대로, 그런 사회는 현재 존재하지 않는다. 그 이유는 그런 사회가 자본축적이라는 경제적 필요에 알맞지 않기 때문이다. 즉, 경제적 '토대'가 아직은 그런 제도적 상부구조의 변화를 필요로 하지 않기 때문이다. 캐스 에니스가 10년 전 《인터내셔널 소셜리즘》에서 지적했듯이, "이론상 자본주의는 가족이 없어도 유지될 수 있다 … 그러나 실제로 가족이 없어지기 위해서는 사회가 근본적으로 바

뛰어야 하기 때문에 그런 변화는 상상조차 하기 어렵다."

아이린 브뤼겔은 스미스의 주장에 답하면서 캐스 에니스의 관점을 취해 정교하게 다듬었다.[17] 브뤼겔은 자본주의가 가사의 일부를 사회화해서 노동시장을 통해 여성을 착취하는 데 어떤 경제적 이해관계가 있는지 설명했다. 경제적 측면에 대한 브뤼겔의 분석은 반박할 여지가 없다. 브뤼겔은 가족이 착취와 축적과 마찬가지로 자본주의에 본질적이라는 주장을 단호하게 반대한다.

일단 이것을 받아들이면 논리적으로 가족을 상부구조의 일부로 — 즉, 자본주의 발전의 어느 시점에 축적의 필요 때문에 창조된 것으로 — 보게 된다. 자본주의는 이제 가족을 약화시키기 시작했지만, 위기에 빠지기 쉬운 자본주의 자체의 본질 때문에 가족을 없애려 하지는 않는다.

브뤼겔 자신은 이어서 여성 차별에 대한 앤 포먼 식의 분석으로 곧장 나아간다. 그 분석은 자본주의 생산의 경제학에서 전혀 출발하지 않고, 오히려 노동계급 남성의 심리적 필요에서 출발한다. 포먼은 가족의 존재 이유가 "남성이 여성과의 관계를 통해 소외를 완화하는 위안을 얻기" 때문이라고 한다. 반면, "여성은 위안을 얻을 수 없다."

브뤼겔은 이 관점을 전적으로 수용한다. 그래서 두 사람 모두 자본주의 체제에 대항하는 혁명적 사회주의 투쟁에서 멀어져 일부 중간계급 페미니스트의 라이프스타일 정치로 옮겨 가고 만다. 이런 결론에 대해 스미스는 다음처럼 올바르게 통렬히 비판한다.

앤 포먼 식의 분석을 따르면, '여성성의 성적 속성', 곧 남성성/여성성이라는 이분법이 여성 차별의 이데올로기적 표현이 아니라 그 자체가 여성 차별의 원인이 된다. 여성 차별 이데올로기가 여성과 함께 사는 남성과의 관계에서 생겨난다는 것은 본질상 관념론적인 분석이다.[18]

그러나 가족이 자본주의 경제에 항상 필요한 것이라는 견해의 파산에서 스미스 자신도 논리적 결론을 끌어내지 못하기는 브뤼겔과 마찬가지다. 스미스는 "노동력을 재생산하는 가족제도" 같은 문구를 사용함으로써 '두 가지 생산양식' 이론을 사실상 포기한다. 그러나 스미스는 가족(과 여성 차별)이 착취와 축적과 마찬가지로 자본주의에 중요하다는 관점을 버릴 수 없다. 그래서 가족만이 '자유 노동'을 생산할 수 있다는 생각에 더욱더 집착한다. 심지어 이것이 모든 계급사회에 해당한다고 주장하기까지 한다. "모든 계급사회에서 가족이라는 기본 요소는 변화하지 않은 채 남는다. 왜냐하면 가족은 재생산에서 계급 간 근본적 차이를 만들고 사회 전체의 재생산 부담을 그 내부의 개인이나 집단에게 떠넘겨서 사회를 재생산하는 유일한 방법이기 때문이다."[19]

그래서 전에는 가족은 변하지 않는다는 '가부장제' 이론에 매우 비판적이던 스미스는 이제 그 가부장제 이론에 아주 근접한 견해를 제시하기에 이른다. 실제로 스미스는 다음처럼 가부장제 이론에서 쓰는 표현을 사용하기 시작한다. "가부장제와 여성 차별의 역사는 본질적으로 가족 재생산 체제의 역사다."

이와 동시에 스미스는 여성 차별을 국가와 연관시켜 자신의 원래 출발점에서 한 걸음 더 나아간다. 다시 중간계급 페미니스트들의 용어법을 사용해 다음과 같이 말한다. "가부장적 여성 통제는 가부장적 가정에서 수많은 법률로 여성을 통제하는 가부장적 자본주의 국가로, 또 여성에게 항상 남성보다 적은 임금을 지불하는 자본주의 시장으로 옮아간다."

스미스는 "남성의 국가"라는 말까지 하고 있다!

스미스가 국가의 구실을 강조하는 이유 가운데 일부는 타당하다. 스미스는 여성 차별이 개별 남녀 간의 관계에서 비롯한다는 생각을 여전히 공격하고 있다. 그럼에도 스미스의 이론은 신비주의적이며 방향이 잘못 잡혀 있다. 자본주의 체제의 원동력은 국가가 아니라 자본 축적 압력이다. 국가는 이런 압력 속에서 자본주의 체제가 이용하는 장치 가운데 하나로, 상부구조의 일부다. 가족 역시 그런 장치 가운데 하나이며, 상부구조의 일부다.

모든 여성 차별이 국가에서 비롯했다거나, 국가가 기존 가족을 온전히 유지함으로써 그저 여성을 억압한다는 주장 모두 사실이 아니다. 여성 차별은 궁극적으로 자본 축적 몰이에서 비롯한다. 국가는 이 동인動因이 유지되는 것을 도와주며, 그러기 위해서 가족을 유지시켜야 한다. 그러나 국가는 자본주의 체제의 요구가 바뀌면 가족의 특정 기능을 대체하는 데 개입하기도 한다. 그래서 (충분히 큰 규모는 아니지만) 어린이집과 학교를 세우고 사회복지 제도를 만들며 무료 피임 기구를 제공하고 (법률상 허점이 많지만) 동일노동동일임금 법을 제정한다.

여성을 억압하는 것은 단지 국가만이 아니라 자본주의 체제다. 게다가 여성 억압은 종종 모순된 방식으로 발생한다.

이 대목은 스미스가 혼동하는 부분이기 때문에 더욱 중요하다. 스미스의 혼란된 분석은 사람들이 여성 차별에 관한 혁명적 마르크스주의 분석에서 벗어나 마르크스주의를 거부하는 사람들이 제시한 분석을 받아들이도록 도왔다. 스미스는 자신의 연구에 대해 이렇게 썼다.

> 《인터내셔널 소셜리즘》 100호와 104호에 실린 내 글들은 가부장제의 성격에 대한 논쟁과 여성 차별과 자본주의 사이의 관계에 대한 가사노동학파의 관심을 연결하려 했다. 그것은 남성 지배(가부장제)와 자본주의 생산양식 사이의 관계를 논하려는 시도였다.

앞서 살펴본 대로 가부장제 이론은 여성운동 내 개혁주의자들과 분리주의자들의 이론이다. 스미스는 이 가부장제 이론과 마르크스주의를 '연결'하려 했고, 결국 완전히 혼란에 빠졌다.

스미스의 이론은 실천 측면에서도 혼란스러웠다. 그의 주장은 매번 여성 차별이 노동자 착취와 마찬가지로 저절로 자본주의를 거부하게 만들 것이라는 점을 증명하려는 것이다.

스미스는 자본주의가 똑같이 중요한 두 버팀목(노동자 착취와 여성 차별)에 의존하기 때문에 그런 일이 생긴다고 주장한다. 스미스는 모든 여성 차별이 직접적으로 국가의 책임이라고 비난할 때 이 점을 다시 강조한다.

이 두 경우 모두 여성의 투쟁은 자동으로 자본과 국가와 충돌하게 될 것이다. 따라서 스미스에게 가부장제에 대한 투쟁은 그와 별개인

자본주의에 대한 노동자 투쟁과 자동으로 동맹 관계가 된다. 이것이 "구별되지만 분리되지는 않는" 연대 투쟁의 기초라는 것이다.

스미스는 동맹 내 여성 부문이 혁명가들의 지도를 받기는 하지만 그 구성원은 모두 여성들이라며 이렇게 썼다.

우리는 여성에 대한 착취뿐 아니라 여성 차별에 기반해서 여성을 혁명적 정치로 설득할 수 있다. 많은 여성이 중간계급 배경과 단절해 왔고, 이런 여성을 노동계급이나 학생처럼 혁명적 정당 주위로 조직할 수 있다. 그러나 이렇게 하자면 여성 차별과 여성 착취 문제를 다룰 여성 조직이 필요한데, 그것은 혁명적 정당보다 더 광범해야 한다. … 모든 여성(공공 부문의 여성, 제조업 노동자, 가정에 있는 여성)을 결합시킬 수 있고 자체 기관지를 내는 여성운동을 건설할 필요가 있다. 자본주의가 모든 여성을 억압하기 때문에 그런 조직을 만들 수 있는 물질적 토대는 존재한다.[19]

스미스가 그런 운동의 기반으로 노동계급 여성이 아니라 "모든 여성"을 언급하고 있는 점에 주목하라. 그는 세 단계의 분석마다 매번 모든 여성이 "가부장제"나 "남성 국가"와 맞서 싸울 수밖에 없다고 말한다. 이 때문에 계급적 지위와 상관없이 '모든 여성'을 조직하는 것에 대해 말할 수 있다.(이 여성들은 중간계급 배경뿐 아니라 노동계급 배경도 포기한다!) 그렇지만 이 운동은 아무튼 "사회주의 강령"과 "자유를 위한 노동계급의 투쟁"에 헌신하게 될 것이라고 한다.

스미스는 여성 차별의 원인에 관한 모순된 두 관점(즉, 중간계급 페미니즘과 혁명적 마르크스주의)을 결합하려 할 때 빠지는 혼란을 전형적으로 보여 준다. 이런 절충적 견해로는 여성해방을 진정으로 가능케 하는 유일하게 굳건한 토대 위에 결코 서지 못한다.

혁명적 마르크스주의에 반대하는 주장들

여성 차별에 관한 마르크스주의 이론을 전면 거부하거나 마르크스주의 이론을 다른 이론과 뒤섞으려 하는 사람들의 주장에는 여러 가지가 있다. 이 주장들을 하나씩 살펴보자.

"마르크스주의는 모든 것을 계급 문제로 환원함으로써 여성 차별의 현실을 사실상 부정한다."

이 논문의 처음 부분을 읽어 보면, 이것이 사실이 아님을 알 수 있다. 우리는 여성 차별 문제를 계급 문제로 '환원'하지 않는다. 어떤 사회에서는 소수민족들이 계급을 가리지 않고 차별받는 것처럼, 모든 계급의 여성은 차별받는다. 그러나 우리의 주장은 계급사회에 뿌리박은 근원을 공격하지 않고는 여성 차별을 없앨 수 없다는 것이다. 계급사회에 대한 투쟁과 '가부장제'에 대한 투쟁이 따로 있는 것이 아니다. 모든 형태의 착취와 차별의 원인에 대항하는 하나의 투쟁이 있을 뿐이다.

각 계급의 여성이 겪는 차별은 서로 크게 다르다. 노예 소유주의 아내도 억압받았겠지만, 그 억압은 노예가 겪는 억압과(남성 노예가 받는 억압과도) 큰 차이가 있다. 지배계급의 여성은 자신이 받는 차별에 저항하겠지만, 체제가 심각한 혁명적 도전에 직면해 여성 억압을 유지할 때는 대부분 체제를 편들 것이다. 그래서 위급한 상황이 닥치면 다른 여성을 착취하는 것뿐 아니라 억압하는 것도 돕고 나설 것이다. 지배계급 여성은 항상 여성운동이 노동계급 운동과는 무관하고 대립되는 것이라고 주장한다.

반면 노동계급 여성은 분리의 문제를 전혀 다르게 파악한다. 편견을 지닌 남성 노동자들 때문에 여성 노동자들이 남성들과 별도로 조직을 만들어야 했던 경우가 있다. 그러나 여성 노동자들이 항상 분리를 선호한 것은 아니다. 왜냐하면 분리는 곧 전체 노동계급 투쟁을 약화시키고, 따라서 지배계급이 억압을 유지하기 쉽게 만들었기 때문이다.

역사적으로 볼 때, 노동자들 가운데 조직의 부문주의적 분리를 주장한 것은 더 힘 있고 덜 차별받는 집단이었다. 여성과 피억압 소수민족 노동자들이 별도 조직(여성 노동조합 등)을 만든 것은 부문주의의 벽을 허물고자 힘을 키우려는 하나의 수단이었을 뿐이다.

"마르크스주의자들은 현재 여성에게 강요된 열등한 지위를 지속시키고 남성이 여성을 이끌게 한다. 여성 차별은 여성의 자주적 활동이 아니라 남성이 여성을 위해 무언가를 해 줘서 끝난다는 것이다."

억압받는 사람들은 투쟁을 통해서만 자신이 겪는 억압과 맞서 싸울 자신감을 찾는다. 그러나 이 말은 그런 사람들이 속한 특정 피억압 집단의 투쟁만이 이런 확신을 준다는 뜻이 아니다. 계급사회의 온 갖 측면들에 대한 투쟁도 이와 똑같은 효과를 낸다.

예를 들면, 노동조합 투쟁을 경험한 많은 여성들은 전통적인 가족 내 구실에 도전하기 시작했다.

물론 노동계급 내부는 여러 부문(남성과 여성, 흑인과 백인, 숙련과 미숙련, 억압받는 층과 억압을 덜 받는 층)으로 제각각 분열돼 있으므로 모든 노동자가 단순하고 동질적이며 통일된 투쟁에 나서는 일은 흔치 않다. 그러므로 주로 남성 노동자들이거나 주로 여성 노동자들이 참가하는 투쟁, 주로 백인 노동자들이거나 주로 흑인 노동자들이 참가하는 투쟁, 주로 숙련 노동자들이거나 주로 비숙련 노동자들이 참가하는 투쟁이 있다. 그러나 어느 한 집단의 노동자 투쟁은 늘 다른 집단의 노동자 투쟁에 영향을 미친다. 어떤 피억압 집단도 계급의 나머지 집단과 무관하게 투쟁할 수는 없다.

그렇게 하려고 하면 참담한 결과를 낳는다.

영국의 광원이나 미국의 자동차 노동자같이 비교적 강력한 노동자 집단이 투쟁에서 승리하면, 이 승리는 다른 모든 노동자 집단의 투쟁에 자극이 된다. 가장 강한 노동자 집단이 주로 남성이고 약한 집단은 여성일지라도 말이다. 어떤 때는 여성이 주축인 과거 약했던 노동자 집단이 저항해 사용자의 공격을 저지하고, 그래서 남성 노동자가 주축인 더 강한 노동자 집단의 투쟁을 자극할 수도 있다.

사실, 여성 차별에 맞선 가장 큰 투쟁들은 더 광범하고 일반적인 투쟁 시기(1789~1794년의 프랑스 대혁명기, 제1차세계대전 직전과 직후, 1960년대 말과 1970년대 초)에 발생했다. 이런 여성해방 투쟁들의 성공은 항상 더 광범한 투쟁의 성공에 달려 있었다. 전체 투쟁의 패배(1790년대의 테르미도르 반동, 양차 세계대전 사이의 스탈린주의 와 나치즘, 1970년대 말의 우경화 등)는 곧 여성해방 투쟁의 패배를 뜻했다.[21]

이렇게 될 수밖에 없었던 것은 억압이 계급사회의 산물이기 때문이 다. 또 계급사회에 도전할 수 있는 유일하게 효과적인 방법은 이런저 런 특정 피억압 집단의 고립되고 분리된 투쟁이 아니라 노동계급의 단 결된 투쟁이다.

이것이 '여성은 남성의 뒤를 따라야 한다'는 뜻은 전혀 아니다. 투쟁 에 앞장서는 노동자 집단은 때로는 여성이고, 때로는 남성이고, 때로 는 완전히 뒤섞인 집단일 수도 있다.

어떤 경우든 선도하는 노동자 집단은 지배계급이 그들의 생각을 바꾸려고 온갖 술책을 부려도, 자신의 투쟁이 노동자 전체를 대표하 는 투쟁이라는 것을 꼭 알아야 한다. 그리고 다른 모든 노동자 집단 이 자신들을 지지하고 있다는 것도 꼭 알아야 한다. 이렇게 되기 위 해서는, 더 심하게 억압받는 노동자들에 비해 덜 억압받는 노동자들 이 누리는 이점을 당연한 권리로 생각하는 경향에 대해서 사회주의자 들이 가차없이 투쟁해야 한다. 그리고 더 억압받는 노동자들에게는 그들의 적이 덜 억압받는 노동자들이 아니라, 모든 노동자들을 착취 하는 지배계급임을 설명해야 한다. 투쟁을 벌이는 남성 노동자들에게 는 다음과 같은 점을 설명해야 한다. 즉, 그들에게는 여성 노동자들 의 지지가 필요한데, 여성을 계속 성적 대상으로 보며 여성이 있을 곳 은 가정이라는 식의 성차별적 견해를 고집한다면 여성 노동자들의 지지를 얻을 수 없다는 점이다. 수동적이기를 강요받고 남성에게 의존하기를 강요받는 여성은 자본주의 체제에 대항하는 계급투쟁에서 진정한 투사가 될 수 없다는 점도 지적해야 한다.

지배계급은 차별을 통해 전체 노동계급을 — 가장 많이 억압받는 부문뿐 아니라 가장 적게 억압받는 부문까지 — 분열 지배할 수 있다. 어떤 싸움이든 투쟁에 참가하면 사람들은 차별에 도전하게 되고, 이런 도전을 통해서만 장기적으로 성공을 거둘 수 있다.

이를 달리 표현하면 다음과 같다. 즉, 여성은 다른 여성의 지도에만 따를 수 있다는 주장을 진중하게 받아들이는 것은 계급투쟁의 주요 싸움에서 여성이 아무 구실도 하지 못한다는 말이 된다. 사실, 노동계급 여성의 투쟁에서 가장 중요한 것은 남성 노동자들의 지지를 받는 것이었다. 1937년 플린트 점거 파업에서 활약한 여성 기동타격대가 그 예다.

위대한 여성 사회주의 혁명가는 아무도 자신의 일이 단지 여성을 조직하는 것만이라고 생각하지 않았다. 엘리너 마르크스, 로자 룩셈부르크, 마더 존스, 엘리자베스 걸리 플린 등은 남성 노동자의 투쟁이든 여성 노동자의 투쟁이든 투쟁에 개입하는 데 정열을 다 바쳤다.[22]

클라라 체트킨이나 알렉산드라 콜론타이같이 여성을 조직하는 데 관심을 집중한 여성 혁명가들조차 여성을 조직하는 일이 자신의 유일한 활동이라고 여기지 않았다. 클라라 체트킨은 1919년에서 1923년 사이 독일 공산당 내 모든 논쟁에서 핵심적 구실을 했고, 알렉산드라 콜론타이는 볼셰비키와 멘셰비키 당 활동에 적극 참여했다. 제1차 세계대전에야 완전한 혁명적 사회주의 입장에 도달한 실비아 팽크허스트조차 여성 신문인 〈위민스 드레드노트〉가 아니라 노동자 신문인 〈워커스 드레드노트〉가, 여성 조직인 '이스트런던여성참정권연맹'이 아니라 혼성 조직인 '노동자사회주의연맹'이 필요하다고 결론 내렸다. 물론 그렇다고 일부 혼란된 페미니스트들이 콜론타이와 체트킨과 팽크허스트를 들먹이며 분리주의를 주장하지 않는 것은 아니다!

콜론타이 등이 위와 같은 입장을 취한 것은 어떤 이름을 내세우든 간에(사회주의 페미니즘, 혁명적 페미니즘 등등) 여성해방을 위해서는 혁명적 마르크스주의 말고 별도의 다른 노선은 없다는 것을 깨달았기 때문이다. 여성 혁명가들은 결합해야 하는 두 가지 전통(차별과 싸우는 하나와 노동자 권력을 위해 싸우는 다른 하나)이 있는 게 아니라, "천대받고 착취받는 모든 사람들의 호민관"으로서 혁명적 노동계급 운동을 건설하려는 단 하나의 전통이 있음을 이해했다.

이런 공동의 운동에서는 항상 노동계급 가운데 어떤 부분이 투쟁에 참가하느냐에 따라 혁명적 여성들이 남성들을 이끌 수도 있고 혁명적 남성들이 여성들을 이끌 수도 있었다.

"노동계급 남성은 여성 차별을 유지하는 데 관련있고 거기서 이득을 본다. 따라서 노동계급 남성은 여성 차별을 끝내는 투쟁에 참가하지 못한다."

우리는 여성 차별의 진정한 원인이 개별 남성 때문이 아니라 자본 축적의 필요에서 비롯한다고 주장해 왔다. 그러나 이런 필요는 매개를 통해서만 충족될 수 있는데, 남을 억압하는 사람들이 바로 그 매개 구실을 한다. 많은 남성들이 여성 억압에 연관된 것은 분명한 사실이다. 안나 파추스카와 린 제임스 같은 사람들이 다음과 같이 주장하는 것은 타당한 듯 보인다.

아내를 때리고, 여성을 강간하고, 매춘부를 돈으로 사고, 포르노에서 여성을 비하하는 것은 자본주의가 아니다. 바로 남성이다.[23]

그러나 이것은 부분적으로만 옳은 지적이다. 첫째, 위에서 꼽은 일을 모든 남성들이 하는 것은 아니다("모든 남성은 강간범"이라는 급진 분리주의자의 주장을 받아들이지 않는다면 말이다). 둘째, 파추스카 등이 여성 차별의 요소로 내세우는 것들이 완전히 부적절하다. 여성 차별의 요소들을 더 추가해 보면(예를 들어, 낙태권의 부정, 차별 임금 등), 그런 차별을 자행하는 것은 노동계급 여성과 함께 사는 남성들이 아니라 국가나 사용자라는 것을 곧바로 알 수 있다. 흔히 여자아이들에게 종속적인 '여성적' 역할을 받아들이도록 사회화하는 사람은 주로 아버지가 아니라 어머니다. 몇몇 대규모 낙태권 반대 운동을 이끈 것도 여성이었다. 정말로 가부장적인 사회에서조차 젊은 여성을 억압하는 것은 가부장 자신뿐 아니라 여성 연장자이기도 하다!

노동계급 여성이 차별에 도전하기 시작할 때, 그들은 많은 남성뿐 아니라 많은 여성과도 맞서 싸우게 된다. 이것은 자본주의가 축적을 몰아붙이면서 강제를 통해서든 이데올로기적 설득을 통해서든 여성을 통제하는 대행자들을(단지 아내를 때리는 사람들과 강간범만이 아니다) 많이 찾아내기 때문이다.

그러나 여성 차별로 다른 여성이 득 보는 건 없지만, 남성들은 어느 정도 득을 본다고 말할 수는 있을 것이다.

그런데, 사실 여성 차별에서 노동계급 남성들이 얻는 이익은 정말로 보잘것없다. 여성이 저임금을 받는다고 해서 노동계급 남성들이 이득을 얻는 게 아니다. 여성의 저임금은 오히려 남성들의 임금을 깎는 압력으로 작용할 뿐이다. 또 여성의 신체를 상품으로 다뤄서 남성들이 이익을 얻는다고도 할 수 없다. 이런 방법으로 이득을 얻을 수 있는 사람은 상품을 사고팔 수 있는 부유한 남자들뿐이다!

주된 이득은 사실 가사 문제다. 노동계급 남성이 여성의 무급 노동에서 얼마나 이득을 보냐는 것이다.

그러나 남성만 생계비를 벌고 여성은 전업주부인 정형화된 자본주의 가족에서는 이것을 측정할 수 없다. 린지 저먼이 썼듯이,

결국, [성별] 분업은 사람들이 공장과 가정에서 전혀 다른 일을 한다는 것이다. 그러나 용접 일이 가사보다 낫다거나 못하다고 말하는 것은 완전히 주관적이며 측정할 수 없는 기준으로 사물을 보는 것이다. 이것은 여가에 대해서도 그대로 적용된다. 남성들의 노동시간이 더 엄격하게 규정돼 있듯이 그들의 여가도 더 엄격하게 규정돼 있는데, 술집에 가거나 축구를 하는 것같이 사교적 경향을 띤다. 그러나 노동계급 남성의 여가가 단순히 더 많다고 말할 수 없다. 그것은 [성격이] 다른 것이다.

정의상, 가사는 공장이나 사무실에서 자본주의적 착취가 부과한 속도에 맞춰서 일해야 하는 그런 노동이 아니다. 가사는 일정 시간 집중해서 한

후 어느 정도 회복기를 갖고 다시 집중해서 하는 노동이 아니다. 그러므로 가사에 투입된 노동량을 공장 노동에 투입된 노동량과 비교해 측정할 수 있는 방법은 없다. …

(노동계급) 주부들에게 가장 불리한 상황은 남성에게 착취당하는 것이 아니라 원자화돼 자본주의 체제에 맞서 싸울 자신감을 줄 수 있는 집단행동에 참가하지 못하는 것이다. …

사실, 정말로 '이득' 문제가 발생하는 순간은 '남성 노동자'와 여성 '가정주부'의 낡고 판에 박힌 분업에서 벗어날 때뿐이다. 기혼 여성이 점점 더 노동 시장으로 유입되면서 많은 여성이 전일제 유급 노동을 하게 됐지만 사람들은 여전히 이 여성들이 가정을 돌볼 것이라고 생각한다. 여성 노동자들은 노동과 가사를 병행해야 하기 때문에 자신의 노동력을 회복할 시간이 남편보다 훨씬 적어진다. 그러나 이런 상황에서조차 이들 남편이 큰 이득을 보는지는 의심스럽다.[24]

노동계급 남성이 아내의 노동에서 직접 얻는 것은 대략 측정할 수 있다. 바로 그가 직접 청소하고 요리해야 할 때 투입해야 할 노동량이다. 이것은 하루에 한두 시간을 넘지 않을 수 있다. 하루의 유급 노동 뒤에 곧바로 두 사람을 위해 이 일을 해야만 하는 여성에게는 큰 부담일 수 있지만, 남성 노동자에게 대단히 큰 이득은 아니다.

여성의 부담이 참을 수 없는 것이 되고 남편이 얻는 이익이 엄청나게 큰 것처럼 보이는 때는 오직 다음 세대의 노동자들의 재생산(자녀 양육) 문제가 발생할 때다.

그러나 아이들을 기르는 데 쏟는 시간은 아내가 남편에게 주는 것으로 취급할 수 없다. 그 시간은 오히려 아내가 자본주의 체제에 제공하는 것으로, 노동력을 보충하려는 체제의 필요를 충족하는 것이라고 할 수 있다. 앤 로저스가 말했듯이 "노동계급 여성은 남성 돌봄이 아니라 자녀 돌봄에 매여 있다."[25]

핵심은 노동계급 여성을 진정으로 해방하는 열쇠는 가사의 두 구성 요소를 모두 사회화하는 데 있다는 것이다. 이런 사회화는 노동계급 남성에게 조금도 손해가 아니다. 집단적으로 운영되는 훌륭한 공공 식당이 좋은 음식을 제공한다면 조금도 손해 볼 게 없다. 24시간 보육 체제로 아내가 끊임없이 아이를 걱정하는 부담을 덜게 되면 남편도 고통받지 않는다.

서로 구속하고 흔히 고통스러운 관계로 살아가야 하는 남성과 여성을 모두 해방한다는 점에서, 정말 그런 변화들은 여성뿐만 아니라 남성에게도 이롭다.

분명 이런 관점에서 상황을 바라보면, 노동계급 남성이 여성 차별에 물질적 이해관계가 있다고 말할 수 없다. 그가 기성 체제에서 아내에 비해 얻는 이점이 무엇이든지 간에 그것은 기성 체제가 혁명적으로 바뀔 때 얻을 수 있는 것에 비하면 아무것도 아니다.

노동계급 남성이 얻는다고 말할 수 있는 다른 종류의 이득인 '이데올로기적 이해관계', 즉 남성이 그럭저럭 가족을 통제하고, 그래서 전체 세상에서는 그가 아무리 하찮은 존재라고 하더라도 가정에서는 주인이라고 느끼는 것은 어떤가?

이것은 노동자들이 자본주의 체제에 도전하지 않을 때는 아주 중요한 요소일 것이다. 그럴 때 노동자들의 정신은 당대의 온갖 이데올로기적 쓰레기들로 꽉 차 있다. 그러나 일단 그들이 체제에 맞서 싸우기 시작하면, 대안이 있다는 것을 깨닫기 시작할 수 있다. 이 대안에서는 노동자들이 자신의 삶을 통제할 수 있고, 그래서 가족 내 우위에서 나오는 통제라는 허위적 감정이 필요 없다.

가부장제 이론가들과 그들을 뒤따르는 사회주의 페미니스트들은 투쟁 속에서 사람들의 생각이 바뀔 수 있다는 점에 전혀 주목하지 않으므로 이 점을 깨닫지 못한다. 그들은 투쟁이 후퇴하는 시점의 계급의식을 일반화해, 현재 지배적인 생각이 항상 지배적일 것이라고 결론 내린다. 일부 사람들이 현재 노동계급이 끝났다는 결론을 내리는 것과 마찬가지로, 가부장제 이론가들과 사회주의 페미니스트들은 노동자들이 결코 개별화된 재생산과 여성 차별에 도전할 수 없다는 결론을 내린다.

"노동자 혁명이 일어나도 여성 차별은 그대로 남는다는 것은 경험으로 미뤄 알 수 있다."

이것이 모든 가부장제 이론의 핵심이다. 이런 이론은 소련, 쿠바, 베트남, 중국 등이 모종의 사회주의라는 관점에서 끌어낸 것이다. 이런 사회에서도 여성 차별이 지속되고 있으므로 사회주의와 여성 차별이 공존한다고들 말한다.

실라 로보섬 같은 사회주의 페미니스트는 이런 입장을 반박할 수 없다. 왜냐하면 그들도 사회주의 사회가 이미 존재한다고 믿기 때문이다(실라 로보섬이 국제사회주의 진영을 20년 전에 떠난 이유는 우리가 북베트남이 사회주의 국가가 아니라고 주장했기 때문이다).

그러나 스탈린주의의 권력 장악 뒤 소련에 국가자본주의가 확립됐다고 보는 우리는 이런 결론을 내릴 필요가 전혀 없다.

사실 1917년 러시아 혁명의 경험은 가부장제 이론가들과 사회주의 페미니스트들의 주장과는 정반대의 일을 증명한다. 혁명은 가장 어려운 상황에서 일어났다. 혁명은 노동계급이 전체 인구 중에서 소수에 불과한 나라에서 일어났다. 다수는 여전히 농민이었고, 그 농민은 정말 가부장적인 기초 위에 조직돼서 거의 중세적 삶을 살아가며 뿌리 깊은 미신과 편견에 사로잡혀 있었다. 어떤 산업과 공장에는 여성이 상당수 종사하고 있었고 여성들이 2월 혁명에서 중요한 구실을 했지만, 의식적 혁명가들의 다수는 남성이었다. 볼셰비키의 10퍼센트 정도만이 여성이었다.

그러나 러시아 혁명은 어디서도 시도해 본 적 없는 여성해방 계획(낙태와 이혼의 완전한 자유, 동일노동 동일임금, 공공 육아와 공공 식당의 대규모 공급)을 성취했다.

노동계급이 자신을 해방하려고 투쟁하면서 여성 노동자는 남성에게 종속된 전통에 도전하기 시작했다. 가장 전투적인 남성 노동자들은 이런 도전을 지지하고 격려할 필요성을 이해했다.

러시아 혁명은 그야말로 혁명, 즉 사회의 밑바닥에 있던 노동 대중이 자신의 운명을 지배하고자 일어나 싸운 대격변이었기 때문이다. 노동자들이 모든 위계질서를 흔들어 놓지 않는다면, 또 노동계급을 분열시키고 억누르는 모든 억압 요소들에 도전하지 않는다면 그렇게 할 수 없다. 물론 가족 내에서 전통적인 지배적 구실을 유지하려 한 많은 남성 노동자들이 거듭거듭 저항했다. 그러나 가장 인상적인 것은 볼셰비키로 조직된 선진 노동자들이 편견에 차 있고 분열을 초래하는 그런 행동과 단절할 필요를 이해하고 노동계급의 다수를 자신들의 견해로 끌어들일 수 있었던 방식이다.

그래서 노동계급이 국가권력을 장악한 뒤 볼셰비키는 노동계급 여성이 혁명 과정에 더 많이 참여할 수 있도록 여성부(제노텔)를 설립했다. 이네사 아르망이 이 일을 맡았고, 아르망이 죽은 뒤에는 알렉산드라 콜론타이가 그 일을 이어받았다. 하지만 남성 혁명가들도 회의 참석을 비롯해 이 과업에 참여하는 것이 당연시됐다.

러시아 혁명의 경험은 스탈린주의가 부상한 뒤 발생한 일(정형화된 가족을 다시 강조하는 것, 낙태 금지, 이혼 규제 등등)과는 전혀 다르다. 소련 군대에 의해서건, 게릴라 부대가 성취한 혁명에 의해서건, 국가자본주의가 수립된 모든 곳에서 일어난 일과 러시아 혁명의 경험은 전혀 다르다. 러시아는 노동계급 혁명으로 무슨 일이 일어났는지를 보여 줬다. 그 외의 경우들은 노동계급의 혁명이 없으면 무슨 일이 일어나는지를 보여 준다.

정당, 노동계급, 여성해방

혁명적 사회주의자들은 노동계급 투쟁사의 절정에서 우리가 배울 수 있는 점, 즉 노동계급 가운데 덜 억압받는 집단은 더 심하게 억압받는 집단과 함께 모든 형태의 착취와 차별에 반대하는 투쟁에 동참

할 수 있다는 교훈에서 출발한다. 사회주의자들이 참을성 있게 노력해 설득한다면 백인 노동자는 흑인 노동자의 투쟁을 지지할 수 있고, 남성 노동자는 여성 노동자의 투쟁을 지지할 수 있으며, 숙련 노동자는 미숙련 노동자를 지지할 수 있다.

우리의 핵심 주장, 즉 노동계급은 자신을 해방할 수 있고 그 과정에서 사회 전체를 해방할 수 있다는 주장은 투쟁의 상승기에 일어날 수 있는 일이지, 온갖 이데올로기적 허위가 판치는 침체기에 일어날 수 있는 일은 아니다.

그러나 우리가 여기에서 머물고자 하는 것은 아니다. 우리는 가장 암울한 침체기에조차 상승기의 원칙, 즉 흑인과 백인 노동자, 남성과 여성 노동자의 연대와 단결을 위해 노동계급 내에서 투쟁해야 한다는 점을 알고있다. 이런 방식으로만 노동계급 전체가 직면할 과제를 위해 노동계급 내 소수를 준비시킬 수 있다. 그래야만 상승기가 올 때 투쟁을 승리로 이끌 수 있는 지도부가 노동계급 안에 존재할 수 있다.

요컨대, 우리는 침체기에도 혁명적 정당의 기초를 마련하고자 한다.

우리에게 다른 손 쉬운 대안(인종 차별과 여성 차별에 맞서 싸우는 것을 피억압자 조직의 몫으로 내버려 두는 것)이 있다고 착각해서는 이런 일을 할 수 없다. 정당 자체가 인종·성·종교·민족에 따른 차별에 맞서 투쟁해야 한다. 이것은 투쟁에서 노동계급 전체를 결속시키는 정당의 과업 가운데 하나다.

당원들은 백인 노동자나 남성 노동자 사이에서 흑인 노동자나 여성 노동자의 이익을 지지하고 옹호해야 한다. 이 때문에 침체기에는 자신들이 소수 집단이 되리라는 점을 알아야 한다. 그러나 진정한 투쟁이 시작되면, 상황이 바뀌리라는 것 또한 알아야 한다. 당원들은 노동자 투쟁에 열성 참가자로 행동하는 것을 배워야 한다. 또 노동계급 가운데 가장 차별받는 집단의 이익을 공공연히 지지하는 소수로서 행동하는 것도 배워야 한다.

그러나 노동계급의 단결을 옹호하는 것은 백인 노동자나 남성 노동자 속에서만 중시돼야 하는 주장은 아니다. 노동계급 가운데 가장 억압받는 집단 속에서도 노동계급의 단결을 강조해야 한다. 무엇보다, 억압받는 각 노동자 집단 내에서 덜 억압받는 백인이나 남성 노동자와의 단결이란 있을 수 없다고 노동자들을 설득하는 자본가계급과 중간계급의 영향력에 맞서 싸워야 한다.

그러므로 혁명적 조직의 모든 회원은 계급투쟁이 절정에 다다른 시기에 어떻게 백인 노동자와 남성 노동자가 흑인이나 여성 노동자의 이익을 옹호해 싸웠는지를 알아야 한다. 그 모든 경험을 포괄할 수 있는 정당을 건설하기 위해서다.

그러나 정당 건설은 덜 억압받는 노동자 집단보다 더 억압받는 집단에게 훨씬 더 필요한 것이다. 왜냐하면 그런 정당이 있어야만 자본주의를 분쇄할 수 있고, 자본주의를 분쇄해야만 차별을 끝낼 수 있기 때문이다.

이런 정당 건설에 반대하는 사람들은 그런 정당에서는 '남성이 여성을 지도하고 백인이 흑인을 지도하며, 또 억압에 대한 투쟁보다 착취에 대한 투쟁을 더 중시한다'고 주장한다. 이런 사람들은 차별을 뿌리째 뽑을 수 있다는 전망을 사실상 포기하는 것이다. 기껏해야 그들은 [자신의 주장에 따르면] 결코 끝낼 수 없는 차별에 항의하는 저항운동에 관해서만 말한다.

개혁주의, 스탈린주의 그리고 혁명적 정당

정당 문제가 제기될 때마다 우리는 한 가지 문제에 부딪힌다. 비혁명적 정당밖에 경험해 보지 못한 사람들은 모든 정당은 잘못된 것이라고 쉽게 결론짓는다. 이것은 서구에서 금세기 첫 20년 동안에 일어난 일이기도 하다. 아나키즘은 사회민주당의 관료적 점진주의 때문에 지지를 얻었고, 1940년대와 1950년대에는 과거 소련 스탈린주의의 조종을 받던 사람들이 흔히 모든 종류의 사회주의 정치를 거부하는 반응을 보였다. 1970년대에 마오쩌둥주의적 스탈린주의의 경험 때문에 모든 종류의 '자율주의'와 분리주의 경향이 번성했다.

그러나 이런 경험 때문에 우리가 혁명적 정당 건설을 위한 투쟁을 포기할 수는 없고 또 포기해서도 안 된다. 그런 일들은 사회민주주의와 스탈린주의의 영향력과 싸울 수 있는 진정한 혁명적 마르크스주의 조직이 없을 때 일어나는 것이다.

혁명적 사회주의자들이 정당에 대한 주장을 제시할 때마다 이를 반대하는 사람들은 늘 '당신은 자주적 활동이야말로 사회주의의 전제조건임을 잊고 있소' 하고 주장한다. 80년 전[1904년], 러시아에서 중앙집중적 정당을 건설하는 데 반대한 노동조합 운동가들('경제주의자들')의 논리도 바로 이런 것이었다. 오늘날 통합된 혁명적 조직의 건설을 반대하는 흑인 운동가들이나 페미니스트들도 종종 이 논법을 사용한다. 레닌은 '경제주의자들'에게 다음과 같이 대답했다.

노동자들의 자주적 활동을 발전시킨다는 따위의 상투적인 말 좀 자제하라. 노동자들은 자주적 혁명 활동을 끝없이 보여 주고 있지만 당신네가 눈치채지 못할 뿐이다. 오히려 당신네가 대중 꽁무니 쫓기로 후진적 노동자들을 사기 저하시키고 있다는 것을 알아야 한다.

오늘날 우리야말로 이 점에 주의해야 한다. 자주적 활동이 있냐 없냐가 문제가 아니다. 그보다는 오히려 우리가 그것을 자기의식적인 자주적 활동으로 발전시키려고 애쓰느냐 아니냐의 문제, 그리고 사람들에게 승리하려면 자신들의 투쟁을 일반화해야 한다는 것을 알려 주려고 노력하느냐 아니냐가 문제다. 이것은 투쟁하는 여성 노동자와 흑인 노동자에게 자신에 대한 차별과 싸워야 한다는 사실뿐 아니라(그들은 일단 투쟁하게 되면 그것을 안다), 차별과 어떻게 싸워야 하고 어떻게 승리할 수 있는지까지 말해야 한다는 뜻이다. 그러기 위해서는 남성 노동자나 백인 노동자와 단결해야 한다고 주장하지 않을 수 없다.

모든 종류의 투쟁은 혁명적 조직과 '관계없이' 일어난다. 그러나 '이 투쟁은 우리와 상관없다. 따라서 우리는 승리하려면 무엇을 해야 하는지 투쟁 참가자들과 왈가왈부하지 말아야 한다'는 식으로 혁명가들이 말하는 것은 투쟁에 전혀 도움이 되지 않는다. 그런 '왈가왈부'

야말로 늘 우리의 의무다. 만일 우리의 사상이 그런 투쟁에 영향을 미치지 못한다면, 어떤 사회에서건 지배적 사상(지배계급의 사상)이 그 투쟁에 영향을 미칠 것이다.

독자적 투쟁은 항상 생겨나고 있다. 그러나 '독자적' 사상이라는 것은 없다. 기존 사회를 지지하는 사상과 혁명적 전복을 지지하는 사상이 있을 뿐이다. 이 양극단 사이에 있는 사상들은 '독립적인' 것이 아니라 단순한 혼란일 뿐이다.

침체기와 운동주의의 위험

우리는 앞서 1970년대 중반 이래 계급투쟁의 쇠퇴 때문에 많은 여성운동가들이 노동계급을 중심으로 활동하던 데서 멀어져 개혁주의나 분리주의를 지향하고 있음을 주목한 바 있다. 계급투쟁의 쇠퇴는 많은 나라에서 혁명적 조직의 활동가들의 태도에도 영향을 미쳤다.

이런 사람들은 자본가의 공세 앞에서 노동자 대중이 후퇴하는 데 반해 단일 쟁점 운동이 갑자기 부상하는 것을 거듭 봤다. 예를 들면, 1977년 이탈리아에서 일어난 실업자maiginali 소요, 1970년대 후반 프랑스와 독일에서 성장한 반핵 운동, 1977년과 1978년 영국에서 일어난 인종 차별 반대 투쟁, 1980년대 초반의 평화운동 등이 이런 경우에 해당한다. 이런 사례를 보면서 노동계급에 관해서는 잊어버린 채 이런 운동들에 관심을 집중해도 된다고 결론 내리기 쉽다.

이 운동들은 새로운 층의 사람들을 정치적 행동으로 끌어들였다.

하지만 노동계급 전체가 싸우는 것이 아니었기 때문에, 그런 사람들을 혁명적 마르크스주의 관점으로 끌어들이기는 매우 어려웠다. 혁명적 좌파가 이 운동들에서 새로운 사람들을 자기 쪽으로 끌어들이지 못하자 오히려 반대 현상이 흔히 일어났다. 즉, 이 운동들은 혁명적 좌파의 구성원들이 비노동계급적 방법 쪽으로 나아가게 했다. 혁명가들이 노동계급의 행동 없이도 운동의 목표를 성취할 수 있다는 사상에 타협하기 시작했다.

그런 운동들이 불가피하게 취하는 유형 때문에 상황이 더 악화됐다. 그 운동들은 매우 빨리 성장할 수 있는데, 그 이유는 바로 그 참가자들이 생산에 뿌리박고 있지 않기 때문이다. 그러나 뿌리가 없다는 것은 바로 그런 사람들한테 진정한 힘이 없다는 것을 뜻한다. 그러므로 그 운동은 절정에 도달하는 순간 쇠퇴에 접어들기 시작한다. 그 운동들은 로케트처럼 솟아 올랐다가 나무토막처럼 떨어진다.

그런 운동을 신뢰한 혁명적 사회주의자들은 처음에는 고무받지만 그 뒤 운동이 쇠퇴하면 온갖 사기 저하를 겪을 뿐이다.

그러면 그런 운동의 활동가들에게 오른쪽으로 옮겨 가라는 온갖 압력이 들어온다. 이런 활동가들은 기존 사회와 싸워 자신들의 목표를 달성할 수 없다고 생각하기 때문에 기존 사회에 양보해 버린다. 그런 운동의 논리에 양보한 혁명가들은 오른쪽에서 당기는 힘에 끌려가게 된다.

혁명적 정치를 열광적으로 성장하는 역동적인 운동 속에 녹여 버리는 것도 나쁜 일인데, 지치고 사기 저하해 갈수록 내향하는 운동 속에 혁명적 정치를 녹여 버리는 것은 더욱 나쁘다.

이것은 '운동주의'와 우리가 '수렁'이라고 부르는 것(옛 좌파들이 개혁주의, 노동조합 관료주의, 페미니스트 분리주의의 신비주의에 적응하면서 우경화해 온 환경) 사이의 연관을 설명해 준다.

운동이 하나의 쟁점만 파고든다면 그 쟁점이 아무리 생동감 있다 해도 한계가 있음을 처음부터 아주 명확히 인식하지 않으면, 과거 활동가들을 우경화하게 만든 압력에 맞설 수 없다.

혁명적 사회주의자들은 단일 쟁점 운동들이 노동자 대중과 연대해 투쟁하지 않고는 자신의 요구를 쟁취할 수 없다고 주장해야 한다. 이것은 곧 이론과 실천을 통해 그런 연계를 맺게 하는 혁명적 사회주의 조직의 필요성을 크고 분명하게 옹호해야 함을 뜻한다.

평화를 위해서건, 여성 차별이나 인종 차별에 대항해서건, 어떤 투쟁을 더 광범한 계급투쟁에서 분리하는 이론은 그런 연관을 방해한다. 이것이 E P 톰슨 같은 사람들의 사상이 핵전쟁 반대 투쟁의 전진을 가로막고, 가부장제 이론과 사회주의 페미니스트들의 주장이 여성해방 투쟁의 전진을 가로막는 이유다. 또 흑인 민족주의자와 분리주의자의 사상이 흑인 해방의 전진을 가로막는 이유다.

이런 사상들을 퍼뜨리는 사람들이 어쩌면 당분간 자본주의 체제의 일부 측면에 반대해 싸우는 데 중요한 구실을 할 수 있다. 그러나 그런 사상들이 도전받지 않으면 조만간 투쟁을 막다른 골목에 이르게 만들 것이다.

혁명적 사회주의자들은 정치적으로 매우 강경한 태도를 취해 활동가들이 눈먼 채 수렁에 빠지는 것을 막아야 한다. 물론, 우리는 군사기지에 대항하는 평화운동의 편이다. 그렇다고 해서 우리가 E P 톰슨의 사상을 냉엄하게 비판하지 않겠다는 뜻은 아니다. 마찬가지로 우리는 여성 차별에 도전하는 모든 여성의 편에 서 있다. 그러나 우리는 중간계급 페미니스트들의 그릇된 사상에 대해서도 가차없이 투쟁해야 한다.

혁명적 마르크스주의자와 그런 사람들 사이의 차이를 감추는 발언을 하는 것이야말로 가장 위험한 행동이다.

우리가 보기에 연결할 수 없는 것들(단일한 혁명적 정당이라는 사상과 여성운동에 많이 퍼진 분리주의 개념들)을 연결하려는 조직 원리를 제시한 혁명가들과 우리가 크게 다른 것은 바로 이 점에서다.

이런 사람들은 "전체 노동계급 운동의 일부가 돼야" 하는 "독자적 여성운동", 즉 혁명적 정당과 "구분되지만 분리되지는 않는", 그래서 "독자적으로 조직하지만 더 광범한 사회주의 운동의 일부"인 여성운동을 얘기한다.[25]

이런 정식은 매우 모호하다. '독자성'은 자본주의 사회로부터 독자적이라는 뜻인가, 개혁주의나 혁명적 마르크스주의로부터 독자적이란 뜻인가? 만일 그것이 마르크스주의 사상으로부터 독자적이라는 것을 뜻하지 않는다면, 혁명적 정당은 그 '독자적 운동'에 개입해도 되는가? 그렇지 않다면 그 운동은 부르주아 사상과 개혁주의 사상이 여성들의 투쟁에 미치는 영향을 어떻게 물리칠 수 있는가?

이 공식은 혁명적 사회주의자들이 노동계급 여성을 노동계급 남성과 별도로 조직해야 한다는 뜻인가? 만일 그렇다면 정말로 매우 위험한 생각이다. 왜냐하면 그것은 곧 노동계급의 주요 투쟁 — (산업도 다르고 비율도 다르지만) 대개 남성과 여성 모두를 포함하는 투쟁

— 과 별도로 여성을 조직한다는 뜻이기 때문이다.

그렇게 되면, 결국 집단행동의 힘을 거의 경험하지 못하고 자본주의 체제와 그 사상에 도전할 수 있다는 자신감을 거의 얻지 못하는 곳에서 노동계급 여성을 조직하게 된다. 그렇게 되면, 노동계급 여성이 집단적 계급의 힘을 발견하기 시작하는 공장이나 사무실에 초점을 맞추지 않고 여성이 가장 개별화되고 고립된 가정이나 공동체에 초점을 맞추게 된다.

분리주의를 받아들이면, 기껏해야 상승하는 운동에 참가했다가 그 운동이 가라앉을 때 다른 어떤 투쟁 영역도 발견할 수 없게 돼 비로소 운동의 함정에 빠진 것을 깨닫게 될 것이다. 이런 사람들은 이것이 '독자적 여성운동'이며 그 운동이 실제로 동원하는 사람 수에 관계없이 이 운동을 원칙적으로 지켜야 한다는 견해로까지 떠밀려 간다. 그 과정에서 자신의 사기와 주변 여성들의 사기를 저하시킨다.

이런 관점을 유지하는 혁명가는 여성운동에 지배적으로 남아 있는 태도(투쟁이 아니라 의식화를 통해 사상이 바뀔 수 있다고 보는 태도, 즉 자본주의 체제에 맞서는 투쟁을 개인적 정치로 대체하고 점점 더 수동적이게 만드는 태도)에 감염될 수밖에 없다.

의식을 결정하는 것은 사회적 존재다. '분리된' 여성 조직을 주장하다 보면 계급투쟁에서 나오는 사상과 멀어지게 되고 결국 수렁에 빠지고 만다.

분리된 조직은 혁명적 여성 사회주의자들이 투쟁을 이끌어 갈 자신감을 갖게 할 수 없고 오히려 정반대의 결과를 가져온다. 그것은 여성 사회주의자들이 여성뿐 아니라 남성도 포함하는 많은 투쟁에서 고립된다는 것을 뜻한다.

우리의 경험

우리 국제사회주의자들에게는 이론적 토론을 바탕으로 습득하는 사상만이 중요한 것은 아니다(물론 이론 토론은 아주 중요하다). 바로 앞에서 펼친 생각은 우리의 경험과도 일치한다. 10년 이상 우리는 별개의 여성 신문인 〈위민스 보이스〉를 발행하느라 애썼고 한동안 별개의 여성 조직인 '여성의 소리'를 확립하려고 애쓴 바 있다. 결국 거기에 참여한 다수 여성이 그것이 잘못된 생각이라는 결론을 내렸다.

이 여성들은 자신들이 노동계급 여성의 강점(모든 노동자가 함께하는 계급투쟁 속에서 발견할 수 있는 강점)이 아니라 여성의 약점을 부각하는 문제들에 늘 집중할 수밖에 없음을 깨달았다. 또 노동계급 여성이 노동자로서 행동하기 시작할 때, 여성만의 조직은 투쟁에 개입하는 데 부적절함을 알았다. 왜냐하면 어떤 파업에서건 항상 연대가 필요하고, 파업 연대 활동은 여성만의 쟁점으로 다룰 수 없기 때문이다. 따라서 '여성의 소리'는 지역사회 쟁점(병원 폐쇄, 낙태 등)을 놓고서만 조직할 수 있었다.

물론 이런 쟁점들이 조직 노동자들의 투쟁과 연관 맺을 수만 있다면, 혁명적 조직을 건설하는 데 때때로 중요한 구실을 할 수 있다. 그러나 실제로, 별개의 조직은 이런 연관을 불가능하게 만든다. 사회주의노동자당의 여성 당원들은 '여성의 소리' 조직 경험으로 투쟁을 지도하도록 배우게 된 게 아니라 오히려 주요 투쟁에서 뒤처지게 됐을 뿐이었다. 가장 뛰어난 여성 당원들은 자신들이 여성만의 지역사회 정치라는 게토에 갇혀 버렸음을 깨달았고 그것이 당에 심각한 영향을 미친다는 것도 알게 됐다. 여성을 별도로 조직한다는 생각은 여성해방 투쟁을 사회주의노동자당의 다른 정치 활동과 분리시켰다.

당 전체는 여성들이 다루던 문제들에 대해 토론하거나 활동을 벌이는 일이 거의 없었고 그런 일은 '여성의 소리'의 몫으로 넘겨졌다. 여성 당원들은 당내에서 지도적 구실을 하도록 훈련받거나 격려받지 못했다. 그 대신 그들은 '여성의 소리'를 건설하는 데 파견됐다. 그리하여 우리는 총체적인 사회주의 정치를 논할 수 없고 지부를 운영하거나 투쟁에 개입(즉, 지도)하는 훈련을 전혀 받지 못한 여성 집단을 만들어 냈다. 결국, '여성의 소리'는 남성이 지배하는 정당을 만드는 경향이 있었다!

침체기의 조직 건설[*]

어떤 형태의 운동주의이든 항상 큰 위험이 도사리고 있다. 단일 쟁점 운동이 더 넓은 계급투쟁에 이바지할 수 있다고 보는 태도에서 출발했더라도 단일 쟁점 운동 자체가 목적이 되는 태도로 변해 간다는 것이다.

———

[*] 이 부분은 침체기인 1984년에 쓰여 오늘날의 상황과는 맞지 않는 점들이 일부 있다.

'독자적' 여성운동 또는 흑인 운동의 필요성을 강조하다 보면, 일종의 단계론(다른 종류의 투쟁을 하는 동안은 노동계급 투쟁에 관한 논의는 미뤄 둘 수 있다고 주장하는 이론)에 빠지기 쉽다. 특히 미국에서는 다수 노동계급이 흑인, 중남미계, 여성이기 때문에 피억압 집단의 운동이 전체 노동계급 투쟁의 부활보다 앞서야 한다는 말이 나오기에 이르렀다.

그러나 이것은 침체기가 끝날 수 있는 하나의 시나리오를 마치 필연적인 것인 양 과장하는 것이다.

미국에서 투쟁의 부활은 1960년대와 마찬가지로 공장이나 사무실에서 일하는 노동계급의 핵심부 바깥에서 시작할 수도 있다. 그러나 제1차세계대전 이전이나 양차 세계대전 사이의 시기에 그랬듯이, 흑인 노동자나 여성 노동자뿐 아니라 백인 노동자나 남성 노동자까지 포함한 싸움에서 투쟁이 부활할 수도 있다.

더욱이 흑인이나 여성뿐 아니라 백인이나 남성까지, 즉 노동계급 전체를 투쟁에 끌어들여야 한다고 지적하는 혁명적 조직이 맹아로라도 존재하지 않는다면, 어디에서 출발하건 일정한 한계를 넘어설 수 없다.

침체기가 지속되는 동안, 우리는 이 맹아를 만들어 내려고 애써야 한다. 마치 상승기가 벌써 시작됐고, 그것도 피억압 집단에서 시작한 양 생각한다면 우리는 결코 그 일을 할 수가 없다.

지금 당장에도 혁명적 사상을 경청할 준비가 된 사람들이 소수 있다. 세계적 위기가 낳은 공포 때문에 모든 지역·사업장·대학에 혁명적 사회주의자들의 주장을 선뜻 받아들이는 개인들이 소수 생겼다.

혁명적 조직의 맹아를 만들 때 중요한 것은 이런 개인들을 찾아내 그들과 일반적 정치를 토론하는 것이다.

이런 개인들은 단체의 전반적 선전 활동(신문 판매, 공개모임 조직 등)으로 일부 발견할 수 있다. 또, 진정한 운동이 생겨나고 새로운 젊은이들이 처음으로 이런 운동에 참가하게 될 때, 그런 개인들을 일부 발견할 수도 있다(그런 운동들은 '산송장'인 68 세대의 지친 잔류자들을 단순히 재조직하는 것과 구분돼야 한다).

때때로 우리는 침체기에도 일어나는 파업에서 그런 경청자를 발견하기도 한다. 여기에서는 흑인 노동자와 백인 노동자, 여성 노동자와 남성 노동자가 나란히 피켓라인에 서고, 계급투쟁과 연대가 생겨나는 작은 가능성이 보이기 시작한다.

운동주의는 혁명가들이 정당을 건설하는 것을 방해한다. 운동주의에 빠진 혁명가들은 자기 주변에게 미래는 '운동'에 있는 것이지 노동계급 투쟁과 관련된 정당 건설에 있는 게 아니라는 인상을 주고, 현재와 같은 시기에 꼭 필요한 주장은 회피한다.

가장 나쁜 것은 운동주의가 필연적으로 사람들의 사기를 저하시킨다는 것이다. 그런 사람들은 현 시기에는 전혀 어울리지 않는 거창한 계획을 만들어 내는 데 온갖 노력을 기울이다가 결국 깊은 좌절감에 빠져 괴로워하게 된다.

차별에 맞선 투쟁과 착취에 맞선 투쟁의 관계, 그리고 운동을 건설하는 것과 정당을 건설하는 것의 관계를 제대로 이해하지 못하면 매우 큰 대가를 치르게 된다. 즉, 혁명적 정당을 건설할 수 있는 기회를 잃게 된다.

어느 도시나 대학에서도 우리는 혁명적 정당을 건설하는 데 소수의 사람들을 끌어들일 수 있다. 그러나 그런 일은 우리가 노동자 권력의 가능성을 확신해야만, 그리고 그런 신념을 잃어버린 사람들에게 절대로 양보하지 않아야만 가능하다.

두 사람의 마르크스?

마르크스는 《자본론》 최종본을 쓰기 전까지 수천 쪽의 초고를 썼다(지금은 대개 《정치경제학 비판 요강》으로 불린다). 이 초고는 1930년대에 발견돼 독일어로 출판되기 전까지 그 존재조차 알려지지 않았고, 일부가 영어로 번역된 것은 최근의 일이다.

초고에서 마르크스는 다른 글에선 거의 언급하지 않는 주제들을 다룬다. 그래서 동양 사회나 자본주의의 등장에 대한 마르크스의 견해라든가 마르크스 저작의 철학적 토대에 대해 관심 있는 학자들은 초고에 완전히 빠져들었다. 그러나 초고가 중요한 진짜 이유는 마르크스의 새로운 통찰들을 보여 주기 때문이 아니라 마르크스의 다른 저술들을 어떻게 이해해야 하는지를 두고 벌어진 논쟁에 시사점을 주기 때문이다.

"Two Marxes or one?", *International Socialism*(first series) 49(autumn 1971).

최근 몇 년간 마르크스로부터 영감을 받았다고 주장하는 학계 사람들 중 일부에서 1840년대에 파리에서 저술 활동을 한 젊은 시절의 마르크스와 《자본론》을 쓴 나이 든 마르크스를 구별하는 것이 유행하고 있다. 대표적으로 에리히 프롬 같은 경우가 나이 든 마르크스가 아니라 젊은 마르크스가 옳았다고 평가한다. 한편 프랑스의 스탈린주의자 알튀세르 같은 사람들은 그 반대다. 그러나 양쪽 모두 마르크스에게는 사회 발전을 이해하는 완전히 다른 두 가지 접근법(또는 알튀세르의 허세 섞인 용어법대로라면 '문제틀')이 있다고 전제한다.

　알튀세르에 따르면, '성숙한' 마르크스가 바라본 사회는 객관적 법칙에 맞춰 발전하는 구조들로 이뤄졌고, 인간은 그 속에서 그저 작은 톱니이자 상황의 결과물일 뿐이며 사회 변화에 어떤 의식적 구실도 할 수 없다. 그래서 알튀세르는 인간이 노동의 결과물을 통제할 수 있다고 암시하는 '소외'나 '사물화事物化' 같은 용어가 한물간 접근법의 찌꺼기라고 비웃는다. 마찬가지로 '마르크스주의적 인간주의'에도 반대하는데, 이에 따르면 인간이 기계 속 작은 톱니 이상의 구실을 할 수 있기 때문이다. 알튀세르의 관점을 한층 진전시키면 마르크스주의가 부르주아 사회과학보다 뛰어난 이유는 노동계급의 혁명적 실천과 관련 있기 때문이 아니라 마르크스가 발전시킨 과학적 방법론의 우수성 때문이며, 따라서 (논리적으로는) 혁명가가 아니어도 받아들일 수 있다. 알튀세르에 따르면 오히려 마르크스주의와 혁명적 운동 사이의 관계야말로 결국 '과학'이 아닌 이데올로기의 문제다.

　알튀세르의 견해가 자신의 사회적 위치와 관련이 있다는 건 쉽게 알 수 있다. 알튀세르는 프랑스 공산당과 여러 국가자본주의 체제를 지지할 뿐 아니라, 프랑스 학계의 일부이기도 하다. 이론과 실천을 분리하는 알튀세르의 관점은 틀림없이 모든 학자들의 입맛에 맞을 것이다(이론과 실천의 관계에 얽힌 진부한 논쟁에 대한 그의 해결책은 이론을 '이론적 실천'으로 이름만 바꿔 정당화하는 것이다). 또한 사회주의 사회에서도 자본주의에서와 마찬가지로 통제할 수 없는 사회구조에 의해 인간이 지배당할 것이라고 보기 때문에 억압과 착취로 가득한 브레즈네프나 마오쩌둥 정권을 '사회주의'라고 정의하는 데 망설일 이유가 없다. 결국 사회 구성 방식이 다르다 할지라도 착취는 똑같이 일어난다.(동유럽에는 이런 상황을 비꼰 농담이 있다. "자본주의와 사회주의는 거꾸로다. 자본주의에서는 사람이 사람을 착취하지만, 사회주의에서는 사람을 사람이 착취한다.")

데이비드 매클레넌이 출판한 《정치경제학 비판 요강》 발췌본은 환영할 만하다. 왜냐하면 이 책이 '두 사람의 마르크스'에 대한 모든 논의가 전부 터무니없다는 것을 분명히 보여 주기 때문이다. 초고들은 마르크스가 《자본론》 최종본에 착수하기 불과 5년 전에 쓰였지만, 1840년대 저술들과 연속성이 있음을 뚜렷이 볼 수 있다. 물론 마르크스는 그동안 엄청나게 성장했고, 새로운 개념들을 폭넓게 도입했다. 그러나 동시에 파리에서 쓴 글들에서 종종 전문을 베껴 오기도 했으며, 그때 썼던 용어를 자주 사용했다. 빈도가 덜하긴 하지만 《자본론》에서도 '젊은' 마르크스가 썼던 용어는 계속 쓰였다.

소외에 대해 간략히 쓴 1844년의 저작과* 소외된 노동에 대해 대폭

---

* 《1844년 경제학-철학 수고》.

확장되고 정교한 설명을 하는 《자본론》 사이에 연속성이 존재함을 항상 이해하고 있었던 마르크스주의자에게 《정치경제학 비판 요강》 은 그다지 새로울 것이 없다. 그러나 알튀세르의 스탈린주의적 학풍에 잘못 끌린 사람들에게 이 책은 큰 문젯거리일 것이다. 이런 사람들은 알튀세르의 견해가 마르크스의 마르크스주의와 아무런 공통점이 없다는 점을 인정하든지, 알튀세르의 사상을 버리고 혁명적 이론과 실천을 받아들이든지 하나를 택해야 할 것이다.

세계를 뒤흔든 1968년

때때로 한 해에 일어난 일이 수십 년을 바꿔 놓기도 한다. 1968년이 그런 해였다. 자본주의의 지지자들은 40년이 지난 지금도 그 영향력을 한탄한다. 니콜라 사르코지는 당선 전날에 1968년이 남긴 "해악"을 뿌리뽑는 것이 자신의 목표라고 선언하기도 했다. 그 전에는 토니 블레어가 자신이 생각하는 오늘날 사회 병폐의 원인으로 "1960년대"를 꼽았다.

왜 대중매체에서 1968년이 그토록 중요하다고 말하는지 이해하지 못하는 사람도 있을 것이다. 1968년에 거리에 나섰던 사람 중 보수 우파로 돌아선 변절자도 수없이 많고, 마틴 케틀이나 데이비드 아로노비치 같은 자들은 치기 어린 바보짓이었다며 후회하기도 한다. 그 외에도 마약과 섹스에 탐닉하던 그 시절을 그리워하는 나이 들어 가

"1968, the year the world caught fire", *Socialist Review* 325(may 2008).

는 히피도 있다. 1968년은 기껏해야 열정에 들뜬 학생들이 보수적 사회 관습에 저항하고, 마약에 탐닉하고, 성적 고정관념에 도전한 집단적 반란 정도로 기억되고 있다.

사람들이 1968년을 기념하는 이유는 다양하다. 그해는 각각의 저항들이 하나로 합쳐져서 착취하고 억압하는 사회를 뿌리부터 뒤집을 수 있을 것처럼 보였던 역사적 순간 중 하나였다.

1968년은 남베트남의 꼭두각시 정권에 맞선 저항을 분쇄하려는 미국 제국주의에 대한 강력한 일격으로 시작됐다. 남베트남의 모든 도시에서 미군에 맞서 무장봉기가 일어났다. 사이공의 미 대사관이 잠시 동안 점거되기도 했고, 옛 수도인 후에에서는 몇 주 동안 전투가 이어졌다. 미군 장성이 도시를 "탈환하기 위해서는 그곳을 완전히 파괴하는 수밖에 없었다"고 변명하는 장면이 전 세계의 텔레비전에 방영됐다.

자신이 지배하는 곳에서는 저항이 일어나더라도 언제든 깨부술 수 있다는 미국 지배계급의 거만함이 산산조각 났다. 이 일은 미국 사회 전체에 영향을 줬다. 민주당 대통령 린든 존슨은 재선을 확신하고 있었으나 구정攻勢 대공세로 인해 반전 후보인 유진 매카시가 뉴햄프셔 예비선거에서 뜻밖의 승리를 거두자 출마를 포기했다.

그동안 경쟁 제국주의 국가인 소련도 맹공격을 받고 있었다. 제2차 세계대전 이후 체코슬로바키아를 지배한 스탈린주의 정권이 분열했고, 그 결과 학생·지식인·노동자는 처음으로 자유롭게 조직을 만들고 진정한 사회주의 사상을 토론할 수 있었다. 폴란드에서도 학생들이 대학을 점거하고 거리에서 경찰에 맞서 싸웠다.

우리는 3월 17일 런던에서 베트남 전쟁에 항의한 시위를 벌이며, "이봐 린든 존슨, 오늘은 아이를 몇 명이나 죽였니?"라는 구호를 외쳤는데, 이것은 미국 제국주의에 대한 혐오감만이 아니라 격동하는 세계 속에서 우리가 싸워 이길 수 있다는 자신감도 표현한 것이었다. 수많은 시위대가 그로브너 광장에서 미 대사관을 둘러싼 경찰 저지선을 뚫으려고 했다. 당시 현장에 있었던 사람이라면 누구나 기억할 정도로 전투적인 시위였다.

2주 반 후에 멤피스에서 마틴 루서 킹이 암살당했다. 미국의 모든 흑인들이 들고 일어나서 권위를 상징하는 모든 것을 공격했다. 흑인 젊은이들은 기성 미국 사회에 평화롭게 통합되길 원하는 공민권운동에서 등을 돌려 흑표범당의 공공연한 혁명적 사상에 이끌렸다. 한 주 후에 서독에서도 우익 매체인 스프링거의 악의적 선동으로 학생운동 지도자인 루디 두치케가 암살당할 뻔한 일이 발생하자 학생들의 분노가 분출했다.

5월이야말로 가장 놀라운 달이었다. 한 무리의 학생 활동가들이 소르본 대학 밖에서 경찰 공격을 방어하는 것으로 시작된 운동이 수만 명이 참여한 '바리케이드의 밤'으로 확대됐다. 학생들은 경찰을 몰아냈고, 노동조합들은 연대의 의미로 하루 파업과 시위에 나섰다. 그러자 수백만 명의 노동자가 잠재력을 보여 주기 시작했다. 파업과 점거가 번져 나가서 방송국과 공항이 마비되고, 석유 공급이 중단됐으며, 결국은 기층 주도로 최대 1000만 명의 노동자가 참가한 총파업이 벌어져 나라 전체가 마비됐다.

프랑스 대통령 드골은 군사 쿠데타의 위협으로 국회가 마비된 틈을 타 권력을 장악한 뒤 10년 동안 독재적 권력을 누리고 있었다. 이제 그는 공개적으로 망신을 당했다. 드골은 학생운동을 비난하는 연설을 했지만 수많은 사람의 비웃음만 샀다. 그는 국민투표로 운동을 끝낼 셈이었지만 오히려 파업 때문에 실패했다. 전 세계 언론이 "프랑스의 5월 혁명"을 떠들고 있었다.

6월의 주인공은 유고슬라비아의 학생이었다. 학생들은 "적색 부르주아를 타도하자"라는 구호를 외치며 베오그라드에서 경찰과 전투를 벌였고, 20년 만에 유고슬라비아는 최대의 위기를 맞았다.

저항의 경례

8월에는 소련의 브레즈네프 정권이 동유럽의 소요를 진압하기 위해서 체코슬로바키아에 탱크를 보내고 그 나라 지도자들을 납치했다. 그러나 사실상 모든 체코슬로바키아 사람이 불복종 운동을 벌이며 저항에 나서자 점령군은 충격을 받았다. 한편 미국에서는 전쟁에 찬성하는 휴버트 험프리가 예비선거에서 한 곳도 승리하지 못했는데도 민주당 대통령 후보로 선출됐다. 시카고에서 열린 민주당 전당대회 장소 앞에서 반전 시위가 열렸지만 수천 명의 경찰이 이를 잔인하게 진압했고, 이 일로 미국의 '민주주의'를 믿었던 사람들은 뼈아픈 교훈을 얻었다.

10월에는 멕시코시티에서 올림픽이 열렸다. 여기서는 올해[2008년] 티베트에서 일어난 것보다 훨씬 더 끔찍한 학살이 벌어졌다. 도심에서 멀리 떨어진 한 광장에서 수만 명의 학생이 시위를 벌였는데, 이것이 올림픽 분위기를 망친다고 본 경찰은 학생들을 토끼몰이 한 뒤 무차별 발포해 수백 명을 죽였다. 멕시코 당국은 언론이 이 사건을 보도하지 못하게 막았다. 세계 언론과 정치인도 거리의 흥건한 피를 못 본 척했다. 대신에 그들은 육상 경기에서 승리를 거둔 미국 흑인 선수들이 단상에서 주먹을 들어 올려 블랙파워를 기리는 경례를 하자 이 선수들에게 비난의 화살을 돌리고는 곧장 스포츠계에서 쫓아냈다.

그달에는 이후 30년 동안 영국 정치에 파문을 일으킬 사건도 일어났다. 민족적 차별을 받던 데리 주 보그사이드의 주민들이 시민권을 요구하며 시위를 벌이자 무장한 북아일랜드 경찰이 잔인하게 공격했다. 다른 나라에서 벌어진 투쟁에 고무된 시위대는 경찰에 맞서 싸웠다. 1921년에 영국이 아일랜드를 분할해 만들어 낸 종파적 자치주에 맞선 위대한 저항의 시작이었다.

1968년에 일어난 일은 그저 서로 관련 없는 사건들이 연속해 벌어진 게 아니었다. 각각의 투쟁은 그다음에 벌어질 투쟁을 고무했고, 국제적 운동이 형성됐다. 이전에는 자신의 투쟁이 그저 특수한 불만의 표현이라고 생각했을 사람들이 점차 그 보편적인 의미를 깨닫게 됐다.

모든 위대한 저항은 아무도 예상하지 못한 때 일어났다. 1950년대와 1960년대 초에는 기성 사회의 구조가 고정불변한 존재처럼 보였다. 지배 권력은 전간기와 전시에 발전한 저항과 소요를 억누르고 후퇴시켰다. 미국과 소련은 단지 지리적으로뿐 아니라 이데올로기적으로도 세계를 나눠 가졌다. 한편의 비인간적 행태와 교조적 언사를 받아들이기 싫어 거부하더라도 또다시 다른 한편의 비인간적 행태와 교조적 언사를 마주해야 했다. 소련의 반체제 인사는 강제 노동 수용소나 정신병원에 보내졌다. 미국의 반체제 인사는 비미非美활동위원회에 의해 일자리를 잃었고, 대실 해미트처럼 투옥되거나 찰리 채플린처럼 추방되고 폴 로브슨처럼 여권을 박탈당하기도 했다.

미국에서 산업별노동조합회의CIO가 급진성을 띠었던 시기는 오랜 과거의 일이었다. 프랑스와 이탈리아의 노동조합운동은 분열했고 그 힘은 크게 약화됐다. 영국의 노조 지도자들은 친미적이고 핵무기를 지지하는 노동당 우파의 보루가 됐고, 전국학생연합NUS은 CIA에 협력했다.

사람들은 무기력하게 순응하며 살아갔다. 가정에서 남성은 밖에서 일하는 존재이고 여성은 집에서 가사와 육아를 도맡아 책임지며 남편을 기다리는 존재였다. 여성은 남성에게 굽실거려야 했고, 젊은이는 노인을 우러러봐야 했으며, 흑인은 가끔씩 좋은 대우를 받으면 고마워해야 했다. 미국 남부에서는 흑인에게 투표권을 주지 않고 폭력배나 경찰의 인종 차별적 폭력을 방치하는 분리주의적이고 불평등한 '짐크로 법'이 지속됐다.

자유당이나 노동당의 체제 옹호자들은 기성 구조 내에서 평화롭고 참을성 있게 작은 개혁부터 이루는 것이 사회 병폐의 지속을 치료할 수 있는 방법이라고 주장했다. 그들은 생활수준이 향상된 '풍요로운 사회'라느니, '이데올로기의 종언'이라느니, 중간계급의 소비주의를 받아들여서 노동계급이 소멸했다는 따위의 말들을 했다. 이런 주장은 독일계 미국 철학자 허버트 마르쿠제 같이 체제에 단호히 반대한 사람에게까지 영향을 미쳤다. 마르쿠제는 사람들이 소비주의 이데올로기에 빠진 탓에 이제 선진 산업 중심지에서는 어떤 저항도 일어나지 않는 "일차원적 사회"가 됐다고 주장했다.

그러나 이면에서 사회 구조와 그 구조를 정당화하는 이데올로기가 약해지고 있다는 것을 눈치챈 사람은 많지 않았다.

처음에는 젊은이들 사이에서 변화가 보이기 시작했다. 참고 사는 것에 익숙한 나이 많은 사람보다는 젊은이들이 억압하고 착취하는 환경에 저항할 가능성이 항상 더 높다. 체제 순응 요구와 사람들이 처한 환경 사이의 모순이 극명할수록 저항의 강도는 더 세진다. 특히 학생은 오늘날 자본주의가 보여 주는 모순에 민감하다. 학생들은 학교에서 수천 명씩 집단생활을 하며 현실과 맞지 않는 지배 이데올로기를 습득하라는 요구를 받는다. 또 학생들은 노동자들보다, 심지어 또래 노동자보다도 쉽게 자신의 의견을 주장하고 생각을 집단적으로 표현한다. 노동자와 달리 하루에 8시간 이상 기계 조작이나 사무실 업무에 얽매이지 않기 때문이다.

그래서 1968년에 가장 먼저 행동에 나선 것도 학생들이었다. 이 때문에 운동이 보편적 사회 위기로 인해 촉발됐는데도 학생만의 특수한 쟁점이 원인이었다는 인상이 남았고, 대중매체는 이런 인상만 길이 남기려고 애쓴다.

그러나 이미 1960년대 초에도 반감은 자라고 있었다. 영국에서는 핵무기에 반대하는 대규모 시위가 벌어졌다. 미국에서는 흑인과 백인 학생 수천 명이 공민권운동에 참여했다. 프랑스에서는 학생들이 알제리 전쟁에 반대하는 시위를 했다. 1966~1967년에는 운동이 더욱 성장했다. 이 시기에 미국과 영국에서 베트남 전쟁에 반대하는 첫 시위가 열렸고, 독일 베를린에서는 시위자가 경찰에 살해당한 일이 발생한 뒤 학생들이 급진화했다. 미국의 흑인 학생들은 블랙파워와 정당방위의 개념을 받아들였다. 이탈리아에서도 대학의 열악한 조건과 교수들의 권위주의에 맞선 저항이 있었다. 1968년의 충격으로 이런 운동들이 하나로 모이게 됐다.

구정 대공세로 사람들은 지배자들이 언제나 강력하지는 않다는 것을 깨달았다. 그래서 영국에서는 베트남 전쟁을 지지하는 노동당 정부와 인종 차별을 조장하는 에녹 파월, 던컨 샌디스, 패트릭 월 같은 보수당 정치인에 맞서 1968년 초부터 주로 학생들이 참여한 시위가 빈발했다. 처음에 이런 시위는 학생 수백 명 정도의 작은 규모였다. 그러나 한두 해 전만 해도 그런 시위에는 수십 명 정도밖에 참가하지 않았었다. 당국이 시위 학생을 징계하려고 하자 이런 소수가 거세게 항의하며 시위를 이어 나갔고, 그 결과 자유주의 '중도파'와 심지어 노골적인 보수파조차도 급진적인 사상으로 이끌렸다.

1968년 초에 독일과 이탈리아의 학생 시위는 프랑스보다 훨씬 규모가 컸다. 프랑스의 활동가들은 우리 동지에게 프랑스에서는 영국만큼 큰 운동이 일어나지 않는다고 불평하기도 했다. 운동의 언어는 점차 혁명적으로 변해 가고 있었지만, '학생의 힘'을 말하거나 학생이 '새로운 혁명 계급'이라는 주장이 대부분이었다.

좀 더 급진적인 사람들은 서구 노동자들은 "소비주의"에 "매수"됐고 제3세계의 무장투쟁을 통해서만 혁명이 일어날 수 있다고 주장한 체 게바라의(1967년 말에 CIA에 의해 살해됐다) 사상에 관심을 가졌다.

이런 생각은 더 많은 사람과 관계 맺는 것을 어렵게 만들었다.

프랑스에서 5월에 일어난 일들로 상황이 바뀌기 시작했다. 사람들은 혁명적 변화의 가능성이 생각보다 가까이 있고, 그런 변화가 아래로부터 대중의 참여와 함께 나타나고 있다는 것을 불현듯 깨달았다. 대중매체에서는 파리의 라탱 지구에서 학생과 경찰이 싸우는 모습만을 보여 줬다. 그러나 5월 셋째 주가 되자 노동계급이 주요 자본주의 국가의 정부를 궁지에 몰아넣는 장관이 펼쳐졌고, 이 모습은 전 세계에서 체제에 맞서 싸우는 사람들을 크게 고무했다.

거대한 투쟁이 벌어지면 사람들의 시야가 놀랄 만큼 넓어진다. 1966년에는 혁명적 사상에 코웃음 쳤을 — 또는 최소한 불가능하다고 생각했을 — 사람들이 1968년 여름이 되자 혁명의 가능성을 진지하게 받아들이기 시작했다. 1968년 10월에 영국에서 최대 규모의 베트남 전쟁 반대 시위가 일어났을 때 "베트남민족해방전선NLF에게 승리를"과 더불어 가장 인기 있었던 구호는 "우리는 싸운다! 우리는 이긴다! 런던, 파리, 로마, 베를린에서!"였다. 또 가장 인기 있었던 현수막은 스패너를 쥔 주먹 그림과 함께 "노동자 통제"라는 말이 적힌 것이었다.

수많은 학생운동 참여자 중 소수만이 혁명적 활동에 헌신했다. 그러나 그 수는 반년 전에 비해서도 몇 배나 많았다. 이 해의 경험 덕에 훨씬 더 많은 사람들의 사상이 급격하게 변화했다. 이런 사람들은 이전에는 대학 강의에서나 볼 수 있었던 마르크스의 저작에 대해 읽고 듣고 주장하고 토론했다. 낡은 사상을 떠받치고 있던 사회적 순응주의도 도전받았다.

표면적이지만 상징적인 변화도 있었다. 예를 들어 남학생들은 면도와 정장 차림을 그만두고 수염과 머리카락을 기르고 청바지를 입었다.

1950년대와 1960년대 초에도 주류 문화의 가장자리에 대항문화가 작게나마 있었다. 여기에는 환각제, 좌파적 사상, 평화주의, 전위적인 연극과 시, 민속 음악, 동양의 종교 등이 서로 뒤섞여 있었다. 1967년의 "사랑의 여름"과 히피의 성장 덕에 이런 대항문화의 추종자는 더 많아졌다. 1968년에 벌어진 일들에 영향받아 그 추종자들이 또다시 늘었지만, 더 정치적이기도 했다. 할리우드의 영화 산업도 이에 영향을 받아서 여러 감독과 배우가 이전에는 상상도 할 수 없었던 종류의 새로운 영화를 만들어 냈다. 그러나 이 과정에서 사람들은 자신의 생활 양식을 바꾸는 것을 혁명으로 흔히 착각했다.

점거의 물결

비록 생활양식의 변화와 흔히 혼동하기는 했지만, 그럼에도 낡은 체제에 순응하길 거부하는 운동은 더욱 심화됐다. 새롭게 급진화한 젊은 남성들이 여전히 지니고 있던 성차별적 편견에 여성 활동가들이 도전하면서 여성해방운동이 시작된 것도 1968년이었다. 이듬해에는 최초의 공개적인 동성애자 단체가 생기기도 했다.

이 시기 활동가들이 프랑스에서 벌어진 운동으로부터 이끌어 낸 교훈도 매우 중요했다. 그것은 단지 광범한 '민중'이 아니라 바로 노동자들이 프랑스 사회를 뒤흔들었다는 점이었다. 이런 교훈을 바탕으로 이전에는 한 줌도 안 되는 소수만이 받아들이던 혁명적 마르크스주의를 다수의 활동가들이 받아들이기 시작했다.

이탈리아의 새로운 학생 혁명가들은(꽤 많은 수가 가톨릭 학생 단체 출신이었다) 공장에 관심을 가졌고, 1969년에 전국을 휩쓴 '뜨거운 가을'(다른 이름은 '느리게 돌아가는 5월')의 노동자 파업에서 중요한 구실을 했다. 미국의 민주학생연합SDS은 1964년에는 "린든 존슨 비판적 지지"를 구호로 내세웠지만, 1969년 말이 되자 그 활동가들 스스로 '마르크스레닌주의자'를 자처했다. 영국에서 학생들은 점거와 시위에 참가하고 부두와 공장에서 리플릿을 배포했다.

이런 노력은 1968년이 지난 뒤 매우 중요해졌다. 5월 이후 프랑스 사람들은 "이것은 단지 시작일 뿐"이라는 구호를 외쳤다. 그리고 실제로 전 세계적 차원에서 프랑스의 5월은 단지 시작일 뿐이었다. 1969년에 아르헨티나에서는 학생 시위가 코르도바 자동차 노동자들의 강력한 저항을 불러일으켰다. 그해 가을 이탈리아에서는 점거와 파업이 크게 일어났다. 1970년에는 미국에서 닉슨과 키신저가 베트남 전쟁을 캄보디아까지 확대하고 주 방위군이 오하이오의 켄트주립대학교에서 학생들을 쏴 죽이자 최대 규모의 학생 시위가 벌어졌다. 1972년에는 칠레에서 거대한 대중투쟁이 일어났다. 1973년 말에는 그리스에서 아테네 학생들의 점거가 거대한 민중 봉기로 발전해 6개월 뒤 군사독재 정권이 붕괴했다. 1974년에는 포르투갈에서 40년을 버틴 파시즘 정권이 쿠데타로 무너졌고, 그 뒤 18개월 동안 혁명적 성격을 띤 소요가 벌어졌다. 1975년에는 스페인에서 독재자 프랑코에 맞선 거센 투쟁이 벌어졌고, 그 결과 프랑코가 죽기 직전에 그의 후계

자들은 파시즘 정권을 해체해야 했다. 영국에서는 반세기 만에 가장 거대한 산업 투쟁이 벌어져서 에드워드 히스의 보수당 정권이 무너졌다.

1968년에 벌어진 일들로 급진화한 학생들은 학생과 노동계급에게 공통된 목표가 있다는 것을 깨닫고 공장, 광산, 항만, 사무실, 학교에서 사회혁명에 헌신하는 활동가의 네트워크를 건설할 수 있었다.

활동가의 네트워크가 중요하다는 것은 프랑스의 5월 운동이 남긴 교훈 중 하나였다. 드골은 5월에 아래로부터 일어난 저항에 속수무책이었지만, 그달 말이 되자 저항을 끝장낼 방법을 알아냈다. 드골은 노동계급 운동의 공식 체계를 지배한 사람들이 겁을 내며 협상에 기꺼이 나서려 한다는 점을 이용했다. 노조 지도자들은 부분적 양보를 얻어 낸 뒤, 노동자들을 한 부문씩 차례로 직장에 복귀시키며 총파업을 끝낼 준비를 했다. 그리고 정치 지도자들은 총선이 다가오자 기다렸다는 듯 파업을 끝내라고 촉구했다. 그렇게 하면 운동의 맥이 끊기고 드골에게 또다시 선거에서 이길 여지를 줄 게 뻔했는데도 말이다.

이후 몇 년 동안 다른 나라에서도 이런 일이 반복됐다. 1975~1976년에 영국에서는 결국 노동운동의 공식 지도자들이 파업에 반대하고 노사 간의 '동반자 관계'와 '사회적 합의'를 통해 평화를 이루자는 주장에 찬동하고 나섰다. 이탈리아에서는 '역사적 타협'이라는 미명으로, 스페인에서는 '몽클로아 협약'이라는 이름으로 같은 일이 벌어졌다. 자본가들은 사회주의 운동을 몰아내고 자신을 위협한 노동운동에 심각한 패배를 안길 기회를 놓치지 않으려고 재빨리 움직였다.

노동운동이 침체함에 따라 1968년이 낳은 다른 운동도 함께 침체했다. 1980년대에 자본주의가 위기에 빠지자 1968년에 얻은 희망은 쓰라린 보복을 당했다. 그리고 1990년대가 되자 블레어주의나 신자유주의에서 드러나듯 새로운 순응주의가 어디에나 만연한 것처럼 보였다.

새로 나타난 순응주의는 1950년대와 1960년대 초의 순응주의와 차이가 있었다. 과거에는 성에 대한 공개적 토론이 억압받았다. 이제는 성 상품화가 찬양받는다. 과거에는 여성이 집에만 갇혀 있었다. 이제는 일자리를 구해 생계비를 보태지 않는 엄마가 마녀사냥 당한다. 과거에는 서구 국가들이 다른 나라를 정복하기 위해서 폭탄과 탱크를 제멋대로 사용할 수 있었다. 지금은 그런 대량 학살을 '인도주의적 개입'이라는 명목으로 정당화한다. 과거에는 상층계급에게 복종하는 것이 당연했다. 이제는 기업가와 벤처 투자자들이 신성한 권리를 누린다.

1950년대와 1960년대에 좌파가 비관주의에 빠져 있었던 것처럼 오늘날도 그렇다. 신자유주의는 포스트모더니즘이라는 그늘을 드리우고 있다. 포스트모더니즘에 따르면 체제에 맞선 총체적인 도전은 불가능하고 위험하기까지 하다. 포스트모더니즘이 만연했던 시기는 지나갔지만 그 마비 효과는 여전히 남아 있다. 그리고 나이 든 구세대는 반항적이었던 자신의 지난날과 비교하며 오늘날 젊은이들이 현실에 안주하려 한다고 생각한다. 그들은 이라크 전쟁에 반대해 벌어진 수백만 명의 행진이 베트남 전쟁에 반대한 시위보다 몇 배나 더 컸다는 점을 잊는다. 또 그들은 프랑스의 5월 이전에 좌파가 얼마나 혼란에 빠지고 사기 저하됐는지도 잊는다. 그리고 무엇보다 그들은 자본주의 자체의 동역학을 무시한다. 바로 그 동역학 때문에 경제적 관계는 끊임없이 변화하고 평범한 사람들은 심지어 스스로 원하지 않는데도 저항에 나서게 된다.

1968년은 저항이 분출하고 그것들이 서로 상호작용하고 수많은 사람이 새로운 세계의 가능성을 찾는 과정을 보여 줬다. 사르코지나 블레어 같은 자들은 이것을 혐오한다. 그러나 우리 같은 사람들한테 이런 일은 매우 기뻐할 만한 것들이다.

철학과 혁명: 알튀세르 철학 비판[1]

이 글은 1983년에 잡지 《인터내셔널 소셜리즘》 두 번째 시리즈 21호에 처음 실렸다. 피터 빈스와 알렉스 캘리니코스가 이 잡지에서(각각 17호와 19호에 실린 글을 통해) 논쟁을 벌이고 그해 런던에서 열린 마르크스주의 축제*에서 캘리니코스와 내가 논쟁한 뒤 쓴 글이다. 캘리니코스는 그후 견해를 약간 바꿨지만, 최근** 마르크스주의가 부활하자 다른 사람들이 전에 내가 비판한 알튀세르의 주장들을 다시 내놓고 있다.

———

"Philosophy and Revolution", *International Socialism* 21(autumn 1983).

* 영국 사회주의노동자당이 주최하는 정치 축제 '마르크시즘1983'을 말한다.

** 하먼의 블로그(http://chrisharman.blogspot.kr/2009/10/philosophy-and-revolution.html)를 보면, 2009년 10월 초쯤인 듯하다.

이 잡지를 읽는 많은 사람들이 피터 빈스와 알렉스 캘리니코스의 철학 논쟁을 보며 당혹스러워했다. 독자들이 보기에 이 논쟁은 서로 모호한 말로 상대방을 반박하는 일이다. 즉, 노동계급 안에서 우리 정치를 주장할 때 혁명적 마르크스주의자들이 직면하는 진정한 문제들과는 아무 상관도 없는 이상한 학술적 험담을 주고받는 것일 뿐이다.

그러나 이 논쟁의 쟁점들은 중요하다. 만약 캘리니코스가 옳다면, 우리가 매주 〈소셜리스트 워커〉에서 주장하(고 캘리니코스 자신이 《카를 마르크스의 혁명적 사상》에서 주장하)는 내용의 많은 부분이 틀렸을 것이다. 만약 피터가 10퍼센트 이상 틀렸다면, 우리는 극소수의 새로운 지지자들을 설득해서 우리 당(사회주의노동자당)으로 끌어들일 수는 있을지언정 문제를 진지하게 파고드는 사람은 아무도 확신시키지 못할 우둔하고 판에 박힌 선전 문구들을 사용하는 잘못을 저지르고 있는 셈이다.

왜 그런지(그리고 왜 피터가 자신의 글에서 그토록 강력한 논쟁적 어조로 주장해야 했는지)를 이해하려면, 30년 전으로 거슬러 올라가야 한다.

두 보수적 정설

당시 혁명적 마르크스주의자들은 극소수였다. 우리의 사상이 타당하고 적절하다는 것을 부인하는 두 주요 정설이 (대학, 언론, 노동계급 운동의) 모든 수준에서 토론을 옥죄고 있었다. 하나는 서방 제국주의를 옹호하는 주장이었고, 다른 하나는 스탈린주의의 지배를 옹호하는 주장이었다.

두 정설은 서로 격렬하게 싸웠다. 한 정설의 추종자들은 아무 거리낌 없이 다른 정설 추종자들을 직장에서 쫓아내고 심지어 감옥에 집어넣기까지 했다(그렇게 해서라도 상대편에게 침묵을 강요하려 했다). 그러나 아무리 격렬하게 싸웠어도 양편이 한 가지 점에서는 의견이 일치했다. 두 이데올로기 체계는 모두 평범한 사람들, 즉 서방과 동구권에서 사회가 유지될 수 있도록 노동하는 대중이 스스로 사회를 통제할 수 있다는 점만큼은 한사코 부인했다. 둘 다 노동계급의 자기해방 가능성을 기각했고, 기정사실을 숭배하는 데 의지했다.

서방의 이데올로기적 분위기는 칼 포퍼 경의 저서 두 권, 즉 《열린사회와 그 적들》과 《역사법칙주의의 빈곤》이 매우 잘 보여 줬다. 이 책들은 20세기의 사건들이 모두 사회의 대대적 변화는 실현될 수 없다는 사실을 알지 못하는 광신도들의 잘못된 생각 탓이었다고 주장했다. 사회와 사회의 작동 방식에 대한 지식은 기껏해야 제한적·부분적이고 매우 잠정적일 뿐이고, 이와 다르게 주장하는 사람은 모두 자신과 남들을 속이고 있다는 것이다.

그런 생각은 지적 논쟁의 모든 영역에 널리 퍼져 있었다. 예컨대 철학에서 우세한 학파는 지난 수백 년 동안 가장 중요했던 철학 쟁점들은 사람들이 기존 사회에서 실제로 언어를 어떻게 사용하는지를 충분히 면밀하게 살펴보지 않은 결과였을 뿐이라고 가르쳤다. 사회학에서는 사람들이 현 사회에서 살아가는 방식을 일반화하는 것이 목표였고, 유일한 논쟁은 그런 일반화가 얼마나 거대한가 하는 것뿐이었다. 경제학에서도 마찬가지로, 오늘날 기업의 의사 결정 바탕에 있는 원리가 무엇인지를 연구했을 뿐, 경제가 다른 방식으로 운영될 수 있는지 어떤지는 아예 묻지조차 않았다. 정치 사상에서는 엘리트 집단이 사회를 운영해야 한다는 견해가 득세했다. 유일한 논쟁은 마이클 오크쇼트 같은 보수 성향의 정치 이론가들과 페이비언협회 이론가들 사이에 벌어진 것이었는데, 전자는 엘리트 집단이 전통적 지배계급의 직관을 바탕으로 행동해야 한다고 주장한 반면, 후자는 포퍼가 말한 '점진적 사회공학'에 필요한 제한적·부분적 지식을 얻는 데 물리학의 방법들을 사용할 수 있다고 주장했다.

동구권의 이데올로기는 겉보기에는 이 모든 것과 반대였다. 그래서 이른바 '혁명'을 주장했지만, 그 이데올로기의 구조는 서방 이데올로기의 구조와 매우 비슷했다. 왜냐하면 그 혁명 개념에서는 정당이 계급을 대체했고, 정당은 소수 엘리트의 명령을 받았기 때문이다. 혁명은 이 엘리트가 기존 지배계급을 대체하는 문제가 됐다.

그 엘리트의 과제는 사회의 나머지 사람들에게 모종의 일반적 '발전 법칙'을 부과하는 것이었고, 그 발전 법칙의 특징은 현존하는 '사회주의' 사회에서 추론할 수 있었다. 즉, 국가가 강해져야 하고 억압이 증대해야 한다는 '법칙', 대중의 소비를 줄이는 한이 있더라도 생산수단을 최대한 빨리 확대해야 한다는 '법칙', 엄청난 불평등은 불가피하다는 '법칙'이 그것이었다.

인간은 자본주의 사회에서 그랬듯이 사회주의 사회에서도 자신의 운명을 통제하지 못했다. 그래서 로우추크라는 소련 철학자는 1955년에 다음과 같이 썼다.

사회주의 사회에서 … 사회 발전의 법칙들은 인간의 의식이나 의지와 무관하게 작용하는 객관적인 것이지만, 당과 국가와 사회 전체는 그 법칙들을 파악해서 자신의 활동에 그 법칙들을 의식적으로 적용할 수 있고, 바로 그렇게 해서 사회 발전의 경로를 단축한다.

혁명을 준비한다는 것은 '사회주의'가 이미 존재하는 나라의 지배자들이 내리는 명령에 복종한다는 것이다(비록 그런 명령이 자국 지배계급과 동맹을 맺고 혁명적 운동을 방해하게 되는 것을 뜻하더라도 말이다). 왜냐하면 세계에 대한 진정한 '과학적' 인식은 오직 엘리트 중의 엘리트, 즉 모스크바에서 지배하는 자들(과 규모는 더 작았지만 베이징에서 지배하는 자들)에게만 가능한 것이었기 때문이다. 그들의 요구, 즉 서방 각국에서 자국 지배계급과 더러운 타협을 하라는 요구에 감히 도전하거나 '사회주의' 사회에서 우세한 '발전 법칙'에 이의를 제기하는 것은 '좌익주의', '관념론', '주의주의', 심지어 그보다 더 나쁜 함정에 빠지는 짓이었다. 따라서 스탈린주의 철학자들은 오직 엘리트만이 알 수 있는 자연적 발전의 법칙들을 진술한 '변증법' 개념과 이전의 '헤겔적 마르크스주의'의 변증법 개념의 차이를 강조하려고 애를 썼다. 후자의 변증법이 인류 발전의 폭발적·모순적 성격, 즉 인간은 주위 환경을 끊임없이 거스르고 '지양'하면서 발전해 왔다는 점을 강조했기 때문이다.

이렇게 동구권과 서방을 지배한 것은 모두 보수적 사회관이었다. 그런 사회관은 기존 질서를 변화시킬 수 있다 해도 그런 변화는 별로 크지 않을 것이라고 강조했다. 통제권은 얼마 안 되는 소수 집단의 수중에 있을 수밖에 없다는 것이다. 그들만이 그런 변화를 감독하는데 필요한 지식을 가질 수 있기 때문이라는 것이다.

대칭적인 이 두 이데올로기의 지배는 1917~1923년에 고조된 세계혁명의 거대한 물결이 패배한 결과였다. 두 이데올로기의 지배에 도전할 수 있는 사람들은 소수의 고립된 혁명가들뿐이었다. 새로운 노동자 투쟁이 자발적으로 분출해서, '기정사실'을 분쇄할 수 있는 세력의 존재를 입증하기 전까지는 그랬다.

1956년의 도전

새로운 노동자 투쟁은 1953년과 1956년 동유럽[각각 동베를린과 헝가리]에서 처음 시작됐다. 지배적 정설에 대한 그런 실제 도전은 동구권과 서방 양쪽의 지식인 집단들에 반향을 불러일으켰다. 그들은 무슨 일이 벌어졌는지를 이해하게 해 줄 이론적 관점을 더듬더듬 찾고 있었다. 그 결과로 이른바 '신좌파'가 탄생했다.

신좌파는 자기해방과 자유라는 사상의 여지가 있는 모종의 마르크스주의를 발전시키려고 노력했다. 그들은 대개 그동안 득세하던 스탈린주의적 마르크스주의에 등을 돌리고 (그제야 막 출판되기 시작한) 카를 마르크스의 초기 저작들에서 발견되는 해방적·혁명적 개념들에 의지했다. '마르크스주의적 인간주의[휴머니즘]'가 그 결과였다.

'마르크스주의적 인간주의'는 완결된 세계관이 아니라, 목적지로 가는 도중에 잠깐 들르는 사상적 기착지였다. 1956년의 신좌파가 일관된 집단이 아니었기 때문이다. 그들은 넌더리 나는 스탈린주의와 결별하기는 했지만 서로 다른 온갖 방향으로 나아가고 있던 활동가들의 일시적 집단이었다. 그러나 신좌파는 옛 스탈린주의자들 가운데 최상의 인자들과 새 세대 사회주의자들에게는 중요한 기착지였다. 그들은 보통 영국에서는 반핵운동 단체인 CND, 프랑스에서는 알제리 전쟁 반대 운동 속에서 활동했다. 그들은 스탈린주의자들과 스탈린주의에 환멸을 느끼고 우경화하던 옛 스탈린주의자들을 모두 비판하면서, 청년 마르크스의 해방적 메시지는 노년의 마르크스가 쓴 정치·경제 저작들에도 여전히 남아 있다고 주장했다. 스탈린주의는 이 점을 부인해서 마르크스주의를 우스꽝스럽게 만들어 버렸다. 즉, 서방의 비인간적 '사회과학'과 닮은꼴인 비인간적 '과학'으로 만들어 버렸다.

정설 이데올로기들은 1956년에 직면한 도전에서 재빨리 회복하려고 애를 썼다. 1956년 혁명[헝가리 혁명]의 경험에 대한 기억이 점점 희미해지자, 정치적으로 일관되지 않았던 신좌파는 결국 무너졌다. 1960년대 초 무렵에는 스탈린주의와 사회민주주의가 모두 다시 입지를 강화하고 있었다. 이론적으로도 그랬고 실천적으로도 그랬다. 특히 스탈린주의는 서방에서 1956년의 손실을 거의 만회할 만큼 각국 공산당을 재건함으로써, 그리고 '세계 공산주의 운동'의 신화를 다시 확립함으로써 그 힘이 여전하다는 것을 보여 줬고 1960년경에는 전 세계 공산당이 모이는 국제 대회를 개최할 수 있었다.

그러나 1956년의 격변에서 비롯한 것이 모두 유실되지는 않았다. 소수 활동가들은 여전히 남아 있었고, 그들은 훨씬 더 소수인 나이든 혁명적 사회주의자들과 접촉했다. 이 생존자들은 보통 노동계급 운동의 언저리에 있었고, 그들은 유력한 정설들과 매우 힘든 사상 투쟁을 벌이는 것을 통해서만 살아남을 수 있었다. 이런 논쟁에서 자신의 주장을 고수하기 위해 그들은 단지 앞으로 나아가기만 한 것이 아니라 또한 스탈린주의가 득세하기 전 시기로, 즉 세계혁명의 거대한 물결이 고조된 1917~1923년으로 거슬러 올라갔다. 그래서 트로츠키와 로자 룩셈부르크의 사상을 부활시켰고(예컨대, 로자 룩셈부르크를 다룬 토니 클리프의 소책자*가 1959년에 처음 출판됐다), 레닌의 사상 가운데 스탈린주의자들이 결코 들먹이지 않은 부분들을 되살려 냈다.

그러나 두 정설 이데올로기의 대칭적 방법과 대결해야 했던 이 혁명가들에게는 뭔가 다른 것도 필요했다. 그것은 바로 정설 이데올로기의 근본적인 철학적 가정에 대한 도전이었다.

바로 여기서 루카치의 《역사와 계급의식》이** 결정적으로 중요한 구실을 했다. 이 책은 1923년에 처음 출판됐(고 스탈린 집권 기간 내내 거의 구할 수도 없었)는데, 노동계급의 자기해방 가능성을 자세히 설명했다. 그래서 1960년대 초의 기존 정설들뿐 아니라, 계급을 빠뜨린 채 인간 해방만을 이야기하는 모호한 주장(에리히 프롬 같은 일부 '마르크스주의적 인간주의자들'이 청년 마르크스의 사상을 그렇게 해석했다)과도 정반대였다.

———

* 국역: 《로자 룩셈부르크의 사상》(책갈피 2014).

** 국역: 《역사와 계급의식》(거름 1986).

《역사와 계급의식》은 읽기 쉬운 책이 아니(었)다. 그 책은 저자의 사상적 배경, 즉 독일 철학의 전통이라는 견지에서 노동계급의 자기해 방 가능성을 주장했다. 《역사와 계급의식》은 노동계급의 자기해방을 임박한 것으로 봤다는 의미에서 지나치게 단순했는데, 이것은 책을 쓸 당시의 시대정신이 반영된 결과였다(제1장이 루카치가 1919년 헝 가리 소비에트 정부의 지도자로서 연설한 내용이다). 공산주의인터내 셔널 1·2차 세계 대회[1919년과 1920년]에서 나온, 세계혁명이 임박했다는 주장이 바로 그 정신이었다(반면 3·4차 세계 대회[1921년과 1922년]에서 는 전략과 전술이 주로 논의됐다). 《역사와 계급의식》은 노동자들이 살아가는 힘겨운 물질적 현실(에서 그들의 해방적 활동이 성장해 나 온다는 점)을 도외시하는 경향이 있었다. 요컨대, 그 책은 계급의식을 낳는 구체적인 이데올로기적·물질적 투쟁을 도외시했다.[2]

그러나 이 모든 단점에도 불구하고 《역사와 계급의식》에는 지극히 중요한 메시지가 하나 있(었)다. 그것은 노동자들이 단지 역사의 객체 가 아니라 주체가 될 수 있다는 것이었다. 즉, 노동자들은 다른 어떤 계급과 어떤 엘리트도 결코 할 수 없는 방식으로 세계를 이해하고 변 혁할 수 있다. 그 책은 초기 공산주의인터내셔널 이후 오랜 시간을 뛰 어넘어, 스탈린주의로 왜곡되지 않은 마르크스주의를 찾으려고 애쓰 던 새 세대 혁명가들에게 보내는 강력한 철학적 메시지였다.

그 메시지가 항상 분명하게 받아들여진 것은 아니었다. 일부 사람 들은 그것을 사르트르의 실존주의나 메를로퐁티의 현상학과 혼동해 서, 아카데미즘으로 바꿔 버렸다. 다른 사람들은 《역사와 계급의식》 의 사상을 바탕으로 유용한 저작을 생산하기도 했지만, 그 뒤에는 자유주의적 개혁주의(예컨대, 알래스데어 매킨타이어³)나 종파적 불모성(예컨대, 클리프 슬로터⁴)으로 다시 미끄러지고 말았다. 그러나 적어도 당시 세대의 일부에게 《역사와 계급의식》은 진정한 혁명적 이론과 실천으로 나아가는 길을 열어 줬다. 그래서 옛 《인터내셔널 소셜리즘》 잡지가 1966년 《역사와 계급의식》의 일부 글들을 다시 출판하려 했던 것이다(우리는 "정통 마르크스주의란 무엇인가?"라는 글을 번역해서 인쇄했으나 저작권 위반 소송 위협 때문에 계획을 포기할 수밖에 없었다).

알튀세르의 '마르크스주의'

바로 이런 상황에서 루이 알튀세르가 무대에 등장했다. 《마르크스를 위하여》(1960년대 초에 프랑스에서 처음 출판된 글 모음집)와 《자본론을 읽는다》(1965)에서 알튀세르는 우리가 재건하고 있던 마르크스주의의 핵심적 기본 원칙들을 무너뜨리고 나섰다. 알튀세르의 저작들은 다음과 같이 주장했다.

(1) 마르크스주의는 인간이 어떻게 자신의 삶을 통제할 수 있는지에 관한 이론이라는 의미의 '인간주의'가 아니다.

(2) 마르크스주의는 노동자 운동이 투쟁 과정에서 사회를 의식하게 되면서 발전시키는 이론이 아니라, 알튀세르가 이해하는 물리학의 발전 방식과 똑같은 방식으로 발전하는 '과학'이다. 즉, 지식에 대한

관심에 의해서만 이끌리는 전문적 과학자 집단이 발전시키는 '과학'이다. 알튀세르에 따르면, 자본주의 사회에서 사는 인민 대중이 사물의 현상을 꿰뚫어 보고 체제의 본질적 구조를 파악하기는 불가능하다. 현상에서 추상을 하기 위해 '과학'을 사용하는 '이론가' 엘리트들만이 그런 인식을 할 수 있다. 대중이 이용할 수 있는 것은 과학 이전의 관념과 믿음의 체계인 '이데올로기'뿐이다. 심지어 대중이 사회를 뿌리째 뒤흔드는 투쟁을 벌일 때조차 그렇다. 오직 이론적 엘리트들만이 '이데올로기'를 넘어서 과학으로 나아갈 수 있다. 이 엘리트들은 대중에게는 '이데올로기'가 필요하다는 것을 알지만, 그들 자신은 그런 원시적 관념들을 꿰뚫어 볼 것이다.

(3) 이 엘리트가 도달하는 '과학'이 진리인지 아닌지는 대중의 실천과 그 '과학'의 관계에 의해 결정되는 것이 아니라, 순전히 과학 자체가 도달하는 진리의 기준과 그 과학이 얼마나 일치하는지에 달려 있다. 알튀세르에 따르면, 특정 이론이 진리인지 아닌지는 그 이론과 진정한 이론Theory(대문자 T로 시작됨에 유의하라)의* 관계에 달려 있다.

(4) 알튀세르에게 이론과 실천의 통일은 이론 자체의 발전을 (독자적 생산수단과 방법을 가진) 특수한 형태의 실천('이론적 실천')으로 볼 때만 타당하다.

(5) "물구나무서 있는" 헤겔을 바로 세워야 한다는 마르크스의 말은 오해의 소지가 있다. 마르크스의 변증법은 헤겔의 변증법과 완전히 다르다. 사회를 이해하는 열쇠는 사회를 단일한 통합적 힘에 의해

---

* "변증법적 유물론과 하나를 이루는 유물론적 변증법"을 말한다.

결속된 하나의 '전체'로 보는 데 있는 것이 아니라, 사회를 서로 다른 구조들(경제적·이데올로기적·정치적 구조 등)의 접합articulation*으로 보고 그 구조들이 모두 서로 다른 속도로 발전하고 보통은 서로 다른 시점에 위기에 빠진다고 보는 데 있다. '혁명적 위기'는 어떤 단일하고 근본적인 사회적 모순의 표현이 아니라 특수한 '정세'의 표현인데, 여기서 '정세'란 한 구조의 위기가 다른 구조들에서 동시에 일어난 위기에 의해 '중층결정'되는 때를 말한다. '역사유물론'은 어떤 '사회구성체'에서 어떤 시점에 서로 다른 구조들이 결합되는 방식에 대한 전문적 연구다. '변증법적 유물론'은 물리학이나 정신분석학만큼 서로 이질적인 여러 연구들의 바탕에 있는 과학적 방법에 붙인 이름일 뿐이다. 일단 이 점을 완전히 이해하고 나면, 헤겔의 변증법과 관련된 용어들('대립물의 통일', '양질 전이', '부정의 부정', '자유와 필연')은 모두 창 밖으로 던져 버려야 한다. 예컨대, 스탈린이 "마르크스주의 변증법의 영역에서 '부정의 부정'을 축출한 것은 그의 이론적 통찰력을 보여 주는 증거일 수 있다."[5] 역사유물론을 위해 헤겔의 문구들보다 훨씬 더 유용한 것은 마오쩌둥이 '주요' 모순과 '부차적' 모순을 구별한 것이다(그리고 각 모순은 또 '주요한' 측면과 '부차적' 측면이 있다).

(6) 알튀세르에 따르면, 많은 사람이 이런 점들을 파악하지 못한 이유는 마르크스 사상의 발전에서 분명한 '단절'이 있었다는 사실을 놓

---

* 두 마디가 맞붙어서 마치 하나처럼 움직이는 것을 가리키는 말로(분절·절합이라고도 한다), 마르크스가 《정치경제학 비판 요강》에서 생산·소비·분배·유통이 연결돼 있는 상태를 가리킬 때 사용한 독일어 Gliederung을 알튀세르가 articulation으로 번역한 데서 유래했다고 한다.

쳤기 때문이다. 마르크스는 청년 시절에 헤겔과 포이어바흐의 영향을 받아서 '인간의 소외', 즉 인간이 자기 활동의 산물에 지배당하는 것이 역사라고 이야기했다. 그러나 성숙한 마르크스는 이것이 완전히 터무니없는 생각임을 알게 됐다. 역사는 '소외된 인간 주체'의 표현이 아니라, 물리학의 법칙과 비슷한 법칙에 따라 작용하는 '주체 없는 과정'이다. 사회주의 사회를 포함한 모든 사회에서 인민 대중은 그런 법칙의 맹목적 객체일 것이고, 과학 이전의 이데올로기 때문에 그들은 실제로 무슨 일이 벌어지고 있는지를 파악하지 못할 것이다.

알튀세르의 주장인즉, 마르크스가 자신의 생각을 얼마나 많이 바꿨는지를 사람들이 흔히 놓치는데 그 이유는 마르크스가 초기 관점이 남아 있는 문구들을 흔히 후기 저작들에서 사용했기 때문이다. 그러나 우리가 마르크스의 텍스트를 '징후 발견적으로 독해'하면 그런 결정적 변화들을 분명히 알 수 있다는 것이다.

알튀세르에 대한 우리의 반응

혁명적 마르크스주의자들이 알튀세르의 주장에 노골적 적대감을 드러낸 것은 당연했다. 알튀세르의 주장이 받아들여졌다면, '아래로부터의 사회주의' 개념 자체가 끝장났을 것이다. 알튀세르가 거부한 것은 '마르크스주의적 인간주의' 대부분의 무기력이었을 수 있다. 그러나 그 거부는 왼쪽이 아니라 오른쪽에서, 즉 유력하고 득세하는 정설들 편에서 나온 것이었다. 신좌파에 대한 혁명적 비판과 알튀세르의 주장 사이에 공통점이 없는 것은, 오늘날 선진공업국 노동계급 투쟁이 침체하고 있다고 주장하는 토니 클리프의 이론과 "노동운동의 전진이 멈춤" 운운하는 에릭 홉스봄의 주장* 사이에 공통점이 없는 것과 마찬가지다.

알렉스 캘리니코스 같은 사람들이 오늘날 이 점을 이해하지 못하는 이유는 1960년대 초중반에 알튀세르가 명성을 얻게 된 상황을 잘못 해석하기 때문이다.

스탈린주의가 1956년의 혼란에서 회복되기 시작할 즈음인 1962년 [소련 공산당 서기장] 흐루쇼프는 소련 공산당 22차 당대회에서 스탈린 숭배에 대한 2차 공격을 개시했다. 중국 공산당 지도자들은 이 공격을 지지하지 않았다. 그들은 스탈린을 계속 칭송했고, 유고슬라비아와 이탈리아 공산당을 비난하는 척하면서 사실은 소련의 '수정주의'를 공격하기 시작했다. 중국은 흐루쇼프의 데탕트('평화공존') 호소에 반대하는 주장을 했을 뿐 아니라, 핵전쟁이 벌어지더라도 사회주의는 살아남을 수 있을 것이므로 핵전쟁은 큰 재앙이 아닐 것이라고 암시하기도 했다![6]

각국 공산당에서 스탈린 숭배 폐기를 분하게 여기는 사람들이 중국의 격렬한 비판을 호의적으로 바라보기 시작했고, 심지어 프랑스 공산당 지도자들처럼 소련이 세계 공산주의 운동을 지도하는 것에

---

* 홉스봄은 1978년 9월 영국 공산당 이론지 《마르크시즘 투데이》에 실린 글("멈춰 선 노동운동의 전진?")에서 "노동자와 노동운동의 전진은 … 이 나라에서 약 25~30년 전에 멈춘 것처럼 보인다"고 말했다.

이의를 제기할 생각이 전혀 없는 사람들조차 그랬다. 그와 동시에 다른 나라(특히 이탈리아) 공산당 지도자들은 새로운 의견 대립을 핑계로 소련에서 멀어지고 독립하려 했다(그리고 이것을 정당화하고자 낡은 이데올로기적 정설을 완화하고, 1956년의 '마르크스주의적 인간주의' 사상이나 부하린 같은 일부 올드 볼셰비키의 사상, 심지어 이탈리아 청년공산주의자동맹YCL의 경우에는 트로츠키의 사상조차 토론할 수 있도록 어느 정도 허용했다).

이탈리아 공산당의 뒤를 따른 사람들은 결국 유러코뮤니즘(소련과 관계를 끊은, 일국사회주의적 개혁주의)으로 이어지는 길을 따라 갔다. 이와 달리, 중국 공산당 쪽으로 기운 사람들은 더 강경한 것처럼 보였(지만 그들이 설파한 것은 더 강경한 스탈린주의였)다. 이들이 열정적으로 재천명한 것은 다음과 같은 스탈린주의 사상이었다. 첫째, 노동계급의 자기해방을 거부하기. 그래서 인류를 구해 줄 것은 여전히 합리적인 엘리트들이 철권통치를 하는 스탈린주의 일당독재라고 했다. 둘째, 당 지도부가 필요하다고 판단하면 계급 협력에 기꺼이 참여하기. 그래서 이것을 정당화하고자 스탈린 시대의 세계 공산주의 운동 저작들(예컨대, 인민전선을 주창한 게오르기 디미트로프의 저작)과 마오쩌둥의 《모순론》(1937년 일본에 맞서 국민당과 인민전선을 구축한 것을 정당화하고자 쓴 글)을 계속 들먹였다.

알튀세르의 초기 저작인 《마르크스를 위하여》는 이런 일반적 '친중국' 노선, 즉 이탈리아 공산당이 낡은 정설을 희석시키는 것에 맞서 그 정설을 강화하려는 노력의 일환이었다. 그와 동시에, 세계 공산주의 운동 내부의 논쟁 때문에 (1956년 나타나기 시작한) '이단들'로 가는 길이 열릴 '위험'에 대한 의식적 대응이기도 했다. 그래서 《마르크스를 위하여》에서 가장 격렬한 언사들 가운데 일부는, 코민테른 초기의 진정한 혁명적 공산주의에 의지했던 철학자들(루카치·코르쉬·그람시)의 '이론적 좌파주의'를 비판하는 것이었다.

알렉스 캘리니코스는 "알튀세르 자신과 스탈린주의의 관계라는 매우 복잡한 문제를 제쳐 두고" 싶어한다. 그러나 《마르크스를 위하여》나 《자본론을 읽는다》의 철학적 주장들과 1960년대 초 스탈린주의를 부활시키려는 노력 사이에는 분명한 연관성이 있었다.

'인간주의' 거부는 핵전쟁이 국제적 계급투쟁에서 타당한 전술이라고 생각할 용의가 있는 사람들에게 유용했다. 노동계급이 '이데올로기가 아닌' 과학적 인식에 이를 수 있음을 부인하는 것은 독재적인 스탈린주의 정당이 노동계급에 지령을 내린다는 개념과 딱 들어맞았다. 혁명은 인민이 단지 그 '담지자'[전수재]일 뿐인 이 사회 구조에서 저 사회 구조로 이행移行하는 문제일 뿐이라는 개념은 '혁명'이 단지 국가독점자본주의에서 관료적 국가자본주의로의 전환에 불과함을 뜻했다.

스탈린주의 관료에게 알튀세르의 사상이 특별히 매력적이지는 않았다는 것은 사실이다(그들은 십중팔구 알튀세르의 저작을 전혀 읽지 않았을 것이다). 알튀세르의 사상에 특별히 매력을 느낀 사람들은 '위로부터의 사회주의'에 동조하는 지식인들이었다.[7]

이들은 소련과 동유럽과 중국이 (노동자 권력의 요소가 전혀 없다는 것이 분명했는데도) '사회주의' 사회라는 상식적 견해를 알튀세르주의 덕분에 계속 받아들일 수 있었다. 알튀세르가 진정한 노동자 권력이라는 개념은 '좌파주의적 철학'의 오류임을 '입증'했기 때문이다.

더욱이, 알튀세르주의 덕분에 그들은 마르크스주의 운동이 전에 그 지식인 지지자들에게 요구했던 희생, 즉 노동자 운동이라는 실천에 참여하는 것을 굳이 하지 않고도 마르크스주의자를 자처할 수 있게 됐다. 왜냐하면 이제 '이론적 실천' 자체가 독자적 활동이었고, 그것을 오염시켜 훼손할 수 있는 것은 노동자들의 생각을 필연적으로 혼란시키는 '이데올로기'밖에 없기 때문이다.

더욱이, '이론적 실천'은 다른 학술적 환경과 분리되거나 그런 환경을 거부할 것을 요구하지 않는 활동이었다. 이제 마르크스주의의 방법은 정신분석학의 방법이나 특정한 사회인류학 학파의 방법, 구조주의 언어학이나 심지어 미국 사회학의 방법과도 다르지 않게 됐으므로, 괜히 이런 방법들에 맞서 싸우느라 자신의 학술 경력을 위태롭게 만들 필요도 없었다.

알튀세르주의는 이렇게 특별한 지식인 계층에 매력이 있었기 때문에, 그것이 생겨난 배경이었던 1960년대 초의 네오스탈린주의 부활이 종말을 고했을 때도 살아남을 수 있었다. 문화혁명으로 (한동안) 스탈린주의의 마오쩌둥주의 버전이 흔들리기도 했고, [1968년 봄] 체코 사태를 보며 프랑스 공산당이 잠시 유러코뮤니즘 진영으로 기울기도 했고, 프랑스의 1968년 5월이 진정한 혁명적 마르크스주의에 새로운 생명을 불어넣기도 했지만, 계급투쟁과 분리된 '이론적 실천'을 통해 성공적으로 학술 경력을 쌓는 것은 이런저런 형태의 위로부터 사회주의 동조자들에게 계속 매력적으로 느껴졌다.

진정한 마르크스주의자들이라면 이런 이론적 유행에 맞서 싸워야 했다. 우리는 다음과 같은 것을 주장해야 했다. 이론과 실천의 통일,

노동계급이 허위의식에서 자기의식으로 나아갈 수 있음, 노동자 투쟁이 세계에 대한 과학적 인식의 발전에 기여했음, 사회주의는 노동계급의 자기해방이라는 점 등. 또, 노동계급은 자신을 해방시켜서 인류의 미래를 보장할 수 있는 유일한 세력이라고 주장해야 했다. 요컨대, 우리는 알튀세르의 주장을 낱낱이 반박해야 했다.

이것은 '이론을 발전시키기'나 비판적 사상을 귀담아듣기를 거부하는 그런 문제가 아니었다(캘리니코스는 그렇게 생각하는 듯하지만 말이다). 그것은 이론적 반혁명에 맞서 싸우는 문제였다. 1956년 스탈린주의 이론에 맞선 '마르크스주의적 인간주의'의 혁명이 불완전했다는 것은 사실이지만, 그렇다고 해서 반혁명이 덜 위험해지는 것은 결코 아니다. 그렇다면 우리는 구체적으로 무엇을 주장했는가?

알튀세르에 대한 혁명적 비판

(1) 마르크스주의는 어떤 의미에서 인간주의다. 마르크스주의는 어떻게 (호모 사피엔스라는) 특정한 동물이 엄혹한 자연에 맞서 스스로 생계를 꾸리려고 노력하는 과정에서 다른 인간들과 서로 협력해 사회를 만들어 내(면 그 사회가 인간이라는 종種의 삶을 지배하게 되)는지를 설명해 준다. 이런 식으로 다양한 형태의 경제적·사회적 조직들이 생겨나고 (역사의 어떤 시점을 넘어서면) 계급과 국가가 생겨난다.

알튀세르가 인간주의를 거부한 것의 바탕에는, 역사의 '주체'가 될 수 있는 특정한 '인간 본성' 따위는 존재하지 않는다는 생각이 깔려 있다. 그러나 그런 주체는 역사의 초기에 (독특한 방식으로 나머지 자연과 상호작용하는) 생물학적 종이라는 형태로 존재한다. 바로 이 주체가 자연을 상대로 노동하는 방식에 따라 엄청나게 다양한 사회들이 발전하는 방식, 그리고 각 사회에서 다른 '인간 본성'이 나타나는 방식이 결정된다.

(인간의 노동이라는) 단일한 통합적 과정으로부터 가장 복잡하고 정교한 문명들이 생겨난다. 알튀세르가 말하는 복잡한 구조들은 오직 이 원초적 상호작용에서 발전해 나온 것으로써 설명할 수 있다. 이 것이 마르크스가 말한 토대와 상부구조의 의미다. 즉, 인간과 자연의 상호작용에서 일어난 변화들이 기존의 인간관계('생산관계')를 짓누르게 되고 그러면 새로운 관계, 새로운 계급, 새로운 이데올로기 등이 생겨난다는 것이다.

역사의 오랜 시기 동안 '통합적' 주체는 사라진다. 이것을 '불균등 발전' 국면이라고 부를 수 있다. 즉, 다양한 사회들이 다양한 경로를 따라서 (정도의 차이는 있겠지만) 상호작용하면서도, 서로 독립적으로 발전할 수 있다.

하지만 이 국면은 상품생산과 그 뒤 자본주의가 성장하면 더는 지속될 수 없다. 왜냐하면 이제 몇몇 사회들이 생산력 발전 덕분에 다른 모든 사회들을 약화시킬 수 있게 됐기 때문이다. 이제 불균등 발전은 결합된 불균등 발전이 된다.[8] (이 개념을 스탈린주의 전통과 알튀세르는 거부한다. 그들은 오직 불균등 발전만을 본다.) 자본주의는 세계 체제를 향해 가차없이 전진한다.

그 과정에서, 통합적 주체가 다시 만들어진다. 왜냐하면 체제의 아래 부분에 있는 계급[노동계급]을 규정하는 요인이 그 특수한 속성(물리적 성질, 문화, 숙련 기술, 특정 형태의 노동)이 아니라, 주위 환경에 작용할 수 있는 추상적·생물학적 인간의 능력, 즉 일할 능력인 노동력의 소유이기 때문이다.

바로 이런 노동자들의 활동이 체제라는 거대한 건축물 전체를 만들어 낸다. 이제 그들의 삶을 지배하는 것은 적대적 환경을 받아들이려고 애쓰는 인간 노력의 어떤 필연적 산물이 아니라, 그 환경을 점차 정복한 노동의 산물이다.

그러나 이 거대한 건축물을 만들어 낸 노동자들은 흔히 단순한 생물학적 필요(무엇보다 자연에 맞서 싸울 동기를 부여하는 것)조차 충족시킬 수 없다(사회가 발전하면서 생겨나는 새로운 필요는 말할 것도 없고 말이다). 노동계급은 자기 활동의 산물에 의해 지배를 받는다. 그러나 노동계급만 그러는 것은 아니다. 왜냐하면 자본주의 사회의 전진 과정은 인류 전체의 미래를 위협하기 때문이다. 청년 마르크스가 썼듯이, 자본가들은 "소외에서 행복을 느끼고" 기존 사회를 보존하고자 투쟁하겠지만, 인류 전체는 자본가들이 패배하면 득을 볼 것이다.

마르크스주의를 인간주의라고 한다 해서 곧 계급투쟁을 부정하는 것은 아니다(알튀세르와 사회주의적 인간주의자들은 모두 그렇게 주장하지만 말이다). 마르크스주의가 어떤 점에서 인간주의라는 말의 진의는, 자신을 해방시켜서 인류 전체를 해방시키는 노동계급의 핵심적 구실을 강조하는 것이다.

(2) 사회에 대한 인식으로서 마르크스주의는 노동계급의 투쟁과 긴밀하게 접촉할 때만 발전할 수 있다.

자본주의 사회의 다른 계급 사람들은 자본주의 사회의 구조를 밖에서만 볼 수 있다. 그들은 인간 노동의 산물을 오직 사물로만 볼 수 있다. 그들은 인간의 생산 활동의 성격을 파악할 수도 없고, 그것이 생겨나게 된 역사적 발전 과정도 파악할 수 없다. 그들은 기껏해야 사회의 부분적 측면들만을 볼 수 있을 뿐이고 그 전체적 발전은 볼 수 없다.

더 정확히 말하면, 그들은 자본가계급이 일단 사회의 지배권을 장악하기 위한 투쟁을 완수하고 나면 필연적으로 사회의 이런 전체적 발전을 못 보게 된다. 사회의 지배권을 장악하려고 투쟁하던 초기에 산업 자본가계급은 기존 사회 구조를 변화시키는 활동에 참여했고, 이런 실천을 바탕으로 사회에 대한 통찰을 발전시키기 시작했다. 그래서 애덤 스미스와 데이비드 리카도 같은 사상가들은 표면적 현상을 받아들이는 것(마르크스가 사물의 '표층'에 대한 연구라고 부른 것)을 넘어, 현상의 밑에 있는 인간 활동의 과정을 이해하려고 노력(마르크스가 '심층적', 즉 과학적 정치경제학이라고 부른 것)해야 했다. 그러나 일단 자본가계급의 실천이 단순히 기존 사회의 일상을 유지하는 것이 되면 그들에게 그런 과학적 지식은 더는 필요하지 않고, 실제로는 그런 지식이 어떤 것인지조차 파악할 수 없다. 왜냐하면 자본가계급이 현실과 맞닥뜨렸을 때 과학적 지식의 개념은 현실과 크게 동떨어지기 때문이다.

노동자들도 보통 때는 현실에 대한 부르주아적 설명을 받아들인다. 그러나 투쟁이 벌어지면, 노동자들의 눈을 가리고 있던 베일이 벗겨지기 시작한다. 예컨대, 노동시간을 둘러싸고 투쟁하는 노동자들은 기존 사회의 부를 생산한 것이 자신들의 노고였음을 깨닫기 시작한다. 그들은 착취의 본질을 이해하고 자본주의의 근본적 성격을 파악하기 시작한다.

노동자들이 자신의 처지를 의식하고 따라서 자본주의 사회 전체의 본질을 의식하게 되는 이런 변화는 자동적이지 않다. 새로운 사상은 노동자들의 생각을 여전히 혼란시키는 낡은 개념들과 투쟁해야 한다. 그리고 이 투쟁은 사태를 더 분명히 보기 시작한 노동자들과 그러지 못하는 노동자들이 양극화하는 형태로 나타난다. 완전히 명료한 이해는 오직 [유기적] 지식인들(노동계급 소속이든 아니면 마르크스·엥겔스·레닌·룩셈부르크 등처럼 다른 계급 소속이지만 노동자 운동 쪽으로 이끌린 사람들이든)이 등장해서, 노동자들이 투쟁을 통해 얻은 약간의 진실들을 나머지 낡은 생각들에서 '정제해' 내어 그것들을 일부 자본가계급이 얻은 참되지만 부분적인 통찰들과 통합할 때만 가능해진다.

추상화 과정 덕분에 마르크스주의는 사물의 현상을 뚫고 들어가서 근저에서 작용하는 실제 힘들을 파악할 수 있었다. 이런 추상화 과정은 노동자들이 실제 투쟁 속에서 표면적 현상을 꿰뚫어 보기 시작할 때 비로소 시작될 수 있다. 그러나 그 과정은 노동계급이 혁명적 지식인들을 배출해 독자적 혁명 이론을 발전시킬 때야 비로소 완료될 수 있다. 이런 식으로 이론과 실천을 한데 묶는 열쇠는 혁명적 정당이다.

일단 이 점을 완전히 이해하고 나면, 어떻게 노동계급이 투쟁을 통해 스스로 지배계급의 이데올로기에서 자유로워질 수 있는지를 알 수 있다. 그러나 이 점을 알튀세르주의자들은 이해하지 못한다. 그 때문에 그들은 노동자들이 '이데올로기'의 영역에서 벗어날 수 없다고 주장할 수밖에 없는 것이다.

(3) 이론과 실천의 이런 통일을 깨뜨리려는 시도는 결국 고전적 부르주아 철학을 괴롭힌 온갖 모순에 직면하게 된다. 무엇보다, 사고와 실재reality가* 어떤 관계인가 하는 문제를 해결할 수 없다.

마르크스는 〈포이어바흐에 관한 테제〉에서 그동안 철학에는 양대 경향이 있었다고 지적했다. 하나는 인간의 감각과 사고 밖에 있는 세계를 인정한다는 의미에서 유물론이었다. 그러나 유물론은 곧 문제에 부딪혔다. 우리와 세계의 접촉이 모두 인상[감각]을 통한 것이라면, 세계에 대한 우리의 인상이 옳다는 것을 어떻게 검증할 수 있는가?

일부 유물론 철학자들(예컨대, 존 로크)은 세계에 대한 인상을 외부 실재와 '닮은' 것과 닮지 않은 것으로 구분하려 했다.** 그러나 이 방법은 매우 자의적일 가능성이 컸고, 기존의 이데올로기와 맞는 것을 '실재'로 받아들이기 쉬웠다. 분명히 그것은 기존의 선입견에 도전하는 과학적 관점을 발전시키는 기초가 될 수 없었다. 다른 철학자들(예컨대, 데이비드 흄)은 우리가 확실히 알 수 있는 것은 아무것도 없

---

* reality는 맥락에 따라서 현실이나 실재로 번역했다.

** 로크는 "사물의 1차 성질[부피·형태·운동·수량 등 객관적 성질]에 대한 관념은 그것들의 닮은꼴이고 실제로 사물 자체 속에 그 원형이 존재하지만, 2차 성질[색깔·소리·맛·냄새 등 주관적 성질]에 의해 산출되는 관념은 닮은꼴이 전혀 존재하지 않는다"고 주장했다.

고, 우리가 진실이라고 생각하는 것은 사실 우리 자신의 심리적 성향의 산물이라는 결론을 내렸다. 또 다른 사람들(예컨대, 조지 버클리)은 지식을 설명하기 위해 근본적으로 종교적인 개념으로 되돌아갔다. 신이 우리의 지각을 만들어 준다는 것이었다.

유물론자들의 진리 '대응'설은 기존 사회에 널리 퍼진, 인간의 인상에 대한 상식적 해석에 이의를 제기하는 사람이 아무도 없었을 때는 유효한 듯했다. 그러나 누구든지 비판적 판단을 하기 시작하는 순간 진리 대응설은 무너지고 관념론이나 회의론으로 대체됐다.

철학의 둘째 경향은 '관념론'이었다. 이 전통의 철학자들은 진리에 이르는 열쇠가 인간의 이성에 있다고 주장했다. 확실한 기본 원리에서 이끌어 낼[연역할] 수 있는 관념은 모두 참이고 그럴 수 없는 관념은 모두 거짓이라는 것이었다. 따라서 실재와의 일대일 대응이 아니라, 우리 관념의 논리적 정합성[일관성]이 진리 검증의 기준이었다. 그렇다고 해서 이 철학자들이 모두 외부 세계의 존재를 부인한 것은 아니었다. 그러나 그들은 외부 세계 자체(또는 적어도 외부 세계의 가치 있는 요소들)를 어쨌든 사고의 산물(이나 사고와 일치하는 것)로 보는 경향이 있었다. 물질적인 것에 관한 우리의 인상은 관념(인간의 관념이든 신의 관념이든)에 근거한다는 것이다.

그러나 이 견해는 많은 문제를 낳았다. 독일 철학자 칸트가 보여 줬듯이, 간단한 '제일 원리'에서 정반대의 관념들(칸트가 '이율배반'이라고 부른 것들)을 연역해 내기는 매우 쉬웠다. 그러나 관념의 영역에서 정합성을 추구하는 것만으로는 곧바로 모순에 빠진다.

〈포이어바흐에 관한 테제〉에서 마르크스는 유물론적 진리 '대응'설과 관념론적 진리 '정합'설은 모두 일면적이기 때문에 부족하다고 말한다. 유물론적 견해는 올바르게도 인간이 물질 세계의 일부라고 본다. 그러나 그 견해는 물질 세계에 대한 우리의 지식이 과연 올바른지를 판단하는 기준을 결코 제시하지 못한다. 우리가 물질 세계와 맺는 관계를 순전히 수동적이고 관조적인 것으로 생각하기 때문이다. 주위 세계에 대한 인상이 남으면 우리의 두뇌는 어떻게든 그런 인상을 이해해야 한다는 것이다.

이와 달리 관념론은 외부 세계가 독립적으로 존재한다는 것을 부인하는 경향이 있기 때문에 부족하다. 그러나 관념론이 전통적 유물론보다 나은 점이 하나 있다. 인간의 사고가 능동적 구실을 한다는 것을 안다는 점이다. 즉, 관념론은 인간의 사고가 실재에 개입한다는 사실을 이해한다.

마르크스는 유물론이 자체의 문제들을 극복하려면 이 능동성이라는 요소를 유물론 사상 안으로 통합시켜야 한다고 했다. 인간과 세계의 관계를 관조적인 것이 아니라 실천적인 것으로 이해해야 한다는 것이다. 인간이 세계에 관한 어떤 생각이 참이고 거짓인지를 파악할수 있는 이유는 실천 속에서 세계를 변화시키는 데 참여하기 때문이다. 무엇보다, 계급의 혁명적 행동이야말로 그 계급으로 하여금 진리에 다가갈 수 있게 해 준다. 왜냐하면 기존 현실의 모든 것에 실천적으로 도전할 때, 기존 현실에 관한 모든 사상을 검증할 수 있기 때문이다. 마르크스는 다음과 같이 썼다.

인간의 사고가 객관적 진리를 파악할 수 있는지 없는지는 이론의 문제가 아니라 실천의 문제다. 인간은 진리를, 즉 자신의 사고가 현실적이고 힘이 있고 현재적이라는 점을 실천 속에서 입증해야 한다. 실천과 괴리된 채 사고가 현실적인지 그렇지 못한지를 따지는 것은 순전히 학술적인 태도다. … 사회 생활은 다 본질적으로 실천적이다. 이론을 수수께끼처럼 만드는 모든 불가사의의 분별 있는 해답은 인간의 실천과 이 실천에 대한 이해에서 발견된다.

알튀세르는 이 말을 받아들이지 않을 것이다. 그는 〈포이어바흐에 관한 테제〉의 중요성을 깎아내린다. 알튀세르는 다음과 같이 주장한다. 마르크스는 이른바 인식론적 '단절기'에, 즉 자신의 사상을 분명히 확립하기 전에 그 글을 썼다. 결과적으로 〈포이어바흐에 관한 테제〉는 '수수께끼들'이다. 성숙한 마르크스는 진리가 혁명적 실천에 바탕을 둔 것이 아니라 '이론적 실천'에, 즉 과학자들이 독자적 방법으로 작업한 결과에 바탕을 둔 것이라고 봤다. 그러나 알튀세르의 이런 주장 때문에 알튀세르 학파는 전통적 철학과 관련된 온갖 문제에 부딪힌다. 알튀세르는 '관조적 유물론'의 진리 대응설에서 출발한다. 그러나 그렇다면 '참된' 인상과 '거짓' 인상을 구별할 수 있는 어떤 기준을 발견해야 한다. 알튀세르는 다음과 같이 말한다. 진정한 이론(대문자 T로 시작되는 Theory임을 기억하라)이 답을 줄 것이다. 그러면 우리는 세계에 관한 기존 개념들을 가공해서 더 발전된 개념들을 발전시킬 수 있을 것이다. 이론이 이론 자체를 입증하게 된다.

그러나 이것은 참된 인상과 거짓 인상을 어떻게 구별할 것인가 하는 문제를, 참된 이론과 거짓 이론을 어떻게 구별할 것인가 하는 문제로 바꿔치기할 뿐이다. 우리는 모든 관념론적 진리 '정합'설의 오래된 문제로 되돌아오는 셈이다. 즉, 제일 원리에서 논리적으로 발전해 나온 하나의 세계관이 똑같은 방식으로 발전해 나온 다른 세계관보다 더 나아야 하는 이유는 도대체 무엇인가?

알튀세르의 견해에서 조금만 더 나아가면, 서로 다른 많은 '이론적 담론'(마르크스주의 담론, 페미니즘 담론, 정신분석학 담론 등)이 모두 똑같이 타당하다고 보게 될 것이다(심지어 프랑스의 일부 옛 알튀세르주의자들처럼, 어떤 이론도 타당하지 않다고 보는 견해로 나갈 수도 있다). 알튀세르는 〈포이어바흐에 관한 테제〉를 폐기하는 바람에, 유물론에서 관념론을 거쳐 완전한 주관주의로 미끄러지고 만다!

(4) 마르크스의 변증법이 헤겔의 변증법을 '뒤집어 놓은' 것으로 볼 수 없다는 알튀세르의 주장은 앞의 주장들과 연결돼 있다. 독일 철학자 헤겔은 칸트가 이미 지적한 기존 철학의 모순들을 해결하려고 노력하는 과정에서 다음과 같은 세 가지 핵심을 파악했다.

첫째, 선행하는 각각의 세계관에 포함된 모순들은 다른 세계관 속으로 흡수되고 해소됐다.

둘째, 특정 세계관이 우세한 것은 특정 시기에 사람들이 갖고 있는 일반적 관념들과 관련 있었다. 그래서 철학의 역사는 실제로는 인간 사회를 좌우하는 관념들의 변천사를 살펴보는 하나의 방식이었을 뿐이다. 그것은 특정한 관점에서 본 역사였다. 철학의 모순들은 인간이 처한 현실의 모순들이었다.

셋째, 이 모순들은 상황의 점진적 발전(양적 변화)만을 낳는 것이 아니라, 상황이 완전히 바뀌는 급격한 단절(질적 변화)도 낳는다. 그러면 새로운 관념들이 낡은 관념들을 대신하게 된다. 특정한 사회 속에서 성장하고 그 사회의 제약을 받으며 특정한 방향으로 떠밀리던 인간들이 이제 사회에 반작용하면서 정도의 차이는 있지만 사회의 모순들을 의식하고 사회를 개조해 나간다.

사회 변화의 이런 특징들을 일컬어 때때로 '변증법의 법칙들'(약간 오해의 소지가 있는 표현이다)이라고 했는데, 대립물의 통일, 양질 전이, 부정의 부정이 그것이다.

마르크스가 헤겔의 변증법을 뒤집었다는 것은, 헤겔이 순전히 지적 과정으로만 이해한 다양한 사상 체계의 연속(헤겔이 정신의 발전이라고 일컬은 것)이 사실은 인간이 처한 물질적 환경에서 비롯함을 주장했다는 것이다. 그래서 인간은 그런 물질적 환경에 상응하는 모종의 사회 활동(노동, 국가·사유재산·가족의 형성, 계급의 분화 등)을 하게 됐고, 그 과정에서 인간이 세계를 보는 방식이 형성됐다.

하나의 세계관이 다른 세계관으로 대체되는 방식은 순전한 지적 발전의 문제가 아니다. 오히려 각각의 세계관은 사회의 특정 집단이나 계급이 현실을 보는 한정된 관점과 상응한다. 하나의 관점이 다른 관점으로 바뀌는 일은, 서로 다른 사회집단이나 계급이 사회를 지배하기 위한 상호 투쟁의 일환으로 나머지 사회집단이나 계급에 자신의 세계관을 강요하려 할 때 일어난다.

그래서 17세기 말 영국 철학자 존 로크의 '관조적 유물론'은, 사회의 물질적 생산과정을 점차 지배하고 사회의 전반적 이데올로기를 그런 지배에 맞게 조금씩 바꾸려 하는 계급[자본가계급]의 필요와 거의 들어맞음을 알 수 있다. 그 계급은 사상과 물질적 생산이 일치하는 것이

'진리'라고 본 것이다.

이와 달리 관념론은 당시 자본가들이 아직 중간계급이어서 경제적으로 우세하지 않은 사회들에서 우세한 경향이 있었다. 영국의 뒤를 따라 자본주의 생산을 발전시키고 싶어한 사람들은 물질적 현실을 완전히 개조할 방법을 생각해 내야 했다. 그래서 관념이 나타내는 '진리'에 들어맞도록 세계를 바꿔야 한다고 강조했다.

헤겔은 그런 다양한 견해들을 통합해서 인간의 발전에 관한 전체적이고 일관된 견해(비록 관념론이었지만)를 만들어 냈다. 헤겔이 그럴 수 있었던 이유는 자본가계급이 서유럽 각국에서 자신들의 지배력을 강화하고 있던 바로 그 시대에 살았기 때문이다. 그가 저술 활동을 하고 있을 때 프랑스 혁명군은 유럽 대륙을 휩쓸었고 산업혁명은 영국을 완전히 변모시키기 시작했다. 헤겔은 절정에 달한 부르주아 혁명의 철학자였다.

그러나 이 절정은 불완전한 절정일 수밖에 없었다. 자본가계급은 사회 지배권을 차지하기 위해 옛 지배계급들에 도전했을 때, 자본가계급 자신의 지배를 포함해서 모든 계급 지배에 도전하도록 도시 빈민들을 부추기게 됐다. 극심한 두려움에 질린 자본가계급은 재빨리 옛 지배계급들과 타협했다. 그래서 프랑스 혁명은 황제[나폴레옹]가 옛 종교와 옛 귀족을 (필요하다면 강제로라도) 꼭 껴안은 것에서 '절정에 달했고', 독일 자본가계급은 프로이센 왕정의 망토 아래서 권력을 향해 느릿느릿 기어갔으며, 이탈리아 자본가계급은 자기 대신 국왕이 나라를 통일하도록 허용했다.

실천에서 그랬으므로 철학에서도 그래야 했다. 헤겔은 자본가계급이 권력을 잡기 위해 투쟁할 때 부르주아 사상가들이 파악한 다양한 부분적 진리들을 하나로 합쳤다. 물론 종교적이고 신비스러운 방식으로 그렇게 했다. 그의 변증법은 나폴레옹 보나파르트 군대의 철학적 대응물이었다. 둘 다 부르주아 혁명을 진척시켰지만, 그 혁명이 구질서의 보수성과 타협하도록 안내했다.

"물구나무서 있는 헤겔을 바로 세운다"는 마르크스의 말은, 이 부분적 진리들을 통합하려는 헤겔의 노력을 신비주의나 종교와의 타협에서 해방시킨다는 뜻이었다. 그것은 더한층의 역사적 변화를 결코 두려워하지 않는 새로운 혁명적 계급, 즉 노동계급의 관점에서 "헤겔을 읽는다"는 것을 뜻했다. 그러면 모순은 자본주의 사회 내부의 모순이 된다. 양질 전이는 부르주아 사회 자체가 (스스로 통제하지 못하는) 새로운 요소들을 만들어 내는 방식이 된다. 부정의 부정은 자본주의 생산이 새로운 계급을 창출하고 바로 그 계급은 자본주의 생산에 혁명적으로 반작용할 수밖에 없다는 것이 된다. 그 계급의 행동을 이해하려면 자본주의 안에서 그들이 처한 조건들을 봐야 하지만, 그 계급도 자신이 처한 조건들을 이해하고 사회와 자신을 모두 변화시키려고 의식적으로 노력하게 된다.

바로 이런 관점 덕분에 레닌은 "헤겔을 유물론적으로 읽고자 노력하고 있다"고 쓸 수 있었다. "그 말은 내가 신·절대자·순수이념 등을 대부분 내버린다는 것이다." 알튀세르주의자들은 이 말을 결코 이해할 수 없다(캘리니코스에 따르면, 레닌의 독해 방식이 뜻하는 바는 "변증법에서 헤겔의 특징적 요소를 모두" 제거한다는 것이다. 캘리니코스는 헤겔 사상이 낡은 지배적 사상과 타협한 요소들을 제거할 때만 그 혁명적·변증법적 성격이 전면에 드러난다는 점을 이해하지 못한다).

알튀세르주의자들은 헤겔의 "신비한 껍질" 속에 숨겨진 "합리적 알맹이"를 파악하려는 노력이 모두 "헤겔적 마르크스주의"라고 말한다. 그런 노력을 하는 사람이 마르크스든 레닌이든 아니면 코르쉬와 루카치 같은 '철학적 좌파주의자'든 간에 말이다. 알튀세르주의자들이 실제로 거부하는 것은 혁명적 마르크스주의, 아래로부터의 사회주의다.

헤겔의 사상은 아래로부터 사회주의가 발전하는 과정에서 중요한 구실을 했다. 왜냐하면 헤겔의 사상은, 자본가계급이 혁명적 계급이었을 때 낡은 사회를 실제로 분쇄하고 그래서 역사에 관한 진리를 발견하면서 발전시킨 사상들을 비록 신비한 형태로나마 종합한 것이기 때문이다. 혁명적 노동자 운동은 권력 장악에 이르는 자신의 길을 이해하고 싶다면, 이런 사상들을 이어받아 신비주의를 벗겨내고 자신만의 실천적 발견을 바탕으로 그 사상을 탈바꿈시켜야 한다.[9]

바로 그것이 마르크스주의에는 세 가지 원천과 구성 요소(독일 고전 철학, 영국 정치경제학, 프랑스 사회주의)가 있다는 말의 의미다. 이 셋의 융합 속에서 각각의 한계들이 극복된다.

그 종합 과정에서 헤겔의 변증법 개념은 변화를 겪게 된다. 그러나 중요한 요소들은 여전히 적절하다. 특히 알튀세르가 폐기하고 싶어하는 개념, 즉 전체(성) 개념은 더 그렇다.

헤겔은 특정 사회는 모두 지배적 이념에 의해 결속돼 있다고 봤다. 사회의 나머지 측면들은 이 특정 이념의 표현이라는 것이다. 그래서 때때로 이것을 '표현적 전체'라고 부른다. 변화를 불러일으키는 것은 이 이념 내의 모순이라는 것이다.

물론 마르크스주의적 유물론은 이런 견해를 거부한다. 그러나 그와 동시에 헤겔이 왜 그렇게 생각할 수 있었는지도 이해한다. 부르주아 사회에는 다른 모든 것을 받쳐 주는 뭔가가 있다. 그 뭔가는 바로 상품생산, 특히 노동력이라는 상품의 존재다. 자본주의의 노동 착취는 그 전에 존재하던 모든 사회 형태를 해체해서 단일한 자본주의 세계의 요소들로 변화시킨다. 감지할 수 있는 대상은 모두 단일한 통합적 실체(추상적 노동)의 표현으로 끊임없이 환원된다. 불균등성의 요소는 모두 불균등성의 다른 모든 요소와 끊임없이 결합해서 세계시장이라는 전체를 형성한다. 그리고 이것의 근저에는 자본주의적 노동 착취라는 단일한 과정이 있기 때문에, 일단의 모순들(이윤율 저하 등)이 생겨나서 결국은 자본주의 사회 전체를 혁명적 위기로 끌고 간다.

사실 헤겔의 '표현적 전체'는 실제의 전체를 보는 신비한 방식이다. 실제의 전체는 서로 다른 수많은 구체적 노동 행위가 끊임없이 추상적 노동으로 환원되고 있는 세계 체제, 그래서 필연적으로 폭발적 모순들을 발생케 하는 과정이다.

물론 그 모순들 자체는 구체적 상황 속에서 작용한다. 자본주의는 지리적 위치나 원료 등이 서로 다른 다양한 전前자본주의 사회들에 영향을 미친다. 그래서 서로 중요한 차이가 있는 자본주의 사회들이 생겨난다. 자본주의의 위기들은 체제의 모든 부분을 똑같은 시기에 정확히 똑같은 영향을 미치며 타격을 주지 않는다. 발전은 불균등하다. 그러나 그것은 결합된 불균등성, 즉 각 사회의 기저를 이루는 상품 생산이 세계 체제의 일부가 되는 방식으로 결합되는 그런 불균등성이다. 트로츠키가 1928년 부하린과 스탈린을 강력하게 비판하며 지적했듯이, 불균등 발전만을 이야기하는 것은 (특히 제국주의 시대의) 자본주의와 전자본주의 사회들을 구별해 주는 바로 그 요인을 무시하는 것이다.

그러나 바로 이것이 사회를 각국 안에서 서로 다른 속도로 발전하는 서로 다른 구조들의 접합으로 보는 알튀세르가 하고 있는 일이다.

알튀세르가 '전체(성)' 개념을 폐기하는 이유는, 그것이 '좌파주의적' 세계혁명을 전망하게 만든다고 보기 때문이다. 그런 혁명 개념은 알튀세르가 스탈린과 마오쩌둥한테서 공산주의 전략의 기초라고 배운 계급 동맹과 전혀 어울리지 않는다. 그러나 전체(성) 개념을 폐기할 때 그는 자본주의를 세계 체제로 이해하는 마르크스주의의 인식에서 가장 중요한 뭔가를 놓치고 있는 것이다.

(5) 마지막으로, '청년' 마르크스와 '성숙한' 마르크스 사이의 '단절' 문제가 있다. 1960년대 중반, 알튀세르주의에 반대한 사람들은 그런 분명한 단절은 존재하지 않는다는 점을 입증하려고 많은 노력을 기울였다. 다행히도, 이제 그런 노력은 필요하지 않다. 왜냐하면 알튀세르주의자들이 결국 스스로 견해를 바꿔야 했기 때문이다. 이미 1965년 저작 《마르크스를 위하여》의 머리말에서 알튀세르는 자신이 생각하는 '단절'이 1857년에야 비로소 완료됐다고 했다. 따라서, 예컨대 《공산당 선언》은 완전히 성숙한 마르크스의 저작이 아니라는 것이다! 그리고 그다음 저작인 《자본론을 읽는다》에서 알튀세르의 공저자인 자크 랑시에르는 《자본론》 자체에 "서로 다른 두 구조가 있다"고 주장한다. 그래서 "마르크스는 계속해서 실체적 주체의 소외를 본떠서 자본주의 관계들의 소외Entfremdung를 생각하는 경향이 있다."[10] 따

라서 비록 "우리는 단절을 규정할 수 있지만 … 마르크스 자신은 '결코 진정으로 그런 차이를 파악하고 개념화한 적이 없다." 다시 말해, '단절'은 알튀세르주의자들이 마르크스에게 부과했다는 것이다!

사실, 그런 [단절] 개념을 전혀 사용하지 않고도 마르크스 사상의 발전을 추적하기는 매우 쉽다. 1840년대 초쯤 마르크스는 포이어바흐 추종자였다. 포이어바흐는 헤겔이 종교적 관념과 그 밖의 관념들이 사회를 지배하고 있다고 봤지만 그런 관념들 자체는 인간의 유적 존재(즉, 인간 본성)의 산물일 뿐이라는 사실을 파악하지 못했다고 비판했다. 마르크스는 포이어바흐의 이런 비판을 공개적으로 지지했다. 그러나 그 뒤 1844년 마르크스는 포이어바흐가 사용한 방법을 이용해서 포이어바흐를 비판하기 시작했다. '유적 존재' 자체가 인간이 역사 속에서 하는 활동의 산물이라는 것이었다. 인간은 자연을 상대로 사회적 노동을 하는 과정에서 스스로를 창조했다. 인간의 소외는 스스로 통제할 수 없는 구조를 만들어 낸 동물[인간]의 소외만은 아니었다. 그 구조를 만들어 내면서도 구조에 맞서 저항하는 과정에서 수많은 온갖 다양한 방식으로 자신을 변화시키는 동물의 소외이기도 했다.

그 뒤의 마르크스 저작들을 보면 초기 사상의 발전, 심화 그리고 역사화-historicising는* 있었지만, 초기 사상을 전면적으로 거부하는 급격한 단절은 결코 없었다.

알튀세르에 대한 이런 비판은 당시 그 문제를 검토한 국제사회주의

---

* 사건이나 사물을 역사적 발전의 산물로 해석하거나 역사적 맥락 속에서 이해하는 것을 말한다.

자들[사회주의노동자당의 전신]의 대다수 회원들도 공유했을 것이다. 그러나 그것은 결코 완성된 글로 표명되지는 않았다.

이것은 상호 연관된 두 가지 이유 때문이었다. 첫째, 알튀세르주의의 영향은 항상 대학교수나 학생층에 한정돼 있었다. 당시 우리는 혁명적 사상의 영향력을 1960년대 말의 협소한 학생 기반에서 1969~1974년의 파업 투쟁에 참가한 노동자 활동가들로 확대해야 한다는 점을 강조하고 있었다. 상황이 그렇다 보니, 알튀세르와 철학 논쟁을 벌이는 것은 모든 사람의 우선순위에서 맨 뒤로 밀려나 있었다.

둘째, 1970년대 초쯤 알튀세르주의 자체가 해체되기 시작했다. 알튀세르주의의 처음 동기(1960년대 초에 스탈린주의 방법론을 필사적으로 방어하고자 한 것)가 정치적 사건들의 충격 때문에 허물어졌듯이 이제 그 주장의 내적 모순들이 전면에 드러났다. 그러나 마르크스주의의 본질이나 이론과 실천의 관계에 관한 우리 주장의 적극적 요소들은 수많은 글과 소책자에 함축돼 있었다.[11]

캘리니코스의 견해

캘리니코스의 견해는 우리가 발전시킨 방법과 얼마나 들어맞는가? 그의 철학적 견해는 지난 10여 년 동안 상당한 변화를 겪었다. 그러나 그런 변화는 모두 〈포이어바흐에 관한 테제〉, 루카치, 그람시의 이른바 '헤겔적 마르크스주의'를 비판한 알튀세르의 주장에 매우 긍정적 요소가 있다는 가정에 의존했다.(알튀세르와 마찬가지로 캘리니코스

도 레닌의 《철학 노트》에 나타난 '헤겔적 마르크스주의'에 관해서는
대체로 침묵한다!)

그래서 《알튀세르의 마르크스주의》(1976)에서 캘리니코스는 알튀
세르주의의 주요 문헌에 나오는 이런저런 주장들을 많이 비판했지만,
알튀세르주의의 기본적 출발점들을 받아들이는 것으로 시작했다.

(1) 캘리니코스는 마르크스주의가 인간주의가 아니라는 주장을
받아들였다. 그는 역사를 '주체 없는 과정'으로 묘사한(그래서 역사를
누적된 인간 행동의 결과로 볼 수 없다고 한) 알튀세르의 말을 우호적
으로 인용했다. 피터 빈스에게 답변하는 글에서 캘리니코스는 마르
크스주의를 '인간주의'로 보는 견해 일체에 대한 깊은 적대감을 여전
히 드러낸다.

(2) 캘리니코스는 자본가와 마찬가지로 노동자도 자본주의의 실제
특징을 파악할 수 없다는 알튀세르의 주장을 받아들였다. 그래서 다
음과 같이 썼다. "자본주의 생산의 행위자, 즉 노동자와 자본가는 모
두 생산관계가 나타나는 신비한 방식에 '속아 넘어간다.'"

(3) 알튀세르가 그랬듯이, 여기서 캘리니코스가 이끌어 낸 결론은
사회에 관한 지식을 발전시킬 수 있는 사람들은 오직 계급투쟁과 동
떨어져서 활동하고 순전히 이론적 기준에 이끌리는 과학자들뿐이라
는 것이었다. 캘리니코스는 알튀세르의 주장을 우호적으로 부연 설명
하면서 다음과 같이 말했다. "이론은 자율적이다. … 이론적 실천은

사회구성체의 다른 요소들*로 환원할 수 없는 독특하고 자율적인 실천이다." 이와 다르게 말하는 것은, (부르주아 과학과 프롤레타리아 과학이라는) 두 '계급 과학'이 있다는 것이고 이것은 곧 (스탈린의 이데올로기적 해결사 노릇을 한) "즈다노프의 분석을 부활시키는" 것이라고 캘리니코스는 주장했다(《알튀세르의 마르크스주의》뿐 아니라 피터 빈스에게 답변하는 글에서도 마찬가지로 주장한다). 그것은 또, 사물의 표면적 현상을 살펴보는 것만으로도 과학적 진리에 이를 수 있다고 믿는 것이기도 하다[고 캘리니코스는 주장했다].

(4) 캘리니코스는 알튀세르가 헤겔의 변증법, 특히 '부정의 부정'을 거부한 것을 열렬히 지지했(고 여전히 지지한)다. 이것은 헤겔을 근본적으로 종교 사상가로 보는 캘리니코스의 전반적 견해와** 들어맞는다 (그러나 이 문제에 관한 마르크스·엥겔스·레닌의 판단은 전혀 다르다).

(5) 마지막으로, 캘리니코스는 마르크스의 저작에 '단절'이 존재한다는 알튀세르의 주장을 받아들였다 — 비록 최근에 쓴 글에서는 이 주장을 《독일 이데올로기》 저술 직전에 마르크스의 견해가 약간 바뀌었다는 식으로 축소하지만 말이다(이것은 반박하기 쉽지 않은 주장이고, 마르크스의 진정한 성숙기 저작은 1857년 이후에야, 심지어 1870년대에야 나타났다는 알튀세르주의자들의 주장과 전혀 다르다).

* 《알튀세르의 마르크스주의》 영어 원서에는 '심급들instances'로 돼 있지만, 여기서는 하면의 원문을 따랐다.

** 《알튀세르의 마르크스주의》에서 캘리니코스는 헤겔의 변증법이 논리가 아니라 신정론theodicy(신은 악이나 화를 좋은 목적을 위한 수단으로 인정하므로 신은 바르고 의롭다며 신을 변호하는 이론으로, 변신론·신의론이라고도 한다)이라고 말한다.

(6) 종합적으로, 캘리니코스는 알튀세르가 마르크스주의의 발전에 결정적 기여를 했다고 여겼다. 캘리니코스는 최근[1983] 저작인 《마르크스주의와 철학》*을 알튀세르에게 헌정하면서 다음과 같이 주장했다. "오늘날 마르크스주의 철학의 르네상스는 다른 어떤 개인이나 집단보다도 루이 알튀세르에게 빚지고 있다." 최근의 상황 전개를 보면, 많은 알튀세르 추종자들에게는 '르네상스'보다 '종말'이라는 말이 더 적절할 듯하다. 그러나 트로츠키주의자가 스탈린주의자에게 바치는 이 보기 드문 찬사는 확실히 여러 쟁점에 대한 캘리니코스 자신의 태도의 출발점을 압축적으로 보여 준다.

이것이 문제의 끝이라면, 더 할 말은 거의 없을 것이다. 우리가 알튀세르를 비판하면서 한 말은 모두 캘리니코스 자신의 '이론적 실천'에도 적용될 것이기 때문이다.

다행히, 사정은 그렇게 단순하지 않다. 왜냐하면 《알튀세르의 마르크스주의》와 《마르크스주의의 미래는 있는가?》(1982)에서 캘리니코스는 알튀세르 학파의 자기 해체 과정을 살펴보면서, 알튀세르가 제기한 개별적 논점들을 많이 비판했기 때문이다.

그 후의 저작들(《마르크스주의와 철학》, 그리고 피터 빈스에게 답변하는 글)에서 캘리니코스는 훨씬 더 멀리 나갔다. 그는 한때 신랄하게 비판했던 '헤겔적 마르크스주의'의 일부 주장들을 받아들이고 동의하게 됐다. 즉, 1844년 이후 마르크스의 사상에는 실질적 연속성

———

* 국역: 《현대철학의 두 가지 전통과 마르크스주의》(갈무리 1995).

이 있다는 것, 노동계급은 자본주의 내에서 자신의 처지에 대한 (단지 혼란된 '이데올로기적' 해석에 그치지 않고) [자기]의식에 이를 수 있다는 것, 이런 의식을 발전시키는 데서 집단적 투쟁이 중요한 구실을 한다는 것, 마르크스주의는 여러 '과학' 가운데 단지 한 과학만은 아니고 '노동계급의 자기해방에 관한 이론'이기도 하다는 것 등을 받아들였다.[12]

그러나 이 모든 것이 일관되지는 않다. 왜냐하면 캘리니코스는 자신의 결론들이 어떻게 알튀세르주의의 출발점과 완전히 모순되는지를 보지 않기 때문이다. 그는 말하자면, 임금님이 벌거벗은 사실을 깨닫지 못한 채 왕실 세탁비 계산서의 모순들을 조사하느라 일생을 대부분 허비한 사람처럼 언짢은 처지에 있다!

그와 동시에, 캘리니코스는 분명한 출발점이 없어서 약간 놀라운 결론들에 이르기도 한다. 《마르크스주의와 철학》에서 그는 결국 생산력과 생산관계의 관계라는 문제에서 마르크스와 견해를 달리하게 되고 상품 물신성에 관한 마르크스의 설명을 거부하게 된다.

캘리니코스는 마르크스가 1859년 《정치경제학 비판을 위하여》 서문에서 설명한 것과 같은 역사유물론에 반대하는 주장을 한다. 그 글은 "역사의 변화를 설명할 때, 생산력 발전을 독립변수로 본다." 이와 달리 캘리니코스는 우리가 "생산관계에서 출발해야" 하고 "생산력이 아니라 생산관계를 독립변수로 다뤄야" 한다고 주장하고 싶어한다.

자, 이것은 흥미로운 주장이다. 그러나 마르크스주의의 주장은 아니다. 그리고 그것은 아무것도 설명하지 못한다. 생산관계는 도대체

어디에서 비롯하는가?

마르크스의 설명은 매우 간단하다. 생산관계는 인간이 환경을 통제하고자 다양한 방식으로 서로 협력해야, 즉 생산해야 하는 데서 생겨난다. 생산관계는 생산력의 증대로부터 발전해, 생산력 증대와 맞지 않게 된다. 그러면, 생산관계가 생산력의 발전을 가로막는 족쇄가 될 수 있고 흔히 그렇다. 그렇게 되면 혁명적 격변이 일어나서 생산관계가 바뀌거나, 아니면 사회가 정체하고 심지어 퇴보하게 된다(로마 제국의 붕괴가 후자의 사례다).

이런 관점을 거부하면, 필연적으로 관념론적 주장으로 후퇴할 수밖에 없다. 즉, 사람들의 관념 변화를 사회 발전의 원동력으로 볼 수밖에 없는 것이다. 캘리니코스가 그런 주장으로 옮아간 것은 알튀세르주의가 붕괴하자 곧바로 관조적 유물론에서 관념론으로 넘어갔음을 입증하는 증거이다.[13]

캘리니코스가 상품 물신성에 관한 마르크스의 설명을 거부한 것도 마찬가지로 알튀세르주의의 전제들에서 출발한 결과다. 알튀세르주의자들과 포스트알튀세르주의자들은 인간의 경험은 모두 선행하는 개념적 구조들의 결과라고 주장한다. 그러므로 자본주의 사회에서 사물의 현상을 보면 잘못된 결론으로 이끌릴 수밖에 없다는 (마르크스의) 말은 완전히 틀렸다고 캘리니코스는 주장한다. 직접적 경험에 의한 지식을 얻을 수 없기 때문이라는 것이다. "자본주의 체제에 관한 가장 일상적 수준의 지식조차 어떤 개념화를 수반한다. 《자본론》과 마찬가지로 속류 경제학도 결코 유일한 해석만을 허용하지는 않는, 현실의 이론화다."

사상과 실천의 관계를 받아들이지 못하는 캘리니코스는 여기서 다시 길을 잃고 만다. 개념들은 난데없이 생겨나는 것이 아니다. 그것들은 인간이 서로, 또 세계와 상호작용하는 과정에서 만들어진다. 그 상호작용이 (예컨대, 자본주의에서 시장을 통해 이뤄지는 상호작용처럼) 특별히 제한적인 것이라면, 특별히 제한적인 사회관이 생겨날 것이다.

이런 식으로 현실에 관한 허위의식은 자본주의 사회에서 상품유통에 관여하는 사람들 사이에서 끊임없이 생겨난다. 그것이 바로 '상품 물신성' 개념이다. 캘리니코스가 이를 알지 못하는 이유는 많은 학술적 철학 특유의 실수를 저지르기 때문인데, 그런 철학은 개념들의 발전과 실천의 발전을 서로 별개로 본다. 그래서 개념들이 어떻게 실재와 관련될 수 있는지를 끝없이 걱정한다.

캘리니코스가 이런 당혹스런 상황에서 벗어나려면, 자신이 처음에 알튀세르를 높이 평가했던 것이 잘못이었음을, 자신의 지적 발전에서 기이한 일이었음을 인정해야 한다. 그리고 알튀세르주의 체계 전체를 거부해야 한다. 왜냐하면 그것은 1960년대와 1970년대 초에 좌파로 이끌린 일부 지식인들에게 스탈린주의와 아카데미즘이 동시에 미친 영향을 반영하는, 마르크스주의에 낯선 수입품이기 때문이다.

구체적으로 이것이 뜻하는 바는 캘리니코스가 다음과 같은 다섯 가지 점을 받아들여야 한다는 것이다.

(1) 마르크스주의는 내가 앞서 주장한 것과 같은 의미에서 인간주의라는 사실을 받아들여야 한다. 즉, 마르크스주의는 인간이 어떻게

역사를 만들어 왔는지, 그 과정에서 어떻게 자신들을 변화시켰는지, 그래서 어떻게 서로 다른 생산양식들이 잇따라 생겨났고, 각 생산양식에서 대다수 사람들은 자신의 과거 활동의 산물에 짓눌리게 됐는지를 설명하는 이론이다.

(2) 자본주의를 이해하는 문제에서는 노동계급이 특권적 처지에 있다는 점을 받아들여야 한다. 노동계급은 착취에 맞서 투쟁하는 한, 체제의 현상을 꿰뚫고 체제의 작동 방식에 관한 통찰을 얻기 시작한다. 이 점에서 노동계급의 처지는 자본가계급과 완전히 다르다.

(3) 이론은 실천과 분리돼서 발전할 수 없다는 점, 즉 결국은 혁명적 실천이야말로 이론의 시험대라는 점을 받아들여야 한다. 이것은 결코 '실용주의'와 똑같은 것이 아니다. 실용주의는 20세기 초부터 일부 미국 철학자들이 주장한 견해로, 참과 거짓의 문제를 쓸모 있고 없음의 문제로 환원할 수 있다고 본다.

이론과 실천의 통일은 또, 지식이 활동의 직접적 산물이라는 것을 뜻하지도 않는다. 캘리니코스는 그렇게 생각하는 듯하지만 말이다. 인간 활동의 모든 형태는 현상의 근저에 있는 객관적 실재에 관한 다양한 제한적 견해를 만들어 낸다. '과학'은 이 다양한 견해를 통합해서 단일한 전체적 모습으로 만들려고 노력하는 일단의 절차들이다. 과학은 우리가 특정 실천들에서 배운 것으로부터 추상하는 작업을 수반한다. 그러나 우리의 추상이 올바른지를 검증하는 것은 실제 경험밖에 없다.

그렇지 않다고 믿는다면, 우리는 주관적 관념론으로 미끄러지고 말 것이다. 주관적 관념론은 [버클리에게서 보듯이] 영국 경험론의 종점이었고, 200년 후 프랑스 알튀세르주의의 종점이기도 하다.

우리가 기존 사회의 기성 관념들에 도전할 수 있게 해 주는 것은 오직 실천뿐이다. 물론 실천 자체는 이런 관념들의 영향을 받는다. 그런 영향력의 한도 내에서는, 사회적 실천이 변하면 우리의 현실 인식이 변한다. 그렇지 않다고 주장하면, 소수 이론가들의 엘리트 집단이 사회의 일부인데도 마치 사회 바깥에 있을 수 있는 것처럼 말하는 셈이 될 것이다. 그것은 〈포이어바흐에 관한 테제〉에 나오는 말을 빌리면, 사회를 두 부분으로 나누고 한 부분이 다른 부분보다 우월하다고 주장하는 것이다.

그러나 그렇다고 해서 사회적으로 규정된 실천에 근거한 과학에 진리의 요소가 들어 있지 않다는 말은 아니다. 과학은 어떤 관점에서 보면 진리다. 더 폭넓은 관점에서 보면, 더 온전한 진리로 나아가는 길 위의 한 단계인 것이다. 우리가 철저한 관념론자처럼 과학은 구체적인 인간과 무관한 이성이 절대적 인식을 향해 가는 여정이라고 믿는 것이 아니라면, 우리는 이런 진리관이 물리학을 포함한 모든 과학에 적용된다는 것을 인정해야 한다.

과학자들이 하는 실험의 범위와 그들이 기존 사회에서 얻는 개념의 내용과 성격을 정하는 조건들은 어떤 사회에서든 자연에 대한 '과학적' 이해에 영향을 미친다. 사회주의 혁명의 영향을 받아 사회가 변화할수록, 더 폭넓은 관점과 새로운 형태의 설명이 서서히 생겨나서 사람들이 지금은 모호하고 흐릿한 것들을 파악할 수 있게 될 것이다.

이 점을 인정하는 것이 곧 즈다노프주의는 아니다. 즈다노프주의란 '노동계급의' 물리학과 '자본가계급의' 물리학을 어떤 개인이 구별하기로 할 수 있다는 견해인데, 그 개인은 자본축적을 가속화할 수 있는 마술적 수단을 찾는 데만 관심 있는 국가자본주의 독재자이기 십상이다.

그리고 수사의문문으로 제기된 캘리니코스의 요구, 즉 노동계급의 물리학이 과연 어떤 것인지를 자신에게 알려 달라는 요구를 들어 줄 수 있는 사람은 물론 아무도 없다. 우리는 역사를 뛰어넘을 수 없고, 프롤레타리아 혁명으로 계급과 국가가 없는 사회가 건설됐을 때만 도달할 수 있는 이해에 지금 당장 도달할 수는 없다. 그런 사회에서는 인간과 자연의 상호작용 그리고 자연에 대한 개념화가 더는 계급사회의 제한적·부분적 실천의 제약을 받지 않을 것이다.

그러나 우리는 오늘날의 과학이 특정한 인간들의 활동 결과라는 것, 그들의 행동·사고 방식은 그들이 사는 사회에 의해 규정된다는 것을 인정할 수 있고 인정해야 한다. 사회적으로 규정된 행동·사고 방식은 과학자들이 자연에 관한 무엇을 배울지를, 그리고 이런 단편적 지식들을 추상화를 통해 통합하려는 방식들을 규정(하고 제한하고 감독)한다. 일단 사회가 변화하면 사고·행동 방식도 변화할 것이다. 그리고 과학적 지식의 본질도 변화할 것이다. 지금 존재하는 것과 같은 과학은 제한적·부분적 진리들의 체계로만 여겨질 것이다.

이것이야말로 과학의 발전을 유물론과 모순되지 않게 이해할 수 있는 유일한 방법이다. 따라서 (알튀세르처럼) 처음에는 관념론으로, 나중에는 주관주의로 퇴보하는 관조적 유물론도 피하고, 또 과학을 단지 실리實利의 이데올로기적 표현으로만 보는 견해도 피할 수 있는 유일한 방법이기도 하다. 이 방법이 이 둘 다를 피할 수 있는 이유는, 자본주의에서 사회주의로의 전환이 더 낮은(더 협소하고 더 피상적인) 실천 형태에서 더 높은(더 보편적이고 더 비판적인) 실천 형태로의 전환을 수반하는 것으로 보기 때문이다.

여기서 말해 둘 것은, 캘리니코스를 비판하는 피터 빈스의 주장이 과학과 실천의 관계를 충분히 명확하게 설명하지는 않는다는 점이다. 피터의 일부 진술을 보면, 객관적 현실에 대한 지식을 얻을 수 없다는 인상을 받는다. 물론 부분적인 지식이지만 말이다. 그러나 실천은 그 정의상, 인간이 외부 현실과 상호작용하는 것을 수반한다.

피터는 실천이 곧 현실을 이해하기 시작하는 것임을, 따라서 현상을 뚫고 들어가서 객관적 현실의 여러 측면을 파악하기 시작하는 것임을 간과한 채 심지어 객관적 지식 같은 것이 존재한다는 점을 거의 부인하는 데까지 나아간다. 그는 캘리니코스의 관조적 유물론에서 혁명적 실천에 근거한 유물론으로 나아가지 않고 과학은 진리에, 심지어 부분적 진리에도 이르지 못한다고 보는 상대주의에 거의 빠지고 만다.[14]

(4) 캘리니코스는 헤겔의 신비주의에 '합리적인 핵심'이 있다는 것을 인정해야 한다. 헤겔은 자본가계급이 혁명적이던 시기에 발전시킨 다양한 제한적 세계관들을 통합해서 하나의 전체적 체계로 만들려 했다. 그 과정에서 그는 통일과 분열, 연속성과 모순, 양적 변화와 질적 변화, 조건의 제약과 그 조건에 대한 의식적 반작용이라는 견지에서 인간의 현실을 이해할 수 있는 기초를 놓았다. 요컨대, 그는 사회 현실을 변증법적으로 이해할 길을 열었다.

캘리니코스는 마르크스나 레닌의 혁명적 눈으로 헤겔을 보는 법을 배워야 한다. 그리고 알튀세르의 비뚤어진, '위로부터의 사회주의' 관점에서 헤겔을 보는 태도를 버려야 한다.

(5) 마지막으로, 캘리니코스는 '두 사람의 마르크스' 문제를 완전히 해명해야 한다. 나는 이 점을 길게 얘기하지는 않겠다. 왜냐하면 캘리니코스는 《마르크스주의와 철학》에서 이미 거의 그렇게 했기 때문이다. 그러나 그는 여전히 몇 걸음 더 나아가야 한다. 즉, 《1844년 수고》의 마르크스와 《자본론》의 마르크스 사이에 '단절'을 뒤집어씌우려는 시도는 스탈린주의와 아카데미즘을 구하기 위해 마르크스를 전용하려는 계획의 일부였다는 것을 봐야 한다.

캘리니코스는 자신이 조금씩 도달하고 있는 결론들을 수용할 수 있도록 철학적 관점을 이렇게 완전히 개조하는 일을 아직까지는 실행하지 않았다. 왜? 우리는 이미 그의 핵심적 문제 하나를 길게 살펴봤다. 즉, 그가 이론과 실천의 관계를 실천적으로는 받아들이면서도 이론적으로는 거부한다는 것이다. 그 밖에 두 가지 문제가 더 있는 듯하다.

첫째, 캘리니코스는 이른바 '헤겔적 마르크스주의'는 감상적인 사회주의의 함정에 빠져서 결국 계급적 관점을 포기하게 된다고 주장한다. 수많은 '마르크스주의적 인간주의자들'이 그런 함정에 빠졌고, 따라서 그것은 무슨 수를 써서라도 피해야 한다고 한다. 물론 스탈린주의에 환멸을 느낀 사람들의 사상적 기착지로서 1956년에 생겨난 '사회주의적 인간주의'에 그런 위험이 있는 것은 사실이다.[15] 그러나 마르크스주의의 '인간주의적' 요소들을 부인한다고 해서 그 위험을 피할 수 있는 것은 아니다.

E P 톰슨 같은 사람들이 핵폭탄은 인류를 파멸시킬 것이므로 계급 쟁점이 아니라고 말할 때, 혁명적 사회주의자들이 그것은 계급 쟁점이 아니므로 우리의 관심사도 아니라고 대답할 수는 없다.(특히 그렇게 대답하면서, '노동자들의 핵폭탄'과 프랑스의 '[핵] 공격력'을 모두 지지하는 사람들[당시 미테랑 정부에 참여하던 프랑스 공산당을 말함]의 철학적 용어들을 사용할 수는 없는 노릇이다!) 우리는 핵폭탄이 비록 인류 전체를 파멸시키겠지만, 오직 노동계급의 행동만이 그런 일이 일어나는 것을 막을 수 있다고 지적해야 한다. 노동계급 혁명은 인류 전체가 전진하기 위한, 심지어 생존하기 위한 전제 조건이다. 선택은 노동자 혁명이냐 서로 싸우는 계급들의 공멸이냐, 즉 사회주의냐 야만이냐다.

캘리니코스는 사태를 이런 식으로 이해하지 않고 오히려 진부한 지적 속임수에서 위안을 찾는다. 그는 '헤겔적 마르크스주의'가 어디로 귀결되는지를 보여 주고자 루카치의 《역사와 계급의식》, 아도르노와 호르크하이머의 프랑크푸르트 학파, E P 톰슨을 모두 똑같이 취급한다. 이것은 사실 1930년대에 스탈린 옹호자들이 써먹은 일종의 '카드 섞기 수법'("트로츠키도 스탈린을 반대하고 히틀러도 스탈린을 반대하므로 트로츠키는 히틀러와 같은 편이다")을 어리석게 사용하는 것일 뿐이다. 사실 《역사와 계급의식》의 메시지는 다음과 같다. "혁명의 운명(과 함께 인류의 운명)은 프롤레타리아의 이데올로기적 성숙도, 즉 그들의 계급의식에 달려 있다. … 오직 프롤레타리아의 의식만이 자본주의의 위기에서 벗어날 길을 알려 줄 수 있다." 그래서 그 책은 혁명적 노동자 평의회와 혁명적 정당이 필요하다고 주장한다.

이것은 프랑크푸르트 학파, 즉 히틀러 치하 독일에서 외국으로 망명한 좌파적 개혁주의 학자 집단의 메시지는 전혀 아니었다. 그리고 E P 톰슨의 메시지도 아니었다. 톰슨은 선한 의지를 가진 사람들이 뭉쳐서 핵전쟁을 없애자고 호소한다. 사실 톰슨의 처방은 1919~1923년 루카치의 프롤레타리아 혁명론(비록 너무 서두르는 프롤레타리아 혁명론이기는 했지만)보다는 '역사유물론'의 불온한 부분을 삭제하고 제시하는 알튀세르주의의 바탕에 있는 인민전선 전략을 정당화하는 태도와 한없이 더 비슷하다.

캘리니코스의 마지막 걱정은 우리가 마르크스 사후 발전한 부르주아 이데올로기에서 배우기를 거부하면 '현상 유지에 급급한 마르크스주의'(순전히 수세적인 태도)에 빠지지 않을까 하는 것이다.

물론 우리는 부르주아 이론가들, 개혁주의 이론가들, 스탈린주의 이론가들이 발견한 부분적 진리를 습득해야 한다. 그러나 사회에 관한 지식의 경우에 우리가 그런 부분적 진리를 적절하게 습득할 수 있으려면, 자본가계급이 더는 혁명적 계급이 아니므로 그들의 사회적 실천(과 따라서 그들의 사회이론)은 지극히 제한적이라는 사실을 명심해야 한다. 심지어 사회통계 수집처럼 현실과 매우 가까운 연구·조사 분야를 다룰 때조차 우리는 부르주아 사회과학이 제공하는 정보의 내용과 형식을 모두 아주 엄격하게 비판해야 하고 그런 다음에야 그 것을 우리 자신의 지식으로 통합할 수 있다. 사회나 경제, 사상의 전개에 관한 일반적 이론을 발전시키려는 노력들을 다룰 때는 백배나 더 비판적이어야 한다.

우리는 영미의 언어철학자들, 미국의 사회학자들, 프랑스의 알튀세르주의자들, 독일의 '비판이론가들'[프랑크푸르트 학파]의 실천이 얼마나 제한적인지를 강조해야 한다. 각각의 경우에 그들은 현실을 변화시키려 하지 않고 이론을 발전시키려 한다. 그리고 매우 많은 경우에 심지어 현실을 이해하려는 노력조차 하지 않는다(그래서 역사철학자들이 역사를 연구하지 않거나 과학철학자들이 실험에 무관심하거나 사회학의 '거대 이론가들'이* 사회 경험을 학계의 인맥과 학연 관계에 제한하거나 언어 이론가들이 겨우 영어만 아는 사태가 벌어지는 것이다).

따라서 그들의 '발견'을 그저 무비판적으로 받아들일 수 없다. 혁명적 사회주의자는 그런 발견들을 비판하고 변형해야 한다. 그런 다음에야 그것들을 우리 자신의 목적에 맞게 사용할 수 있다. 따라서 러커토시나 레비스트로스, 소쉬르나 포퍼의 사상과 마르크스의 사상을 대강 절충할 수는 없다.

저명한 개혁주의자·중간주의자(풀란차스·앤더슨·뢰비·하버마스 등)의 주장들을 액면 그대로 받아들여서도 안 된다. 그들의 전망은 흔히 부르주아 학자들만큼이나 제한적이고 이론적 결론은 엉성하다. 우리는 그들의 말을 진리 탐구의 불편부당한 표현으로 인용할 것이 아니라(캘리니코스의 가장 짜증스러운 습관의 하나다), [이론적] 쓰레기 더미와 현실에 대한 약간의 통찰이라도 구분하고 싶다면 최대한 의심의 눈초리로 그들을 보면서 다뤄야 한다. 우리는 혁명적 실천 없이는 혁명적 이론도 없다고 강조해야 한다. 혁명적 이론 없이 혁명적 실천 없

---

* 거대 이론grand theory은 탤컷 파슨스의 사회 체계론처럼 일반화와 추상화 수준이 매우 높은 사회이론으로, 일반 이론이라고도 한다.

다고 강조하듯이 말이다.

이 글을 시작하면서 나는 캘리니코스가 옳다면 우리가 매주 〈소셜리스트 워커〉에서 하는 많은 말이 틀렸을 것이라고 했다. 이 점은 캘리니코스가 일부 개별적 주장들을 조용히 인정했어도 여전히 맞는 말이다. 그가 피터 빈스에게 답변하는 글의 짧은 단락 하나가 이 점을 잘 보여 준다. 캘리니코스는 일단 노동계급이 분명한 자기인식을 갖게 되면 "진정한 공산주의 사회를 건설하는 데 어떤 장애물도 없을 것"이라는 취지로 피터가 한 말을 신랄하게 비판한다. 그것은 지나친 이상주의이고, "카스트로와 게바라의 '의지의 마르크스주의'를 비판한 글의 공저자가 이런 말을 한 것은 놀라운 일"이라는 것이다.*

캘리니코스의 비판은 그가 마르크스주의의 매우 간단한 진리를 이해하지 못하고 있음을 보여 준다. 선진 자본주의는 전 세계 수준에서 생산력을 엄청나게 발전시켜서 이제 자연의 희소성은 인류가 직면한 문제가 결코 아니다. 인간의 발전을 가로막고 있는 것은 자본주의 생산관계가 만들어 낸 인위적 희소성이다. 그리고 이 자본주의 생산관계를 제거하는 데 무엇보다 필요한 것은 세계의 노동계급이 이 사실을 의식하는 것이다. "무엇보다 필요한 것"이라고 말했다 해서, 이런 의식 변화가 일어나는 것과 관련된 여러 문제들을 과소평가하는 것은 결코 아니다. 루카치가 1920년 3월(지금보다 상황이 훨씬 더 희망적인 듯했을 때) 썼듯이, "프롤레타리아가 [계급의식 성취 과정에서] 이데올

---

* 피터 빈스와 마이크 곤살레스가 함께 쓴 "쿠바, 카스트로, 사회주의"라는 글이 《인터내셔널 소셜리즘》 8호(1980)에 실린 바 있다(https://www.marxists.org/history/etol/newspape/isj2/1980/no2-008/binns-gonzalez.htm).

로기적으로 걸어야만 하는 꽤 먼 거리"를 우리는 걸어야 한다. 그러나 프롤레타리아가 그 길을 다 걷고 나면 그 계급을 가로막을 자연적 장애물은 없다.

이 점에서 선진 자본주의의 상황은 과거의 계급사회들과 완전히 다르다. 과거의 계급사회에서 착취와 차별은 자연적 필요(계급 분화 없이는 생산력이 더는 발전할 수 없는 상황)의 반영이었다. 오늘날 착취와 차별은 과거의 인간 활동이 자본주의라는 체제로 응고된 결과이고, 이 체제는 현재의 인간 활동을 제약하고 있다. 그러나 이 체제가 유지될 수 있도록 (공장·사무실·군대·경찰·감옥에서) 노동하는 사람들이 이 사실을 깨닫고 자신의 착취자들에게 등을 돌리기만 하면 체제는 무너져 내릴 것이다.

이것은 세계 체제의 개별적 부분들을 따로따로 보면 들어맞지 않는다. 특히, 식민주의와 제국주의가 오랫동안 일국적 생산력을 퇴보하게 만든 나라들에서는 더 그렇다. 그래서 캄보디아·쿠바·니카라과·중국 같은 나라들에서 곧바로 공산주의로 이행할 수 있으리라고 믿는 것은 순전히 주의주의다. 그런 나라에 진짜로 노동자 권력이 들어서 있다고 하더라도 그렇다.

그러나 국제 프롤레타리아 혁명이 디딤돌이 돼 세계 노동계급이 계급의식에 도달하게 되면 그럴 수 있으리라고 믿는 것조차 '주의주의'라면, 우리는 도대체 투쟁해서 뭐 하나?

매주 〈소셜리스트 워커〉에 글을 쓰는 캘리니코스는 세계 노동계급이 실제로 들고일어나서 자신의 착취자들을 타도하고 공산주의를 향해 나아가기 시작하면 "어떤 장애물도 없을 것"이라는 말을 완벽하게 이해한다. 그런데 왜 책상에 앉아서 철학 책을 쓰는 캘리니코스는 다르게 생각하는 걸까?

그 이유는 캘리니코스가 '위로부터의 사회주의'(실제로는, 엄청나게 발전한 세계적 생산력과 차단된 채 상대적 후진국들에서 개별적으로 발전해 온 국가자본주의)와, 국제적인 노동계급 혁명을 디딤돌로 해서 건설할 수 있는 아래로부터 사회주의를 혼동하는 것이 바로 알튀세르주의 방법의 기초라는 사실을 여전히 이해하지 못했기 때문이다. 그래서 캘리니코스는 만약 쿠바나 니카라과에서 그런 시도를 하는 것이 주의주의라면 몇몇 선진국의 노동계급이 시도하는 것도 주의주의일 것이라고 생각하는 함정에 스스로 빠지고 마는 것이다.

남아 있는 알튀세르주의자들이 알렉스 캘리니코스처럼 영리한 사람조차 그런 초보적 잘못을 저지르게 만들 수 있다면, 그것은 우리가 도외시하지 않고 싸워야 할 대상이다.

2부
정당과 계급

정당과 계급

학생과 운동

노동자 정당이 집권하면 노동자 정부인가

상식에서 양식으로

계급이라는 유령

학생과 노동계급

정당과 계급

첫째, 내 주장은 실제 역사적 상황에서 사회주의 정당을 건설할 때 직면하는 엄청난 실천적·정치적 문제들, 즉 혁명적 조직이 원칙에 기초한 정치를 노동계급의 가장 투쟁적이고 능동적인 부문과 유기적으로 결합하는 데 꼭 필요한 갖가지 '우여곡절'을 다루지 않는다.

둘째, 때때로 이 글의 주장은 '주지주의적'이다. 그래서 당은 "신입 당원들을 고참 당원의 의식 수준으로 끌어올려야 한다"고 말한다. 물론 신입 청년 당원은 사회주의 사상과 노동운동의 역사를 공부해야 한다. 그러지 않으면 승리보다 패배로 점철된 시기에 혁명가로 살아남을 수 없다.

그러나 필요한 사상과 지식의 습득을 북돋는 것이 언제나 고참 당

───────

"Party and class", *International Socialism*(first series) 35(winter 1968). 크리스 하먼은 1968년에 쓴 이 글을 소책자로 출판하려고 1986년에 붙인 머리말에서 이 글이 위와 같은 두 가지 결함이 있으므로 독자는 주의하기 바란다고 덧붙였다.

원인 것은 아니다. 고참들은 흔히 계급투쟁 침체기에 인내심을 잃고 지치기 쉽다. 오히려 신입 청년 당원의 활력과 열정만이 고참들을 계속 움직이게 할 때가 많다.

또한, 이 글은 "자기 활동과 나아가 당의 활동을 진지하게 과학적으로 평가하려는 사람들로 당원 자격을 제한해야 한다"고 말한다. 그러나 다음과 같이 말하는 것이 더 낫겠다. 즉, 사회주의 정당은 이런저런 당면 쟁점뿐 아니라 체제 전체에도 맞서 투쟁해야 한다는 점을 이해하지 못하는 사람들까지 가입시켜서 당원 수를 부풀리는 일을 피해야 한다고. 오직 그럴 때만 당은 특정 부문에 한정된 투쟁의 요구가 아니라 모든 피착취·피억압 민중의 요구에 바탕을 둘 수 있기 때문이다.

위험은 작은 혁명 조직이 명민한 신참 당원들의 유입으로 '희석'되는 데 있지 않다. 더 위험한 일은 신참이든 고참이든 자신이 관여하는 특정 활동은 훨씬 더 넓은 혁명적 투쟁의 일부일 뿐임을 당원들이 잊는 것이다.

들어가며

마르크스주의 진영 내에서 정당과 계급의 관계 문제만큼 신랄한 논쟁을 불러일으킨 주제도 없다. 이 주제를 놓고 열띠고 격렬한 논쟁이 벌어져, 몇 세대 동안 혁명가들끼리 서로 '관료', '대리주의자', '엘리트주의자', '독재자' 등의 딱지를 붙이며 비난을 주고받았다.

그러나 이런 논쟁의 밑바탕을 이루는 원리들을 두고는 흔히 혼란이 있었다. 사안이 중요해도 마찬가지였다. 예컨대, 1903년에 당 조직의 성격 문제를 둘러싸고 볼셰비키와 멘셰비키가 분열할 때 레닌 분파에 속한 많은 사람이 1917년에는 레닌에 맞서 바리케이드 저편에 섰고 (예컨대 플레하노프), 트로츠키와 룩셈부르크 같은 혁명가들은 1903년에는 레닌에 반대했다. 이런 혼란은 우연한 것이 아니었다. 혁명가들의 논쟁에서 그런 혼란은 끊임없이 반복됐다. 코민테른 2차 대회에서 트로츠키가 한 말은 돌이켜 볼 만하다. 트로츠키는 유럽과 미국의 노동자 대중이 정당의 필요성을 이해한다는 파울 레비의 주장을 반박하며, 상황이 훨씬 더 복잡하다고 지적했다.

문제를 개략적으로 살피면 한편에는 샤이데만이 있고 다른 한편에는 미국이나 프랑스, 스페인의 생디칼리스트들이 있습니다. 그런데 후자는 자본가 계급과 맞서 싸우려 할 뿐 아니라 샤이데만과 달리 정말로 자본가들을 박살내고 싶어합니다. 바로 이 점 때문에 저는 스페인이나 미국, 프랑스의 동지들이 자신의 역사적 사명을 성취하려면 정당이 꼭 필요하다는 것을 입증해 보일 토론을 그 동지들과 하고자 합니다. … 저는 제 자신의 경험에 비춰 동지적 방식으로 이 점을 입증할 것입니다. 다수에게 이 문제는 이미 해결됐다고 말하며 그 동지들에게 샤이데만의 오랜 경험을 내세우지 않을 것입니다. 저와 정당의 필요성을 아주 잘 아는 르노델 같은 자, 또 '동지'라 부르기에는 내 자존심이 허락치 않는 알베르 토마 같은 신사 양반들 사이에 어떤 공통점이 있습니까?[1]

트로츠키가 말한 어려움, 즉 사회민주주의자들과 볼셰비키 모두 '정당의 필요성'을 주장하면서도 그것이 뜻하는 바는 완전히 달랐다는 사실은 스탈린주의의 등장 이후 더욱 가중됐다. 볼셰비즘의 언어는 그것을 정식화한 사람들의 의도와 달리 정반대 목적으로 사용됐다. 더구나, 스탈린주의와 사회민주주의에 반대해 혁명적 전통을 고수해 온 사람들조차 흔히 트로츠키의 지적을 진지하게 생각하지 않았다. 이런 혁명가들도 정당의 필요성을 증명하려고 흔히 '경험'에 의존했는데, 그 경험은 바로 스탈린주의와 사회민주주의의 경험이었다.

　　따라서 이 글에서 나는 혁명가들 사이의 논쟁조차 기본적으로 스탈린주의 조직관이나 사회민주주의 조직관에 대한 찬반 토론이 대부분이었다고 주장할 것이다. 또, 레닌의 저작과 실천 속에 함축된 조직관은 이 두 조직관과 근본적으로 다르다고 주장할 것이다. 볼셰비키가 불법 상황에서 활동하면서 흔히 정통 사회민주주의의 언어로 주장한 것과 10월 혁명의 이론과 실천이 스탈린주의로 말미암아 변질됐다는 점 때문에 레닌의 조직관은 그 진의가 가려졌다.

정당과 계급의 관계에 대한 사회민주주의의 견해

　　1914년 이전에는 어떤 마르크스주의자도 고전적 사회민주주의 이론에 근본적으로 도전하지 않았는데, 이 이론은 사회주의로 발전하는 데서 핵심 구실을 하는 것이 정당이라고 주장했다. 사회주의는 근본적으로 자본주의에서 노동계급의 조직과 의식이 끊임없이 순조롭게 성장한 결과라고 봤기 때문이다. 사회주의로 점진적 이행이 가능하다는 생각을 거부한 카우츠키 같은 마르크스주의자들조차 지금 필요한 것은 조직력과 득표력을 끊임없이 확대하는 것이라는 생각을 받아들였다. 선거를 통해서든 노동계급의 방어적 폭력을 통해서든 사회주의로 이행하는 것은 필연적인데 그때 정당이 새로운 국가(또는 새롭게 개조된 옛 국가)를 떠맡아 그 기초를 다져야 하므로 정당의 성장은 필수적이라는 것이다.

카우츠키는 대중적 노동계급 정당의 발전을 자본주의 발전 경향의 필연적 결과로 봤다. "노동자 수가 계속 늘어나고 산업예비군이 더 많아지고 착취자와 피착취자의 대립이 더 첨예해질수록" 경제 위기는 "당연히 점점 더 큰 규모로 일어나고, 민중의 다수는 궁핍 상태로 더 깊이 빠져들고, 호황은 더 짧아지고 불황은 더 길어진다." 이 때문에 더 많은 노동자들이 "기존 질서에 본능적으로 반대"할 수밖에 없다. 사회민주주의의 구실은 "부르주아 사상가들의 과학적 탐구"를 바탕으로 노동자들이 "사회법칙을 명확히 이해"할 수 있도록 의식 수준을 끌어올리는 것이다.[2] 혁명적 운동은 계급 적대에서 비롯하며, "일시적 패배들을 겪을 수 있겠지만 결국에는 승리하기 마련이다."[3] "혁명은 의지로 일어나지 않는다. … 혁명은 피할 수 없는 필연으로서 일어난다." 이런 발전에서 핵심 장치는 의회 선거다(비록 카우츠키조차 1905~1906년 직후에는 총파업을 떠들어 댔지만 말이다).[4] "오늘날 무장봉기가 … 핵심 구실을 할 것이라고 생각할 이유는 전혀 없다."[5] 오히려 의회야말로 "노동계급을 경제적·사회적·도덕적 타락에서 구할 가장 강력한 수단이다."[6] 노동계급이 의회를 활용하면서 "의회의 성격이 바뀌기 시작한다. 그것은 더는 단순한 자본가계급의 도구가 아니다."[7] 장기적으로 그런 활동은 노동계급의 조직화로, 사회주의 정당이 다수당이 돼 정부를 구성하는 상황으로 이어지기 마련이다. 노동자 정당은 "필연적으로 자신이 대변하는 계급의 이익을 위해 정권 장악을 목표로 삼게 된다. 경제 발전으로 이 목표는 자연스럽게 달성될 것이다."[8]

이런 시각은 제1차세계대전 이전 40년간 서유럽 전역에서 대다수 사회주의 운동의 기본 원리가 됐고 좌파 사이에서도 거의 도전받지 않았다. 독일 사회민주당SPD이 제1차세계대전을 지지하자 레닌이 경악했다는 사실은 유명하다. 그러나 룩셈부르크처럼 좌파적 관점에서 카우츠키를 비판한 사람들조차 정당과 계급의 관계에 대한 카우츠키의 이론과 그것이 함축하는 계급의식 발전 이론의 기초 자체를 거부하지는 않았다는 사실은 잘 알려져 있지 않다. 카우츠키주의 비판은 대체로 카우츠키가 제시한 이론적 틀을 벗어나지 않았다.

사회민주주의의 중심 사상은 정당이 계급을 대표한다는 것이다. 사회민주주의자들은 당 밖에 있는 노동자에게는 계급의식이 없다고 봤다. 실제로 카우츠키 자신도 노동자들이 당과 무관하게 '때 이른' 혁명을 일으키는 것을 거의 병적으로 두려워한 듯했다. 카우츠키가 보기에 권력을 장악하는 주체는 반드시 정당이어야 했다. 그 밖의 노동계급 조직이나 활동도 유용할 수는 있지만, 정치의식을 지닌 정당에 종속되지 않으면 안 된다. "노동조합의 이런 '직접행동'은 의회 활동을 대신하는 것이 아니라 보조하고 강화하는 것이어야만 실효를 거둘 수 있다."[9]

혁명적 좌파의 이론과 사회민주주의 이론

정당과 계급의 관계를 이렇게 보는 사회민주주의 견해에 아무도 분명하게 도전하지 않았다는 사실을 알지 못하면 1917년 이전에 당 조직 문제와 관련해 일어난 논쟁들을 제대로 이해할 수 없다(정당 자체를 거부하는 아나키스트들은 예외였다). 노동계급 대중의 자주적 활동이라는 관점에서 정통 사회민주주의에 반대한 로자 룩셈부르크 같은 사람들조차 사회민주주의 사상에 내포된 전제들을 공유했다. 이것은 단지 이론적 결함만은 아닌, 역사적 상황에서 비롯한 문제였다. 당시로선 파리코뮌이 노동계급 권력의 유일한 경험이었는데, 압도적으로 프티부르주아적인 도시에서 두 달밖에 지속되지 못했다. 1905년 혁명조차 노동자 국가가 실제로 어떻게 조직될지를 맹아적 형태로만 보여 줬다. 노동자 권력의 근본적 형태인 소비에트는 제대로 인식되지 못했다. 그래서 1905년에 페트로그라드 소비에트 의장이었던 트로츠키도 1905년 혁명의 교훈을 분석한 《평가와 전망》에서 소비에트를 언급하지 않는다. 트로츠키는 당시 러시아 혁명의 사회주의적 내용을 예견한 거의 유일한 사람이었지만 그 내용이 어떤 형태를 취할지는 깨닫지 못했다.

> 혁명은 무엇보다도 권력의 문제다. 즉, 국가형태(제헌의회, 공화국, 연방국)가 아니라 정부의 사회적 내용이 문제다.[10]

1905년 혁명을 두고 쓴 룩셈부르크의 《대중파업》에서도 비슷한 누

락이 보인다. 레닌의 글과 사상에서도 소비에트는 1917년 2월 혁명 후에야 중심적인 것이 됐다.[11]

혁명적 좌파는 정당을 노동자 국가의 선구적 존재로 보는 카우츠키의 견해를 그대로 받아들이지는 않았다. 예컨대, 룩셈부르크의 글을 보면 아주 초기부터 정당의 보수성과 대중이 당을 넘어서 당 밖으로 나가야 한다는 점을 깨닫고 있음을 알 수 있다.[12] 그러면서도 룩셈부르크는 사회민주주의의 공식 견해를 명시적으로 거부하지 않았다. 그러나 정당과 계급의 관계를 이론적으로 명확히 이해하지 못하면 당에 필요한 내부 조직 문제도 명확히 알 수 없다. 사회민주주의 모델을 거부하지 않고는 혁명 조직에 대한 진정한 토론은 시작조차 할 수 없을 것이다.

이 점은 룩셈부르크의 경우에 가장 분명히 드러난다. 정당의 필요성을 무시하는 '자발성' 이론을 룩셈부르크 탓으로 돌리는 함정(스탈린주의자들과 자칭 룩셈부르크 추종자들이 함께 파 놓은 함정)에 빠지는 어리석은 짓을 저질러서는 안 된다. 룩셈부르크는 정당의 필요성과 그 정당이 해야 할 적극적 구실을 자신의 저작 곳곳에서 강조한다.

> 그러나 러시아에서 사회민주당은 자신의 노력으로 하나의 역사 시기 전체를 메워야 한다. 사회민주당은 러시아 노동계급이 제정帝政의 수명을 연장할 뿐인 현재의 '원자화된' 상태에서 벗어나 계급 조직화로 나아가도록 이끌어야 한다. 그래서 노동계급이 자신의 역사적 목표를 자각하고 그 목표를 이룰 투쟁을 준비하도록 도와줘야 한다.[13]
>
> 사회민주주의의 임무는 대중파업을 기술적으로 준비하고 지휘하는 것이

아니라 전체 운동을 정치적으로 지도하는 것이다.[14]

사회민주주의자는 노동계급의 가장 선진적이고 가장 계급의식적인 전위다. 사회민주주의자는 팔짱을 낀 채로 숙명론적으로 '혁명적 상황'의 도래를 기다릴 수 없으며 기다려서도 안 된다.[15]

그러나 정당의 구실을 다룬 룩셈부르크의 저작에는 여전히 모호함이 남아 있다. 룩셈부르크는 당의 지도적 구실이 너무 커서는 안 된다고 생각했는데, "사회민주당의 지나치게 신중한 태도"가 문제라고 봤기 때문이다. 룩셈부르크는 자신도 어쨌든 필수적이라고 본 '중앙집중주의'("사회민주주의는 대체로 어떤 형태의 지역주의나 연방주의도 강력히 반대한다")를 "그런 기구(즉, 중앙위원회)에 내재한 보수성"과 동일시했다.[16] 이런 모호함은 룩셈부르크가 실제로 활동했던 구체적 상황을 고려하지 않고는 이해할 수 없다. 그녀는 독일 사회민주당의 지도적 인물이었지만, 사회민주당의 활동 방식을 항상 못마땅해했다. 그녀가 실제로 보여 주려 한 중앙집중주의의 위험성은 다음과 같은 것이었다.

독일 사회민주당의 현재 전술 정책이 널리 호평받는 이유는 단호하면서도 유연하기 때문이다. 이것은 우리 당이 의회 체제에 아주 잘 적응하고 있다는 징표다. … 그러나 이런 적응이 완벽하다는 사실 자체가 이미 우리 당의 시야를 좁히고 있다.[17]

이것은 1914년에 일어날 일을* 탁월하게 예언한 구절이지만, 사회민주당의 동맥경화증과 형식주의가 심화하는 원인을 여전히 설명하지 못한다(그것에 맞서 싸우는 방법을 제시하는 것은 고사하고 말이다). 룩셈부르크가 보기에는 의식적 개인과 집단도 이 추세를 거스를 수 없다. "그런 관성은 존재하지 않는 정치 상황의 진로와 형태를 추상적 가설들이라는 진공 속에서 규정하기는 어렵다는 점에서 주로 비롯"하기 때문이다.[18] 룩셈부르크는 당의 관료화는 불가피한 현상이고 당의 응집력과 효율성을 제한해야만 극복할 수 있다고 봤다.

"다수의 이익을 위한 다수의 자의식적 운동"의 가능성을 제약하는 것은 특정 형태의 조직과 의식적 지도가 아니라 조직과 의식적 지도 자체라는 것이다.

> 무의식적인 것이 의식적인 것에 선행한다. 역사의 논리가 역사 과정에 참여하는 인간들의 주관적 논리에 선행한다. 이것은 사회주의 정당의 지도 기관이 보수적 구실을 하는 경향을 설명해 준다.[19]

이 주장에는 올바르고 중요한 요소가 있다. 즉, 특정 조직은 급변하는 상황에 대응하지 못하는(또는 그럴 의지가 없는) 경향이 있다는 것이다. 그러한 경향은 1919년 이탈리아 사회당의 최대요구파나**

---

* 독일 사회민주당이 국제주의를 저버리고 전쟁공채 발행에 찬성표를 던진 일.
** 말로는 최대한의 요구를 내걸고 절대 타협하지 말아야 한다고 주장하면서도 실천에서는 실용주의적 행동을 일삼았던 중간주의자들.

1914년 제2인터내셔널 '중간파', 또는 1917년 멘셰비키 국제파나 1923년 독일 공산당을 떠올리기만 해도 금세 알 수 있다. 심지어 볼셰비키조차 그런 보수성을 드러내는 경향이 매우 강했다.

그러나 이렇게 진단하면서도 룩셈부르크는 그 근원을 파헤쳐 보려 하지 않았으며(인식론적 일반론 수준의 시도를 제외하면), 조직적 교정책을 찾아내려 하지도 않았다. "무의식적인 것"이 "의식적인 것"을 정정해 줄 수 있을 것이라는 그녀의 희망에는 강한 숙명론이 담겨 있었다.

룩셈부르크는 대중운동의 독특한 발전 속도에 대단히 민감했지만(특히 《대중파업》에서) 그런 자발적 발전을 이용할 수 있는 정치조직의 명확한 개념을 확립하려 하지는 않았다. 관료적 형식주의와 의회 백치증을 가장 신랄하게 비판한 룩셈부르크가 1903년 러시아 사회민주노동당의 내부 논쟁 당시에는 장차 이런 결함의 가장 완벽한 역사적 구현체가 될 멘셰비키를 옹호한 것은 역설이다. 독일에서 카우츠키주의에 반대하는 정치적 움직임은 이미 세기의 전환기에 시작돼서 1910년쯤에는 완전히 형성됐는데, 구체적 조직 형태는 그 후 5년이 더 지나서야 갖춰지기 시작했다.

룩셈부르크의 견해와 트로츠키가 1917년까지 고수한 견해는 상당히 비슷하다. 트로츠키도 관료적 형식주의의 위험을 매우 잘 알고 있었다.

노동계급의 기층 대열 속에서 선동하고 조직하는 활동은 내적 관성이 있다. 유럽의 사회주의 정당들, 특히 가장 큰 독일 사회민주당은 거대한 대중이 사회주의를 받아들이는 것에 비례해, 그리고 이 대중이 더욱더 조직되고 훈련되는 것에 비례해 그만큼 관성을 발전시켜 왔다. 그 결과, 노동계급의 정치적 경험을 구현하는 조직인 사회민주당이 어떤 시점에는 노동자와 부르주아 반동의 공공연한 충돌을 가로막는 직접적 장애물이 될 수 있다.[20]

트로츠키는 혁명적 정신으로 말미암아 중앙집중적 조직을 모두 불신하게 됐다. 1904년에 트로츠키는 레닌의 정당 개념이 다음과 같은 상황을 낳을 수밖에 없다고 주장했다.

당 기구가 당 전체를 대리한다. 다음에는 중앙위원회가 당 기구를 대리한다. 그리고 마지막에는 한 명의 '독재자'가 중앙위원회를 대리한다.[21]

트로츠키는 노동계급 권력의 진정한 문제들은 다음과 같은 방법으로만 해결될 수 있다고 봤다.

사회주의 내부의 수많은 경향들, 즉 프롤레타리아 독재가 수많은 새로운 … 문제들을 제기하자마자 필연적으로 나타날 경향들 사이의 체계적 투쟁을 통해서만 해결될 수 있다. 아무리 강력하고 '고압적인' 기구도 이런 경향들과 논쟁들을 억누를 수 없을 것이다.[22]

그러나 트로츠키는 조직의 경직성을 우려한 나머지, 대중행동의 자발성을 가장 두려워한 분파로 판명될 멘셰비키를 지지하게 됐다. 비록 그가 정치적으로는 멘셰비키와 점점 더 사이가 벌어지지만, 아주 나중에야 멘셰비키와 대립하는 조직을 건설하기 시작했다. 1904년에 그가 레닌을 비판한 것이 옳았든 틀렸든(우리는 트로츠키가 틀렸다고 생각한다), 1917년에 레닌의 당에 들어갔을 때에야 비로소 그는 영향력 있는 역사적 행위자가 될 수 있었다.

조직은 관료주의와 타성을 낳는다는 주장이 사실이라면, 중앙집중주의와 응집력을 추구하는 혁명가들의 염원을 제한해야 한다는 룩셈부르크와 청년 트로츠키의 생각은 분명히 정당하다. 그러나 중요한 것은 이런 생각의 논리적 결론을 모두 받아들이는 것이다. 가장 심각한 것은 역사적 숙명론이다.

개인들은 노동계급 속에서 자신의 사상을 실현하려고 투쟁할 수 있고, 그런 개인들의 사상은 노동자들에게 그들 자신의 해방을 위해 싸우는 데 필요한 의식과 자신감을 준다는 점에서 중요할 수 있다. 그러나 혁명가들이 현재의 이데올로기를 암묵적으로 받아들이는 사람들의 조직과 같은 수준의 조직, 따라서 실천적으로 효율성과 응집력이 부족한 조직을 건설할 수는 없다. 그랬다가는 필연적으로 대중의 자주적 활동을 제한할 것이기 때문이다(즉, "의식적인 것"에 선행하는 "무의식적인 것"을 제한하게 될 것이다). 따라서 대중의 '자발적' 발전을 기다리는 수밖에 없다. 그때까지는 현재 존재하는 조직을 최선의 조직으로, 즉 현재까지는 대중의 자발적 발전이 최대한 표현된 조직으로 인정하고(비록 그 조직과 정치적 견해가 다르더라도) 감수해야 한다는 숙명론에 빠질 수 있다.

정당과 계급에 관한 레닌과 그람시의 견해

레닌의 저작에는 룩셈부르크와 트로츠키가 그토록 우려하던 문제들에 대한 암묵적 인식이 늘 깔려 있다. 그러나 그 문제들에 대한 숙명론적 굴복은 없다. 이 문제들을 낳는 것은 조직 자체가 아니라 조직의 특정 형태와 특정 측면이라는 인식이 점차 강해진다. 제1차세계대전과 그 후 1917년의 사건들로 말미암아 기존 조직 형태의 결함이 분명하게 드러난 뒤에야 레닌은 자신이 발전시키고 있던 근본적으로 새로운 견해를 명시적으로 제시하기 시작했고, 그때조차 그 견해가 완전히 발전된 것은 아니었다. 내전으로 러시아 노동계급이 해체되고 소비에트 체제(즉, 진정한 노동자 평의회에 기초한 체제)가 붕괴하고 스탈린주의가 대두하자 사회주의 이론의 쇄신은 질식됐다. 노동계급이 격감하고 사기 저하하면서 발호하기 시작한 관료층은 혁명의 이론적 기초를 왜곡하고 변질시켜 자신들의 이해관계와 범죄를 정당화하는 이데올로기로 만들어 버렸다. 정당과 계급에 관한 레닌의 견해는 낡은 사회민주주의 견해를 뛰어넘어 명확하게 제시되자마자 새로운 스탈린주의 이데올로기 때문에 다시 모호해졌다.

그러나 레닌의 견해 가운데 많은 것이 안토니오 그람시에게 이어져, 명확하고 일관된 이론적 형태를 부여받게 된다.[23]

레닌에게는 언뜻 서로 모순처럼 보이는, 한데 얽혀 있고 상호 보완적인 두 개념이 있다. 첫째는 노동계급 의식의 갑작스런 변화 가능성, 노동계급의 자주적 활동에서 특징처럼 나타나는 뜻밖의 고양, 노동자들로 하여금 복종과 비굴의 습관을 벗어던지도록 하는 계급적 본능 등을 끊임없이 강조하는 것이다.

혁명 때는 몇십 년이나 몇백 년 동안 무르익어 온 모순들이 전면에 드러난다. 현실은 파란만장한 사건들로 점철된다. 항상 뒤에 있었고, 그래서 피상적 관찰자들이 흔히 경멸하던 대중이 능동적 투사로서 정치 무대로 들어선다. … 이 대중은 영웅적 노력으로 난국에 대처하고, 세계사적 의의가 있는 엄청난 과제들을 해결해 나간다. 그리고 이런저런 패배가 아무리 크더라도, 피의 강물과 수많은 희생이 아무리 충격적이더라도, 대중과 계급들이 혁명적 투쟁 과정 자체에서 받는 이 직접적 훈련만큼 중요한 것은 없다.[24]
우리는 사회주의자들이 항상 해 왔고 앞으로도 항상 해야 할 더디고 꾸준한, 흔히 감지되지 않는 정치교육 활동의 중요성을 인정한다. 그러나 우리는 현 상황에서 훨씬 위험한 것, 즉 대중의 힘에 대한 신뢰 부족을 허용해서는 안 된다. 중대한 역사적 사건들이 사람들을 궁벽한 다락방이나 지하실에서 거리로 뛰쳐나오게 만들 때, 우리는 혁명의 교육적·조직적 효과가 얼마나 엄청난지를 잊어서는 안 된다. 혁명의 몇 개월은 종종 정치적 침체의 수십 년보다 더 빠르고 완전하게 사람들을 교육한다.[25]
노동계급은 본능적으로, 자발적으로 사회민주주의자다.[26]
자본주의 사회에서 노동계급이 처한 특별한 조건으로 말미암아 노동자들은 사회주의를 위해 분투하게 된다. 그들과 사회주의 정당의 결합은 운동의 아주 초기 단계부터 자발적으로 이뤄진다.[27]

1914년 제1차세계대전이 발발한 후 최악의 몇 달 동안에도 레닌은 다음과 같이 썼다.

전쟁이 창출한 객관적 상황이 … 불가피하게 혁명적 정서를 낳고 있다. 그 때문에 가장 훌륭하고 가장 계급의식적인 노동자들이 모두 단련되고 각성하고 있다. 대중의 분위기는 갑자기 바뀔 수 있을 뿐 아니라 그 가능성은 점점 더 커지고 있다.[28]

대중에 대한 이런 신뢰 때문에 레닌은 1917년 4월과 8~9월에 자신의 당과 충돌했다.

레닌은 대중이 당보다 왼쪽에 있다고 여러 번 말했다. 당은 상층 지도부인 '고참 볼셰비키'보다 왼쪽에 있다는 것도 레닌은 알고 있었다.[29]

민주협의회와* 관련해 레닌은 다음과 같이 썼다.

우리는 대중을 이 문제에 대한 토론 속으로 끌어들여야 한다. 계급의식적인 노동자들이 이 문제를 직접 다뤄야 하고, 토론을 조직해야 하고, '최상부에 있는 사람들'에게 압력을 가해야 한다.[30]

그러나 레닌의 사상과 실천 속에는 또 다른 근본적 요소가 존재하는데, 이론의 구실과 이론의 담당자로서 정당의 구실을 강조한 점이 그것이다. 이 점에 대한 인식은 그가 "혁명적 이론 없이 혁명적 운

---

* 1917년 9월 멘셰비키와 사회혁명당이 혁명의 물결이 고조되는 것을 막으려고 소집한 정당·사회단체 대표자 회의.

동 없다"고 쓴 《무엇을 할 것인가》에 잘 나타나 있다.[31] 그러나 그것은 레닌의 활동의 각 단계마다, 그래서 1903년뿐 아니라 1905년과 1917년에도 거듭거듭 나타난 주제였다. 그는 대중의 급진화에 당이 부응하지 못한다고 신랄하게 비판했다. 레닌이 보기에 정당은 계급 전체의 대중조직과는 아주 다른 것이었다. 당은 항상 전위 조직이며, 당원이 되려면 대다수 노동자들에게는 흔치 않은 헌신성이 필요하다(그렇다고 해서 레닌이 항상 직업혁명가들만으로 이뤄진 조직을 원했다는 말은 아니다).[32] 이것은 명백한 모순처럼 보일지도 모르겠다. 레닌은 특히 1903년에 그랬듯이 오직 정당만이 계급에게 사회주의 의식을 불어넣을 수 있다는 함의가 있는 주장들을 카우츠키에게서 끌어내 자신의 논거로 삼았지만, 나중에는 계급이 당보다 더 '왼쪽'에 있다고 지적하기도 했다. 그러나 사실, 여기서 모순을 발견한다는 것은 이 문제에 관한 레닌의 사상에 담긴 근본적 요소들을 이해하지 못하는 것이다. 왜냐하면 레닌의 정당 개념의 진정한 이론적 기초는 노동계급이 자신의 힘으로는 이론적 사회주의 의식에 이를 수 없다는 것이 아니기 때문이다. 러시아 사회민주노동당 2차 당대회에서 레닌은 "노동자들도 이데올로기 형성에 한몫한다는 사실을 전혀 고려하지 않는다"는 비난을 일축하면서 이렇게 덧붙였다. "'경제주의자들'은 한쪽 극단으로 나아갔다. 막대를 똑바로 펴기 위해서는 누군가가 반대 방향으로 구부려야 했다. 그것이 바로 내가 한 일이다."[33]

레닌 주장의 진정한 기초는 노동계급의 의식 수준이 결코 균일하지 않다는 것이다. 노동자 대중이 혁명적 상황에서 아무리 빨리 배우더라도 여전히 어떤 부문은 다른 부문보다 선진적일 것이다. 자발적 변화에 그저 기뻐하는 것은 그 일시적 결과가 어떻든 이를 무비판적으로 받아들이는 것이다. 그러나 이런 결과는 계급의 전진뿐 아니라 후퇴도, 계급의 혁명적 잠재력뿐 아니라 부르주아 사회 속의 처지도 반영하는 것이다. 노동자들은 아무 생각도 없는 자동인형이 아니다. 의식적 혁명가들의 개입으로 사회주의 세계관으로 설득되지 않으면, 노동자들은 계속 기존 사회의 부르주아 이데올로기를 받아들일 것이다. 현재 생활의 모든 측면에 스며들어 있고 온갖 대중매체에 의해 존속되는 것이 바로 부르주아 이데올로기이기 때문에 그만큼 더 그러기가 쉽다. 비록 어떤 노동자들이 '자발적으로' 완전히 성숙한 과학적 견해에 도달하더라도, 그들은 이런 견해를 가지고 있지 않은 다른 노동자들과 여전히 논쟁해야 할 것이다.

> 전위와 전위 쪽으로 이끌리는 전체 대중을 구별하지 않는 것, 점점 더 광범한 부문을 자신의 선진적 수준으로 끌어올리는 전위의 상시적 임무를 잊어버리는 것은 자기 자신을 기만하는 것이고 우리의 엄청난 과제를 외면하는 것이며 이런 과제를 제한하는 것이다.[34]

이런 주장은 특정 역사 시기에만 해당되지 않는다. 일부 사람들의 주장과 달리, 1902년의 후진국 러시아 노동계급에만 적용되는 것도 아니고 오늘날의 선진국 노동계급에만 적용되는 것도 아니다. 노동계급 의식이 성장할 절대적 가능성은 후자에서 더 높을 수 있지만, 자본주의 사회의 본질 자체 때문에 노동계급 내의 엄청난 불균등성이 지속된다. 이 점을 부정하는 것은 노동계급의 혁명적 잠재력과 현재

상태를 혼동하는 것이다. 레닌은 1905년에 멘셰비키(와 로자 룩셈부르크)를 겨냥해 다음과 같이 썼다.

> 노동자들의 독자적 활동이 발전하고 있다는 상투적 이야기는 그만하고(노동자들은 당신들이 알지도 못하는 독자적 혁명 활동을 한없이 보여 주고 있다) 당신들 자신의 추수주의追隨主義 때문에 후진적 노동자들이 사기 저하하지 않도록 당신들이나 잘하시오.[35]
>
> 두 종류의 독자적 활동이 있다. 혁명적 창발성을 지닌 노동자들의 독자적 활동과 후진적이고 의존적인 노동자들의 독자적 활동이 있다. … 두 번째 종류의 활동을 숭배하는 사회민주주의자들이 아직도 있다. 그들은 '계급'이라는 말을 거듭거듭 되풀이하면 긴급한 당면 문제들에 대한 직접적 대답을 회피할 수 있다고 생각한다.[36]

요컨대, 계급 전체가 무엇을 이룰 수 있는지를 말하지 말고, 계급 발전의 일부로서 우리가 어떻게 행동할지를 이야기하기 시작하라는 것이었다. 그람시는 다음과 같이 썼다.

> 역사에서 순수한 자발성은 존재하지 않는다. 그런 것이 있다면, 순수한 기계적 행동과 똑같은 것일 것이다. '가장 자발적인' 운동에서는 '의식적 지도'의 요소가 단지 확인되지 않을 뿐이다. … 이런 운동에도 의식적 지도의 요소가 많지만, 그중에 우세한 것이 없을 뿐이다.[37]

인간은 누구나 모종의 세계관을 가지고 있기 마련이다. 인간은 결코 집단과 동떨어져서 발전하지 않는다. "저마다 세계관이 있기 때문에 인간은 항상 특정 집단에 속하며, 그것도 자신과 똑같은 사고방식과 행동 양식을 공유하는 모든 사회집단에 속한다." 인간이 자신의 세계관을 일관성 있게 하려고 끊임없이 비판하지 않는다면

> 그는 동시에 다양한 인간 무리에 속하고, 그 자신의 인성은 괴이한 방식으로 구성된다. 그것[그의 세계관]은 원시인의 요소들과 가장 현대적인 선진 교양의 원리들을, 모든 과거 역사 단계의 조잡한 편견들과 전 세계 인류의 미래 철학의 직관들을 함께 포함하고 있다.[38]
>
> 대중 가운데 능동적인 사람은 실천적으로 움직이지만, 자신의 행위에 대한 명확한 이론적 의식은(그가 세계를 변화시키는 한에는 세계에 대한 지식이기도 하다) 없다. 오히려 그의 이론적 의식은 행동과 대립될 수도 있다. 우리는 그가 두 가지 이론적 의식(또는 하나의 모순된 의식)을 가지고 있다고 말할 수 있겠는데, 하나는 그의 행위에 내포된 암묵적 의식으로서 현실의 실천적 변혁 속에서 그를 모든 동료들과 하나로 묶어 주는 의식이고 다른 하나는 겉으로 드러나거나 말로 나타나는 것으로서 그가 과거로부터 물려받고 비판 없이 받아들이는 의식이다. [이런 분열이 심해지면 — 지은이] 그의 의식 내의 모순 때문에 어떤 행동도, 어떤 결정도, 어떤 선택도 불가능해지고 도덕적·정치적 수동성에 빠질 수 있다.[39]
>
> 모든 행위는, 강도가 다양하고 의식 수준도 다양하며 집단 의지를 지닌 전체 대중과의 동질성 수준도 다양한 서로 다른 의지들의 결과다. … 그에 조응하는 암묵적 이론은 혼란스럽고 이질적인 신념들과 관점들의 결합일 것임이 명백하다. [어떤 역사적 시점에 분출된 실천적 힘이 — 지은이] 효과적이고

포괄적이려면, 단호한 실천을 바탕으로 그 실천의 결정적 요소들과 일치하고 서로 밀접한 관련이 있는 이론, 행동 속에서 역사적 과정을 가속하고 실천의 모든 요소들이 더 동질적이고 일관성 있고 더 효과적이게 하는 이론을 구성해야 한다.[40]

이런 의미에서 '자발성'이냐 아니면 '의식적 지도'냐 하는 문제는 다음과 같은 문제가 된다.

비판적 의식 없이 앞뒤가 맞지 않게 뒤죽박죽으로 생각할 것이냐, 달리 말하면 외부 환경이 기계적으로 '강요한' 세계관, 즉 누구나 의식의 세계에 들어가는 시점부터 자동으로 관련되는 많은 사회집단 중 하나가 강요한 세계관에 '참여할' 것이냐, 아니면 의식적·비판적으로 자신의 세계관을 만들어 낼 것이냐.[41]

이런 상황에서 정당은 특정 세계관과 그것에 상응하는 실천 활동을 전파하기 위해 존재한다. 정당은 특정 세계관을 공유하는 사람들을 모두 하나의 집합체로 단결시키고, 이 세계관을 전파하려고 노력한다. 정당은 다양한 이데올로기와 이해관계의 영향을 받는 개인들의 무리에 동질성을 부여하기 위해 존재한다. 그런데 정당은 이것을 두 가지 방식으로 할 수 있다.

첫째는 그람시가 가톨릭교회의 방식이라고 부른 것이다. 이것은 다양한 사회 계급과 계층을 단일한 이데올로기로 결속하려 한다. 그것은 지식인과 '일반인'을 단일하고 조직된 세계관으로 통일시키려 한다.

그러나 그것은 오직 지식인을 '일반인' 수준으로 끌어내리는, 지식인에 대한 철의 규율에 의해서만 가능하다. "마르크스주의는 이런 가톨릭의 태도와 정반대다." 마르크스주의는 대중의 의식 수준을 끌어올리기 위해, 그들이 진정 독립적으로 행동할 수 있도록 지식인과 노동자를 하나로 묶으려고 노력한다. 바로 이 때문에 마르크스주의자들은 단순히 대중의 자발성을 '숭배'할 수 없다. 그렇게 한다면, 그것은 가장 후진적인 부분의 후진성을 가장 선진적인 부분에게 강요하려고 하는 가톨릭을 모방하는 셈이 될 것이다.

따라서 그람시와 레닌은 당이 항상 신입 당원들을 고참 당원의 의식 수준으로 끌어올리려 노력해야 한다고 생각했다. 당은 항상 계급의 '자발적' 발전에 반응할 수 있어야 하며, 그래서 명확한 의식을 발전시키고 있는 사람들을 끌어들일 수 있어야 한다.

명실상부한 대중의 정당이 되려면 우리는 점점 더 광범한 대중이 당의 모든 일에 함께하도록 해야 하며, 그들이 정치적 무관심에서 항의와 투쟁으로, 일반적 항의 정신에서 사회민주주의 견해의 채택으로, 이런 견해의 채택에서 운동에 대한 지지로, 운동 지지에서 당원 가입으로 꾸준히 발전하도록 이끌어야 한다.[42]

그러나 이런 임무를 완수할 수 있는 정당이 반드시 '가장 광범한' 정당은 아닐 것이다. 그것은 점점 더 많은 노동자들이 정당 활동에 참여하도록 항상 노력하면서도 자신의 활동과 나아가 정당의 활동을 진지하게 과학적으로 평가하고자 하는 사람들로 당원 자격을 제한하는 조직일 것이다. 따라서 당원 자격 규정은 중요할 수밖에 없다. 당은 그저 누구든 자신이 당원이라고 스스로 규정하고 싶어하는 사람들로 구성되는 것이 아니라 오직 당 조직의 규율을 받아들일 용의가 있는 사람들로만 구성되는 것이다. 평상시에 이런 사람들의 수는 노동계급 가운데 비교적 적지만, 투쟁 고양기에는 엄청나게 늘어날 것이다.

이 점이 사회민주주의 정당의 실천과 크게 다른 점이다. 레닌 자신은 1914년 이전의 러시아에 한정해서만 이 점을 인식했지만, 어쨌든 그의 견해는 명확한 것이었다. 그는 자신의 목표, 즉 "진정으로 강한 철의 조직", "싸우려고 나선 모든 사람들"의 "작지만 강한 정당"과 "허우적거리는 괴물 같은 멘셰비키의 신新이스크라 잡동사니"를 대조한다.[43] 이 때문에 레닌은 당원 자격 조건 문제를 둘러싸고 멘셰비키와 분리하는 것조차 마다하지 않고 자신의 견해를 관철하려 한 것이다.

레닌의 정당 개념에는 서로 구별해야 할 두 요소가 있는데, 하나는 레닌 자신이 역사적으로 제한된 것으로 조심스럽게 구분한 요소이고, 다른 하나는 일반적으로 적용될 수 있는 요소이다. 전자는 폐쇄적인 음모적 조직을 강조하고 당 간부들이 위로부터 아래로 신중하게 지도할 필요성을 지적한 것이다.

정치적으로 자유로운 상황이라면 우리 당은 전적으로 선출 원칙에 따라 건설될 것이다. 그러나 제정 치하에서 노동자 당원 수천 명이 집단적으로 선거를 치를 수는 없다.[44]

훨씬 더 일반적으로 적용되는 두 번째 요소는 당의 규율을 받아들이는 사람들로 당을 제한해야 한다는 것이다. 레닌이 보기에 (그를 추종한다고 자처하는 많은 사람들과 달리) 이것은 권위주의의 맹목적 수용이 아니었다는 점이 중요하다. 혁명적 정당이 존재하는 이유는 가장 의식적이고 전투적인 노동자들과 지식인들이 응집력 있는 공동 행동의 출발점으로서 과학적 토론에 참여할 수 있게 하기 위해서다. 이것은 정당 활동에 전반적으로 참여하지 않으면 불가능하다. 이를 위해서는 명확하고 정확한 주장과 단호한 조직화가 결합돼야 한다. 그러지 않으면 당은 '늪'에 빠지고 말 것이다. 즉, 과학적 정확성에 따라 움직이는 사람들이 완전히 혼란스러운 사람들과 뒤섞여서 단호한 행동을 전혀 할 수 없게 되고 사실상 가장 후진적인 사람이 지도할 수 있게 돼 흐느적거리기만 할 것이다. 그런 논쟁에 필요한 규율은 "자유롭게 채택된 결정에 따라 단결한" 사람들의 규율이다.[45] 만일 당의 경계가 명확하지 않다면, 그리고 결정을 실행에 옮길 수 있을 만큼 응집력이 없다면, 당의 결정을 둘러싼 토론은 '자유롭기'는커녕 아무 가치도 없을 것이다. 레닌이 보기에 중앙집중주의는 당원들의 주도력과 자주성을 발전시키는 것과 결코 대립되지 않았다. 오히려 그 전제 조건이었다. 1905년에 레닌이 그 전의 두 해 동안 자신이 중앙집중주의를 위해 싸운 이유를 요약해 놓은 것을 주목할 필요가 있다. 중앙 조직과 중앙 기관지의 구실을 거론하면서 그는 그 결과가 다음과 같은 것이라고 말한다.

봉기 명령을 기다리면서 가만히 앉아 있지 않고, 봉기 시에 최고의 성공 가능성을 보장해 줄 정례 활동을 수행할 … 요원들의 그물망 구축. 그런 활동은 가장 광범한 노동자 대중과, 그리고 귀족계급에 불만을 품은 모든 계층과 연계를 강화해 줄 것이다. 그런 활동은 전반적 정치 상황을 올바르게 평가하는 능력과 따라서 봉기의 적절한 시점을 선별하는 능력을 기르는 데 일조할 것이다. … 그런 활동이야말로 모든 지방 조직이 최대한 엄밀하고 일사불란하며 적절한 방식으로 동일한 정치적 문제와 사건에 동시에 대응하도록 훈련할 것이다.[46]

그런 조직의 일부가 됨으로써 노동자와 지식인 모두 다른 많은 사람들의 과학적 사회주의 활동에 발맞춰 자신의 구체적 상황을 평가하도록 훈련된다. '규율'은 개인의 경험을 당 전체의 이론과 실천에 연결할 필요성을 받아들인다는 것을 의미한다. 그런 식으로 '규율'은 구체적 상황을 평가할 수 있는 능력과 대립되는 것이 아니라 그것의 필수적 전제가 된다. 그 때문에 레닌은 '규율'이 당내에 존재하는 차이를 숨기는 게 아니라 오히려 그것을 전면에 드러내 토론에 부치는 것이라고 봤다. 오직 이런 식으로만 당원 대중은 과학적 평가를 할 수 있게 된다. 당 기관지는 상반된 의견들을 향해 열려 있어야 한다.

이 집단들이 거리낌 없이 발언할 수 있게 하고, 그들의 차이가 중요한지 안 중요한지를 평가하고, 어디에 어떻게 누구에게 모순이 있는지를 가늠할 기회를 당 전체에 부여하려고 최선을 다해야 한다는 것이(비록 그 때문에 중앙집중주의의 깔끔한 패턴과 규율에 대한 절대적 복종에서 어느 정도 벗어날지라도) 우리의 견해다.[47]

요컨대, 모든 당원이 당의 논쟁에 참여하고 그들 자신의 활동의 적실성을 이해하려면 당이 정치적으로 명확하고 견고해야 한다는 것이다. 이것이 바로 정당과 계급을 혼동하는(멘셰비키가 그랬고 오늘날에도 여전히 많은 사람들이 그런다) 오류를 범해서는 안 되는 이유다. 계급 전체는 자본주의에 무의식적으로 반대한다. 혁명적 정당은 계급 가운데 이미 의식적인 부분으로서, 계급의 나머지 부분의 투쟁을 의식적으로 지도하려고 뭉친 부분이다. 당의 규율은 위에서 아래로 강요된 어떤 것이 아니라 당의 결정에 참여하고 그 결정을 실행에 옮기려고 행동하는 모든 이들이 자발적으로 받아들인 것이다.

사회민주당, 볼셰비키 당, 스탈린주의 당

우리는 레닌이 생각한 정당과 룩셈부르크나 트로츠키가 머릿속에 떠올리며 불안해한 사회민주당의 차이를 이제 알 수 있다. 사회민주당은 계급 전체의 정당으로 여겨졌다. 계급의 집권은 곧 정당이 권력을 장악하는 것이었다. 계급 내의 모든 경향이 당내에서 대변돼야 했다. 당내 분열은 모두 계급 자체의 분열로 여겨졌다. 중앙집중화는 필요하다고 인정되기는 했지만, 계급의 자발적 활동을 가로막는 장애물이 될 수 있다는 점에서 우려의 대상이었다. 그러나 룩셈부르크가 경고한 '독재' 경향이 가장 발달한 정당이 바로 사회민주당이었다. 왜냐하면 당원과 지지자를 혼동하고, 비대한 기구가 반쯤만 정치화한 당원들을 이런저런 사회적 활동으로 결집하다 보니, 정치 토론은 무뎌지고 정치적 진지함은 사라지고, 그래서 당원들의 자주적인 정치적 평가 능력이 저하하고 당 기구의 지시에 따른 참여의 필요성이 증대했기 때문이다. 정치적 차이를 명확하고 단호하게 하려는 조직상의 중앙집중화가 없으면 평당원들의 자주성은 항상 잠식되기 마련이다. 개인적 친분이나 기존 지도자에 대한 복종이 과학적·정치적 평가보다 더 중요해진다. 아무도 명확한 태도를(비록 틀리더라도) 취하지 않는 늪에서는 어느 것이 옳은 태도인지를 놓고 논쟁하지도 않는다. 조직적 유대를 정치적 평가와 연결하려 하지 않으면 반드시 조직상의 충성이 정치적 충성을 대체하게 된다. 그러면, 오랜 동료들이 반대할 때 독자적으로 행동할 수 없게 된다(이런 경향을 가장 분명히 보여 준 사람이 1917년의 마르토프였다).

스탈린주의 당은 볼셰비키 당의 변종이 아니라는 사실을 이해하는 것도 필수적이다. 스탈린주의 당도 조직 기구들이 지배했다. 조직의 정치를 고수하는 것이 아니라 조직을 고수하는 것이 중요했다. 이론은 외부에서 결정된 실천을 정당화하기 위해 존재했지 그 반대가 아니었다. 당 기구에 대한 조직상의 충성이 정치적 결정을 좌우했다(한편 전자는 소련 국가기구의 필요와 관계있었다). 소련에서 당 기구가 사실상 당을 지배하게 되는 과정에는 수많은 '지지자'의 당내 유입, 즉 '계급'에 의한 '당'의 희석화가 필요했다는 점을 주목해야 한다. 정치적 자기 확신이 없는 사람들을 대거 가입시킨 '레닌 입당'을* 이용해서 당 기구에 대한 충성을 확보할 수 있었다. 레닌주의 정당에서 이런 관료

---

* 1924년 레닌이 죽고 스탈린 분파가 주도해 20여만 명의 당원을 대거 가입시킨 일.

적 통제 경향이 나타나지 않는 이유는, 정치적·이론적 문제들을 자신의 출발점으로 삼고 자신의 활동을 모두 여기에 종속시킬 만큼 진지하고 규율 있는 사람들로 당원 자격을 제한하기 때문이다.

그렇다면 이것은 매우 엘리트주의적인 정당 개념을 함축하는 것인가? 어떤 의미에서는 그렇다고 할 수 있다. 비록 이것은 당의 잘못 때문이 아니라 현실 자체가 노동계급 의식의 불균등 발전을 낳기 때문이지만 말이다. 효과적인 정당이 되려면 당은 가장 '선진적'이라고 생각되는 사람들을 모두 가입시키려 해야 한다. 당은 단지 '엘리트'가 되지 않으려고 자신의 과학과 의식 수준을 떨어뜨릴 수는 없다. 예컨대, 당은 국수주의적 노동자가 국제주의적 당원과 "마찬가지로 훌륭하다"는 주장을 받아들일 수 없다. 그러나 '전위'가 된다는 것은 계급의 염원, 정책, 이해관계를 자신의 염원, 정책, 이해관계로 대체하는 것이 결코 아니다.

여기서 중요한 점은 레닌이 정당을 노동자 국가의 맹아로 여기지 않았다는 사실이다(노동자 평의회가 그 맹아다). 노동계급 전체가 노동자 국가의 여러 기구들에 관여할 것이다. 이것은 "모든 요리사도 국정을 맡을 것"이라는 레닌의 말처럼, 계급의 가장 선진적인 사람들뿐 아니라 가장 후진적인 사람들에게도 해당된다. 국가를 다룬 레닌의 주요 저작 《국가와 혁명》에서 정당에 관한 언급은 거의 찾아볼 수 없다. 정당의 기능은 국가가 되는 것이 아니라, 계급의 더 후진적인 사람들 속에서 그들이 노동자 평의회를 수립하는 동시에 부르주아 국가의 조직 형태들을 전복하려고 싸우는 수준까지 그들의 자의식과 자주성을 끌어올리기 위해 끊임없이 선전하고 선동하는 것이다. 소비에트 국가는 전체 노동계급의 자주적 활동의 최고 구현체다. 당은 계급 가운데 이런 자주적 활동의 세계사적 함의를 가장 명확하게 이해하는 부분이다.

노동자 국가의 기능과 정당의 기능은 사뭇 다르다(이것이 바로 노동자 국가에 정당이 하나 이상 존재할 수 있는 이유다). 노동자 국가는 노동자의 모든 부문의 다양한 이익(지리적·산업적 이익 등)을 모두 대변해야 한다. 또, 자신의 조직 방식에서 계급의 모든 이질성을 인정해야 한다. 반면 당은 계급을 일국적·국제적으로 단결시키는 활동을 중심으로 건설된다. 당은 이데올로기적 설득을 통해 계급의 이질성을 극복하려고 끊임없이 노력한다. 당은 개별 노동자 집단의 국지적 관심사가 아니라 일국적·국제적 정치 원칙들에 관여한다. 당은 강제가 아니라 오직 설득을 통해서만 노동자들이 당의 지도를 받아들이게 할 수 있다. 자본주의를 혁명적으로 전복하려는 노동계급의 활동에 참여하고자 하는 조직은 노동계급의 직접적 지배 기구들을 자신이 대리하려 해서는 안 된다. 그런 생각은 사회민주당이나 스탈린주의 당에나 어울리는 생각이다(그리고 사회민주당이나 스탈린주의 당은 선진 자본주의 나라들에서 혁명적 실천을 통해 이런 대리 행위를 시도하기에는 대중의 자주적 활동을 너무 두려워한다). 자본주의 사회에 존재하는 혁명 조직의 구조는 자본주의를 전복하는 과정에서 떠오르는 노동자 국가의 구조와 판이할 것이다.[48] 혁명적 정당은 자신의 원칙과 대립하는 원칙을 가진 정당들에 맞서 자신의 원칙을 위해 노동자 국가의 제도 내에서(도) 투쟁해야 할 것이다. 이런 일이 가능한 이유는 혁명적 정당 자체는 노동자 국가가 아니기 때문이다.[49]

이로써 우리는 레닌의 정당 이론과 국가 이론이 동떨어진 두 가지 이론이 아님을 알 수 있다. 국가 이론을 발전시키기 전까지 레닌은 볼셰비키 당을 러시아 상황의 독특한 산물로 여기는 경향이 있었다. 정당이 국가가 된다는 사회민주주의적(나중에는 스탈린주의적) 관념이 우세했던 조건을 감안할 때, 진정으로 혁명적인, 따라서 민주적인 사회주의자들이 당을 계급의 가장 선진적인 부문으로 한정하지 않으려 한 것은 지극히 당연하다(비록 그런 가장 의식적인 부문을 조직해야 한다는 것을 인정했을지라도 말이다). 이것은 정치조직과 이론적 명확성의 문제에서 룩셈부르크가 모호한 이유를 설명해 준다. 이런 모호함 때문에 룩셈부르크는 "진정으로 혁명적인 운동이 저지르는 오류"와 "가장 명민한 중앙위원회의 무오류성"을 대립시켰던 것이다. 이 점을 간파한 사람이 레닌이다. 교훈을 끌어낸 것은 레닌이지 룩셈부르크가 아니다. "선진 공업국의 마르크스주의자들에게 [정당에 관한] 레닌의 원래 견해는 룩셈부르크의 견해보다 훨씬 덜 유효한 지침"이라는 일각의 주장은 진실이 아니다.[50] 혁명적 마르크스주의자들의 조직, 즉 자신들의 상황과 계급 전체의 상황을 과학적으로 엄밀하게 평가하고, 자신들의 오류를 가차없이 비판하고, 노동자 대중의 일상적 투쟁에 참여하면서도 낡은 사회에 대한 대중의 이데올로기적·실천적 굴종에 끊임 없이 반대해서 대중의 자주적 활동을 증대시키려고 애쓰는 조직을 건설하는 것은 여전히 필요하다. 사회민주주의와 스탈린주의처럼 계급과 당 엘리트를 동일시하는 태도에 반발하는 것은 아주 건강한 반응이다. 그러나 그렇다고 해서 우리가 그들의 유산을 극복하기 위해 무엇을 해야 하는지를 명확하게 깨닫지 못 해서는 안 된다.

학생과 운동

    워릭대학교에서 학내 좌파 활동가를 사찰한 문서가 발견된 것을 계기로 일어난 학생 반란은 영국 학생운동 역사상 최대 규모였다. 과거에도 전국적 학생운동이 벌어지긴 했지만 이때만큼 크지 않았다. 예를 들어 작년[1969년] 런던대학교 정치경제대학LSE 투쟁에 연대해 벌어진 활동에는 거의 모든 곳에서 급진적 소수만 참가했다. 워릭대학교 투쟁에는 여섯 군데 이상에서 다수 학생들이 운동에 참가했고, 다른 열 군데가 넘는 곳에서도 적잖은 수가 참가했다.

    8개월 전 우리는 "자본주의, 교육, 그리고 학생 혁명"에서 현대 자본주의에서 학생들의 불만이 주기적으로 터져 나오는 구조적 요인들을 분석했다. 자본주의 사회에 더욱 많은 수의 기술자, 과학자, 기능

"Student and the movement", *International Socialism*(first series) 43(April/ May 1970).

인, 지식인이 필요하기 때문에 지배자들은 고등교육을 확대한다. 그 결과 학생들의 출신 계급과 졸업 후 귀속 계급도 달라진다. 전체 학생에서 지배계급의 자식이 차지하는 비율도 크게 줄어든다. 이 새로운 학생 다수는(또는 최소한 인문학 분야의 학생들은) 자신이 익힌 자유주의적 이데올로기와 현대 자본주의의 반자유주의적인 행태 사이에 간극이 갈수록 벌어지는 것에 특히 민감하다.

워릭대학교 투쟁은 그런 긴장이 낳는 폭발력을 다시 한 번 보여 줬다. 대학이 설파하던 자유주의적 신념을 스스로 깨뜨리는 광경을 보면서 그동안 잠잠했던 여러 대학 학생들이 행동에 나섰다.

학생들은 대학에 의심을 품고 그 어느 때보다 열렬히 토론했다. 이런 변화는 대학 총장들에게는 고민거리지만, 혁명적 좌파에게는 기회다.

그러나 기회를 잡기는 쉽지 않다. 많은 좌파는 여전히 학생운동의 기본적인 현실도 이해하지 못한 듯하다. 어떤 좌파들은 아직도 운동에 참가하는 학생들이 흥분에 들뜬 상류층 아이들일 뿐이라고 여긴다. 또 어떤 좌파들은 학생운동이 혁명적 노동계급 조직을 대체할 수 있다고 생각한다. 이런 좌파들은 "붉은 기지"라든지, 학생이 "새로운 혁명적 계급"이라든지, "전략적 소수"나 "국제 청년 전위" 같은 얘기를 떠든다. 이런 생각은 혁명가들이 개입해 중요한 구실을 해야 할 자유주의적, 개혁적 요구를 둘러싼 운동과 혁명가 고유의 운동을 혼동하는 것이다.

좌파들이 학생운동에 효과적으로 개입하려면 반드시 좌파적 사상과 다수 학생의 관심사 사이의 차이를 이해해야 한다. 학생들이 기꺼이 싸울 만한 요구들을 제기할 때 이런 차이는 좁혀질 수 있다. 좌파한테 충분한 참을성만 있다면 이것은 그렇게 어려운 일이 아니다. 학생운동의 중요한 특징은 그 안에서 전환적 요구들이 흔히 등장한다는 점이다. 전환적 요구들은 자유주의적 형식을 취하더라도 현 단계의 자본주의에서는 절대로 성취되기 어렵다. 예를 들어 학생 자치 확대나, 학교 "문서의 전면 공개", 인종 차별 관행 타파 같은 것들이다. 이런 요구를 성취하기 위해 학생들은 대학 당국을 "폭로"할 뿐만 아니라 자기 머릿속의 모순적 사상들에 도전해야 한다. 학생운동의 공식 지도부인 자유주의자들은 이런 자유주의적 요구안조차 일관되게 고수하지 못한다. 그래서 자유주의자들은 흔히 핵심 요구를 자꾸 축소함으로써 기성 체제에 정면으로 도전하지 않으려 든다. 예를 들어 모든 내부 문서를 공개해 학내 사찰과 블랙리스트 작성을 금지하라는 요구는 무고한 학생들을 사찰하지 말라는 요구로 축소된다. 이런 모호함이야말로 운동을 계속 위험에 빠뜨린다. 그러나 동시에 많은 학생 사이에 논쟁을 불러일으켜 혁명적 사상에 유리한 상황이 펼쳐질 수도 있다.

그러나 좌파들은 이런 상황을 최대한 활용하는 데 자주 실패한다. 자유주의적 쟁점을 두고 벌어지는 학생운동을 정말로 혁명적 운동이라고 믿는 것은 사실 좌파가 사회를 총체적으로 파악하는 자기 고유의 관점으로 학생들을 설득하는 데 실패한 것을 보여 줄 뿐이다(또 왜 좌파만이 자유·민주적 요구를 위한 투쟁에 일관된 방향을 제시할 수 있는지 설명하지 못한 것이다).

이런 설득은 꼭 필요한 일이다. 학생 투쟁 초기에 아무리 진지한 열정과 대중적 참여가 두드러진다 하더라도, 장기적으로는 교착상태에 빠질 수 밖에 없다. 왜냐하면 사회를 바꿀 진정한 힘이 학생한테 없기 때문이다. 학생은 위선에 도전할 수 있고, 지배자들을 성가시게 할 수도 있다. 그러나 지배자들을 진짜로 위협할 수는 없다. 격한 자유주의적 어조로 쏟아 낸 분노일지라도 대학에서의 저항만으로는 해결할 수 없기 때문이다. 아무리 운동이 거대해도 학교 담장을 넘지 못하면 끝내 무너지고 만다.

최근 일어난 저항에 참여한 많은 사람들에게 이런 전망은 와 닿지 않을 수도 있다. 1968년에 일어난 스프링거* 항의 투쟁과 5월의 바리케이드 투쟁에 참가한 수많은 사람들, 미국의 '탈이데올로기적' 신좌파 주변의 수천 명의 사람들, 별 반향도 없이 "제 몸을 불사른" 일본 학생운동 참가자들 모두 그렇게 느꼈다. LSE 투쟁에 참가한 사람들도 마찬가지였을 것이다.

그러나 독일사회주의학생동맹SDS은 이미 회원 절반만이 참석한 총회에서 공식적으로 해산했다. 미국의 민주학생연합도 분열에 분열을 거듭하고 있다. 파리의 라탱 지구에서 진압경찰CRS에 맞서 싸운 학생들도 낭테르와 뱅센에서 우파에 맞서기에도 힘에 부칠 판에 갈라져서로 싸우고 있다. 하나였던 운동은 갈라져서 한쪽은 마오쩌둥주의자들이나 웨더맨처럼** 독자 행동으로 연대와 승리의 시기를 되살리려

---

* 독일의 거대 언론 그룹으로, 학생운동에 대한 왜곡 보도를 일삼아 지탄 대상이었다.

** 미국 민주학생연합 활동가 일부가 결성한 초좌파 그룹으로 적극적 무장투쟁을 주장했다.

는 헛된 노력을 하고 있고, 다른 한쪽은 더 광범하고 현실적인 혁명 조직에 합류했다. 그 둘 사이에서 다수 학생들은 의미 있는 행동으로 나아갈 다른 방법을 찾거나 아니면 운동을 아예 포기해 버렸다.

그러나 지금도 학생운동에는 활기가 많이 남아 있다. 학생운동은 정부를 좀 더 귀찮게 만들 수 있고, 운동에 참가한 많은 학생에게 계급으로 나뉜 사회 현실을 제대로 보여 줄 수도 있다. 혁명적 좌파는 이런 활동에 참여해, 운동에 방향과 구심을 제공하려고 노력하면서 운동의 성공을 곧 자신의 성공으로 여겨야 한다. 그러나 동시에 우리는 학생운동의 한계도 알아야 한다. 그래서 진정한 사회 변화를 완성할 유일한 힘은 노동계급에게 있다는 사실, 또 학생운동의 과제를 해결하고자 하는 진지한 학생들이라면 반드시 노동계급의 투쟁과 염원에 헌신하는 혁명 조직의 일부가 돼야 한다는 점을 되풀이해 얘기해야 한다.

노동자 정당이 집권하면 노동자 정부인가

이 글은 30년 전[1977년] 영국 사회주의노동자당의 《국제 상황 보고》에 실렸다. 당시 이탈리아에서는 1968~1975년의 거대한 투쟁 물결 속에서 등장한 최대 극좌파 조직들의 일부가 자신의 전략을 수정해 기성 의회 제도 안에서 '좌파' 정부를 구성하는 전략을 모색했다. 그런 정부가 실현되지는 못했다. 오히려 강력한 이탈리아 공산당이 기독교민주당과 '역사적 타협'을 맺고 종속적 구실을 자임하자 혁명적 좌파는 헤어날 수 없는 수렁에 빠졌다. 그럼에도 당시 주장들은 오늘날 혁명가들이 정부 구성 문제를 두고 취해야 할 태도와 관련해 시사하는 바가 많다. 2006년 이탈리아에서 재건공산당이 로마노 프로디의 중도좌파 정부에 입각해 아프가니스탄과 레바논에 이탈리아군을

Chris Harman & Tim Potter, "The worker's government", *SWP International Discussion Bulletin*, No. 4(1977).

파병하는 것에 찬성표를 던졌기에 때문에 특히 더 그렇다(크리스 하먼, 2007년).

　지난 3년 동안 '좌파 정부' 개념이 크게 수정됐다. 칠레의 경험이 재앙으로 끝난 것이 발단이 됐다. 국제사회주의자들을 비롯한 일부 경향은 개혁주의 노선으로는 사회주의로 갈 수 없음이 다시 한 번 드러났다고 본 반면 다른 단체들, 특히 이탈리아의 일 마니페스토(선언)는 좌파 정부 선출이 사회주의로 가는 결정적 첫걸음이라고 봤다.

　1976년에는 이탈리아가 이런 분석의 대상이 됐다. 아반과르디아 오페라야^AO(노동자 전위)와 PdUP(공산주의를 위한 프롤레타리아 단결당)* 선거 강령의 주요 슬로건은 공산당, 사회당, 그리고 아마 혁명적 좌파도 포괄하는 좌파 정부 수립이었다. 이 단체들은 대중의 압력이 있으면 "좌파 정부가 자본주의에 이롭게 상황을 안정시키는" 것을 막을 수 있고, 그러면 "노동계급이 권력을 행사하는 길이 열릴" 수 있다고 주장했다.

　그 후 두 단체 모두 분열했는데, 그 핵심 쟁점 하나는 좌파 정부의 구실과 한계를 둘러싼 것이었다.

　프랑스에서는 사회당과 공산당이 내년[1978년] 총선에서 다수 의석을 차지할 것이 확실시되자 혁명적 좌파 내에서 다시 좌파 정부 개념을 두고 논란이 벌어졌다. 프랑스의 혁명적 좌파들은 이탈리아 극좌

---

* 이탈리아 사회당에서 이탈한 좌파들이 만든 PdUP(프롤레타리아 단결당)와 일 마니페스토가 1974년에 통합해 결성한 정당.

파들이 빠진 것과 같은 개혁주의 함정에 빠지지는 않았지만, 흔히 좌파 정부를 그 자체로 중요한 것으로 보는 경향이 있었다. 따라서 두 가지 핵심 쟁점이 등장했다. 첫째, 부르주아 민주주의 안에 머무는 정부가 "노동자 권력으로 가는 길을 열" 수 있는가? 둘째, 기성 노동자 정당들이 집권하게 되면 혁명가들의 전략은 무엇이어야 하는가?

'좌파 정부'나 '노동자 정부'란 무엇인가?

단지 노동자 다수의 표를 얻는다고 해서 기성 노동자 정당이 정부 권력을 얻는 것은 아니다. 그것은 자본가계급이 그 정당의 집권을 허용하는 것에도 달려 있다. 달리 말해, 부르주아 정부의 직위들을 노동자 운동에 기반을 둔 정당 지도자들에게 허용할 수밖에 없다고 자본가계급이 느껴야 한다. 자본가계급이 단지 일시적인 권력 상실을 막으려고 의회 민주주의 신화를 파괴하는 것이 이롭지 않다고 느끼거나, 노동자 운동의 대규모 분출 앞에서 후퇴할 수밖에 없다고 느낀다면 그렇게 양보할 것이다(가령 1918년 독일에서 사회민주당과 독립사회민주당USPD의 연립정부가 들어섰을 때, 그리고 1936년 9월 스페인에서 카바예로 정부가 들어섰을 때 그랬다).

그러나 자본가계급이 포기하는 것은 단지 정부 직위뿐이다. 그 계급이 국가기구의 주요 부분, 경제의 핵심 부분, 언론의 대부분을 계속 통제한다. 달리 말해, 그들은 자본의 집중이 진척될수록 점점 덜 중요해지는 곳인 국가의 '최전방'에서 물러날 뿐이다. 대신에 국가기구의 고위층과 경제 영역에서 자신의 권력을 강화한다.

따라서 '좌파 정부'는 부르주아 국가를 분쇄하고 세워진 혁명적 정부가 아니다. 오히려 좌파 정부는 자본주의와 그 국가를 온전히 용인한다.

심각한 사회적 위기 때 자본가계급은 자신의 주요 통제 수단인 국가기구가 온전하기만 하다면 심지어 상당한 물질적 개혁도 양보할 태세가 돼 있다. 자본가들은 장기적 지배를 유지할 수단을 보유하는 한 단기적 양보를 할 수 있다. 노동자 운동이 쇠퇴할 때 언제든지 개혁을 되돌리고 새로 공격에 나설 수 있기 때문이다. 그러나 일단 국가가 파괴되면 자본가계급은 노동계급의 힘에 대항할 도구를 잃게 된다.

그러므로 '좌파 정부'는 선택에 직면하게 된다. 자본가계급의 기구[자본주의 국가]와 협력하든가 아니면 그 기구를 파괴하고 평의회와 시민군 같은 노동자 권력의 구조로 대체하든가. 좌파 정부에게 이 선택은 출범과 거의 동시에 강요된다. 아옌데도 군대를 건드리지 않는다는 조건으로 겨우 집권할 수 있었다. 어떤 '좌파 정부'라도 국가와 협력하도록 강제하는 수많은 조처를 강요당하게 된다.

따라서 '좌파 정부'가 처음부터 기성 국가기구에 단호하게 대항하지 않는다면 국가권력을 사실상 내버려 두는 꼴이 된다. 예를 들어, 1936년 7월에 발생한 프랑코의 쿠데타가 부분적으로 패배하자 스페인에서 자본가계급은 산업 통제력을 대부분 잃었다. 국가기구는 거의 복구할 수 없을 정도로 붕괴했고 노동자 시민군이 무력을 거의 독점하다시피 했다. 정부를 운영하던 부르주아 자유주의자들은 자신들이 거의 아무것도 할 수 없음을 깨달았다.

그래서 1936년 9월 정부 권력은 사회당 '좌파'인 라르고 카바예로에게 넘어갈 수 있었다. 카바예로는 자본가들을 위해 자유주의자들만으로는 결코 이룰 수 없었던 일을 해냈다. 자신에 대한 대중의 신망을 이용해 국가기구를 재건한 것이다. 카바예로는 '헌법을 준수하는' 좌파 정부가 제구실을 할 수 있는 방법은 옛 국가기구의 잔재에 기대는 것밖에 없다고 생각했다. 그래서 자신의 이데올로기적 영향력(과 다른 노동자 조직들의 영향력)을 이용해 국가를 재건했다. 이 일이 어찌나 잘 이뤄졌던지 1937년 5월에 이르자 국가의 고위층은 카바예로를 자신들의 이익에 훨씬 더 부합하는 사람으로 대체할 수 있었다. 카바예로는 자신이 재건한 국가기구에 의해 쫓겨난 것이다. 아옌데도 장군들의 권력을 존중하겠다고 약속했지만 바로 그 장군들에게 살해당했다. 그러나 1936년 스페인 노동계급에게는 국가를 분쇄할 힘과 자신의 국가를 건설할 의지가 있었다. 그런데 카바예로는 낡은 국가에 기대어 노동자 권력의 기관들(자본가계급이 카바예로를 제거하기로 결심했을 때 그를 유일하게 방어했다)이 성장하는 것을 가로막았고 그 자신이 대표하는 '좌파' 정치의 구현을 가로막았다.

이렇게 국가기구와 협조하는 경향이 나타나는 주된 원인은 그들이 부르주아 정당들로 이뤄진 정부 안에 들어가 있기 때문이 아니다. 심지어 기성 노동계급 정당만으로 구성된 '순수 노동자 정부'조차 여전히 국가를 통해 자본가계급과 사실상 연합하게 될 것이다. 아옌데의 정책은 민중연합 정부 내의 급진당 같은 소규모 부르주아 세력이 결정한 게 아니었다. 아옌데가 국가 고위층에 간섭하지 않겠다고 약속한 1970년의 헌법 준수 서약이나, 국가가 사회주의 건설에 이용될 수 있는 중립적 도구라는 아옌데의 주장(모든 개혁주의자들의 공통된 생각)이 훨씬 더 중요한 것이었다.

일부 좌파 경향은 이 분석이 '조야'하거나 기계적이라고 말할 것이다. 즉, 현대의 유러코뮤니즘 대중정당들을 전쟁[제2차세계대전] 전의 사회민주주의 정당들과 조악하게 등치시키는 주장이라고 말이다. 그러나 그때 이후로 변한 것은 무엇인가?

유러코뮤니즘 정당들이 확고하고 전투적인 당원들로 이뤄진 대중정당이라는 것은 사실이다. 그러나 이 점은 [전쟁 전] 사회민주주의 정당도 마찬가지였다. 예를 들어, 1918년 독일 사회민주당이 그랬다. 그러나 그런 대중정당들의 지도부는 국가를 재건했고 기층 당원들은 당내 구조에서 지도부가 그렇게 하는 것을 막을 힘이 없었다. 핵심은 당이 국가와 협력하는 것을 막아 내는 것은 대중적 기반 유무에 달려 있지 않다는 점이다. 기층 당원들이 정부 정책에 어느 정도 저항할 수 있지만 그들이 처음부터 그 정부가 국가나 자본가계급과 단호히 절연하도록 강제하지 못하면 그 정부는 스페인, 칠레, 독일의 전철을 밟을 수밖에 없다. 그런데 기층이 베를링구에르[이탈리아 공산당 지도자], 마르셰[프랑스 공산당 지도자], 미테랑[프랑스 사회당 지도자]에게 이를 정말로 강제할 수 있을까?

유럽 전역에서 집권한 사회민주주의 정당들은 급속하게 우경화했다. 영국, 독일, 포르투갈에서 노동계급 운동을 공격하고 자본의 지배를 안정시킨 것은 바로 사회민주주의 정당들이었다. 이탈리아 사회당이나 프랑스 사회당도 똑같은 시도를 할 것이다.

공산당도 비슷한 구실을 할 것이다. 이탈리아 공산당의 강령은 명백히 자본주의를 복구하고 국가를 합리화하는 정책이다. 이들은 벌써부터 국가나 자본가계급과 절연할 필요성을 부인한다. 사실, 이들은 자본가계급의 정치적 대표들과 함께하는 연립정부를 바란다.

더욱이, 공산당들의 지도부는 당내에서 확고한 기반을 갖고 있고 그들의 정치도 마찬가지다. 공산당을 서서히 좌측으로 끌어당기겠다는 일 마니페스토의 전략은 현실화될 수 없다. 기껏해야 공산당이 분열해서 가장 전투적인 당원들이 혁명적 경향으로 이끌리는 것이 기대할 수 있는 최선이다.

좌파 정부에 들어가 좌파적 영향력을 발휘하겠다는 일 마니페스토의 전략도 사실 역사적 선례들이 있다. 1936년 카탈루냐의 좌파 정부에도 혁명적 세력이 포함돼 있었다. 그들은 마르크스주의통일노동자당POUM이었는데, 오늘날 이탈리아의 일 마니페스토보다 지지 기반이 훨씬 넓었고 부르주아 국가를 소비에트로 대체해야 한다고 훨씬 더 설득력 있게 주장했다. 그러나 POUM은 좌파 정부에 참여한 대가를 치러야 했다. 기층 당원들의 자주적 행동과, 행정 업무 원활화를 위해 부르주아 국가기구가 안정될 필요성이 충돌할 때마다 POUM은 당원들을 길들이고 노동자 운동의 자율성을 훼손해야 한다는 점을 받아들였다. 그래서 1936년 11월 그 지도자인 안드레우 닌은 에이다[스페인식 명칭은 레리다] 시의 국가기구를 대체한 혁명위원회들을 해체하라고 당원들을 설득했다. 6개월 뒤 복구된 국가기구는 안드레우 닌을 살해하는 일을 공모하기에 이른다.

1936년 스페인의 혁명적 격변 속에서 아나키스트들과 POUM이 겪은 일은 이탈리아 공산당과 일 마니페스토의 지도자들에게도 그대로 일어날 것이다. 국가와 협력하는 진영과 노동자 운동에 양다리를 걸칠 수는 없는 법이다. 노동자 운동이 성장하면 부르주아 국가와 대결할 수밖에 없다. 혁명가들은 그런 대결이 벌어질 때 노동계급에게 방향을 제시하기 위해 계급 안에서 기반을 닦아야 한다.

이탈리아와 프랑스에서 추진되는 좌파 정부 전략은 그런 대결로 나아갈 수밖에 없다. 좌파 정부 전략은 자본주의 위기 시기의 개혁 추구에 근거한다. 따라서 당연히 불안정할 것이다. 자본가들은 자신의 특권을 되살리라고 요구할 것이다. 나라 경제가 세계 체제 안에 여전히 머무르는 한 경제는 호전되지 못할 것이다. 왜냐하면 세계 체제는 개혁이 아니라 희생을 요구하기 때문이다. 자본가계급이 점차 이윤 감소를 염려하면 할수록 경제 회복 방해 행위도 늘어날 것이다.

좌파 정부에 대항해 반자본주의 입장에서 노동자들을 동원하는 명확한 좌파적 대안이 없다면 우파 대중운동이 부상할 수 있다.

요컨대, 좌파 정부는 국가기구와 단호히 절연하지도, 노동자 권력으로 가는 길을 닦지도 못했다고 말할 수 있다. 1918년 독일에서는 좌파 정부 자체가 반혁명의 도구가 돼, 기성 국가에 반대하는 스파르타쿠스단의 반란을 진압했다. 칠레에서는 좌파 정부가 국가와 협력하면서 대안적 노동자 권력 기구들을 억압하거나 무력하게 만들었고, 민중연합 정부의 기반이 분열하자 무장한 국가기구가 기력을 회복해서 민중연합 정부와 운동을 파괴했다.

이탈리아와 프랑스에서는 좌파가 집권하면 기독교민주당과 드골주의자들이 그 기회를 이용해서 자기네 세력을 더 효과적인 부르주아 지배 도구로 재편할 공산이 크다. 노동계급이 노동자 정당들의 자본주의 합리화 시도로 사기를 잃을 즈음이면 그들[기독교민주당이나 드골주의자들 같은 우파]은 다시 기세등등해져서 나타날 것이다. 이미 프랑스의 시라크가 이런 반동의 지도자를 자처하고 있다.

그러나 다른 가능성도 있는데, 그것은 혁명가들이 왼편에서 좌파 정부를 무너뜨리고 노동자 국가를 세우는 것이다. 그러나 그러려면 혁명가들이 이 목표를 이루는 데 꼭 필요한 전략을 명확히 이해해야 한다.

코민테른의 입장

1922년의 노동자 정부 논쟁은 레닌과 트로츠키가 구체적 문제들에서 사회민주주의자들의 주도권을 무너뜨리는 방법으로서 공동전선 전술을 받아들이라고 코민테른 내 초좌파 공산주의자들을 압박하면서 벌인 투쟁의 결과였다. 공동전선 활동이 공동의 노동자 정부 강령으로 나아가지 말아야 하는 이유는 무엇인가?

안타깝게도 그 토론으로 쟁점이 선명해졌다고 말할 수는 없다. 토론을 주도한 사람은 지노비예프와 라데크였다. 두 사람 모두 공산당과 사회당 공동 정부 구성을 위한 투쟁은 노동자 공동전선을 옹호하는 선동의 논리적 귀결이라고 강력하게 주장했다. 이들은 그런 정부가 수립되면 투쟁 수준이 거의 저절로 심화하고 결국 프롤레타리아 독재가 등장할 것처럼 시사했다.

라데크의 발언은 다음과 같이 무척이나 기계적이었다.

노동자 정부가 등장하면 그 정부는 바로 프롤레타리아 독재로 가는 디딤돌에 불과할 것이다. 왜냐하면 자본가계급은 아무리 민주주의 원칙을 바탕으로 수립됐더라도 노동자 정부를 참지 못할 것이기 때문이다. 사회민주당 당원인 노동자는 자신의 원칙을 지키려면 공산당원이 될 수밖에 없는 처지에 놓일 것이다.

그러나 그 정부의 바탕이 될 민주주의 원칙들은 정확히 말해 국가가 정해 놓은 틀 안에서만 적용되는 원칙들이다. 그 틀은 급진적 사상을 가진 장관들을 무기력하게 만들려고 고안된 구조들이다. 더구나 그런 정부에서 득세하는 세력은 사태의 영향을 받아 생각이 바뀔 수 있는 사회민주주의 노동자들이 아니라, 투쟁의 김을 빼려고 전력을 다할 개혁주의 관료들이다. 라데크의 도식과 달리 공산당 지도자들이 정부의 구조들로 빨려 들어갈 가능성이 훨씬 더 크다.

실제로 통과된 결의안은 지노비예프와 라데크의 발언보다 훨씬 더 신중했다. 노동자 정부가 확실히 "대중투쟁으로 건설"되도록 한다는 엄격한 조건들이 제시됐다. 그러나 여전히 그런 정부가 필연적으로 "당장 자본가계급의 완강하기 이를 데 없는 저항에 부딪히게 된다"고 봤다. 따라서 "노동자 정부의 가장 기본적인 임무는 프롤레타리아를 무장시키는 것이다."

논쟁이 뒤죽박죽이었다는 것은 분명하다. 부분적으로 이는 당연한 일이었다. 어쨌든 노동자 정당들로만 구성된 정부의 경험이 거의 없었기 때문이다. 가령 트로츠키는 1923년에 다음과 같이 썼다.

일단 … 노동자 정부라는 … 이 슬로건을 대다수 노동자가 지지하도록 만들 수 있다면 르노델, 주오, 블룸 같은 개혁주의 지도자들은 별로 쓸모가 없어질 것이다. 왜냐하면 이 신사 양반들은 자본가계급과 동맹을 맺어야만 자신을 지탱할 수 있기 때문이다.[1]

안타깝게도 쓰라린 경험을 55년이나 겪고 나서야, 자본주의가 끝장나지 않아도 얼마든지 자본가계급이 참여하지 않는 개혁주의 정부가 가능하고, 흔히 자본가계급의 지배를 강화하는 데 그런 정부가 이용됐다는 사실을 깨달았다.

그러나 그렇다고 해서 진정한 노동자 정부가 프롤레타리아 독재보다 먼저 존재할 수 없다는 말은 아니다. 무척 예외적이기는 했지만 프롤레타리아의 무장을 가장 기본적인 임무로 삼는 노동자 정부들이 있었다. 가령 1919년 헝가리와 바이에른에서는 부르주아 권력이 사실상 붕괴했고 소비에트 권력이라는 슬로건을 기본으로 삼은 사람들이 정권을 잡았다. 먼저 탄생한 노동자 정부가 프롤레타리아 권력의 구조인 노동자 시민군과 노동자 평의회 등을 창설해야 했다.

이 정부들의 주요 인사는 공공연한 혁명가였다. 그들의 가장 중요한 임무는 자본가계급이 재결집하기 전에 노동자 국가를 새로 창건하는 것이었다. 바이에른 공산당 지도자 레비네는 제1차 소비에트 정부에는 참여하기를 거부했다. 왜냐하면 그 정부는 노동자를 무장시키고 진정한 노동자 평의회들을 건설할 태세가 돼 있지 않은 중간주의자들과 개혁주의자들로 이뤄졌기 때문이다. 그러나 레비네가 올바르게 주장했듯이 그런 조처, 즉 프롤레타리아 독재를 수립해야만 노동자 정부를 든든한 반석 위에 올려놓을 수 있었다. 노동자 정부를 더 협소한 기반 위에 세운다면 그것은 반혁명을 부를 것이다.

레닌의 태도도 비슷했다. 1917년 10월 혁명 몇 주 전에 레닌은 혁명이 전진할 수 있는 방법은 소비에트에 기반을 두는 정부를 수립하는 것밖에 없고 그 정부에서 핵심 직위는 모두 볼셰비키가 맡아야 한다고 주장했다. 그러나 볼셰비키가 노동계급 안에서 여전히 소수파라는 것을 인정해 레닌은 만일 다른 사회주의 정당들이 그런 정부를 세우려 한다면 볼셰비키는 노동계급 앞에서 정부의 실정을 계속 비판하는 '충실한 야당' 노릇을 하겠다고 말했다. 볼셰비키는 그런 정부의 정책에 책임을 질 수 없으며 그 정부로부터 독립성을 유지할 것이다. 볼셰비키의 과제는 장차 그 정부 대신에 프롤레타리아 독재를 세우기 위해, 개혁주의 정당들을 지지하는 대중을 설득해서 볼셰비키 쪽으로 끌어당기는 것이다.

오늘날 적용할 수 있는 것은 바로 이런 유산이지 코민테른 테제를 통째로 받아들이는 것이 아니다.

개혁주의 정부에 대한 혁명가들의 전술

좌파 정부가 사회주의로 나아갈 수 없다고 해서 혁명가들이 좌파 정부의 집권 여부에 무관심하지는 않다. 비록 자본가계급이 최전방에서 물러났을 뿐 여전히 경제와 국가를 장악하고 있는 것이긴 해도 좌파 정부의 등장은 엄청난 가능성을 열 수 있다.

프랑스와 이탈리아에서 공산당과 사회당이 1940년대 말 이후 처음으로 정권을 잡게 되면 노동자 운동의 자신감이(아마 전투성도) 고양될 것이다. 좌파 정부가 당선하면 노동자 운동이 크게 전진할 가능성이 열린다. 대중이 자본가계급의 일시적 혼란을 이용한다면 말이다. 그러나 그렇다고 해서 전진이 필연적인 것은 아니다. 정부는 상황을 진정시키려 할 것이고 자본가계급은 재결집할 것이다. 만일 노동자들이 첫 장벽을 넘어선 것이 아니라 권력을 장악했다는 환상에 빠져든다면, 다시 말해 노동자 자신의 행동이 아니라 정부에 기댄다면 전진은 대단찮은 개혁에 국한될 것이고, 기력을 회복한 자본가계급은 이 개혁을 얼마든지 되돌릴 수 있을 것이다.

따라서 매우 중요한 역설이 나타난다. 즉, 좌파 정부의 출현이 노동자 운동을 강화하는 경우는 오직 노동계급이나 적어도 계급의 가장 선진적인 부문이 이 정부에 대해 착각하지 않는 경우뿐이라는 것이다. 노동자 운동이 독립적이고 강력할수록 좌파 정부에게서 더 많은 개혁을 얻어 낼 수 있다. 노동자 운동이 자신의 고유한 조직 형태들에 의지할수록 노동자 및 그 동맹들과 자본가계급 사이의 세력균형이 근본적으로 뒤바뀔 가능성이 더 커진다. 그러나 운동이 국가권력이라는 구조에 얽매일수록 부르주아 반동의 가능성이 더욱 커진다.

따라서 혁명가들의 구실은 "좌파 정부 내부에서 그 모순들을 첨예하게 만들겠다"고 좌파 정부에 들어가는 것이 아니다. 그런 입각이야말로 노동자들을 자본가계급에게 얽어매는 것이기 때문이다.

혁명가들의 임무는 노동자들이 '좌파' 정부에 대해 갖고 있는 착각을 깨뜨리는 것이다. 이를 위해 노동자들의 부분적·제한적 투쟁들에 모두 개입하고 이를 일반화하고 이끌어야 한다(설령 이 투쟁들이 좌파 정부의 전략과 충돌한다고 해도 말이다). 요약하자면, 혁명가의 임무는 좌파 정부에 대한 좌파적 야당 세력을 조직하는 것이고, 국가에 기대는 것이 아니라 노동자들이 스스로 조직하게 하는 것이다.

물론 혁명적 좌파가 전술적으로 좌파 정부를 옹호하거나 어쩌면 그 정부의 특정 조처들을 옹호해야 할 때가 있다. 우파와 자본가계급이 잃어버린 지위를 되찾으려고 좌파 정부를 공격할 때가 그런 때다. 그러나 그렇다고 해서 혁명적 정당이 취해야 하는 근본적 태도가 모호해져서는 안 된다. 즉, 노동계급의 권력 형태들을 발전시키는 전략은 확고해야 한다. 당연히 그 권력 형태들은 정부를 왼편에서 전복하고 이를 노동자 국가로 대체하기 위해, 여전히 존재하는 부르주아 국가권력과 충돌할 것이다.

그렇지 않다면 혁명가들은 아옌데 집권 당시 칠레의 좌파와 똑같은 처지에 놓일 수 있다. 칠레의 좌파는 노동자나 중간계급 운동과 대립하는 인기 없는 정부 정책을 때때로 옹호했고, 그래서 우파가 이런 운동을 자신의 목적에 맞게 이용할 수 있게 해 줬다.

절연하기

개혁주의 노동자 정당의 집권 가능성은 특히 부르주아 정당들이 오랫동안 집권하고 있을 때 많은 노동자들에게 매우 매력적일 수 있다. 그런 정부는 근본적 사회 변화의 전제 조건처럼 느껴진다. 그런데 혁명가들은 우선 이것이 환상임을 깨달아야 한다. 노동자 정당들이 정부 권력을 차지하더라도 국가를 그대로 둔다면 노동자들은 사회를 변화시킬 수 없다. 둘째, 동시에 많은 노동자들에게 이 환상은 계급의식이 성숙한 결과라는 것도 깨달아야 한다. 그들은 노골적인 자본주의 기준에 따라 운영되는 사회가 아니라 노동계급이 지배하는 사회를 생각하기 시작하는 것이다.

혁명가의 임무는 계급의식의 발전에 바탕을 두는 동시에 좌파 정부의 구실에 대한 환상을 무너뜨리는 것이다.

우리는 혁명적이지 않은 노동자들에게 다음과 같이 말해야 한다. "여러분은 좌파 정부가 노동계급에게 이롭게 사회를 변화시킬 수 있다고 생각합니다. 우리는 생각이 다르지만 여러분과 함께 투쟁하면서 여러분의 견해가 옳은지 확인하고 싶습니다. 그러나 거듭 말하지만 여러분의 정치 지도자들을 맹신하지 말고 여러분 자신의 투쟁에 의지해야 합니다."

따라서 좌파 정부나 노동자 정부라는 슬로건을 신통한 만병통치약으로 여겨서는 안 된다. 이 슬로건은 우리가 지지하면서도 노동자 투쟁을 발전시킨다는 우리의 전반적 정치에 종속되는 전술적 슬로건이다.

우리의 임무는 노동자들이 자신의 이익을 스스로 지키기 위해 나서도록 하는 슬로건을 제기하는 것이고, 개혁주의 노동자들과 단결해서 행동하고, 그 투쟁 속에서 '좌파 정부'에 대한 착각을 깨는 것이다. 계급의식은 무엇보다 행동 속에서 변한다.

이탈리아의 혁명적 좌파가 "이탈리아 공산당과는 다른 전략" 운운

할 때 큰 실수를 하는 이유가 여기에 있다. 그들은 위기에 빠진 자본주의를 전복하려 하지 않고 그 위기의 해결책을 제시하려 한다. 그래서 그들은 이탈리아 자본주의가 국제수지 위기에 직면하자 그 해결책으로 배급제와 수입 통제 정책들을 지지했다. 그러나 국제수지 위기를 근본적으로 해결하려면 이탈리아가 자본주의 체제와 절연해야 하고, 그 전제 조건은 국내의 자본가계급을 타도하는 것이다. 이 문제에서 이탈리아 좌파는 기본적으로 국민국가적 입장을 채택해, 영국·일본·독일의 동료 노동자들을 희생시켜서 이탈리아의 위기를 해결하려 한다. 한 나라에서 수입을 통제하면 다른 나라에서 실업률이 증가한다.

더 일반적으로 보면 혁명적 좌파는 자본주의의 위기를 해결하는 대안적 전략을 제안해서는 안 되고 자본주의의 전복을 추구해야 한다. 그러나 위기의 결과에 맞서 싸우는 전략은 제시할 수 있다. 실업과 인플레이션 등에 반대하는 전략 말이다. 그런 전략은 노동자들이 현장에서 가지고 있는 힘을 발휘해서 대중 세력으로서 추진할 수 있다. 그런 투쟁은 노동자들의 조직과 의식을 강화할 수 있고 자본주의 전복을 향하게 된다. 그런 운동에서는 혁명가들과 대중적 개혁주의 정당의 지지 기반 사이에 단결이 이뤄지게 된다. 이렇게 부분적 목표를 위한 단결된 행동을 통해 노동자들을 개혁주의와 절연시킬 수 있다. 노동자들은 그 지도자들이 지지 기반과 자본의 요구 사이에서 끊임없이 동요하는 모습을 보고서야 개혁주의와 단절할 수 있기 때문이다.

이탈리아 좌파의 생각과 달리 노동자와 개혁주의 사이의 절연은 더 급진적인 개혁주의 강령을 제시하는 것으로는 이루어질 수 없다.

노동자들은 개혁주의적 좌파와 혁명적 좌파가 내놓은 두 가지 개혁주의적 강령(그중 AO와 PdUP의 강령은 영국 공산당의 강령보다 우파적이다) 중 개혁주의자들이 제시한 강령을 선택할 것이다. '좌파 정부'의 주요 세력은 혁명가들이 아니라 이탈리아 공산당일 것이고 따라서 그 강령을 실행할 수 있는 것은 공산당이라고 생각할 것이기 때문이다. 더욱이 개혁주의자들과 혁명가들은 강령을 둘러싼 투쟁에서 단결할 수 없고 서로 논쟁만 벌일 것이다.

이탈리아 좌파는 AO가 겨우 3년 전에 경고한 바로 그 함정에 빠졌다. 당시 AO는 다음과 같이 말했다.

> 혁명가들은 정부에 참여하려는 이탈리아 공산당에 조언해서는 안 된다. 그랬다가는 개혁주의 전략의 꽁무니를 쫓게 되고 혁명적 과정을 개혁주의자들의 행동에 맡기는 꼴이 된다. 이것은 자체 조직화의 수준과 정치에서 모두 자율적 혁명 전략을 세우려는 노력에 반하는 것이다. 결국 이런 조언은 대중을 혼란에 빠뜨리는 근원이 될 것이다.[2]

AO가 자신의 원래 전략을 빨리 되찾을수록 이탈리아 좌파가 내부 혼란을 해결하는 시기도 더 앞당겨질 것이다.

상식에서 양식으로

"이론 없는 실천은 맹목이고, 실천 없는 이론은 공허하다." 이 오랜 경구가 오늘날에도 유효한가? 5개월 전, 내가 책임지고 편집해야 할 매체가 바뀌었을 때부터 이 경구는 늘 내 머리에서 떠나지 않았다. 나는 34년간의 사회주의 활동 중 30년을 헌신한 대중적 주간지 〈소셜리스트 워커〉를 떠나 '계간 사회주의 이론지'인 《인터내셔널 소셜리즘》 편집자로 취임했다.

이런 물음과 관련한 일반적 문제들은 그람시의 《옥중수고》 중 "철학 연구" 편에서 아주 잘 다룬다. 물론 그람시가 옥중에서 쓴 글이 대개 그렇듯, 이 글도 교도관의 검열을 피하려다 보니 의도적으로 모호한 언어로 쓰였다.

"From common sense to good sense", *Socialist Review* 292(January 2005).

잡탕 사상

그람시는 먼저 사람들의 사상은 상이하고 때로 모순적이기까지 한 통념들이 뒤섞여 형성된다고 지적한다. 이런 통념들은 각자의 경험과 자기가 속한 사회에 널리 퍼진 편견이 상호작용해 만들어진다. 흔히 이런 잡탕 같은 사상을 가리켜 상식이라고 한다. 그런데 '상식'은 사람들의 삶에 영향을 미치는 힘과 그 힘에 맞설 가능성을 제대로 보지 못하게 방해한다. 따라서 활동가가 이론의 필요성을 부정하고 상식의 명령에 굴복한다면, 자기가 발 딛고 있는 세계와 그 세계 속 자신의 위치를 이해하려는 노력을 포기한 것이나 다름없다.

정반대로 자기들끼리 학술적 토론을 벌이는 전문 지식인들이 있다. 그런 토론과 사회 전체에서 벌어지는 사건들의 연관성을 추구하지 않을 때, 지식인들은 '비잔틴 철학'이나 '스콜라 철학'처럼 이른바 '이론적 쟁점'은 구체적 실천과 전혀 상관 없이 그 자체로 가치가 있다고 믿는 퇴행적 경향에 쉽사리 빠져들고 만다. 그러나 이론적 쟁점이란 결코 그런 것이 아니다. 이론적 쟁점은 여러 지식인 집단이 특정 사회에서 겪는 삶의 경험을 저마다의 방식으로 표현하기 때문에 나타난다. 즉, 일부는 자기가 속한 사회를 옹호하며 흔히 그 대가로 이득을 취하고, 다른 일부는 정도의 차이는 있지만 사회에 비판적이다. 후자의 경우, 기존 '상식'과 충돌하는 비판적 사상을 곧잘 발전시킨다. 그러나 그런 사람들조차 사상은 사람들이 살아가는 물질세계와 무관하게 또 다른 사상을 낳는다고 흔히 믿는다. 여전히 이론과 실천을 완전히 별개의 영역으로 사고하는 것이다. 그러나 세계를 변혁하려는 투쟁이 힘을 발휘하려면, 이론과 실천의 관계는 이와 전혀 달라야 한다.

일상 투쟁에 적극 참가하는 사람은 자기 사상을 명료하게 하려고 끊임없이 노력해야 한다. 그람시가 지적했듯, 활동가는 투쟁 속에 함축된 "현실 세계를 변혁하는 실천에서 [자신과] 동료 노동자를" 결합시킬 요소들을 찾아내 그것을 일관된 것으로 엮어 내야 한다. 활동가는 바로 이런 방식으로 자력 해방의 가능성을 고취하고 사람들을 기존 사회에 묶어 놓는 편견을 몰아내는 새로운 세계관을 확립한다. 여기에는 반드시 '상식'을 '양식'으로 바꾸는 투쟁이 필요하다. 이런 변화는 실천적 차원뿐 아니라 이데올로기적 차원에서도 지속적 투쟁을 벌일 때 가능하다.

논쟁에는 항상 층위가 존재하기 마련이라고 그람시는 지적했다. 노동시간이 길고 교육 기회가 제한된 자본주의 사회에서 노동자 활동가가 모든 논쟁의 모든 측면을 통달한 전문가가 될 수는 없다. 평범한 노동자가 어떤 중요한 문제를 두고 주장을 펴더라도 자본가의 지원을 등에 업은 전문가들한테 면박받기 일쑤다. 그러나 노동자는 대개 경험 많은 자기편 사람들이 자본가 측 최고 논객을 논파하는 것을 지켜보며 반박 논리를 충분히 익힐 수 있다.

반대자[자본가 측 논객]한테 공박받더라도, 대중 속 사람[노동자]은 자기처럼 생각하는 수많은 사람이 틀릴 리 없다고 생각한다. 비록 자신은 주장을 조리 있게 펼치거나 발전시키지 못하더라도 같은 편의 누군가는 그럴 수 있다고 믿는 것이다. 그 사람은 논거를 구체적으로 기억하지 못하고 그래서 똑같이 설명할 수는 없지만, 반박 근거를 상세히 들은 적이 있는 까닭에 자기 주장을 굽힐 필요가 없다는 사실은 안다.

그래서 논쟁은 다양한 수준에서 벌어진다. 직장이나 지역사회에서 벌어지는 논쟁이 가장 단순한 형태일 것이다. 그런 논쟁에서도 우리가 확신을 갖고 주장할 수 있는 이유는 반대편 논자에 맞서 더 정교한 형태로 논쟁을 펼치는 것을 익히 봐 왔기 때문이다.

아주 간단한 예를 하나 들어 보자. 사회주의를 반박하는 주요 논거 중 하나는 인간 본성이 이기적이고 호전적이라는 것이다. 사회주의 노동자는 공장이나 사무실에서 이런 주장을 펴는 사람들을 만나기 마련인데, 대개 "털 없는 원숭이", "텃세 본능", "이기적 유전자" 같이 텔레비전에서 얻은 정보를 근거로 댈 것이다. 노동자가 이런 주장에 맞서 자신감 있게 자기 주장을 펴려면, 자기편 사람이 더 수준 높은 논쟁 속에서 그런 주장을 논박한 것을 숙지하고 있어야 한다. 설사 자기가 그 사람과 똑같이 주장을 펼칠 수는 없더라도 말이다.

좌파 지식인이 여기에 기여할 수 있다. 논쟁 그 자체를 목적으로 삼기보다 그 논쟁이 이데올로기 투쟁의 일부라는 점을 인식한다면 말이다. 특정 수준에서 벌어지는 논쟁이 다른 수준의 논쟁에 영향을 미칠 수 있다(예컨대, 사회주의 이론지에서 벌어지는 논쟁이 대중적인 사회주의 신문에서 펼치는 주장의 신뢰성에 영향을 미칠 수 있다). 이것은 정교한 이론을 무기 삼아 지배계급 사상에 맞서는 과정으로, 순수하게 지적인 공간에서 활동하는 "전통적 지식인"이 아닌 계급투쟁에서 노동계급을 지지하는 "유기적 지식인"의 몫이다.

그러나 좌파 지식인의 구실이 그저 활동가들의 주장을 정당화하는 데 그치는 것은 아니다. 활동가들의 이해 폭을 넓혀 투쟁 수준을 높이는 것 또한 지식인이 할 일이다.

지식인과 '순진한' 대중이 만나야 한다고 실천 철학[마르크스주의]이 강조하는 이유는 과학 활동을 제한하고 대중의 낮은 수준에 영합하려는 게 아니다. 오히려 소수 지식인 집단뿐 아니라 대중을 지적으로 성장시킬 지적·도덕적 동맹을 형성해야 한다는 것이다.

사상을 발전시키고 다른 사상을 논박하려면 매우 정교한 이론이 필요하다. 그러나 결국 사상은 세계를 변혁하는 데 얼마나 도움이 되느냐로 검증할 수밖에 없다. "이론적 진리의 보편성을 증명"하는 것은 "바로 [그 이론이] 구체적 현실을 더 잘 이해할 수 있게 돕는 자극제가 되고 더 나아가 현실 그 자체와 결합될 수 있는지"에 달렸다. 어떤 이론도 현실의 투쟁에 뿌리내리지 못하면 이런 구실을 할 수 없다.

포스트모던적 침체

그람시의 이런 설명이 오늘날 특히 중요한 이유는 이론과 실천이 흔히 극단적으로 동떨어진 가운데 지난 5년 새에 자본주의 체제에 맞선 투쟁이 다시 부상했기 때문이다. 우리가 침체기라 부른 것 — 바로 1980년대의 패배와 사기 저하 — 의 결과로 오래전부터 혁명이나 노동계급의 자력 해방 같은 말은 많은 활동가들에게 비현실적으로 들렸다. 동시에 고등교육 확대로 활동가 중 상당수가 학계로 흘러들었다. 마르크스주의를 좇아서 세계를 변혁하려던 투쟁이 쇠퇴하기 시작한 바로 그때, 마르크스주의의 영향을 받은 연구자들이 학계에서 떠오르기 시작했다. 연구자 중 일부는 곧 학계에 적응해 포스트모더니즘이라는 이론 체계를 차츰 수용하기 시작했는데, 포스트모더니즘은 현실 세계를 이해하는 데 이론이 기여할 가능성을 완전히 부정하고 아주 추상적인 언어로 사람들을 교묘하게 현혹하는 이론이었다.

마르크스주의 용어를 일부나마 계속 사용하며 고립된 게토에서 버티는 연구자들도 있었다. 그러나 그런 연구자들도 학과를 극단적으로 세분화하고, 다른 연구자의 논문을 비평하는 논문만 거듭 써 대고, 모호한 용어를 남발하는 학계 관행에 점점 물들었다. 마르크스주의 운동이 정체되거나 심지어는 아예 사라져 버린 곳에서도 강단 마르크스주의는 살아남았다.

이것은 오늘날 반전·반자본주의적 급진화라는 새로운 흐름이 물려받은 유산 가운데 하나다. 마르크스주의자를 자처할 뿐 아니라 지배계급 이론가들과 이데올로기 투쟁을 벌이고 새로운 운동에 대한 이해를 심화하는 데 필요한 지적 도구를 갖춘 사람이 전 세계에 수천 명이나 있는 상황은 분명 도움이 될 수 있다. 지난해[2004년] 말 런던에서 있었던 3일간의 강연회는 일부 학자들이 새로운 급진화에 이끌려 마르크스주의에 관심을 기울이기 시작했음을 보여 줬다. 그러나 이런 관심이 실제 투쟁에 기여하려면 그 학자들이 학계의 부정적 측면, 즉 현학성, 추상성과 절연해야 한다.

마르크스주의 지식인들은 새롭게 떠오른 반체제 운동의 발전에 기여할 바가 많다. 그러려면 학계 연구에서 되도록 많이 배워야 한다. 그러나 동시에 자기가 익힌 것을 학계에 몸담지 않은(또는 전혀 다른 학문을 배운) 사람이 이해할 수 있도록 최대한 쉽게 설명하는 법을 익혀야 한다.

이 말이 곧 마르크스주의의 지적 논의를 단지 즉각적인 투쟁 전술 변화나 기존 정설을 방어하는 수준으로 격하해야 한다는 것을 뜻하지는 않는다. 물론 그런 방어는 꼭 필요하다. 오늘날 사회주의의 가능성이나 마르크스주의의 유효성을 반박하는 이른바 '새로운' 논거들 중 다수는 그저 옛 주장을 반복하는 것에 불과하기 때문에 그런 정도로도 충분하다. 그러나 마르크스주의를 창조적으로 발전시키는 것 또한 중요하다. 자본주의 체제의 새로운 경향을 분석해야 하고, 새롭게 출현한 저항에서 일반화된 교훈도 도출해야 한다.

마르크스주의자들이 누구나 이해할 수 있는 용어만 늘 사용해야 한다는 것도 아니다. 유전자 이론을 반동적으로 해석하는 주장을 반박하려면 유전자 이론의 용어를 사용해야 한다. 마찬가지로, 착취와 자본축적을 다룬 마르크스의 분석(노동가치론)을 정교하게 '반박' 했다는 주장을 재반박하려면 '전형 문제'(즉, 가치가 가격과의 관계에서 어떻게 표현되는지를 다룬 분석)의 복잡한 수식數式을 건너뛸 수 없다. 그래서 오늘날 생산 현장이나 이라크에서 벌어지는 투쟁과 언뜻 관련 없어 보이는 논쟁이 있기 마련인 것이다. 이런 논쟁에서도 마르크스주의자들은 세계를 변혁하는 투쟁에 참가하는 사람들과 다시 관계를 맺으려는 노력을 게을리해선 안 된다.

이론과 실천을 결합하는 과제는 결코 쉽지 않다. 두 요소를 결합해 가는 과정은 지난할 것이다. 그러나 그런 과정은 반드시 필요하다. 우리가 서로 긴밀히 연관된 세 간행물, 즉 자본주의에 맞선 투쟁에 관심이 있는 사람들이 모두 읽고 이해할 수 있어야 하는 〈소셜리스트 워커〉, 문제를 좀 더 깊이 있게 다루는 《소셜리스트 리뷰》, 모든 복잡한 주장과 분석에 대응하는 《인터내셔널 소셜리즘》을 발간하는 이유다.

지금껏 이 중 한두 종류만 읽고 현실의 투쟁이나 이데올로기 투쟁에 참여했을 수 있다. 그러나 진정 자본주의에 맞서려면, 세 종류 간행물을 모두 읽어야만 얻을 수 있는 통찰력이 필요하다. 그렇게 세계에 대한 이해 폭을 넓혀 나가야 한다.

계급이라는 유령

통념으로는 설명할 수 없는 일이 최근 몇 주 동안 일어나고 있다. 노동조합이 조합원들의 힘을 동원해서 공공 부문의 연금을 지키려고 하자 정부는 전력을 다해 이를 막으려고 하고 있다.

그러나 통념을 퍼뜨리는 자들은 노동계급이 약해지고 있고 힘도 없다고 말한다.

[2005년] 5월 총선이 치러지기 몇 주 전 토니 블레어는 영국 노동자들이 5년 더 일하게 만들어서 유럽 국가들에 본보기를 보일 거라고 했다.

블레어는 노동자와 노동조합이 힘을 잃었다는 주장을 믿었던 것이 틀림없다. 그러나 주요 노조에서 실시한 파업 찬반 투표 결과 엄청난 표차로 파업이 가결되자 블레어는 크게 당황해서 장관들에게 10월까

"A spectre of class", *Socialist Worker* 1976(12 November 2005).

지는 아무것도 추진하지 말라고 지시했다.

그러나 10월이 돼서도 블레어는 '쇠퇴하는 노동계급'의 '나약한 노동조합'이 벌이는 공공 부문 총파업에 대한 공포를 거두지 못했다. 그는 유럽의 본보기가 될 거라는 결의를 잊어버리고 결국 기존 노동자의 정년은 연장하지 않기로 타협했다.

허위 선전

그렇지만 노조가 약해지고 노동계급은 무력하다는 거짓 주장은 노조 지도자들에게 효과가 있었다. 노조 지도자들은 완전한 승리를 거머쥘 기회를 붙잡지 않고 신규 고용 노동자들이 더 오래 일하는 방안을 받아들였다.

이것은 다음 세대 노동자를 배신하는 일이다. 이제 나이 든 노동자와 젊은 노동자의 노동조건이 서로 다른 이중 구조가 생겨날 것이다. 그리고 언젠가는 이런 차이를 이용해서 지배자들은 노동자를 분열시키고 기존 노동자의 연금도 다시 공격할 것이다.

그러나 이런 약점이 있으면서도 노동자들은 논평가들이 '구식'이고 '비효과적'이라고 말하는 집단적인 행동에 나설 준비가 돼 있다. 이런 분위기는 육체 노동자이든 사무직 노동자이든, '전통적인 노동계급'이든 흔히 중간계급이라고 여겨지는 직종이든 가리지 않는다.

불가능하다고 여긴 행동에 나선 노동자의 사례가 연금 방어 투쟁만 있는 것은 아니다. 단일 사업장으로는 최대 규모인 7만 명의 노동자가 일하는 히드로 공항에서도 게이트고메이 노동자들이 비슷한 일을 벌였다.

게이트고메이 노동자들의 싸움이 있기 몇 년 전, 같은 기내식 업체인 스카이셰프의 노동자들도 파업을 벌였지만 참패를 당했다.

이번에는 백인 남성이 대부분인 수하물 처리장 노동자들이 아시아계 여성이 대부분인 게이트고메이 노동자들에 연대해 파업을 했다. 이 비공인 행동으로 영국항공은 3년 만에 또다시 여름 성수기에 영업을 중단해야 했다.

지난주에 영국항공은 파업으로 4500만 파운드의 손실이 발생했다고 발표했는데, 이 수치는 7~9월에 그 회사가 긁어모은 이윤 2억 4100만 파운드의 5분의 1에 달하는 것이었다.

승리는 가능하다

게이트고메이 투쟁의 결과가 노동자들의 완전한 승리는 아니었다. 노동조합이 파업을 적극적으로 지원했다면 가능했을 수도 있다. 그러나 스카이셰프처럼 완전히 패배한 것도 아니었다.

이렇게 투쟁이 벌어질 수 있었던 것은 지난 25년 동안에 영국 노동계급이 여러 면에서 변화하긴 했지만 여전히 그들이 영국 자본주의를 돌아가게 하는 세력이라는 데는 변함이 없기 때문이다. 대중매체에서는 영국 노동계급이 쇠퇴하고 있고 중요한 정치 세력이 아니라고 떠들어 대지만 말이다.

〈가디언〉칼럼니스트인 폴리 토인비의 주장이 가장 전형적인 사례다. 그는 최근 이렇게 주장했다. "우리는 역사상 가장 빠르게 사회 계급이 변화하는 것을 보고 있다. 바로 노동계급이 축소다. 1977년에는 인구의 3분의 2가량이 육체노동에 종사했지만, 이제 그 수는 3분의 1로 줄어들었다. 나머지는 계층이 상승해 이제 자기 집을 소유한 사무직 중간계급이 됐다."

그러나 영국과 미국의 노동계급 구성을 진지하게 들여다본다면 매우 다른 결론을 얻을 것이다. 광업이나 철강업 등이 쇠퇴하면서 이 분야의 일자리가 많이 없어졌다. 그러나 새로운 직업이 그 자리를 채웠기 때문에 노동계급의 규모는 여전히 비슷하다.

청소노동자, 버스·기차·화물트럭 운전사, 우편집배원, 물류센터 노동자 등은 전부 '서비스' 노동자다. 2001년 9월에 '유통·호텔·요식업' 부문의 노동자는 670만 명이었고, '교통·통신' 부문은 180만 명이었다. 게다가 제조업 부문에서 일하는 노동자도 300만 명이 넘는다.

그리고 대부분의 '화이트칼라' 직종은 결코 중간계급이 아니다. 사실 육체 노동자에서 사무직으로 바뀐 사람의 대부분은 그저 이름만 바뀌었을 뿐 근본적으로 동일한 일을 한다.

제조업인가 서비스업인가

30년 전에 신문 조판 기계를 다루는 사람(보통 남성)은 인쇄공으로서 제조업 노동자로 분류됐을 것이다. 오늘날 똑같이 신문을 발행하기 위해 문서 작성기를 다루는 사람(보통 여성)은 사무직 서비스 노동자로 분류될 것이다.

또 전통적으로 비교적 특권 계층으로 여겨졌던 직업에 종사한 수많은 사람이 오늘날에는 점차 육체 노동자와 똑같은 급여체계와 관리자의 압박을 받는 처지에서 일한다.

교사, 간호사, 심지어 대학 강사도 마찬가지다. 그래서 이런 직종의 노동자들은 지난 30년 동안 기꺼이 파업에 나설 생각을 하게 됐다. 옛날이라면 생각도 못할 일이다.

이런 사실을 종합해 보면 노동계급이 사라지고 있다는 주장은 사실과 전혀 다르다는 걸 알 수 있다. 영국과 미국에서 노동계급은 여전히 인구의 4분의 3 정도를 차지하고 있다. 그리고 이런 노동자들에게는 전혀 '쇠퇴'의 기미가 보이지 않는다.

실상 진짜 중간계급이라고 할 수 있는 사무직, 즉 스스로 업무의 속도와 강도를 결정할 수 있고 사람을 고용하고 해고할 권한도 있는 관리자, 변호사, 고위 공무원, 교장 등은 영국과 미국에서 전체 노동인구의 12퍼센트밖에 되지 않는다.

그리고 심지어 이런 사람들조차도 수백만 파운드씩 벌어들이는 기업의 이사진이나 금융 투기꾼과는 수준이 다르다.

생활양식 문제

언론 논평가들, 국회의원들, 주류 학자들은 이런 사실을 무시한다.

이런 사람들은 계급을 나눌 때 생활양식, 즉 사람들이 어떻게 입고 말하며 얼마나 빈곤하게 사는지, 그들의 직업은 어떤 특징이 있는지 등을 기준으로 삼는다.

그러나 이런 접근법은 부를 만들어 내는 수단(마르크스의 용어법에 따르면 생산수단)을 소유한 사람들과 그들을 위해 고통스럽게 일하면서 가까스로 생존을 유지하는 사람 사이에 근본적인 분단선이 있다는 점을 흐린다. 생활양식, 의복, 수입과 소비수준 같은 것들은 이런 분할의 원인이 아니라 결과물일 뿐이다.

산업 자본주의의 역사는 250년 정도 된다. 자본주의는 현재의 벨기에와 영국 북부의 작은 지역에서 시작해 곳곳으로 퍼져 나갔고 결국 전 세계가 자본주의에 속하게 됐다.

자본주의가 성장하면서 임금 노동으로 생계를 유지해야 하는 사람의 수도 초기에는 수십만 명 정도였으나 오늘날에는 8억 명가량으로 엄청나게 늘어났다.

자본주의 성장 단계에 따라서 새로운 산업이 나타났고, 그 결과 전형적 노동자의 모습도 바뀌었다. 19세기 초반에는 방직 노동자가 노동자를 대표했다. 1880년대에는 항만 노동자와 광원이 그러했다. 1910년대와 1920년대에는 중공업 노동자가, 1950년대와 1960년대에는 자동차 제조업과 정밀기계공업 노동자가 노동자의 전형으로 여겨졌다. 단계가 바뀔 때마다 새로운 부류의 노동자는 '진정한 노동자'가 아니라고 주장하는 사람들이 있었다.

만연한 패배주의

새로운 무리의 노동자들은 흔히 이전 세대 노동자들이 패배를 겪은 뒤 나타났다. 1850년대와 1930년대가 그랬고, 지금도 그렇다. 이런 패배 탓에 체제에 집단적으로 저항한다는 것이 불가능하다는 생각이 널리 퍼지고 사기 저하와 패배감이 만연했다.

그러나 체제에 맞서 싸울 자신감이 없다고 해서 체제가 노동자들을 가만히 놔두지는 않는다. 국내와 국외에서 경쟁이 치열해질 때마다 자본가들은 노동자에게 부담을 떠넘겨서 자기 이윤을 지키려 한다.

오늘날 우리는 자본주의 경쟁의 압력이 전 세계적으로 높아지는 것을 보고 있다. 바로 그런 이유로 토니 블레어와 고든 브라운은 유럽 국가들이 "중국과 인도의 부상에 대응해 변화할 필요가 있다"고 말한다. 그들이 말한 "변화"는 복지 혜택을 축소하고, 의료와 교육 분야에서 민영화와 시장화를 추진하고, 사람들에게 더 열심히 더 오래 일하라고 압력을 넣는 것이다.

이것은 사실상 과거에 삶을 견딜 만하게 해 줬던 것들 — 고용 안정성, 휴식시간과 점심시간의 보장, 소소한 사치품 정도는 살 수 있는 임금 — 조차 다시 빼앗아 가야겠다고 말하는 것이다.

노동자들이 반격해야만 이런 압력을 멈출 수 있다. 그리고 실제로 노동자들은 반격을 할 것이다. 지배계급이 공격을 가하면 언제나 일부 노동자들이 행동에 나섰다. 궁지에 몰린 쥐는 고양이를 무는 법이다.

가장 먼저 반격하는 노동자들이 과거에는 전투적이지 않고 조용했던 사람들인 경우가 흔하다. 1889년 런던의 성냥 공장 여공들과 항만 노동자들이 그랬고, 1912년 리버풀의 철도 노동자들이 그랬고, 1969년 런던의 청소 노동자와 리버풀의 버스 노동자들이 그랬다.

노동자들이 행동에 나서면 생각지도 못했던 힘을 자신에게서 발견한다. 그 힘은 다른 노동자도 행동에 나서도록 용기를 북돋고, 계급 투쟁이 한 걸음 더 나아갈 수 있게 한다.

학생과 노동계급

지난해 여러 나라에서 오래된 일들이 일어났지만, 흔히 새로운 것처럼 보이기도 했다. 학생들의 동맹휴업·시위·점거 등이 이탈리아, 프랑스, 칠레, 그리스를 휩쓸었다.

언론은 이런 행동이 사회 특권층의 소행이고, 따라서 이들의 승리는 대학 근처에도 못 가 본 노동계급 청년 대중의 몫을 뺏는 셈이라고 주장했다. 그래서 프랑스 언론은 청년들의 취업권을 박탈하는 최초고용계약법CPE을 철회하라는 학생들의 요구를 들어주면 변두리의 청년 실업자들이 일자리를 구하기가 더 어려워질 것이라고 주장했다.

학생 투쟁에 대한 이런 반응은 전혀 새로운 것이 아니다. 1968년 5월 첫째 주에 프랑스 학생들이 투쟁에 나섰을 때 일부 좌파 정치 지도자의 반응은 그 학생들이 '부잣집 자식들'에 불과하다고 비난한 것이다.

———

"Students and the working class", *Socialist Review* 309(September 2006).

1960년대와 1970년대 초에 이런 주장은 완전히 잘못된 것이었다. 당시 다수 학생은 중간계급이나 하층 중간계급 출신이었고, 노동계급 출신의 학생도 많았다.

더 중요한 점은 매우 많은 청년들이 투쟁을 겪으면서 사회의 핵심 측면들에 도전하게 됐다는 것이다. 미국의 학생들은 베트남 전쟁과 흑인 억압에 반대하는 투쟁의 선봉에 섰다. 프랑스, 이탈리아, 아르헨티나 같은 나라에서는 학생 시위가 노동자 투쟁을 자극하고 고무했다.

학생이 특권층이라는 주장은 오늘날의 현실에는 훨씬 더 맞지 않는다. 지난 수십 년 동안 고등교육이 엄청나게 확장됐다. 1960년대에는 영국 청년 가운데 오직 8퍼센트만이 대학 교육을 받았다. 오늘날에는 약 40퍼센트의 청년이 대학 교육을 받는다. 대학 졸업자들은 십중팔구 화이트칼라 노동자가 될 터인데, 한때 특권적 직업처럼 보였던 교직이 '프롤레타리아화'했듯이 이들도 제조업 노동자들에게나 적용됐던 급여체계와 관리·통제 방식에 매이게 될 것이다.

오늘날 많은 학생들은 "맥잡"(패스트푸드점 아르바이트) 같은 가장 열악한 시간제 일을 해야 한다. 대학은 점점 더 지식 공장을 닮아 가고, 학생은 마치 컨베이어 위의 물건처럼 취급된다.

이 모든 사실들이야말로 올해 프랑스, 칠레, 그리스에서 투쟁한 학생들이 어떻게 과거 학생들보다 더 쉽게 노동자들과 직접적 연계를 맺고 노동자들의 연대 행동을 끌어낼 수 있었는지 설명해 준다.

스타티스 쿠벨라키스는 올해 프랑스에서 벌어진 운동을 분석한 중요한 글을 썼다. 그 글에서 쿠벨라키스는 "대중 학생", 즉 생활 조건이나 이해관계가 점점 노동자들과 비슷해지는 세력이 등장하고 있다고 주장한다.

쿠벨라키스가 학생운동의 중요성을 힘주어 강조한 것은 옳지만 중요한 점을 하나 놓쳤다. 매우 많은 학생이 노동계급, 특히 화이트칼라 노동계급 가정 출신인 것은 맞지만, 매우 특권적인 가정에서 자란 학생도 여전히 많다.

영국 대학생의 22퍼센트가 사립학교 출신이다. 러셀 그룹, 즉 19개 명문 대학교 학생의 약 3분의 1은 그 부모가 고위 관리직이나 전문직이고, 또 다른 12퍼센트는 하급 관리직이다. 대학생의 4분의 1에서 3분의 1이 이런저런 관리직에 종사하는 '신중간계급'이 될 것이다.

여전히 대학에는 여러 계급 출신의 청년들이 한데 모여 있다. 이 때문에 학생들을 특정 범주의 노동자로 취급할 수 없다. 게다가 학생들이 협소한 경제적 요구에 초점을 둔 운동을 벌일 리도 없다.

학생들의 일상적 경험은, 심지어 노동계급 가정 출신 학생들의 일상적 경험조차 착취의 경험, 즉 생산 현장에서 노동을 짜내는 경험이 아니다. 학생들이 일상적으로 겪는 것은 시험 성적에 대한 스트레스와 미래에 대한 걱정에서 비롯한 소외와 무의미한 원자화·파편화다. 그러나 학생들이 이데올로기와 관련된 특정 쟁점을 두고 항의에 나서면, 갑자기 소외의 경험이 그 대립물, 즉 더 나은 세계를 위해 투쟁하는 연대 의식으로 바뀔 수 있다.

자본주의에서 교육의 구실은 무엇보다도 새 세대가 기성 사회의 이데올로기를 받아들이게 만드는 것이다. 대학이 그 핵심적 구실을 한다. 대학에서 다뤄지는 교육과 연구는 대개 그런 사상을 받아들이고 있을 뿐 아니라 그런 사상을 사람들에게 퍼뜨리기도 한다. 그러나 그런 사상 자체가 도전받을 때, 대학은 이데올로기적 혼란의 중심지가 될 수 있다.

베트남 전쟁이 벌어졌을 때와 1960년대에 인종 차별 반대 투쟁이 벌어졌을 때 실제로 이런 일이 일어났다. 그리고 오늘날 중동에서 전쟁이 벌어지고* 신자유주의 반대 운동이 일어나는 가운데 다시 이런 일이 일어나고 있다.

영국의 학생운동은 처음에 '명문 대학교'에서 시작되는 경우가 흔했다. 비록 그런 학교 학생들이 더 나은 처지에 있고, 상층 중간계급 가정 출신 비율이 매우 높고, 졸업 후에 더 좋은 일자리를 얻을 가능성도 크지만 말이다. 이런 학교의 학생들에게 가해지는 압력이 더 적기 때문에 시설과 재정이 열악한 '신생 대학교'보다 이런 학교들에서 흔히 정치적 선동과 이데올로기적 논쟁이 더 쉽게 벌어진다. 그러나 이런 상황은 오래된 학교들에서 신생 학교들로 급속하게 확산될 수 있다.

1960~1970년대에는 소규모 사회주의 학생 단체들이 주도성을 발휘해 광범한 학생들을 투쟁으로 끌어들였다. 이런 일이 최근 이탈리아, 프랑스, 칠레, 그리스 등지에서 일어났다. 이런 일이 다른 곳에서도 일어나지 말라는 법은 없다.

---

* 하먼이 이 글을 쓰고 있던 시점은 미국이 후원한 이스라엘의 레바논 전쟁이 한창이던 때였다.

3부

소련과 동구권

러시아 혁명은 어떻게 패배했나

1956년 헝가리 혁명

둡체크의 몰락

동구권

국가자본주의론: 실천을 뒷받침하는 이론

러시아 혁명은 어떻게 패배했나

1917년 혁명으로 사상 처음 노동자 정부가 주요 국가를 통치하게 됐다. 야만적이고 무익한 전쟁에 휩싸인 전 세계 민중에게 러시아 혁명은 새로운 희망을 제시했다. 그 이후 세계 모든 곳의 민중은 쇠퇴하는 자본주의의 암울한 전망 — 즉 실업, 빈곤, 야만적 파쇼 체제, 새로운 전쟁 위협 — 대신 러시아의 소비에트(평범한 남녀 노동자들의 대표체) 체제에 희망을 걸었다.

그러나 오늘날 소련 정부를 지지하는 좌파는 거의 없다. 1956년 헝가리 혁명을 잔인하게 진압한 일로 수많은 투사가 등을 돌렸다. 정도는 덜했지만, 1968년 소련이 또다시 체코슬로바키아의 '사회주의' 국가를 무력으로 짓밟자, 공식 공산당들조차 시늉뿐이더라도 소련에

"How the revolution was lost", *International Socialism*(first series) 30(autumn 1967).

반대하지 않을 수 없었다. 한편, 소련이 중국을 대하는 태도는 — 중국한테 몹시 절실한 기술원조를 철회하고 몇몇 국경지대 황무지를 두고 전면전도 불사하겠다고 위협한 것 등은 — 여태껏 스탈린 찬양을 계속해 온 사람들조차 환멸을 느끼게 했다.

혁명 뒤 운명적 시기에 무슨 일이 일어났던가? 무엇이 잘못됐나? 누구 탓인가?

두 혁명

1917년 2월과 10월의 두 차례에 걸친 혁명 사이에 두 가지 과정이 동시에 벌어졌다. 하나는 도시에서 노동계급 의식이 매우 급속하게 성장한 것이다. 7월쯤에 산업 노동자들은 혁명을 두고서 여러 계급 사이의 이해관계가 서로 엇갈린다는 것을 그런대로 이해하게 된 듯했다. 한편 농촌에서는 계급 분화가 다른 양상으로 발생했다. 농촌은 도시처럼 유산계급(자본가)과 재산 소유는 꿈도 꿀 수 없는 계급(노동자)으로 분화하지 않았다. 그러기는커녕 재산을 소유한 두 계급, 즉 지주와 농민으로 분화했다. 농민의 동기는 사회주의적이지 않았다. 농민의 목표는 지주의 토지를 몰수해서 각자 나눠 갖는 것이었다. 이 운동에는 심지어 부농인 쿨락도 참여할 수 있었다.

이러한 두 과정이 동시에 발생한 결과 혁명이 일어날 수 있었다. 그러나 이 둘이 결합한 것은 궁극적 목표가 같아서는 아니었다. 그렇다기보다는 우연한 역사적 이유들로 산업 자본가계급이 대지주와 정치적으로 갈라설 수 없었기 때문이다. 그래서 농민과(대부분 농민 출신인 군인도 포함) 노동자가 같은 편이 됐다.

소비에트 국가를 실현하려면 역사적으로 완전히 다른 범주에 속하는 두 요소가 — 다시 말해, 자본주의 발전 초창기의 특징인 농민전쟁과 그 쇠퇴를 알리는 노동계급 반란이 — 결합하고 상호 침투해야 했다.[1]

도시에서 일어난 반란은 주로 농민 출신인 군대의 동조가 없었다면 성공하지 못했을 것이다. 농민의 투쟁도 집중된 외부 세력의 지도와 결합이 없었다면 성공하지 못했을 것이다. 1917년 러시아에서 그런 구실을 할 수 있는 세력은 오직 조직된 노동계급뿐이었다. 노동자들이 도시에서 권력을 장악할 수 있었던 것은 이렇듯 결정적 순간에 농민을 끌어들일 수 있었던 능력 덕분이었다.

자본가와 그 동맹자인 지주는 재산을 몰수당했다. 그런데 이런 몰수에 참여한 계급들도 장기적으로는 공통된 이해관계가 없었다. 도시 계급은 집단 활동에 의존했지만, 농촌 계급은 자기끼리도 토지를 몰수할 때만 일시적으로 단결했을 뿐 그 뒤에는 각자 경작했다. 토지를 몰수하고 저항을 제압하고 나자, 외부적 동인만이 두 계급을 묶어 둘 수 있었다.

그 당시 혁명은 도시에서는 실로 다른 계급에 대한 노동자들의 독재 — 바로 주요 도시에서 행사된 소비에트 다수파의 지배 — 였고, 농촌에 대한 도시의 독재였다. 토지 분배 초기에는 이런 노동자 독재가 농민의 지지를 받았고, 실제로 무장한 농민이 혁명을 방어했다. 그러나 그 뒤 무슨 일이 일어날 것인가?

혁명 이전에도 러시아 사회주의자들은 오랫동안 이런 의문에 골몰해 왔다. 러시아의 모든 마르크스주의자들이(트로츠키와 파르부스를 빼고는 레닌도 마찬가지로) 다가올 혁명의 성격을 부르주아적이라고 본 이유는 러시아에서 사회주의 혁명이 일어나더라도 농민의 지지를 받지 못해 속절없이 실패할 것이라고 생각했기 때문이다. 트로츠키와 파르부스가 처음으로 혁명이 사회주의 정권을 탄생시킬 수 있다고 했을 때, 레닌은 다음과 같이 썼다.

그것은 불가능하다. 왜냐하면 혁명적 독재는 … 인민의 절대 다수에 기반해야만 … 안정될 수 있기 때문이다. 러시아의 노동계급은 현재 러시아 인구 가운데 소수다.

레닌은 이런 견해를 1917년 직전까지 고수했다. 러시아 혁명을 세계 혁명의 첫 단계로 인식하고 바로 그 세계혁명만이 외세 개입에 맞서 소수 노동계급의 혁명을 수호하고 농민에게 노동계급의 지배를 납득시킬 원조를 제공할 수 있다고 본 뒤에야, 레닌은 혁명이 사회주의로 귀결될 수 있음을 받아들이고 그 실현을 위해 싸우게 됐다. 10월 혁명 8개월 전에 레닌은 "러시아 노동계급은 자기 힘만으로는 사회주의 혁명을 성공적으로 완수할 수 없다"고 스위스 노동자들에게 썼다. 혁명 4개월 후(1918년 3월 7일)에도 "독일 혁명 없이는 우리가 파멸할 것이 뻔하다"고 반복했다.

내전

소비에트 지배 초창기에는 세계혁명의 관점이 옳다는 것이 증명되는 듯했다. 1918~1919년은 1848년 이후 사라졌던 사회적 격변으로 온 세상이 들끓었다. 독일과 오스트리아에서는 패전으로 왕정이 전복됐다. 도처에서 소비에트가 사람들의 입에 오르내렸다. 비록 짧은 기간이지만 헝가리와 바이에른에 소비에트 정권이 실제 들어서기도 했다. 이탈리아에서는 공장이 점거됐다. 그러나 50년에 걸친 점진적 변화가 남긴 유산은 금세 사라지지 않았다. 사회민주당과 노조 지도자들이 불신받는 부르주아 정당들을 대신했다. 한편 혁명적 좌파는 이런 상황에 대처할 조직이 아직 없었다. 혁명적 좌파는 대중이 지지하지 않을 때 행동하고 대중이 지지할 때는 행동하지 않았다.

그렇지만, 1919년 이후 유럽은 매우 불안정했다. 이후 15년 동안 모든 유럽 국가가 심각한 사회 불안에 휩싸였다. 그동안 각국 공산당과 노동계급은 경험을 쌓아서 사태를 훨씬 잘 이해할 수 있게 됐다.

그러나 러시아 볼셰비키는 다른 나라의 혁명을 기다리고만 있지 않았다. 볼셰비키는 소비에트 공화국을 수호하는 것과 해외 혁명을 고무하는 것은 따로 떨어진 일이 아니라고 봤다. 어쨌든 러시아의 당면 과제는 당분간 볼셰비키 지도자들이 아니라 세계 제국주의 열강이 결정했다. 열강은 소비에트 공화국을 상대로 '십자군 원정'을 시작했다. 무엇보다 반혁명 백군과 외국 군대를 물리치는 것이 급선무였고, 이것을 위해 가용 자원을 총동원해야 했다.

대중적 지지와 혁명적 열망, 때로 순수한 의지가 한데 뒤섞여 반혁명 세력이 축출됐다(그러나 극동 지역에는 1924년까지 잔존 세력이 있었다). 그러나 그 대가는 엄청났다.

이것을 단지 물적 측면에서만 평가할 수는 없다. 그러나 물적 측면에서만도 대가는 엄청났다. 가장 크게 타격을 받은 것은 공업과 농업 생산이었다. 1920년에 선철 생산량은 전쟁 전 생산량의 불과 3퍼센트였고, 대마는 10퍼센트, 아마는 25퍼센트, 면화는 11퍼센트, 사탕무는 15퍼센트에 불과했다. 그 결과 궁핍과 고난과 기근이 닥쳤다. 그것만이 아니었다. 공업 생산이 혼란을 겪자 노동계급도 혼란에 휩싸여 그 수가 43퍼센트로 줄었다. 나머지는 시골로 돌아가거나 싸움터에서 전사했다. 순전히 숫자상으로도 혁명을 이끌었고, 그 자신의 민주주의야말로 소비에트 권력의 살아 있는 정수였던 바로 그 계급의 비중이 반으로 줄었다.

실제 상황은 훨씬 더 열악했다. 반도 채 남지 않은 노동계급으로는 제 역량을 발휘하기가 더 어려웠다. 산업 생산량은 전쟁 전에 비해 18퍼센트에 불과했고, 노동생산성은 3분의 1밖에 안 됐다. 노동자들이 받는 보수만으로는 생존 자체가 불가능했다. 많은 노동자가 자기 공장의 생산품 — 또는 심지어 기계 부속 — 을 농민의 식량과 물물교환했다. 혁명을 앞장서 이끌던 계급이 심각하게 약화됐을 뿐 아니라, 그 내부 결속도 급속히 해체되고 있었다.

공장에 남은 노동자들도 1917년 혁명 때 중핵 구실을 한 사람들이 아니었다. 아주 당연하게도 가장 전투적인 노동자들이 최전선에서 싸워야 했고, 사상자도 가장 많았다. 그나마 살아남은 사람들은 공장에도 필요했지만, 군 간부나 국가기구를 운영을 도울 인민위원으로도 필요했다. 지방에서 갓 올라온 혁명 전통이나 열망이 없는 미숙한 농민들이 노동자가 빠져나간 자리를 메웠다.

혁명을 이뤄 낸 계급이 사실상 사라져 버렸을 때, 혁명의 운명은 어떻게 되겠는가? 이것은 볼셰비키 지도자들이 예측할 수 있는 문제가 아니었다. 언제나 볼셰비키는 혁명이 고립되면 외국군이나 국내 반혁명 세력에 의해 혁명이 파괴될 것이라고 말했다. 당시는 외국의 반혁명 세력 탓에 노동계급이 건설한 국가기구만 남은 채 정작 혁명을 이끌던 계급은 파괴된 상황이었다. 혁명 권력은 살아남았지만, 그 내부 구성은 급격히 변화하고 있었다.

소비에트 권력에서 볼셰비키 독재로

1917년에 수립된 기관들은 — 무엇보다도 소비에트는 — 혁명을 이끈 계급과 유기적으로 결합돼 있었다. 소비에트 대의원과 노동자들의 열망과 목적이 서로 다를 수 없었다. 대중이 멘셰비키를 지지할 때 소비에트는 멘셰비키적이었고, 대중이 볼셰비키를 따르기 시작했을 때는 소비에트도 역시 그러했다. 볼셰비키는 공장에서처럼 소비에트에서도 다른 조직과 공존하며 정책을 고안하고 운동의 대의명분을 주장하는 계급의식적 투사들의 조직일 뿐이었다. 조리 있는 주장과 자기 규율 덕분에 볼셰비키는 자기 정책을 효과적으로 시행할 수 있었다. 그러나 그것은 노동자 대중이 자신을 따를 때만 가능한 일이었다.

볼셰비키에 시종일관 반대한 자들조차 이점을 인정했다. 멘셰비키

지도자 중 하나도 다음과 같이 썼다.

> 결국 우리가 마주한 것은 승리한 노동자의 반란이라는 점을 이해해야 합니다. 거의 모든 노동자가 레닌을 지지하고 이 반란으로 사회적 해방이 이뤄지기를 열망하고 있습니다.[2]

내전이 격화하기 전까지는 정당과 계급의 이런 민주적 변증법이 지속될 수 있었다. 볼셰비키가 소비에트 다수파로서 권력을 장악했지만, 소비에트 안에 다른 정당도 계속 존재했다. 멘셰비키는 1918년 6월까지 합법적으로 활동하며 볼셰비키와 경쟁했다.

노동계급이 심각하게 약화되자 이 모든 것이 변했다. 소비에트 기구들은 그 기반인 노동계급과 분리된 채 독자적으로 움직일 수밖에 없었다. 내전에서 싸우던 노동자와 농민은 일터에서 집단 자치를 실현할 수 없었다. 전선 전체에 걸쳐 분산된 사회주의 노동자들은 자신의 직접적 통제를 받지 않는 중앙집중적 정부 기구에 의해 — 적어도 일시적으로는 — 조직·편성돼야 했다.

볼셰비키가 보기에 이런 구조는 충심으로 혁명을 지지하는 사람만으로 — 즉, 볼셰비키 자신만으로 — 이뤄지지 않는다면 결속을 유지할 수 없었다. 사회혁명당 우파는 반혁명을 선동했다. 사회혁명당 좌파는 정부 정책에 동의하지 않을 때는 기꺼이 테러를 사용하려 했다. 멘셰비키의 정책은 반혁명에 반대해 볼셰비키를 지지한다는 것이긴 했지만, 권력을 제헌의회로 넘겨야 한다고도 요구했다(그것은 반혁명 측의 핵심 요구 사항이었다). 이것은 멘셰비키가 소비에트 권력의 지지자와 반대자를 모두 포함하고 있는 현실을 보여 줬다. 많은 멘셰비키가 백군 편으로 넘어갔다. 예를 들어, 볼가 강 유역의 멘셰비키 조직들은 반혁명적 사마라 정권에 동조했고, 멘셰비키 중앙위원 이반 마이스키가 거기에 참여했다(마이스키는 나중에 스탈린 밑에서 대사를 지냈다).[3] 볼셰비키는 멘셰비키 당원들의 자유를 인정했지만(적어도 대부분의 시기에 그랬다), 그들이 효과적인 정치 세력으로 활동하지는 못하게 막았다. 예컨대, 1918년 6월 이후로는 1919년의 석 달을 제외하고 멘셰비키에게 출판물 발행을 허가하지 않았다.

이 모든 과정에서 볼셰비키에게는 선택의 여지가 없었다. 자신이 대변하는 계급이 권력을 지키려 싸우다가 해체됐다는 이유만으로 권력을 포기할 수는 없었다. 또 노동자 권력의 기초를 잠식하는 사상을 선전하는 것도 두고 볼 수 없었다. 노동계급이 집단적으로 조직된 행위 주체로서 자신의 이해관계를 결집할 능력이 더는 없었기 때문이다.

1917년에 수립된 소비에트 국가는 1920년부터 일당 국가로 대체될 수밖에 없었다. 잔존한 소비에트는 점차 볼셰비키 권력의 단순한 간판이 됐다(비록 1920년까지는 멘셰비키 같은 다른 정당들이 소비에트 안에서 계속 활동했지만 말이다). 예를 들어, 1919년 당시 모스크바 소비에트는 18개월째 선거를 치르지 않고 있었다.[4]

크론시타트 반란과 신경제정책

역설적이게도 내전이 끝난 뒤에도 이런 상황은 호전되지 않았고 오히려 여러 면에서 악화됐다. 반혁명의 즉각적 위협이 사라지자, 두 혁명 과정 — 즉, 도시의 노동자 권력과 농촌의 농민 반란 — 을 한데 묶어 주던 끈이 끊어졌다. 토지에 대한 통제권을 얻자, 농민들은 10월 혁명의 집산주의적 이상에 흥미를 잃었다. 농민들은 개별적으로 일했으므로 그들의 행동도 개인적 열망에 이끌렸다. 농민은 각자 자기 몫의 토지를 경작함으로써 생활수준을 최대한 끌어올리려 했다. 이제 농민들을 응집력 있는 사회집단으로 결속시킬 동기는 세금 징수 반대와 도시 주민의 식량을 조달하려 실시한 곡물 강제 징발에 대한 반대뿐이었다.

이런 반발이 최고조에 달한 것은 1921년 3월 공산당의 제10차 당대회 개최 1주일 전이었다. 크론시타트 요새에서 수병 봉기가 일어났다. 그곳은 외적이 페트로그라드로 진격하지 못하게 막는 지점이었다. 많은 사람이 뒤이어 벌어진 일을 볼셰비키 정권과 그 사회주의적 의도 사이의 첫 균열로 여긴다. 크론시타트의 수병이 1917년 혁명의 주요 동력 중 하나였다는 사실이 이런 주장의 근거로 자주 거론된다. 그러나 그 당시 볼셰비키 중 그 누구도 — 심지어는 정권에 대한 노동자들의 반감을 대변한다고 자임한 '노동자 반대파'도 — 대응 방침을 두고는 전혀 이견이 없었다. 그 이유는 간단했다. 1920년의 크론시타트는 1917년의 크론시타트가 아니었다. 수병의 계급 구성이 바뀌었다. 최상의 사회주의 투사들은 오래전에 전선으로 싸우러 가고 없었다. 자기 계급의 이익을 좇아 혁명에 헌신한 농민이 주로 그 자리를 대신했다. 이 점은 "볼셰비키 없는 소비에트"와 "농업 부문의 자유 시장 허용"이라는 반란군 요구 사항에 반영됐다.

볼셰비키 지도자들은 그런 요구에 응할 수 없었다. 그것은 싸우지도 않고 혁명의 사회주의적 목표를 그냥 청산한다는 것을 뜻했다. 다른 정당들이, 심지어 사회주의 정당들도 소비에트 권력과 백군 사이에서 동요했던 반면, 많은 실수가 있었지만 홀로 충심으로 소비에트 권력을 지지한 것은 바로 볼셰비키였다. 최상의 투사들은 모두 볼셰비키에 속했다. 소비에트에 볼셰비키가 없다는 것은 혁명에서 노동계급의 사회주의적이고 집산주의적인 목표들을 한결같이 표현하고자 하는 정당이 사라지는 것을 의미할 뿐이었다.

크론시타트에서 벌어진 일은 혁명을 이뤄 낸 두 계급, 즉 노동자와 농민의 이해관계가 결국 근본적으로 불일치한다는 것을 보여 줬다. 따라서 크론시타트 반란의 진압은 혁명의 사회주의적 내용에 대한 공격이 아니라, 농민들이 혁명의 집산주의적 목표에 점점 더 반감을 품고서 결국 혁명을 파괴하지 못하도록 무력을 동원해서라도 막으려 한 필사적 시도로 봐야 한다.[5]

그러나 크론시타트 반란은 앞으로 전개될 상황의 전조에 불과했다. 이 사건은 노동계급이 혁명에서 수행하는 지도적 구실 자체를 문제 삼은 것이었다. 그런 구실은 노동계급이 대표한 생산양식의 우월함이나 높은 생산성이 아니라 단지 물리력에 기댄 것이었다. 그리고 이 힘은 무장한 노동자들이나 1917년처럼 노동계급과 직접 관계 맺는 정당이 아니라 단지 사상에 의해 간접적으로만 노동계급과 관계 맺던 정당이 행사했다.

그런 정책은 필요했지만, 조금이라도 상황이 달랐다면 사회주의자들은 지지하지 않았을 것이다. 러시아 혁명은 압도 다수의 이익을 위한 압도 다수의 자의식적이고 자주적인 운동이 아니라 도시가 농촌을 노골적인 물리력을 동원해 착취하는 단계에 이르렀다. 볼셰비키 당의 모든 그룹은 이런 상황이야말로 혁명이 농민반란으로 전복될 위험에 처한 것이라는 점을 똑똑히 인식하고 있었다.

오로지 한 가지 선택만이 가능했다. 강력하고 중앙집중적인 사회주의 국가기구를 유지하면서도 농민들의 여러 요구를 받아들이는 것이었다. 신경제정책NEP의 목표가 이것이었다. 신경제정책의 목적은 농민의 불만을 누그러뜨리고 사적인 상품생산을 제한된 범위 내에서 허용해 경제 발전을 촉진하는 것이었다. 경제는 농업 생산의 필요와 시장의 힘이 지배했고 국가와 국유 산업은 그 속에서 하나의 요소일 뿐이었다.

1921~1928년의 당과 국가 그리고 노동계급

신경제정책 시기에 이미 러시아는 국가와 본래 그 국가를 건설한 노동계급의 관계에 비춰 보든 국내 경제 관계의 특성에 비춰 보든 어떤 의미로도 '사회주의적'이라고 말할 수 없었다. 노동자들이 권력을 행사하지도 않았고 경제계획도 없었다. 그러나 사회를 통제하고 치안을 유지하는 '무장 집단'인 국가는 사회주의적 동기를 가진 정당의 수중에 있었다. 그래서 국가의 정책들은 사회주의를 지향하는 듯 보였다.

그러나 상황은 이보다 더 복잡했다. 우선, 러시아 사회를 지배한 국가기구는 1917년의 전투적 사회주의 정당과 결코 동일하지 않았다. 2월 혁명 당시 볼셰비키 당원들은 자신의 사상을 표현하기 위해 엄청난 위험을 감수하며 차르의 탄압에 저항한 헌신적인 사회주의자들이었다. 4년간 내전을 치르고 노동 대중으로부터 고립됐어도 그들은 쉽사리 사회주의적 열망을 포기하지 않았다. 그러나 1919년에 이들은 당원의 10분의 1에 지나지 않았고 1922년쯤에는 40분의 1로 줄어들었다.

혁명과 내전 중에 당은 끊임없이 성장했다. 이것은 부분적으로 모든 전투적 노동자와 투철한 사회주의자들이 당에 합류한 결과였다. 그러나 거기에는 다른 이유도 있었다. 일단 노동계급 자체가 심각하게 약화되자, 모든 소비에트 통치 지역을 당이 온전히 떠맡아야 했다. 이런 일은 당 자체의 규모를 확대함으로써만 가능했다. 더욱이 일단 누가 내전에서 승리할지 확실해지자, 사회주의적 확신이 희박한 사람들도 많이 입당했다. 당은 이제 동질적인 사회주의 세력이 아니었다. 기껏해야 지도부와 가장 전투적인 당원들만이 진정으로 사회주의 전통을 이어받았다고 할 수 있었다.

당의 사회주의적 전통이 희석되면서 국가기구 내에서도 동일한 현상이 발생했다. 볼셰비키가 러시아 사회를 계속 통치하려면, 정부 기구의 기능을 유지하기 위해 옛 제정의 관료 수천 명을 활용해야만 했다. 이론상으로 볼셰비키는 사회주의적 전망 속에서 이런 활동을 수행했다. 그러나 실제로는, 낡은 관습과 활동 방식, 그리고 특히 관료들이 혁명 전처럼 대중을 대하는 태도가 만연했다. 레닌은 이런 상황의 의미를 예리하게 파악하고 있었으므로 1922년 3월의 당대회에서 다음과 같이 말했다.

우리에게 부족한 것이 무엇인지는 아주 명백합니다. 공산당 지도층은 문
화적 측면에서 뒤떨어졌습니다. 모스크바를 봅시다. 그곳의 관료들을 누
가 이끌고 있습니까? 4700명의 믿음직한 공산주의자들이 이끌고 있습니
까? 아니면 그 반대입니까? 솔직히 말해서 공산당원이 관료를 이끈다고는
말할 수 없습니다. 지도하기는커녕 지도당하고 있을 뿐입니다.

1922년 말에 레닌은 러시아 국가기구가 "차르 체제에서 빌려와 소
비에트 세계가 거의 손보지 않은 … 부르주아적이고 전제적인 구조"[6]
라고 말했다. 1920년에 노동조합의 구실을 둘러싼 논쟁이 벌어졌을
때 레닌은 다음과 같이 말했다.

우리 국가는 사실 노동자 국가가 아니라 노동자와 농민의 국가다. … 그
러나 그뿐만이 아니다. 당 강령에서 보듯이 러시아는 관료적으로 왜곡된
노동자 국가다.[7]

실제 상황은 이보다 더 나빴다. 문제는 단지 고참 볼셰비키의 사회
주의적 열망이 적대적 계급 세력과 관료적 타성 때문에 실현되기 어려
운 것만이 아니었다. 이런 열망 자체가 적대적인 환경 속에서 타락하
지 않고 영원히 지속될 수 없었다. 무관심한 농민 대중을 규율 있는
군대로 훈련해야 한다는 절박함 때문에 많은 뛰어난 당원들이 권위주
의적 관습에 물들었다.

신경제정책으로 상황이 바뀌었지만, 사회주의적 민주주의의 본질인 지도자와 지도받는 사람 간의 민주적인 상호작용은 여전히 이뤄지지 않았다. 이제 많은 당원들이 중소상인, 소자본가, 쿨락[부농]과 협상해야만 사회통제가 가능하다는 점을 인식했다. 볼셰비키는 이런 세력에 맞서 노동자 국가의 이익을 대변해야 했다. 그러나 과거처럼 직접적으로 물리적 충돌을 벌이는 일은 피하는 대신, 제한적 협력을 해야 했다. 많은 당원들이 미약하고 사기가 꺾인 노동계급과의 실체 없는 연계보다는 중간계급과의 이런 직접적이고 가시적인 관계에 더욱 영향을 받는 듯했다.

특히, 옛 관료제의 영향력이 당에 침투했다. 지지 기반인 당 바깥의 계급 세력으로부터 고립되자 당은 스스로 엄격한 규율을 부과해야 했다. 그래서 10차 당대회에서, 비록 당내 토론은 보장하되,[8] 공식 분파의 결성은 '일시적'으로 금지됐다. 그러나 이런 내부 단결 요구는 당내에 관료적 지배 방식을 수용하는 압력으로 쉽게 변질됐다. 1920년 4월 무렵에 이미 당내의 반대파가 이것에 대한 불만을 토로했다. 1922년에는 레닌조차 "소비에트뿐 아니라 당내에도 관료가 있다"고 썼다.

당내 민주주의의 쇠퇴는 당 지도부의 반대파가 맞이한 운명들을 보면 가장 잘 알 수 있다. 1917년과 1918년에는 강령과 정책을 두고서 의견 그룹을 조직할 수 있는 권리와 당내의 자유로운 토론이 당연시됐다. 레닌 자신도 적어도 두 번("4월 테제"가 발표되던 시기와 그 1년쯤 뒤인 브레스트리토프스크 협상 기간)은 당내에서 소수파였다. 1917년 11월에는 볼셰비키의 권력 독점에 반대한 당원들이 압력 수단으로 정부에서 사퇴해 버렸지만 전혀 징계받지 않았다. 적군赤軍의 바르샤바 진격에 관한 문제나 노조의 기능에 대한 당내 이견이 아주 공개적으로 당 기관지에서 토론됐다. 1921년 말에는 노동자 반대파의 강령을 당 스스로 25만 부나 출판했고, 반대파 두 명이 중앙위원회에 선출됐다. 1923년에 좌익반대파가 세력을 확장했을 때도, 비록 지도부를 비판하는 기사 하나에 지도부를 옹호하는 기사 10개가 함께 실리긴 했지만 반대파는 여전히 〈프라우다〉에 자신의 의견을 표현할 수 있었다.

그러나 1921~1928년 사이에 반대파의 활동은 크게 제약됐다. 10차 당대회 이후 노동자 반대파는 금지됐다. 1923년의 반대파 "46인의 선언"은 "대의원 다수가 당 사무국 관료들이다" 하고[9] 비판했다. 심지어 지도부의 지지자이자 〈프라우다〉의 편집장이었던 부하린도 다음처럼 당 기구가 완전히 비민주적이라고 지적했다.

분회위원장들은 대개 지역위원회에 의해 지명되고, 그 이후 과정은 대단히 형식적이다. 판에 박힌 절차에 따라 표결에 부쳐진다. 회의에서는 '반대하는 분 있나요?' 하고 묻지만, 반대 발언하길 모두 꺼리기 때문에 지명된 후보가 당선된다.[10]

레닌이 병으로 쓰러진 뒤 당 지도부를 위임받았던 '삼두체제'가 분열했을 때 관료화의 심각성이 완전히 드러났다. 1925년 말쯤 지노비예프, 카메네프, 크룹스카야는 스탈린이 장악한 당 지도부의 반대파로 돌아섰다(레닌은 1924년 1월에 죽었다). 지노비예프는 레닌그라드 시당의 지도자였다. 그러므로 지노비예프는 북쪽 수도의 행정 기구와 몇몇 영향력 있는 신문들을 수중에 두고 있었다. 14차 당대회에서 레닌그라드에서 온 모든 대의원이 지도부에 반대한 지노비예프를 지지했다. 그러나 지노비예프가 패배하자 불과 몇 주 뒤에는 수백 명의 완고한 반대파를 제외하고 레닌그라드의 모든 당 조직이 스탈린의 정책을 지지하는 결의안을 통과시켰다. 레닌그라드 시당 기구의 우두머리들을 자리에서 내쫓는 것만으로 이것이 가능했다. 관료 기구를 장악한 자가 당을 장악했다. 지노비예프가 관료 기구를 장악했을 때, 그것은 반대파였다. 이제 스탈린이 레닌그라드를 자신이 지배하는 중앙 기구에 통합해 버리자, 그 관료 기구는 스탈린의 정책을 지지했다. 지도자가 변하자 지노비예프주의 조직이 스탈린주의 조직으로 변화했다.

소비에트와 당에서 관료주의가 나타나기 시작한 것은 내전에서 노동계급이 몰살된 결과였다. 그러나 신경제정책으로 산업이 회복되고 노동계급이 성장하기 시작했을 때도 이런 문제는 계속됐다. 경제 회복으로 '노동자 국가'의 노동계급 지위가 향상되기는커녕 오히려 억제됐다.

순전히 물질적 관점에서 보면 신경제정책 시기에 농민에게 취한 양보 조처로 노동자의 (상대적) 지위가 저하됐다.

전시공산주의 때는 도처에서 노동자를 프롤레타리아 독재의 영웅으로 떠받들며 칭송했지만, 신경제정책 때는 노동자들은 의붓자식 취급을 받기 시작했다. 1923년에 경제 위기가 닥치자, 공식 정책을 옹호하던 사람들이든 산업 발전을 이유로 공식 정책과 겨루던 사람이든 아무도 산업 노동자의 불만이나 이익을 주요 관심사로 다뤄야 한다고 생각하지 않았다.[11]

그러나 단지 농민에 비해서만 노동자의 지위가 하락한 게 아니었다. 노동자들은 기업 관리자나 경영자에 비해서도 지위가 하락했다. 1922년에는 관리자의 65퍼센트가 공식적으로 노동자로, 35퍼센트는 비노동자로 분류됐지만, 1년 뒤에는 이 수치가 역전돼 단지 36퍼센트만이 노동자로, 64퍼센트가 비노동자로 분류됐다. '적색 기업가들'이 공장에서 특권 집단으로 떠오르기 시작해 높은 봉급을 받으며 '1인 경영 방식'을 통해 마음대로 고용과 해고를 결정했다. 동시에, 1923~1924년에는 실업자가 125만 명에 육박할 만큼 늘어나 실업이 경제의 고질병이 됐다.

1921~1929년의 당내 분열

인간은 역사를 만들지만, 자기 마음대로 만드는 것이 아니라 자신이 처한 상황 속에서 만든다. 그 과정에서 인간은 상황과 자기 자신 모두 변화시킨다. 볼셰비키도 역사 속 다른 집단들과 마찬가지로 이런 현실을 피해 갈 수는 없었다. 내전과 반혁명, 기근이라는 혼란 속에서 러시아 사회구조를 통합하려 애쓰며 볼셰비키는 자신의 사회주의적 의도를 역사 과정의 결정 요소로 삼았지만, 이런 과정에서 상대해야 했던 사회 세력들도 볼셰비키에게 영향을 끼쳤다. 신경제정책 시기의 러시아를 통합하려면 각 사회 계급을 중재해 분열적 충돌이 발생하는 것을 막아야 했다. 당과 국가가 상이하고 때로 서로 적대하기도 하는 계급들을 만족시켜야만 혁명은 살아남을 수 있었다. 사회주의의 집산주의적·민주주의적 목표뿐 아니라, 농민의 개인주의적인 열망들도 충족할 수 있게 조정이 이뤄져야 했다. 그 과정에서 계급들 위로 들어 올려진 당은 자신의 구조 안에 각 계급의 차이를 반영할 수밖에 없었다. 여러 계급이 당에 가하는 압력으로 인해 당의 분파들은 각 계급의 이익 측면에서 자신의 사회주의적 열망을 규정했다. 진정으로 사회주의적 압력을 가할 수 있는 단 하나의 계급인 노동계급은 혼란에 빠진 채 가장 허약했고, 압력을 가할 능력도 가장 적었다.

좌익반대파

좌익반대파가 당내에서 볼셰비키의 혁명적 사회주의 전통을 가장 엄밀히 고수한 분파라는 데는 의심의 여지가 없다. 좌익반대파는 사회주의를 천천히 발전하는 농민 경제라든가 축적을 위한 축적으로 재규정하는 것에 반대했다. 노동자 민주주의를 사회주의의 핵심 요소로 여기는 관점도 그대로였다. 또 세계 혁명을 등한시하고 '일국사회주의' 건설이라는 배외주의적이고 반동적인 슬로건을 내세우는 것에도 반대했다.

그러나 좌익반대파가 당의 '노동계급' 분파였다고는 결코 말할 수 없었다. 왜냐하면 1920년대 러시아에서 노동계급은 당에 가하는 압력이 가장 적은 계급이었기 때문이다. 내전 후 재건된 노동계급은 자신의 목표를 위해 싸울 능력이 매우 미약했다. 실업률은 높았고, 가장 전투적인 노동자들은 내전에서 전사하거나 관료로 뽑혔다. 그래서 노동계급의 상당 부분이 지방에서 갓 올라온 농민들이었다. 이런 노동자들은 대개 반대파를 지지하지 않았고 정치 토론 자체에 냉담한 태도를 보였다. 그 결과 쉽사리 위로부터 조종될 수 있었다. 사회주의자들이 흔히 그랬듯이, 좌익반대파도 노동자들이 너무 지치고 싸울 의욕을 상실한 때에 노동계급의 실천을 위한 사회주의적 강령을 제시해야 했다.

그러나 좌익반대파에게 난관은 단지 노동자들의 냉담함만이 아니었다. 경제적 현실 인식도 어려움을 줬다. 좌익반대파는 어떤 정책을 시행하든 객관적으로 자원이 부족하면 생활이 어려워진다는 점을 강조했다. 그들은 국내로는 산업을 발전시키고 이를 위한 수단으로 국제적으로 혁명을 확산시켜야 한다는 점을 모두 강조했다. 그러나 아무리 올바른 사회주의 정책을 시행하더라도 단기간에는 노동자들에게 거의 아무것도 제공할 수 없었다. 트로츠키와 프레오브라젠스키는 경제계획을 늘리라고 요구했지만, 이를 위해서는 농민 수탈과 노동자의 희생이 불가피하다는 점도 강조했다. 1926년에 '트로츠키주의자'와 '지노비예프주의자'로 형성된 통합반대파는 최우선 과제로 노동자들을 위한 분명한 개선책을 요구했다. 그러나 스탈린이 자신의 요구를 훌쩍 뛰어넘는 유토피아적 약속들을 하자 이를 비난할 만큼 현실적이기도 했다.

여기서 좌익반대파가 제출한 다양한 강령들을 상세히 다룰 수는 없다. 그러나 대략적으로 상호 연관된 세 가지 중심 강령이 있었다.

(1) 농촌에 비해 도시의, 농업에 비해 공업의 경제적 비중이 늘어나야만 혁명이 사회주의적 방향으로 발전할 수 있었다. 이를 위해서는 산업을 계획하고 부농에게 차별적인 조세정책을 시행할 필요가 있다. 그러지 않으면 부농은 국가를 좌지우지하기에 충분한 경제력을 축적하게 될 것이고, 이것은 국내에서 '테르미도르 반동'과 같은 반혁명을 초래할 것이었다.

(2) 산업 발전과 함께 노동자 민주주의도 확장해서 당과 국가의 관료적 경향을 끝장내야 했다.

(3) 앞의 두 정책으로 러시아를 혁명의 보루로 유지할 수는 있지만 사회주의의 전제 조건인 물질적·문화적 수준을 만들어 낼 수는 없었다. 이를 위해서는 혁명이 해외로 확산돼야 했다.

순전히 경제적 측면에서는 이런 강령 중에 불가능한 것은 하나도 없었다. 비록 좌익반대파의 의도와 어긋나긴 했지만, 계획적 공업화와 농민 압박이라는 요구는 실제로 이뤄졌다. 그러나 1923년 이후 당을 지배한 사람들은 이런 요구들의 중요성을 깨닫지 못했다. 1928년에 심각한 경제 위기가 닥쳐서야 그들은 경제계획과 산업화를 추진했다. 그 이전 5년 동안 그들은 좌익반대파를 탄압하고 그 지도자들을 추방했다. 강령의 둘째 항은 결코 실행되지 않았다. 셋째 항은 1923년에는 볼셰비키의 신념이었지만, 1925년부터는 당 지도자들에 의해 영원히 거부됐다.

당이 이런 강령을 받아들이지 못한 것은 경제적인 이유 때문이 아니었다. 오히려 당내에서 발전하고 있는 사회 세력들의 세력균형 문제 때문이었다. 좌익반대파의 강령은 농민의 경제적 압력에 의해 생산 속도가 결정되는 것을 거부하라고 요구했다. 이런 강령에 반대하는 두 종류의 사회 세력이 당내에서 발전했다.

'우파'와 '중도파'

한 세력은 아주 단순했다. 그들은 농민에 대한 양보가 사회주의 건설에 해롭다고 보지 않았고, 당이 농민의 필요에 맞게 계획을 세우길 의식적으로 바랐다. 그런데 이것은 단지 이론적인 강령에만 한정된 게 아니었다. 그들은 당과 국가기구 내에서 쿨락, 자본주의적 농민, 네프맨과의 협력이 필요하다고 인식한 모든 사람의 이익을 대변했다. 그들은 농민들에게 "부자가 되라"고 지시한 부하린이 자신들의 이론을 표현한다고 생각했다.

다른 한 세력은 당 바깥 못지않게 당내의 사회 세력에도 권력 기반을 두고 있었다. 그들의 표면적인 관심은 사회의 응집력을 유지하는 것이었다. 그들 역시 농촌을 도시에 종속시키려는 의식적인 노력이 있을 경우, 그것이 낳을 사회적 긴장들에 저항했겠지만 우파처럼 친농민적 선언을 할 정도는 아니었다. 주로 이 세력은 당 기구 내부에서 관료적 수단을 통해 단결을 유지하려는 사람들로 구성됐다. 그 지도자는 당 기구의 우두머리인 스탈린이었다.

당시 좌익반대파에게 스탈린 일파는 당의 전통과(좌익반대파의 강령으로 구체화돼 있었다) 우파 사이에서 동요하는 중도주의 집단으로 보였다. 그러나 1928년에 스탈린이 갑작스럽게 좌익반대파의 강령에서 첫째 항을 채택하고 바로 몇 달 전 좌익을 공격할 때처럼 맹렬하게 우파를 공격하며 산업화와 철저한 토지 몰수(이른바 '집산화')를 시작하자, 이런 규정은 크게 흔들렸다. 스탈린은 분명히 그 자신의 사회적 기반이 있었다. 스탈린은 프롤레타리아나 농민이 권력을 행사하지 않아도 살아남을 수 있었다.

좌익반대파가 사회주의와 노동계급의 전통을 계승하고 이 전통을 실제 정책에 구현하려는 집단이고, 우익반대파가 농민들이 당에 가하는 압력에 적응한 집단이라면, 승리한 스탈린 분파는 당 관료 자체에 기반을 두고 있었다. 이들은 처음에는 혁명으로 만들어진 사회구조에서 종속적 요소로서 나타났다. 그들은 노동자 정당에서 단지 기초적인 기능만을 수행했다. 내전에서 노동계급이 몰살되자, 당은 계급 위에 군림한 채로 남겨졌다. 이런 상황에서는 당과 국가의 응집력을 유지하는 구실이 핵심이 됐다. 국가와 뒤이어 당에서도 이런 기능은 점차 관료적 통치방식으로 충족됐고, 그것은 차르의 공무원들이 자주 사용한 방식 그대로였다. 당 기구가 모든 당직을 임명하고 대의원을 선택하는 등 당내에서 점차 실질적 권력을 행사했다. 그러나 노동계급이 아니라 당이 국가와 산업을 통제했기 때문에 혁명에서 노동자들이 이뤄어 놓은 성과물들은 점차 당 기구가 물려받았다.

정책 면에서 이것의 첫째 결과는 관료적 타성이었다. 관료들은 자신의 지위를 위태롭게 할 수 있는 모든 정책에 저항했다. 또 자신의 지위에 도전하는 모든 집단을 억압하기 시작했다. 그래서 그들은 좌익반대파의 강령에 반대하고 그것에 대한 어떠한 실질적인 토론도 불허했다.

관료들은 이렇게 부정적인 방식으로 모든 사회불안에 대응하는 한편 우파나 부하린과는 꽤 자연스럽게 동맹했다. 이 동맹은 관료들이 생산수단과 독자적 관계를 맺으며 그 자체가 사회집단으로 성장한 것을 은폐해 줬다. 당내 반대파의 억압은 국가와 산업에서 자신의 권력에 대한 모든 반대를 제거하려는 투쟁이 아니라 위로부터 당에 친농민적 정책을 도입하려는 시도처럼 보였다. 심지어는 일국사회주의 선언 이후에도, 해외의 혁명들이 실패한 이유는 관료들의 의식적인 반혁명적 구실보다는 러시아 국내의 관료적 타성과 친농민적 정책 때문인 것처럼 보였다.

그러나 이 시기 동안에 관료는 즉자적 계급에서 대자적 계급으로 성장하고 있었다. 객관적으로 보아, 신경제정책 초기에 당과 국가의 권력은 소수 관리들의 수중에 있었다. 그러나 이들은 결코 응집력 있는 지배계급이 아니었다. 그들은 자신만의 공동 목표가 있다고는 전혀 생각하지 않았다. 그들이 수행한 정책은 여전히 혁명적 사회주의 전통에 강력히 영향을 받고 있는 당원들에 의해 만들어졌다. 비록 국내의 객관적 조건 때문에 노동자 민주주의가 소멸했지만, 적어도 국내에서 산업이 회복되고 국외에서 혁명이 일어난다면 당의 전통을 이어받은 투사들이 노동자 민주주의를 회복시킬 가능성은 있었다.

분명히 전 세계 규모에서는 당이 혁명적 구실을 계속 수행하고 있었다. 외국의 공산당에 충고할 때 실수를 하기도 했지만 — 그중 몇몇은 러시아 국내의 관료화에서 비롯됐음이 틀림없지만 — 러시아의 이익에 각국 공산당을 종속시키는 범죄를 저지르지는 않았다. 1920년대의 분파 투쟁의 배경에는 이 사회집단이 스스로 의식적 계급이 되기 위해 혁명의 유산을 떨쳐 버리는 과정이 있었다.

반혁명

흔히 러시아에서 스탈린주의가 점진적으로 등장했다는 이유로 그것을 '반혁명'이라고 부를 수 없다고들 말한다(예를 들어 트로츠키도 러시아에서 그처럼 평화롭게 반혁명이 일어난다는 것은 "개혁주의의 필름을 되감는 것"이므로 불가능하다고 비판했다). 그러나 이것은 마르크스주의 방법론을 잘못 해석한 것이다. 한 종류의 사회가 다른 사회로 이행하는 과정에서 언제나 단일하고 급격한 변화가 일어나는 것은 아니다. 이런 급격한 변화는 자본가 국가에서 노동자 국가로 이행할 때는 발생하기 마련이다. 왜냐하면 노동계급은 장기간에 걸친 투쟁이 최고조에 달했을 때 전면적이고 집단적인 일대 격전으로 지배계급을 타도하지 않고서는 그 권력을 행사할 수 없기 때문이다. 그러나 봉건제에서 자본주의로의 이행기에는 한 번의 갑작스러운 충돌이 아니라 다양한 강도와 수준의 충돌이 연속적으로 발생했고, 그 과정에서 결정적 힘이 있는 경제 계급(자본가계급)이 자신에게 유리한 정치적 양보를 받아냈다.

러시아의 반혁명은 첫째보다는 둘째 경로를 거쳤다. 관료는 노동계급으로부터 한꺼번에 권력을 빼앗을 필요가 없었다. 노동계급의 대량 학살로 관료가 러시아의 모든 영역에서 권력을 잡았다. 그들은 산업을 지배하고 경찰과 군대를 통제했다. 관료는 자본가계급이 여러 나라에서 급격한 충돌 없이도 꽤 성공적이었듯이 경제 권력과 보조를 맞추기 위해 국가기구를 장악하려고 애쓸 필요도 없었다. 그들은 그저 이미 자신의 이해에 맞게 통제되고 있던 정치·산업 구조를 정돈하기만 하면 됐다.

그러나 이런 과정이 '점진적'이진 않았다. 도리어 당의 작동 방식을 중앙 관료의 요구에 부합하도록 바꾸는 연속적인 질적 변화가 있었다. 그 과정에서 지난하게 혁명적 사회주의 전통을 고수하고 있던 당내 투사와의 직접적인 충돌을 거쳐야 했다.

그 첫 번째(이면서 가장 중요한) 충돌은 1923년의 좌익반대파와의 충돌이었다. 비록 좌익반대파가 당에서 일어나고 있는 사태에 단호하고 분명하게 저항하지는 않았지만(예를 들어 그 지도자인 트로츠키는 1920년에 노동조합에 관련한 논쟁을 하다가 아주 충격적인 대리주의적 발언들을 했고, 그들의 첫 성명서인 "46인 선언"은 수많은 보류와 수정을 거치고서야 서명인들이 받아들였다), 관료는 전례 없이 적대적으로 반응했다.

당내 지도 집단은 자신의 권력을 보호하기 위해 볼셰비키 내에서 전례 없던 식으로 논쟁했다. 이성적인 논쟁 대신 반대파에게 체계적으로 오명을 덮어씌우는 방식이 사용됐다. 당 사무국이 통제하던 당직 임명권이 처음으로 반대파를 동정하는 사람들의 지위를 박탈하는 데 공공연히 이용되기 시작했다(예를 들어, 콤소몰[공산청년회] 중앙위원회의 일부가 트로츠키에게 가해진 공격에 대응하자, 그 위원회의 대부분이 파면된 뒤 지방으로 좌천됐다).

이 같은 과정을 정당화하고자 지배 분파는 두 가지 이데올로기를 고안해 냈는데, 그것은 서로 대립됐다. 한편으로 그들은 '레닌주의'에 대한 숭배를 — 레닌의 아내인 크룹스카야의 반대를 무시하고 — 시작했다. 그들은 이집트 파라오처럼 레닌의 시신을 미라로 만들어 반♯ 신격화하려고 했다. 다른 한편, 그들은 레닌이 트로츠키를 "당 중앙위원회에서 가장 능력있는 인물"이라고 언급하고 스탈린을 제명하라고 유언했다는 사실을 무시하고, 10년이나 20년 전의 레닌 저작에서 기묘한 구절을 따와서 레닌주의에 대립되는 '트로츠키주의'를 창안했다.

공산당 지도자들은 당에 대한 자신의 통제력이 위협받는 것에 대처하기 위해서 이런 왜곡과 날조를 저질렀다(그 당시 '삼두체제'의 지도자 중 한 명이었던 지노비예프도 나중에 이것을 인정했다). 그 과정에서, 당의 한 분파는 자신의 권력을 자유로운 당내 토론이라는 사회주의 전통보다 더 중요한 것으로 보게 됐다. 이론을 자신의 야망의 부속물로 격하시킴으로써, 당 관료는 다른 사회집단과 대립되는 자신의 정체성을 확고히 하기 시작했다.

두 번째 충돌은 다른 방식으로 나타났다. 처음에 그것은 사회주의적 열망을 지닌 당원과 점차 강력해지는 관료와의 충돌이 아니었다. 그 당시 당의 허울뿐인 지도자였던 지노비예프와 실제로 당을 장악하고 있던 당 기구 사이의 충돌이 발단이었다. 레닌그라드에서 지노비예프는 당의 다른 부분과 상당히 독립적으로 관료 일부를 장악하고 있었다. 그들의 작동 방식은 러시아의 다른 곳에서 만연한 방식과 다르지 않았지만, 그들의 독립성이 중앙 관료한테는 걸림돌이 됐다. 그들의 정책과 실천은 관료 지배에 전반적으로 방해가 될 가능성이 있었다. 그래서 그들은 중앙 기구의 세력권 내로 흡수돼야 했다.

그 과정에서 지노비예프는 지도적 지위에서 쫓겨났다. 그러자 그는 한 번 더 볼셰비키의 역사적 전통과 좌익반대파의 정책들에 의지하기 시작했다(지노비예프는 지배 집단의 일원이고자 하는 욕망을 결코 완전히 버리지는 않았고, 이후 10년 동안 계속해서 좌익반대파와 당 기구 사이에서 동요했다).

지노비예프가 몰락하자 권력은 스탈린의 수중으로 넘어갔다. 그는 당을 장악하기 위해 관료적 방법들을 거리낌 없이 사용했고, 이론을 경시했고, 자신의 역할이 보잘것없었던 혁명적 전통을 적대했고, 혁명을 이끌었던 사람들을 제거하기 위해서라면 어떠한 수단이든지 기꺼이 사용했고, 무엇보다도 점차 발달하는 관료들의 자의식을 전형적으로 보여 줬다.

그는 이 모든 특성을 새로운 반대파에 대한 투쟁에서 완전히 발휘했다. 반대파의 집회는 군중으로 가득찼지만, 연사들의 말은 고함 소리에 묻혔고, 저명한 반대파 인사는 외딴 지역의 보잘것없는 자리로 쫓겨났다. 전직 제정 관리들이 반대파에 대한 불신을 선동하는 역할로 이용됐다. 심지어 1928년에는 스탈린이 몸소 차르를 모방해서 혁명가들을 시베리아로 추방했다. 마침내 이것조차도 모자라서 로마노프 왕조도 하지 못했던 일을 해내는데, 바로 1917년의 혁명적 정당을 이루던 사람들을 계획적으로 살해한 것이다.

1928년에 스탈린 일파는 당과 국가에 대한 통제를 온전히 굳힐 수 있었다. 부하린과 우파가 자신들이 도운 것이 무엇인지 깨닫고 경악해 스탈린 일파로부터 떨어져 나왔지만, 자신들의 힘이 좌익반대파보다도 미약하다는 것을 곧 깨달았다.

그러나 당이 러시아 사회 전체를 통제할 수 있었던 것은 아니었다. 도시에 진정한 권력이 존재했지만, 그들은 여전히 농업 생산으로 둘러싸여 있었다. 관료는 혁명에서 노동계급이 이룬 성과를 갈취했지만, 아직까지 농민에게는 영향력을 행사하지 못하고 있었다. 1928년에 농민들이 집단적으로 곡물 판매를 거부하자 관료들은 이것을 뼈저리게 느꼈다.

그 뒤로 관료는 좌익반대파가 수 년 동안 요구해 왔던 대로 농촌보다 도시의 권력을 강화했다. 이를 계기로 프레오브라젠스키와 라데크 같은 몇몇 반대파들이 스탈린과 화해했다. 그러나 이런 정책의 참뜻은 좌익반대파의 뜻과 완전히 상충했다. 좌익반대파는 노동자가 소유한 도시의 산업에 농업 생산을 종속시킬 필요성을 역설했었다. 그러나 도시 산업은 이제 노동자 소유가 아니었다. 국가를 장악한 관료가 그것을 통제했다. 도시의 농촌 지배는 이제 농민에 대한 노동계급의 지배가 아니라 관료의 통제력에서 벗어나 있던 유일한 영역까지 관료가 지배하게 됐다는 것을 의미했다.

관료는 지배계급들이 흔히 하는 온갖 만행을 저질러서 이런 지배를 이뤄 냈다. 쿨락뿐 아니라, 모든 농민과 농촌이 고통을 받았다. 1928년의 '좌선회'로 마침내 도시와 농촌에서 1917년 혁명이 일소됐다.

1928년에 러시아에서 새로운 계급이 권력을 차지했다는 점에 의심의 여지가 있을 수 없다. 관료들은 권력을 얻기 위해 노동자들과 직접적인 무력 충돌을 벌일 필요는 없었다. 왜냐하면 직접적인 노동자 권력이 1918년부터는 존재하지 않았기 때문이다. 그러나 관료들은 미약하게나마 사회주의 전통을 계승하던 사람들의 영향력을 몰아낼 필요는 있었다. 1950년대에 베를린이나 부다페스트나 소련에서(예를 들면, 1962년에 노보체르카스크에서) 활기를 되찾은 노동계급이 재도전했을 때, 그들은 1928년에는 필요치 않았던 탱크를 사용했다.

좌익반대파는 싸우고 있는 대상을 명확하게 인식하지 못했다. 트로츠키는 말년에, 자신을 박해하고 살해했던 체제를 타락한 노동자 국가라고 믿었다. 그러나 스탈린 체제가 국내에서 혁명을 파괴하고 해외에서 혁명을 방해하는 것에 맞서 계속 투쟁했던 것은 좌익반대파뿐이었다. 역사를 통틀어 좌익반대파만이 스탈린주의와 사회민주주의가 사회주의 운동에 끼치는 부정적인 영향에 저항했다. 러시아에 대한 잘못된 이론이 이런 과제를 더욱 어렵게 만들었지만, 그래도 그들은 멈추지 않았다. 바로 이 점 때문에 오늘날 진정으로 혁명적인 운동이라면 이 전통을 따라야 하는 것이다.

1956년 헝가리 혁명

현대의 위대한 혁명 하나가 1956년 10월 헝가리에서 일어났다. 이 혁명으로 독재 정권이 타도되고 잠시 동안 대중의 직접민주주의가 이뤄졌다.

노동자들은 공장에서 생산을 직접 통제했다. 행정은 이제 쌀쌀맞고 칸막이로 나뉜 관료들에게 좌우되지 않았다. 정부가 얼마나 지속될지는 노동자 대표의 요구를 얼마나 잘 이행하는지에 달려 있었다.

혁명은 10월 23일 부다페스트에서 시작됐다. 주로 학생들로 이뤄진 시위대가 자신의 요구를 방송으로 알리고자 했지만, 정치경찰의 총알 세례만 받았다. 그러나 혁명 과정을 이해하려면 1944년으로 시계를 돌려야 한다.

그해에 소련 군대가 헝가리에서 독일군을 몰아내고 1919년부터 헝

"Hungary 1956", *Labour Worker* 65(November 1966).

가리를 통치한 호르티 제독의 파시즘 정권을 뒤엎었다. 그 자리에 여러 부르주아 정당들과 사회민주당, 공산당이 참여한 연립정부가 들어섰고, 이듬해 치른 선거에서 공산당은 17퍼센트를 득표했다.

제2차세계대전 중에 열린 소련과 서방 자본주의 강대국 지도자들 간의 회담에서 헝가리는 동유럽의 다른 나라들과 마찬가지로 소련 '세력권'에 속한다고 결정이 됐다. 이 과정에 헝가리 사람들의 의견은 전혀 고려되지 않았다. 득표율은 낮았어도 공산당은 소련의 명령에 복종만 하면 정부 안에서 강한 영향력을 행사할 수 있었다.

공산당은 내무부를 장악하고 다른 정당을 탄압하는 데 사용할 정치 기구를 설치했다. 1947년 1~5월에 소지주당FKgP의 지도자 대부분이 체포됐다. 사회민주당은 공산당에 흡수됐다. 그러나 대부분의 산업은 여전히 사적 소유였다.

서방 강대국들은 헝가리가 소련에 막대한 전쟁 배상금을 지불해야 한다는 데 동의했다. 헝가리 노동자들의 노동으로 이뤘지만 독일 소유였던 산업들이 소련에 넘겨졌다. 게다가 각종 물품을 지정된 양만큼 소련에 제공해야 했다. 그 규모는 1945년에 기계와 철강 산업 생산의 94퍼센트에 달했고, 1948년에 정부 지출의 25.4퍼센트를 차지했다. 공산당의 통치는 배상금 지불을 보증할 수단이었다.

일당독재가 완성되자, 소련의 경제적 정복은 형태를 바꿨다. 1948년 3월 모든 산업이 국유화됐다. 그러나 이 조치는 노동자들의 이익이나 노동자의 생산 통제를 강화하려는 게 아니었다.

국유화 조치는 국경일에 발표됐다. 다음 날 출근한 노동자들은 그저 새로운 사장들을 맞았을 뿐이다. 저항하는 공장 소유주들을 진압한 것은 노동자가 아니라 소련 군대와 정치경찰이었다. 이렇게 위로부터 '사회주의'가 헝가리에 도입됐다.

다른 동유럽 나라들처럼 헝가리에서도 '사회주의'의 목적이 무엇인지는 곧 드러났다. 1949년에 소련과의 교역량은 전해에 비해 3배로 늘었다. 헝가리의 무역을 강제로 독점한 덕에 소련 관료들은 자국과 헝가리 상품 사이의 상대적 가격을 마음대로 결정할 수 있었다. 또 우라늄 채광 같은 일부 산업은 소련이 계속 직접 통제했다.

1949~1953년은 거침없는 일당독재의 시기였다. 경제적 복속에 반대하는 누구든 가차없이 분쇄됐다. 이런 경제적 종속은 곧 엄청난 속도의 산업화를 불러왔다. 산업화로 땅에서 쫓겨난 농민들은 도시에서 일자리를 구해야 했고, 농업은 이런 사람들을 먹여 살릴 식량을 생산했다. 헝가리 정권은 전쟁 후에 농민에게 분배한 땅을 다시 거둬들여 '집산화'함으로써 이런 과정을 촉진했다.

그러나 농민들이 크게 반발했다. 공포정치로 어느 정도 사람들의 불만을 억누를 수는 있었지만, 농민들이 비협력적 태도로 곡물 생산을 줄이는 것까지 막을 수는 없었다. 그러자 식량이 부족해졌고 도시 노동자들도 불만을 품었다.

1953년 스탈린의 죽음 이후 소련 관료들은 헝가리의 문제를 해결할 유일한 방법은 산업화 속도를 줄이고 농민에게 일부 양보하는 것밖에 없다고 결론지었다. 소련은 집산화 정책에 반대했던 사람들 중 한 명을 총리에 임명하라고 헝가리 공산당에 지시했다. 바로 너지 임레였다. 불행히도 농민들은 '양보' 시늉을 너무 진지하게 받아들인 나머지 집단 농장과 국영 농장에서 자신의 토지를 되찾아왔다. 농촌의 사유재산 부활을 막기 위해 결국 무력이 동원됐다.

헝가리 공산당의 오랜 지도자들, 특히 라코시는 너지를 총리로 임명해 공산당의 권위가 떨어진 것에 반발했다. 결국 1955년에 공산당은 너지 임레를 실각시켰다. 그러나 1953년 이전의 일당독재 공포정치로 돌아가지는 못했다.

공산당 내부에 분열이 싹트기 시작했다. 한편에는 공산당 정권을 '자유화'하길 바란 사람들이 있었고, 이들은 노동자와 농민에게 약간 양보하고 대ᅠ소련 종속을 완화해 공산당의 지배력을 유지하려 했다. 그 반대편에는 자신의 영향력을 지키기 위해서는 당 안팎에서 공포정치를 펼 수밖에 없다고 생각하는 보수파가 있었다. '자유파'가 전면적 승리를 거두는 것이든, 보수파가 자유파를 제거하는 것이든 둘 다 불가능했다.

이런 대립의 배경인 경제 위기와 정치 위기 모두 해결책을 쉽게 찾을 수 없었다. 소련이 직접 개입해 정치 위기를 해결할 수도 있었겠지만, 그 자신이 같은 문제로 홍역을 치르고 있었다.

숙청 과정에서 투옥돼 고초를 겪거나 심지어 고문까지 당한 자유파는 마침내 1956년 봄과 여름에 지도부에 맞서 공개적으로 저항에 나섰다. 특히 지식인들이 여러 간행물에서 공산당 지도부를 규탄하고 나섰고, 공산청년회 내의 페퇴피 서클의 주도로 공산당 지도부를 비판하는 공개 모임들이 열렸다.

그러나 근본적 비판은 아니었다. 이런 사람들은 그저 기존 구조를 약간만 개혁하길 바랐던 것이지, 완전히 갈아 치우려던 것은 아니었다. 자유파라 해도 체제 자체를 위험에 빠뜨리는 일은 극히 꺼렸고,

그저 너지의 복귀를 바랄 뿐이었다.

1956년 10월에 이르자 공산당원뿐 아니라 수많은 학생들이 정치 토론에 참여하기 시작했다. 학생들은 당원들보다 관심사가 훨씬 더 넓었다. 특히 소련의 지배에 의문을 가지기 시작했다.

그러나 토론은 여전히 소수 특권층의 전유물이었다. 평범한 노동자와 농민의 불만은 아직 제대로 다뤄지지 않았다. 노동자와 농민에게 이런 토론이란 자신의 삶을 제멋대로 다루는 높으신 양반들이 자신을 어떻게 단속할지를 두고 논의하는 자리였을 뿐이다.

그러다 10월 23일에 정권 내부의 해묵은 불화은 갑자기 터져 나왔다. 이날 벌어진 시위에서 대부분 학생들로 이뤄진 시위대는 자신의 요구를 라디오로 방송하게 해달라고 요구했다. 시위대가 요구를 관철하려고 행동에 나서자 정치경찰 AVO가 발포했다.

이를 지켜본 수많은 노동자에게 쟁점은 곧바로 명백해졌다. 이제 집권당 내의 권력 다툼이 아니라 정치 토론의 권리와 누가 사회 기구들을 통제할 것인가, 즉 소련과 헝가리 공산당인가 아니면 민중 자신인가의 문제가 쟁점이 됐다. 군수공장의 노동자들이 곧장 무기를 들고 달려 나와 정치경찰에 맞섰다. 혁명이 시작된 것이다.

몇 시간 만에 노동자들은 공장에서, 농민들은 협동농장에서, 학생들은 학교에서 직접민주주의 기관, 즉 언제든 소환 가능한 대표자들로 이뤄진 자신의 위원회들을 선출하고(러시아 혁명 때는 '소비에트'로 불렸다), 자체의 선언문, 팸플릿, 신문을 만들었다.

이 자유의 투사들과 소련군 간의 싸움이 나흘 정도 이어졌다. 몇몇 소련 군인들마저도 헝가리 민중과 싸우길 원치 않았기 때문에 중립을 지켰다.

정치 상황이 곧바로 돌변했다. 정부는 이제 전혀 지지받지 못했다. 군대와 일반 경찰은 반란군 편이 되거나 중립을 지켰다.

소련군과 AVO만이 정부 편이었다. 정부는 자포자기한 채 반란군의 요구 중 하나를 수용했다. 바로 너지의 총리 복귀였다.

새 정부가 공식적으로 제일 처음 한 일은 소련군한테 국내 질서 회복을 요청한 것이었다. 이 황당한 일을 정당화하려고 실제로는 있지도 않은 바르샤바 협정 조항을 끌어댔다.

4일 후 소련군이 부다페스트에서 철수했다. 처음에는 예상을 뒤엎고 혁명이 성공한 것으로 보였다. 헝가리 국내만 보면 그랬다. 그러나 얼마 후 소련군 철수가 단지 소련에서 병력을 보강받으려는 잠깐의 후퇴일 뿐이라는 사실이 드러났다.

이 시기에 혁명의 전체 윤곽이 드러나기 시작했다. 혁명은 소련 관료들이나 헝가리 공산당 지도자들이 붙인 딱지처럼 '파시즘적'이거나 '친親자본주의적'인 반혁명이 아니었다.

물론 파시스트나 서방 자본주의 지지자들이 스탈린주의에 대한 대중의 저항을 아전인수격으로 이용하려 했다는 점에는 의심의 여지가 없지만, 그런 시도는 결코 성공할 수 없었다. 어떻게 그럴 수 있었겠는가? 적어도 도시에서 혁명에 참여한 세력들은 파시즘과 자본주의에 오랫동안 반대한 사람들이었다.

4일 뒤인 11월 4일 소련군이 부다페스트에 재진입할 때까지, 권력은 정부와 노동자 사이에 나뉘어 있었다. 너지 정권은 처음에 소련을 끌어들이긴 했지만, 이제는 혁명과, 또는 최소한 그 일부와 하나가 됐다.

이제 공산당 관료들이 아니라 노동자들이 공장을 통제했다. 농민은 땅을 접수했다. 정부는 대중의 지지를 어떻게든 얻어 보려고 옛[일당독재 확립 전] 정당의 대표자들을 받아들였다.

공산당 내부의 반대파는 딜레마에 빠졌다. 반대파는 그저 자신들이 공포정치 대상에서 벗어나길 바랐던 것인데, 혁명은 공포정치 기구들을 아예 파괴해 버렸다. 반대파는 노동자와 농민이 약간의 양보에 만족하길 바랐던 것인데, 혁명은 노동자와 농민에게 모든 것을 갖게 했다. 상황이 이렇게 되자 반대파는 대부분 묘한 공포감에 사로잡혔다.

권력의 다른 한 축은 노동자 평의회와 그보다는 비중이 작은 학생 평의회에 있었다. 중앙집중적이지도 않고 일치된 전략을 따르지도 않았지만 평의회들은 점점 혁명의 진짜 중심지가 됐다. 혁명의 전술들을 계획한 것은 평의회들이었고, 정부는 비록 내키지 않더라도 이곳에서 민주적 토론을 거쳐 결정된 정책들을 받아들여야 했다.

이 두 권력 축의 협력 관계가 언제까지고 유지될 수는 없었다. 한쪽은 모든 영역에서 노동계급의 민주주의를 철저히 실현하려 했고, 다른 한쪽은 관료, 경찰, 공산당의 힘을 회복하려 했다. 그러나 잠시 동안은 제한적 협력이 이뤄졌다. 공포정치와 소련 점령이 남긴 찌꺼기를 제거해야 할 당면 과제를 두고는 서로 이해관계가 일치했기 때문이었다.

두 사회 세력 간의 긴장이 터져 나오기에는 미처 시간이 부족했다. 11월 4일 소련 탱크가 부다페스트에 나타나 포격을 시작했다.

너지는 유고슬라비아 대사관으로 피신했고, 거기에서 납치돼 암살당했다. 그러나 카다르가 이끄는 반대파 일부는 혁명이 너무 많이 나아갔다고 판단하고서 소련의 꼭두각시 정권을 세웠다.

그러나 전투는 한 주간 더 이어졌고 소련 탱크가 저항 중심지들을 하나하나 파괴해 나갔다.

혁명이 노동계급에 기반했다는 사실이 점점 더 드러났다. 가장 심각하게 피해를 입은 8, 9, 20, 21구는 노동자 밀집 지역이었다. 말쑥하게 단장된 12구에는 거의 영향이 없었다. 당시 병원 기록도 부상자의 80~90퍼센트가 젊은 노동자이고, 학생은 3~5퍼센트 미만이라는 것을 보여 준다.

11월 10일이나 12일쯤 되자 무장 저항을 지속하는 것은 거의 불가능했다. 그러나 도시가 완전히 카다르 정권 손아귀에 떨어진 것은 아니었다. 노동자들은 자신의 마지막 무기인 총파업을 꺼내 들었다. 노동자들은 전보다 훨씬 독립적·계급적으로 조직됐다. 11월 16일에 부다페스트의 사업장들을 대표하는 중앙 노동자 평의회가 결성됐다.

카다르는 모든 수단을 동원해서 노동자들이 다시 일하게 하려 했다. 경제적 양보뿐 아니라, 노동자 평의회를 상대로 협상도 하고 협박도 해 봤다. 심지어 공장에 무장한 소련군을 배치해 감시했는데도 생산량은 평소 수준의 8퍼센트밖에 안 됐다.

몇 주 동안 부다페스트의 경제와 행정을 통제한 실질적 권력은 중앙 노동자 평의회였다. 카다르는 12월 12일 전까지 감히 평의회 해체를 입에 올리지도 못했다.

압도적 군사력을 등에 업고서 카다르 정권은 결국 기반을 굳힐 수 있었다. 그러나 그 대가로 노동자들에게 수많은 경제적 양보를 제공해야 했다. 1956년 1월부터 1957년 1월까지 평균임금은 1112포린트에서 1417포린트로 올랐고, 노동시간은 줄어들었다.

노동자들의 자주적 활동에 겁을 집어먹은 정부는 그 밖의 개혁도 실시했다. 더 많은 소비재를 생산하고 청교도적 금욕을 강요하던 관행도 사라졌다.

우리가 헝가리로부터 배워야 할 중요한 교훈이 많다. 첫째는 소련과 '사회주의 세계'에 대한 낡은 믿음을 버려야 한다는 것이다. 소련은 제2차세계대전 이후 헝가리를 비롯한 여러 위성국가를 대한 태도나 1956년 헝가리에서 보여 준 잔혹성을 통해 그 자신도 다른 자본주의 국가와 마찬가지로 작은 나라를 상대로 패권을 추구한다는 것을 보여 줬다. 양쪽 모두 동기는 최대한 많은 노동자에게서 잉여가치를 짜내려는 것이었다. 이런 사실은 소련의 관료와 노동자 사이의 관계에 대한 중대한 의문으로 이어진다.

둘째로 비관론자들이나 체제 옹호론자들이 무어라 떠들건, 노동계급 혁명의 시대는 아직 끝나지 않았다는 점이다. 비록 도중에 가로막히긴 했지만, 헝가리 혁명은 노동계급 혁명의 전형적 특징들을 모두 보여 줬다. 즉, 혁명의 심화 과정과 구세력이 내팽개친 혁명을 새로운 계급이 떠맡는 과정을 통해 혁명의 연속적 성격이 드러났고, 노동계급 투쟁은 자신의 궁극적 표현체를 민주적인 노동자 평의회, 즉 소비에트에서 찾아냈다.

마지막으로, 헝가리 혁명은 개혁을 위한 투쟁과 혁명적 투쟁 사이의 낡아 빠진 구분이 얼마나 공허한지를 현실에서 보여 줬다. 하나는 그저 다른 하나의 논리적 결론일 뿐이다.

헝가리 노동자들은 혁명적 용기와 주도력을 보여 줌으로써, 패배했을 때조차 가장 뛰어난 개혁주의자를 능가하는 성과를 얻어냈다.

둡체크의 몰락

둡체크를 공산당에서 축출하고, 철저한 검열과 대량 검거를 실시하는 등 체코 지배계급은 지난 여름부터 시작된 위기를 해결하려 하고 있다.

소련이 체코슬로바키아를 침략했을 때, 둡체크가 정권을 유지할 수 있었던 이유는 두 가지였다. 하나는 체코 대중의 압도적 지지를 받았기 때문이고, 다른 하나는 체코에서 벌어진 정치·사회적 개혁 논의를 잘 단속해서 밖으로 퍼져 나가지 않게 하겠다고 소련에 약속했기 때문이다.

둡체크는 한동안 둘 사이에서 줄타기를 잘 해냈다. 소련과 가까운 듯이 보인 정치인들은 특권을 전부 잃고 힘 있는 자리에서 쫓겨났다.

동시에 신문과 잡지에서 소련에 비판적인 글이 사라졌고 라디오와

"Dubcek's downfall", *Socialist Worker*, 26 April 1969.

텔레비전에서 벌어지던 열띤 토론들도 자취를 감췄다.

소련과 체코 민중 사이에서 균형을 유지하던 둡체크는 마치 양편을 모두 초월한 듯 보였다. 서구 언론들은 그가 '기품 있는 비폭력' 정책으로 승리를 거뒀다고 칭찬했다.

또 이 시기에 둡체크가 추진한 배신적 정책들도 소련의 존재 덕분에 은폐될 수 있었다.

둡체크 자신이 스탈린주의적 관료제의 일부였으며 오랫동안 체제와 불화 없이 지냈고, 또 임금 삭감과 소득 격차 증대, 대규모 '배치전환'을 불러올 경제정책을 펼지라도, 소련의 존재는 이런 문제들로부터 시선을 돌리게 할 수 있었다.

그러나 몇 달이 지나자 체코 대중과 소련의 요구 사이에는 둡체크도 해결할 수 없을 만큼 큰 격차가 있다는 것이 분명해졌다. 둡체크와 그 배후의 관료들이 소련이 요구한 정책들을 시행하려 할수록 체코 대중은 점점 더 공산당과 별개로 독자적 활동에 나섰다.

작년[1968년] 말 학생들이 대학을 점거하자 노동자들이 엄청난 지지를 보냈다. 또 정부가 임명한 노조 간부들을 민주적으로 선출한 지도부로 바꾼 노동조합들은 현장에서 선출한 노동자 위원회가 공장을 통제해야 한다고 요구하기 시작했다.

무엇보다 소련의 점령에 대한 강렬한 적개심이 사회 밑바닥부터 끓어오르고 있었다. 최근 아이스하키 경기에서 체코가 소련을 이기자 50만 명이 대거 시위에 나서서 이런 감정을 강렬하고 분명하게 보여 줬다.

모든 도시에서 사람들이 거리로 쏟아져 나왔다. 프라하의 모든 벽마다 아이스하키 점수를 적은 낙서가 가득했다.

소련은 자유로운 토론을 억누르려고 체코를 침공했다. 그러나 이제 그 어느 때보다 많은 사람이 그런 토론에 참여했다. 소련의 한 신문은 침공 전보다 상황이 오히려 악화됐다고 불평했다.

둡체크 주변의 '진보적' 관료들은 자신을 떠받치는 두 지지대 사이가 점점 더 벌어지기 시작하자 자신감을 잃어 갔다.

소련 편에 서서 '질서 유지'에 나서야 했지만, 진심으로 그 일에 나서는 순간 국내의 지지를 잃을 게 뻔했다. 그동안 국가의 치안력, 특히 군대의 사기는 더욱더 꺾여만 갔다.

위에서는 몇몇 장군들이 쿠데타를 일으키겠다고 협박했고, 아래에서는 사병들이 대중에 동조했다. 예컨대 군인들이 경찰과 함께 거리 순찰에 파견됐으나, 이 일을 진지하게 하는 병사는 거의 없었다.

체코 관료 지배층의 존립 기반이 무너지고 있었다. 공장에서는 노동자들의 대중 집회가 점점 더 힘을 얻었다.

노동조합은 점점 더 야당과 같은 기능을 했다. 정부 장관들과 공산당 간부들은 무정부 상태의 위험에 대해서 떠들기 시작했다. 그러나 이런 자들이 진정으로 두려워한 것은 자신들의 권력이 약화되는 것이었다.

경제도 점차 악화되기 시작했다. 둡체크 주변의 '진보파'가 노보트니의 구체제와 갈라서게 된 원인은 체코가 국영 산업 생산품을 세계 시장에 수출하는 데 점차 어려움을 겪었기 때문이었다.

그러나 소련의 침공 이후 벌어진 일들 때문에 체코의 경제 상황은 계속 더 나빠졌다. 민주적 노동조합이 생기면서 임금은 올라갔다. 하지만 노동자들은 소련이 자국의 이익을 위해 체코의 산업을 멋대로 통제한다는 사실을 알고 있었다. 자연히 노동자들의 적극성은 떨어졌고 품질과 생산 수준은 올라가지 않았다. 그 결과 인플레이션이 심화하고 수출은 제자리걸음 쳤다.

결국 체코 지배계급은 대중의 염원을 저버려야 했다. 이제 관료 지배층이 자신을 온전히 보전하고 통제력을 잃지 않으려면 더욱더 소련을 편들고 대중 민주주의의 요소들을 제거해야 할 것이다.

둡체크의 축출은 관료층이 그런 방향으로 나아가기로 결심한 것을 보여 주는 상징적 사건이다. 비록 둡체크 자신은 이에 저항할 생각이 없었을 듯하지만 말이다.

이것은 곧 저항의 전선이 계급을 가르는 전선과 더욱 일치하게 된다는 의미다. '진보적'이든 '보수적'이든 관료들은 지배계급으로 한편에 설 것이고, 그 반대편에는 노동자와 학생의 조직들이 있을 것이다.

동구권

1917년, 역사상 처음으로 노동자 정부가 대국을 지배하게 됐다. 세계 곳곳에서 야만적이고 무익한 전쟁에 휘말린 수많은 사람이 이 사건으로 새로운 희망을 얻었다. 그 후 몇 년간 모든 곳에서 사람들은 쇠퇴하는 자본주의가 보여 준 암울한 전망 — 실업, 빈곤, 야만적 파시즘, 새로운 전쟁의 위협 같은 것들 — 에서 눈을 돌려 혁명과 함께 등장한 새 사회의 미래에 희망을 품었다.

그러나 오늘날 소련은 좌파들에게 거의 지지받지 못한다. 1930년대의 모스크바 재판과 독·소 불가침 조약에서 1956년 헝가리 혁명의 유혈 진압까지 소련이 하는 짓을 보면서 수많은 투사가 등을 돌렸다. 심지어 서방의 공산당들조차 소련이 체코슬로바키아를 침략해서 점령

"The Eastern Bloc", Nigel Harris and John Palmer ed., *World Crisis: Essays in Revolutionary Socialism*(Hutchinson, 1971).

하는 것에 미적지근하게나마 반대했다. 한편 오늘날까지도 스탈린을 추종하는 사람들조차 소련이 중국을 대하는 태도 — 필수적인 기술 지원을 중단한 것부터 몇몇 국경 지역의 쓸모없는 땅을 차지하기 위해 전쟁 위협을 가하는 것까지 — 에서 환멸을 느꼈다.

소련에서 벌어진 일을 이해하려는 시도, 예를 들면 왜 1917년의 희망은 좌절로 끝났는가, 또는 혁명 실패 이후 소련 사회가 어떻게 돌아가고 있는가 등을 설명하는 일은 40년 넘게 모든 사회주의자들에게 핵심 논쟁점이었다. 제2차세계대전을 거치며 10여 개국에서 소련과 비슷한 사회들이 들어서자 이런 의문들은 오히려 증폭됐다.

10월

1917년 10월 혁명은 명백히 산업 노동계급에 의해 일어났다. 그때 이후 볼셰비키의 반대자들은 아나키스트 좌파든 사회민주주의자든 자유주의자 우파든 노동계급이 혁명에서 한 구실은 거의 또는 전혀 없었고, 노동자들은 배제한 채 '독재자' 레닌이 당을 동원해서 권력을 장악했다고 흔히 주장한다. 그러나 역사적 사실들은 이런 주장을 결코 뒷받침하지 않는다. 마르토프는 주요한 볼셰비키 반대자 중한 명이었는데, 그조차도 당시 이렇게 썼다. "이 점을 이해하셔야 합니다. 어찌됐건 우리는 노동자들의 봉기가 승리한 것을 보았습니다. 거의 모든 노동자들이 레닌을 지지하고 있고, 봉기에서 자신들의 사회적 해방을 기대하고 있습니다."[1]

실제로 볼셰비키는 전혀 작지 않았고 노동자 대중과 동떨어져 활동하지도 않았다. 볼셰비키는 당원 수가 1917년 7월에는 17만 6000명,[2] 1918년 초에는 26만 명인 대중조직이었다.[3] 정기 감독을 받는 공장에 고용된 노동자가 200만 명에 불과했으므로[4] '7월 사태' 직후에는 노동계급의 10퍼센트가량이 볼셰비키 당원인 셈이었다. 이 시기에는 당이 사실상 불법화됐고 지도자들은 수감되거나 은신하고 있었는데도 그랬다.

당이 레닌의 '독재로' 운영됐다거나 심지어 '전체주의적'이었다는 주장도 사실과 다르다. 모든 당원이 자유롭게 토론했고, 심지어 당원이 아닌 노동자들도 때때로 이 토론에 참여했다. 1917년부터 1921년 10차 당대회 때까지 줄곧 자유로운 토론은 볼셰비키의 중요한 특징이었다.[5]

마지막으로, 혁명은 전체주의 체제나 독재 정권을 수립한 쿠데타가 절대 아니었다. 오히려 혁명으로 무너진 임시정부야말로 아무에게도 책임지지 않는 기구였다. 임시정부를 대체한 것은 제2차 소비에트 대회에 모인 노동자와 병사 대표들이 자유롭게 선출한 정부였는데, 역설적이게도 그 소비에트 대회를 소집한 것은 볼셰비키 반대자들로 이뤄진 소비에트였다.[6]

10월 이후 몇 달 동안 소비에트 내에서는 서로 다른 정당들이 자유롭게 토론했다. 심지어 1919년에 내전이 절정에 달했을 때조차도 멘셰비키에게 언론·출판의 자유가 있었다.

10년 뒤

1917년의 노동자 민주주의는 1927년에 이르러서는 거의 남아 있지 않았다. 그러나 이는 10월에 권력을 잡은 사람들의 탓이 아니었다. 반혁명과 외세 개입에 맞선 길고 쓰라린 전투 동안 혁명의 주역이었던 노동계급 자체가 극심하게 약해졌기 때문이었다. 원료 공급이 끊겨서 산업은 오랫동안 중단됐다. 1920년 무렵 산업 생산은 1916년의 18퍼센트 수준으로 떨어졌다. 취업 노동자 수는 1916년의 약 절반이었다. 노동자들이 받는 보수만으로는 생계를 유지할 수 없었다. 그래서 많은 노동자들이 농민과 직접 물물교환을 해야 했다. 산업 생산품이나 심지어 기계 부품까지 식량과 교환하는 데 사용됐다. 전선에 나가 있는 노동자들도 많았다. 드넓은 지역의 농민 군대 사이에 흩어져 있었으므로 그들은 도시의 소비에트를 직접 통제할 수 없었다. 그중 가장 뛰어나고 전투적인 노동자들이 전투에 앞장섰고 가장 많이 희생됐다. 살아남아서 돌아온 사람들은 노동자가 아니라 군대와 국가기구의 정치위원이나 관리자였다. 공장에서 그들의 빈 자리를 차지한 사람들은 농촌에서 갓 올라와 사회주의적 전통과 염원이 없는 농민이었다.

볼셰비키는 노동계급 봉기의 가장 의식적 부위로서 권력을 장악했다. 그러나 1920년 무렵 이 계급이 거의 남아 있지 않았는데도 볼셰비키는 여전히 권력을 잡고 있었다. 그런데도 정권이 모종의 사회주의 정권이었다면 그것은 정권의 사회적 기반 때문이 아니라 최상층에서 결정을 내리는 사람들의 사회주의적 염원 때문이었다.

레닌도 "지금 당의 프롤레타리아적 정책은 기층 당원들에 의해서 결정되는 것이 아니라 완전하고 엄청난 권위를 가진 소수의 이른바 '선임 당원들'에 의해 결정된다는 것을 인정해야 한다"라고 썼다.[7]

노동계급이 사라지자 볼셰비키의 선임 당원들은 나라를 유지하기 위해서 여러 관료주의적 해결책들을 써야 했다. 그들은 믿을 만한 국가기구들을 세우는 것 말고 선택의 여지가 없었다. 그리고 국가를 운영하는 데 필요한 능력을 가진 사람들은 많은 경우 옛 제정의 관료들뿐이었다. 그러나 이들은 혁명에 대한 열정이 전혀 없었고 오히려 정반대로 대중을 억압하는 방식에 익숙한 사람들이었다. 그런 방식과 태도는 그들과 함께 일하는 볼셰비키 당원들에게도 영향을 끼칠 수밖에 없었다. 레닌은 이를 예리하게 꿰뚫고 있었다.

지금의 모스크바를 봅시다. 누가 누구를 지도하고 있습니까? 4700명의 책임감 있는 공산당원들이 엄청나게 많은 관료 집단을 지도하고 있습니까? 아니면 그 반대입니까? 누구도 공산당이 관료 집단을 지도하고 있다고는 말하지 못할 것입니다. 솔직히 말하면 공산당은 지도자가 아니라 지도받고 있습니다.[8]

레닌의 사망이 가까워오면서 당의 최고 지도자들조차도 당을 갉아먹는 관료주의의 영향력에서 자유롭지 않다는 것이 분명해졌다. 레닌의 마지막 정치적 행동은 당 서기장직에서 스탈린을 해임하라고 요구하는 것이었다. 스탈린이 다른 당원들을 거칠게 관료주의적으로 대했기 때문이었다. 그 뒤 몇 년 동안, 공산당이 처한 환경 때문에 하급 당원들이 받아들인 권위주의적 방식이, 팽배한 관료주의에 도전하는 사람들을 지도부에서 제거하는 데 사용됐다.

처음에는 트로츠키와 좌익반대파가 조직적인 비방을 당했다. 이전에는 단 한 번도 볼셰비키 내의 토론이 이런 식으로 이뤄진 적이 없었다. 다음 해에는 지노비예프와 카메네프의 추종자들도 같은 취급을 받았다. 처음에는 반대자들이 당에서 제명됐고, 다음에는 경찰의 강압 아래 먼 오지로 추방됐고, 마침내 신념을 버리지 않는 사람들은 투옥됐다. 부하린과 톰스키 등 '우익 반대파'도 제거되면서 마지막 이견의 싹조차 완전히 뽑혀 버렸다.

내전에서 노동계급이 극심하게 약해지자 볼셰비키는 자신들이 대변하는 계급이 없는 상태에서 정권을 잡고 있었다. 이런 상황에서 지배력을 잃지 않기 위해 볼셰비키는 거대한 관료 기구에 의지할 수밖에 없었다. 이 관료들이 국가와 산업 생산 수단을 객관적으로 통제했다.

그러나 여전히 노동계급 투쟁에 평생을 바친 최고 지도자들의 주관적 의사도 당의 결정과 정책에 일부나마 반영됐다. 그래서 1920년대의 당내 분파 투쟁은 단지 서로 다른 정책을 위한 싸움이 아니라 중앙 관료 기구를 운영하는 사람들과 혁명을 거치며 당을 이끌어 온 사람들 사이의 투쟁이었다. 이 투쟁에서 관료 기구를 운영하는 자들은 자신의 이해관계를 10월의 혁명적 사회주의 전통에 반대되는 것으로 규정하기 시작했다. 여러 주요 전투에서 그들은 혁명적 사회주의 전통과 명확히 갈라섰다. 그들은 혁명적 전통을 조금이라도 지지하는 당원들을 쫓아냈고, 당과 국가의 기능을 질적으로 바꿔 놓았다.

처음에 관료들은 좌익반대파와 투쟁하면서 과학적 토론의 초보적 전제 조건을 제거했고, 그 뒤 지노비예프의 '레닌그라드 반대파'와 투쟁하면서 대안적 정책 결정이나 선전의 모든 근원을 없앴다. 그 후에는 '일국사회주의'를 구호로 내걸면서 사회주의의 국제주의 전통을 완전히 내팽개쳤고, 마지막으로 무력을 사용해서 남아 있던 반대자들을 제거함으로써 토론의 자유를 허용하는 시늉조차 하지 않게 됐다.

1929년이 되자 혁명을 주도했던 당원들은 한두 명을 빼놓고는 전부 영향력 있는 자리에서 쫓겨났다. 그 자리는 혁명에서 미미한 구실을 한 사람들이 채우게 됐다. 예를 들어 볼셰비키 당 기구의 2급 당직자, 혁명 후에 멘셰비키에서 볼셰비키로 넘어온 사람, 1920년대에 크게 증가한 새로운 유형의 관료들이 이에 해당했다. 이런 새로운 지배자들은 마침내 모스크바 재판에서 1917년의 당을 물리적으로 청산하면서 자신들의 승리를 축하했다. 즉, 트로츠키, 지노비예프, 부하린의 지지자뿐 아니라 스탈린과 관료 기구에 협조해서 권력을 쥐게 된 자들까지 모두 제거한 것이었다.[9]

혁명의 전통을 수호하고 그 전통을 사회주의 정책으로 확실히 전환시킨 세력은 자신감 넘치고 자주적인 노동계급이 아니라 소수의 선임 당원들이었기 때문에, 선임 당원들의 패배는 곧 혁명 자체의 패배였다.

관료 기구를 통제한 자들은 이미 1923년 무렵 산업과 국가권력을 통제하고 있었다. 레닌이 《국가와 혁명》에서 개괄적으로 설명한 것과 달리 노동계급은 산업과 국가권력을 전혀 통제하지 못했다. 그러나 관료들은 아직 그들의 독자적 이해관계를 깨닫고 의식적으로 지배하는 상황은 아니었다. 마르크스의 용어를 빌리면 그들은 '대자적 계급'이 아니라 '즉자적 계급'이었다. 즉, 그들은 생산수단과 맺는 관계가 서로 비슷한 개인들의 집단이었을 뿐, 공동의 이해관계를 깨닫고 그것을 달성하기 위해 독립된 역사적 세력으로서 함께 행동하고 있지는 않았다.

1923년과 1929년 사이에 이 지배 집단은 자신들의 독자적 이해관계를 대체로 부정적인 의미에서 깨닫게 됐는데, 그들의 이해관계와 노동계급의 이해관계, 즉 1917년의 전통으로 구현되고 선임 당원들이 전형적으로 대변하는 이해관계가 반대라고 여겼다. 그래서 그들은 관료적 특권을 침해하거나 자신들의 삶을 어렵게 만들 수 있는 모든 의견들을 두려워하고 그것과 맞서 싸웠다. 그들의 주된 특징은 타성과 자기만족이었다. 국내에서는 그래서 농민들이 가하는 압력을 묵인했고, 국외에서는 국제적으로 소련의 안전을 확보할 필요성에 각국 공산당들을 종속시켰다. 두 정책 모두 '일국사회주의'라는 구호 아래 정당화됐다. 이는 곧 사회적 격변이나 소련 관료 기구의 의식적 노력 없이도 사회주의로 '성장'할 수 있다는 은밀한 의미를 담고 있었다.

이 시기에 소련 국가는 더는 레닌이 《국가와 혁명》에서 말한 '국가 아닌 국가'도, '코뮌 국가'도, '노동자 국가'도 아니었지만, 그렇다고 노동계급의 이익과 정반대되는 목표를 추구하는 것도 아니었다. 국가의 정책이 볼셰비키의 혁명적 강령과는 점점 더 멀어지고 있었지만, 아직까지는 어떤 명확한 대안을 향하고 있는 것도 아니었다. 관료들의 통제력은 점차 넓어져서 모든 잠재적 권력 기반을 장악해 가고 있었고, 그들은 점점 더 자신의 독자적 이해관계를 깨닫고 있었지만, 아직은 이것을 명확히 규정하지는 못했다. 그래서 정책은 여러 방향의 압력에 떠밀려 이리저리 표류하는 듯했다. 즉, 농촌에서는 농민의 압력에, 도시에서는 노동조합 기구의 압력에, 반대파의 특정 요구에 선수를 칠 필요성이나 반대파가 틀렸다는 것을 입증할 필요성에, 관료 기구 내의 이런저런 부문의 이해관계에 휘둘렸다.

트로츠키가 그랬듯 소련이 '변질'되긴 했으나 여전히 '노동자 국가'라고 할 만한 이유는 있었다. 노동자들의 이해관계가 여전히 정책 결정에 영향을 미쳤기 때문이었다.[10] 공장에서는 트로이카가 얼마간 작동했다. 그래서 경영진의 지시는 노동조합 위원회와 공산당원 노동자들의 영향을 받았다.

노동자들은 아직 파업할 권리를 가졌고 실제로 (비록 규모가 작기는 했지만) 파업을 했다. 파업의 3분의 1은 노동자들에게 유리하게 타결됐다. 노동조합 간부들은 조합원들의 필요에 어느 정도 신경을 썼고 사용자와의 단체교섭에 참여했다.[11] 이 시기에 실질임금은 최소한 전쟁 전의 수준까지는 상승하는 장기적 경향을 보였다.[12] 비록 관료들이 권력 기반을 확고히 하고 모든 반대 의견을 제거하고 있었지만, 그들이 시행하는 정책은 여전히 노동자의 이익을 어느 정도 반영했다.(자본주의 국가에서 가장 관료적인 독립 노조들이 그러듯이 말이다.) 이 점은 1929년까지도 모든 당원의 임금이 직종과 관계없이 숙련 노동자의 임금 수준으로 제한돼 있었다는 사실이 잘 보여 준다.

1929년

1928년 말 소련 지배자들의 정책은 갑자기 급선회했다. 이전 5년 동안 좌익반대파는 공업화 속도가 너무 느린 반면 농촌 정책 때문에 힘이 세진 부농이 결국 정권을 공격할 것이라고 비판했다. 스탈린은 부하린과 톰스키와 함께 이런 비판에 맞서 싸웠다.[13] 그러나 1928년에 농민들이 대대적·자발적으로 국가에 곡물을 판매하기를 거부하자 좌익반대파의 예측이 옳았다는 것이 드러났다. 그러자 스탈린과 그 지지자들은 갑자기 부하린과 톰스키를 비판하면서 전에는 반대했던 정책을 실행하기 시작했다.

사실 스탈린은 '부농을 공격'하면서 좌익반대파조차 결코 예상하지 못한 수준으로 공업화를 강행하기 시작했다. 늘어나는 도시 인구에게 필요한 곡식을 얻기 위해 무장한 군대가 농촌에 파견됐다. 군대는 또 농민들이 토지를 집산화할 것을 '장려'했다. 집산화는 스탈린도 예상치 못한 속도로 빠르게 진행됐다. 1928년 말의 제1차 5개년 계획에서는 5년 동안 집산화가 20퍼센트 정도 이루어질 것으로 예측했다. 그러나 실제로는 최소 60퍼센트가 집산화됐다. 이렇게 되기까지 농촌에서는 진정한 내전이 벌어져야 했고, 그 결과 수많은 농민이 죽었다(그들이 모두 부농은 아니었다).

집산화의 목표는 농민의 경제적 권력을 파괴하고 농촌에서 도시로 식량과 원료를 공급하는 것이었다. 그러면 농촌에 곡물의 대가로 공산품을 주지 않고도 늘어나는 산업 노동자들에게 식량을 공급할 수 있었다. 집산화로 농작물의 총 생산량이 증가한 것도 아니고(1950년대 초의 농업 생산량이 결코 제1차세계대전 전보다 많지 않았다) 오히려 생산량이 재앙적으로 줄어든 식품이 많았지만, 관료들은 식품 소비량을 줄여서 더 많은 곡물을 농민에게서 쥐어짜 낼 수 있었다.

스탈린이 혹독하게 비난한 좌익반대파의 공업화 계획은 연간 20퍼센트 미만의 산업 성장률을 제안했다. 그러나 1930년 무렵 스탈린은 40퍼센트의 성장률을 떠들어 댔다.

정책이 이렇게 급변하자, 농민들이 혁명의 성과(토지 소유권)를 잃었을 뿐 아니라 노동자들의 상황도 급격히 열악해졌다. 1929년 9월에 트로이카가 공장에서 갖는 권한을 대폭 축소하는 규정이 도입됐다. "노동조합이 소련 경제에서 어느 정도 독립성을 누리던(비록 점점 어려워졌지만) 시기는 5개년 계획이 채택되면서 끝나 버렸다."[14] 새로운 정책에 발맞춰 파업 또한 금지되거나, 금지되지는 않더라도 언론에 보도할 수 없게 됐다. 또 1930년 말부터 노동자들은 허가 없이 직업을 바꿀 수 없게 됐다.[15] 노동자의 평균임금은 1929년부터 7년 동안 최대 50퍼센트가량 삭감됐다.[16] 동시에 임금 격차도 급격히 커졌고, 당원들의 소득을 숙련 노동자 수준으로 제한하던 규칙도 바뀌었다. 한편 이 시기에 강제 노동 체제가 처음으로 도입됐다. 강제수용소의 재소자 수는 1928년 3만 명에서 1930년 66만 2257명으로 훌쩍 뛰었다. 그 5년 뒤에는 약 500만 명 남짓으로 증가했다.[17]

1928년까지 국가와 산업 기구가 추진한 정책들은 관료들의 이해관계와 노동자·농민의 압력을 복합적으로 반영했다. 그러나 1929년부터는 노동자와 농민 모두의 삶을 악화시키는 정책들이 단호하고 분명하게 추진되기 시작했다. 경제정책은 더는 여러 사회 세력이 가하는 압력에 따라서 이리저리 표류하지 않았다. 이제는 단호하게 한 방향으로 나아갔고 겉보기에는 자체의 동역학이 있는 듯했다. 그러나 이것은 결코 의식적으로 취해진 조처는 아닌 것 같다. "그때[1929년 봄 — 지은이]까지는 주요 정책을 두고 공산당의 고위 기구들에서 토론이 이뤄졌다. … 비록 당에 반대하는 의견의 자유로운 표명은 점점 더 제한되고 있었지만 말이다. 그러다 1929년 봄에 이런 토론은 (거의 갑자기) 중단됐다."[18] 즉, 정책의 목표는 더는 의식적인 토론과 선택의 문제가 아니라, 마치 하늘이 내려주기라도 한 듯 논쟁의 여지 없이 당연한 것으로 여겨졌다. 이런 상황은 오늘날까지 계속되고 있는데, 단지 소련뿐 아니라 다른 공산권 국가들에서도 마찬가지다.

모름지기 스탈린주의를 설명하는 이론이라면 반드시 이 동역학을 밝혀내는 작업을 해야 한다.

소련과 세계경제

혁명 초기에 모든 볼셰비키 지도자들은 러시아 노동계급의 수가 비교적 적기 때문에 선진 자본주의 국가의 혁명이 성공해서 도와주지 않는다면 물자 부족을 극복하고 사회주의를 건설할 만큼 생산력을 발전시키는 것은 고사하고 노동자들이 권력을 오래 유지하지도 못할 것이라는 명백한 사실을 알고 있었다. 1924년에 스탈린과 부하린은 이런 원칙을 새로운 관료 기구의 입맛에 맞게 바꿨다. 그들은 낙후한 러시아에서도 농민에게 양보하는 정책을 통해 '달팽이걸음으로' 사회주의를 건설할 수 있다고 주장했다. 이를 위해서는 경공업을 발전시켜 소비재 생산량을 천천히, 그러나 꾸준히 늘려서 농민에게 제공하고 그러면 농민이 더 많은 곡식을 생산해 도시로 보낼 수 있게 해야 했다. '일국사회주의'라는 이 정책은 지위 고하를 떠나 모든 관료의 이해관계에 부합했다. 그들은 자신들의 자리를 위태롭게 만들 수 있는 일, 즉 국내에서는 농민에 맞서 싸우거나 국외에서는 국제 혁명이 일어나는 것을 두려워했기 때문이다. 그래서 그들은 자신의 타성에 모든 것을 종속시키려 했다.

좌익반대파는 그런 정책을 실시하면 장기적으로는 혁명이 패배할 것이라고 주장했다. 왜냐하면 현실에서는 자본주의 열강의 생산력이 훨씬 우수해서 그들은 직접적 군사 행동이나 반혁명을 통해서 혁명을 패배시킬 수 있었기 때문이다. 소련 국내의 부르주아적 요소들, 농민, 일부 공산당원은 값싼 외국 상품에 매력을 느꼈기 때문에 반혁명으로 넘어가기 쉬웠다. 좌익반대파의 지도자 중 한 명인 스밀가는 1926년에 이렇게 말했다. "우리는 우리의 자원에 의지해야 한다. 우리는 식민지로 전락하기를 원치 않는 나라처럼 행동해야 하고, 경제의 공업화를 강행해야 한다."[19] 그러나 그 결론인 공업화는 소련에서 사회주의를 건설할 수 있는 수단이 아니라, 그저 혁명이 국제적으로 확산될 때까지 혁명을 방어하는 수단으로만 여겨졌다.

그리고 좌익반대파는 혁명을 통해 얻은 것을 지키고 넓혀 나가기 위해 공업화가 진전해야 한다고 주장했다. 그래서 그들은 공업화를 노동조건 개선 요구, 노동자 민주주의의 확대, 관료주의에 맞선 투쟁, 일관된 혁명적 국제주의와 연관시켰다. 1928년까지 관료의 주된 과제는 자신의 자리를 지키기 위해 이런 위험천만한 도전에 맞서 싸우는 것이었다. 그러나 일단 좌익반대파의 방해를 물리치고 국가와 산업에 대한 통제권을 확보하게 되자, 적어도 일부 관료들은 공업화 주장에 매력을 느끼기 시작했다.

공업화를 통해서 관료들은 소련 사회의 다른 계급들, 특히 농민에 대한 권력을 강화하고 외국의 위협에 맞서 소련 산업에 대한 통제권을 지킬 수 있을 터였다.

그러나 다른 나라에서 혁명이 일어날 가능성이나 필요성을 믿지 않는다면, 소련을 지킨다는 것은 곧 농민들이 생산한 식량과 교환할 상품을 생산하는 경공업 발전 노선에서 중공업 발전 노선으로 강조점을 옮긴다는 것을 의미했다. 이런 방향 전환은 1927년 중반부터 시작했다. 국제적 긴장이 고조되자 당내 스탈린 분파는 이렇게 선언했다. "우리는 공업 발전 계획을 국방력과 더 밀접하게 결부시켜야 한다."[20] 그 후 몇 달 동안 공업 발전은 더 강조됐다. 이런 변화에 따라 관료 기구 내에서 공업화에 이해관계를 가진 집단이 더욱 늘어나기 시작했다. "당 지도자들만큼이나 (이제는 대부분이 당원인) 관리와 경영자들도 더 빨리 성장해야 한다고 몰아붙이고 있다."[21]

중공업의 발전 속도는 아직 1929년 이후의 발전 속도만큼 빠르지는 않았다. 그러나 이를 두고 관료 집단 내에서 분열이 나타나기 시작했다. 한편에는 농민과 노동자의 압력을 따르면서 편하게 살아가고 싶어하는 관료들이 있었다. 다른 한편에는 관료들 자신의 장기적 이해관계를 더 중요하게 여기고 중공업의 발전이(결과가 어찌 되든) 자신들의 이해관계에 부합한다고 생각하는 관료들이 있었다. 1928~1929년에 농민들이 도시에 곡물을 공급하길 거부하자 공업화 계획 전체가 위험해졌다. 농민들을 달랠 유일한 방법은 부하린과 톰스키의 주장을 받아들여서 중공업(과 따라서 현대식 무기)의 발전은 잠시 접어 두고 소비재를 원하는 농민들의 요구를 먼저 들어주는 것이었다. 이해관계가 다른 두 관료 집단은 완전히 분열했다. 대다수는 농민과 노동자들을 모두 희생시켜서 중공업을 발전시키기를 원했다.

중공업을 발전시키기 위해 소비재 산업은 거의 발전을 멈췄다. 1927~1928년에는 공업 투자의 32.8퍼센트만이 생산수단에 투자된 반면에(같은 기간에 소비수단을 위한 투자는 55.7퍼센트를 차지했다), 1932년에는 그 비율이 53.3퍼센트로 증가했다. 그리고 그 후로도 계속 증가해서 1950년에는 68.8퍼센트에 이르렀다. 다시 말해서 모든 것이, 특히 노동자와 집단농장 농민들의 생활수준이 생산수단(다른 생산수단을 생산하는 데 사용되는) 생산에 종속됐다. 공업은 성장했지만 생활수준은 퇴보했다.[22] 스탈린 자신이 이런 정책을 시행하는 동기를 분명히 밝혔다.

[공업화 — 지은이] 속도가 느려진다는 것은 곧 뒤처진다는 것을 의미한다. 그리고 뒤처진 자는 패배한다. 우리는 패배하길 원하지 않는다. 결코 그러고 싶지 않다. 옛 러시아의 역사는 … 후진성 때문에 끊임없이 패배한 역사였다. 몽골에 … 터키에 … 폴란드·리투아니아 연합에 … 영국과 프랑스 자본가들에게 … 일본 귀족들에게 … 러시아는 언제나 패배했다. 그것은 후진성 때문이었다. 즉, 군사력의 후진성, 문화의 후진성, 정치의 후진성, 공업의 후진성, 농업의 후진성 때문이었다. … 우리는 선진국보다 50년, 어쩌면 100년 정도 뒤떨어져 있다. 우리는 10년 내로 이 차이를 극복해야 한다. 우리가 해내지 못하면 저들이 우리를 짓밟을 것이다.[23]

또 이렇게도 말했다.

우리의 … 국내외 환경은 … 급속한 공업 성장을 우리에게 강요하고 있다.[24]

이제 스탈린을 중심으로 한 관료 분파에게 집산화와 공업화를 이루고 생산수단의 축적에 소비재를 종속시키는 것은 맘대로 선택할 수 있는 문제가 아니었다. 이제 그것은 사느냐 죽느냐 하는 문제가 됐다. 축적하지 않으면 주위 '상황'이 그들을 짓밟을 터였다. 그들의 소련, 즉 그들이 국가와 산업 기구를 통제한 덕분에 소유하고 있는 소련, 앞에서 인용한 스탈린의 연설이 보여 주듯이 제정러시아와 쉽게 동일시되는 소련을 공격으로부터 방어할 수 있도록 생산수단이 축적돼야 했다. 축적을 통해, 소련의 노동인구에게 필요한 소비재는 생산되지 않아도 무기를 생산할 수는 있었고, 이 무기가 있으면 관료들은 국제 제국주의 세력에 생산수단을 빼앗기지 않을 수 있었다.

사실 스탈린파 관료들은 19세기 후반부터 전 세계의 모든 비자본주의 국가 지배계급이 직면한 것과 똑같은 선택의 기로에 서 있었다. 서유럽과 북아메리카에서 발달한 산업 자본주의가 세계 도처에 촉수를 뻗쳐 가장 외딴 곳에서도 자원을 빼내 가려 하자 다른 모든 지배계급의 지위가 위협받았다. 모든 곳에서 산업 자본주의는 기존 지배계급을 제거하려고 하거나 적어도 그들을 끊임없이 굴욕당하는 대리인쯤으로 전락시키려 했다. 그리고 실제로 그럴 수 있었던 것은 자본주의 하에서 전례 없이 생산수단이 증대된 데다 세계의 자원 대부분이 자본주의 본국 지배자들의 손에 집중되면서 그들이 군사적·경제적 수단을 이용할 수 있었기 때문이었다.

기존 지배계급들이 이런 정복에 대항하는 방법은 오직 자국민을 착취하는 방식을 급격히 바꾸는 것뿐이었다. 모든 전前자본주의 사회의 특징 하나는 지배계급의 소비 욕구가 얼마나 큰지에 따라서 대중의 착취 수준이 결정됐다는 것이다. 착취의 주된 기능은 지배계급과 그 졸개들이 사치하며 살 수 있게 해 주는 것이었다. 그러므로 착취의 실제 규모와 효율성은 피지배자의 저항 수준뿐 아니라 지배자의 욕망에 따라서 어느 정도 우연적으로 결정된다. 그래서 마르크스는 이렇게 말했다. "봉건영주의 위胃의 크기가 농노의 착취 수준을 결정한다." 전반적 문화 수준이 향상된다거나 생산력이 발전한다거나 하는 일은 모두 지배계급이 소비하는 과정에서 발생하는 우연한 부산물일 뿐이다. 따라서 예를 들어 중국 제국에서 농민들은 최대한 착취당했지만 그 결과는 비대한 관료 집단이 사치스럽게 생활하는 것이었을 뿐 생산수단을 발전시키지는 못했다(간헐적으로, 우연히 발전하는 경우를 제외하면 말이다).

　반면에 자본주의 하에서는 지배계급이 얼마나 호화롭게 사는지가 체제의 원동력은 아니다. 모든 자본가는 자신의 지위를 지키기 위해 이윤의 상당량을 새로운 생산수단에 끊임없이 재투자해야 한다. 이렇게 해야만 그는 생산비를 줄일 수 있고, 경쟁자들이 자기보다 더 싸게 팔지 못하게 할 수 있다. 마찬가지로 그는 착취 과정도 면밀히 감시해서 인건비도 최소화해야 한다. 살아남으려면 자본가는 끊임없이 자신의 소비를 희생해서 생산을 늘려야 한다. 전자본주의 사회에서(그리고 사회주의 사회에서도) 소비를 위해 생산과 축적이 벌어지는 것과 달리, 자본주의의 원동력은 더 많은 생산을 위한 생산, 더 많은 축적을 위한 축적이다.

인격화한 자본이라는 것 말고 자본가는 어떤 역사적 가치도, 역사적 생존권도 가지지 못한다. … 그러나 그가 인격화한 자본인 한 그의 행동 동기는 사용가치와 그 향유가 아니라 교환가치와 그 증식이다. 가치 증식에 광적으로 열중하는 그는 가차없이 인류에게 생산을 위한 생산을 강요한다. … 그러므로 그의 행동이 자본의 기능에 불과한 만큼, 그의 사사로운 소비는 축적에 대한 도둑질이다. 그러므로 절약하라, 절약하라, 즉 잉여가치와 잉여생산물을 최대한 많이 자본으로 재전환하라! 축적을 위한 축적, 생산을 위한 생산![25]

이 끊임없는 축적 덕분에 자본주의는 다른 사회를 정복할 수 있었다. 다른 사회의 지배계급이 자기 사회를 근본적으로 바꾸지 못하면 그랬다. 그들이 자신의 지위를 지킬 수 있는 방법은 오직 생산력을 선진 자본주의와 비슷한 속도로(실제로는, 경쟁에 늦게 뛰어들었기 때문에 더 빠른 속도로) 발전시키는 것뿐이었다. 다시 말해, 그들도 착취하는 방식을 바꿔서 생산수단을 축적하기 위한 생산수단의 축적에 모든 것을 종속시키는 것만이 팽창하는 자본주의로부터 자신을 지킬수 있는 방법이었다(즉, 그 자본주의의 터무니없는 '합리성'을 성공적으로 모방하기 위해 스스로 변화해야만 했던 것이다).

19세기에 여러 지배계급들은 이런 식으로 자신을 지키려고 했다. 그래서 일찍이 동양식 전제군주가 지배하던 이집트를 이렇게 바꿔보려는 시도가 있었으나 성공하지 못했다. 러시아의 차르 정권도 산업 발전을 장려했다. 그러나 이런 시도가 성공한 곳은 일본밖에 없었다. 수백 년 동안 일본 지배계급은 외세의 침투를 억지로 막으려고 했다 (이른바 '일국 봉건주의'). 1860년대에 미국 군함이 일본에 도착하자, 무기를 만들어 낼 생산력이 받쳐주지 않는 한 이 정책은 부질없다는 것이 드러났다. 이때 지배계급의 일부는 메이지 유신을 단행해 국가 통제권을 장악했고, 이 통제력을 이용해서 일본 사회 전체를 자본주의적 산업 발전에 종속시켰다.

1929년 스탈린 치하 소련의 지배층은 정확히 같은 딜레마, 즉 자본주의의 논리를 따라 축적을 위한 축적을 하느냐 아니면 국제 자본주의에 복종하느냐 하는 문제에 직면했다. 이 딜레마에서 벗어날 유일한 대안은 좌익반대파가 제시했듯 소련 국내의 발전을 혁명의 국제적 확산에 종속시켜 이 딜레마의 토대 자체를 무너뜨리는 것이었다. (그리고 1930년대에 독일, 프랑스, 스페인 등지에서 벌어진 사회적 격변을 생각하면 이는 터무니없는 견해가 아니었다. 확실히 이 나라들에서 공산당이 국제 좌익 반대파의 정책을 따랐다면 성공할 가능성이 컸다.) 그러나 그렇게 하면 소련을 지배하는 관료층의 특권적 지위가 위협받을 것이 뻔했기 때문에 그들은 이런 대안을 받아들일 수 없었다.

강제 공업화와 농업 집산화는 관료 지배층이 아는 한 자신을 보호하는 유일한 방법이었다. 그러나 그렇게 하려면 그들은 소련 사회의 다른 모든 계급을 축적에 종속시켜야 했다. 그래서 5개년 '계획'의 첫 해에 독립 노동조합과 파업권이 폐지되고, 처음으로 임금이 강제 삭감됐다. 또한 관료들 자신도 다양한 특권적 이익집단의 연합에서 이제는 축적이라는 하나의 목표에 헌신하는 동질적 계급으로 변모해야 했다. 그리고 그 과정에서 목표를 자유롭게 토론하는 일은 결코 없었다.

소련-국가자본주의

사람들은 자본주의의 이런저런 표면적 특징을 자본주의 자체와 동일시하는 경향이 있다. 증권 거래소,[26] 주기적 경제 위기, 실업, '이윤을 향한 탐욕',[27] '자본의 최종적 형태로서의 화폐'[28] 등이 그것이다. 그리고 자연스레 당시의 소련에 이런 특징들이 없었기 때문에 소련이 모종의 자본주의일 수 없다고 결론짓는다. 반면 마르크스는 이런 표면적 특징보다는 이런 특징을 만들어 낸 자본주의의 근본적 동역학에 집중한다. 여기서 그는 두 가지 기본 특징을 밝혀 낸다.

(1) 개인의 노동 행위가 의식적 계획에 따라서 서로 연관되는 것이 아니라 그 노동 생산물을 무계획적이고 무질서하게 비교하는 것을 통해 연관된다. 이런 식으로 개별 상품의 가격은 그것을 생산하는 데 필요한 노동량이 사회의 총노동량에서 차지하는 비율에 따라서 결정된다. "서로 독립적으로 이뤄지는 여러 종류의 사적 노동은 … 사회가 요구하는 양적 비율로 끊임없이 환원된다."[29] "총노동량과 생산자들의 사회적 관계는 생산자들 사이의 관계가 아니라 그들의 노동 생산물 사이의 사회적 관계다."[30] 따라서 개인들의 노동은 같은 사회에 속한 모든 개인들의 노동과 양적으로 연관되는

데, 그 관계는 그들의 노동생산물 사이의 관계로 나타난다. 이 때문에 각각의 생산과정은 외부 요인, 즉 여러 생산물의 가격 간 관계에 의해서 결정된다. "생산비에 따라서 생산량이 서로 조절된다. … 생산물은 일정량의 일반적 노동, 즉 사회적 노동시간의 실현으로서 자신과 관계한다."[31] 각 생산자의 생산방법은 다른 모든 생산자의 생산방법이 무계획적이고 무질서하게 바뀜에 따라 끊임없이 바뀌어야 한다.

(2) 생산자가 생산수단에서 분리된다. 노동자들은 일할 수 있는 능력('노동력')을 생산수단 소유자에게 팔아야만 살아남을 수 있다. 노동자들이 받는 돈(임금)은 그들의 상호작용[경쟁]에 의해 노동력 생산비, 즉 역사적·문화적으로 결정된 노동자 가족의 최저 생계비 수준으로 끊임없이 줄어든다.

이 두 가지 요인이 함께 작용하는 상황 속에서 생산수단 소유자들은 경쟁적으로 상품을 만들어 낸다. 각각은 착취를 통해서 얻은 잉여를 이용해 생산수단을 발전시킬 수 있다. 그러면 생산량은 증가하고 비용은 낮아져서 그렇게 하지 않은 경쟁자들을 시장에서 퇴출시킬 수 있다. 따라서 개별 자본가들은 다른 자본가가 생산수단을 증대해서 자신의 이익을 침해하는 것을 막아내야 한다.

구두쇠의 탐욕은 그저 독특한 성격일 뿐이지만 자본가의 탐욕은 사회적 메커니즘의 결과인데, 이 메커니즘에서 그는 한 톱니바퀴에 불과하다. 게다가, 자본주의 생산이 발전하면 한 사업에 투하되는 자본액이 끊임없이 늘어날 수밖에 없다. 그리고 경쟁 때문에 개별 자본가는 자본주의 생산의 내재적 법칙을 외적인 강제 법칙으로 느낄 수밖에 없다. 그래서 그는 자본을

지키려고 계속 자본을 확대할 수밖에 없는데, 오로지 누진적 축적을 통해서만 자본을 확대할 수 있다.[32]

이렇게 서로 다른 소외된 노동의 축적(생산수단) 간의 관계에서 마르크스는 각각의 생산수단을 자본으로, 그 소유자를 자본가로 정의했다. 이 관계는 또한 자본가들 사이의, 그리고 자본가와 노동자 사이의 상호작용을 결정해서 끊임없이 경쟁을 재생산한다.

그런데 마르크스가 소외된 노동의 축적이 서로 비교되는 체제를 말했을 때, 그것은 시장구조를 가리킨 것이었다. 그러나 원칙적으로 따지자면 시장구조가 아닌 다른 체제가 독립적 생산 활동들을 서로 무계획적으로 연관시키면서 똑같은 구실을 해서는 안 될 이유는 전혀 없다. 생산조직이 다른 무계획적 생산과의 비교를 통해서 끊임없이 변화하는 과정을 거친다면 똑같은 결과가 나올 것이다.

사실, 자본주의가 발달할수록 시장이 직접 생산과정들을 관련짓는 일은 줄어드는 경향이 있다. 60년 전에 힐퍼딩이 썼듯이, "마르크스의 집적·집중 이론의 실현, 독점적 합병은 마르크스의 가치법칙을 무효화하는 것처럼 보인다."[33]

거대 기업 내에서는 시장의 직접적 영향력이 아니라 경영진의 의도적·계획적 결정이 자원 분배, 노동자의 임금, 각 단계에서 생산과정의 속도 등을 결정하는 것처럼 보인다. 그러나 이런 결정들은 외부 상황과 무관하게 내려지지 않는다. 가장 거대한 기업조차도 국제 수준의 경쟁에서 이길 걱정을 해야 한다. 기업은 경쟁 기업을 희생시켜서 더 성장해야만 살아남을 수 있다. 각각의 상품이 반드시 경쟁적 상황에서 생산될 필요는 없지만, 전반적 생산은 경쟁적이어야 한다. 국제 시장의 무계획성 때문에 여전히 개별 기업 내에서는 독재가 횡행한다.

전시경제나 상시군비경제가 발달하면 시장의 직접적 구실은 더 줄어든다. 그런 경제에서는 독점기업이 대부분 단 하나의 구매자, 즉 정부를 위해서 정부가 정한 가격에 상품을 생산한다.

자본가들이 국방을 위해서(즉, 국가 재정을 위해서) 일하기 시작하면 그것은 분명히 '순수한' 자본주의는 아니고, 국가 경제의 특별한 형태다. 순수한 자본주의는 상품생산을 의미한다. 상품생산은 자유 시장에서 알지 못하는 사람에게 판매하려고 일하는 것이다. 그러나 자본가가 국방을 위해서 '일한다'는 것은 시장을 위해서 '일하는' 것과 전혀 다르다.[34]

그러나 마르크스의 가치법칙은 여전히 작용한다. 정부가 여러 압력에 대응해, 무기 비용을 다른 상품의 생산비와 의식적으로 연관 지으려고 한다면 말이다. 정부가 무기 가격을 의식적으로 결정하면, 그만큼 시장의 구실은 사라진다. 그러나 정부는 사회 전체의 생산비 수준에 맞춰서 가격을 결정한다. 그래서 다른 경제 부문의 생산비가 변하면 이를 반영하여 무기 가격도 변한다. 다시 말해 정부는 무기 회사가 마치 시장에 물건을 판매하는 것처럼 하라고 강제하는 것이다. 정부는 무기 회사에 가치법칙을 강요한다. 그렇게 하지 않는다면 결과가 어떨지는 뻔하다. 무기 생산에 동원되는 국가 자원의 비중이 경쟁국보다 커져서(세금, 원료 가격의 상승 등으로) 무기를 생산하지 않는 기업의 국제 경쟁력이 떨어지거나, 군사적 잠재력이 충분히 발전하지

못해서 경쟁국과의 전투에서 패배하거나 할 것이다. 역시 장기적으로
는 국제 시장의 압력에서 벗어날 수 없다.

1929년부터 소련 경제는 서방 자본주의와 상호작용하면서 생겨난
필요에 종속됐다. 이것은 대체로 직접적 시장 경쟁의 형태를 띠지는
않았다.35 그러나 소련 경제와 서방 자본주의 사이에는 직접적 시장
경쟁과 비슷한 구실을 하는 매개가 있었는데, 그것은 군비 경쟁이었
다. 앞에서 봤듯이 스탈린파 관료들은 군비 경쟁에서 질까 봐 두려워
서 노동자와 농민의 생활수준을 낮추고 경공업을 희생해서 중공업을
발전시키려 했다. 서방 지배자들이 소련을 위협할 수 있었던 것은 잉
여가치를 계속 뽑아내서 산업을 발전시킨 덕분이었다. 스탈린은 서방
과 비슷한 수준으로 무기를 생산하기 위해서 서방과 비슷한 수준으
로 중공업을 발전시켜야 했다. 그리고 소련의 산업 수준이 낮았기 때
문에 서방 노동자들이 착취당하는 것보다 더 가혹하게 소련 노동자
들을 착취해야만 그럴 수 있었다. 서방 자본가들은 경쟁 때문에 노동
자들의 소비를 역사적·문화적으로 결정된 최저 수준으로 줄여서 자
본을 축적해야만 한다. 마찬가지로 소련 관료들도 서방과의 경쟁 때
문에 소련 임금 수준을 역사적·문화적으로 결정된 최저치로 낮춰야만
한다.

서방의 많은 사회주의자들은 이런 현실을 외면하려고 했다. 그러나
소련의 지배 관료들은 자신들을 이렇게 행동하게 만드는 동력에 대해
어느 정도는 알고 있었다. 예를 들어 〈프라우다〉는 최근(1970년 4월
24일) 다음과 같은 발언을 보도했다.

브레즈네프 동지는 두 세계 체제 사이의 경제적 경쟁 문제를 강조했다. "이 경쟁은 다양한 형태를 띤다. 우리는 몇몇 품목의 생산에서는 자본주의 국가들을 따라잡고 앞서는 데 대체로 성공하고 있다. … 그러나 근본적 문제는 얼마나 많이 생산하느냐 하는 것뿐 아니라 얼마나 싸게, 얼마나 적은 노동 비용으로 생산하느냐는 것이다. … 지금 두 체제 사이의 무게중심은 바로 여기에 있다.

이 문제는 여기서 끝나지 않는다. 소련 관료들이 중공업과 무기 산업을 성공적으로 발전시키자 서방은 더 축적해야 한다는 압력을 받았고, 이는 다시 소련에 더 많은 축적 압력으로 돌아왔다. 다시 말해, 노동 생산물 간의 무계획적이고 무질서한 상호작용이 노동과정을 결정하는, '사물화한' 관계들의 체제가 만들어진 것이다.

노동이 생산하는 대상(노동의 생산물)은 노동에게 낯선 것으로서, 생산자와 독립된 힘으로서 노동에 대립한다. … 노동자는 자신의 노동생산물을 마치 낯선 대상처럼 대한다. … 노동자가 힘들여 노동할수록, 그가 자신과 대립하도록 창조한 낯선 세계는 더욱 강력해진다. … 노동자는 자신의 생명을 대상에 불어넣지만, 그 생명은 더는 그의 것이 아니라 대상의 것이다.[36]

소외에 대한 마르크스의 고전적 묘사는 서방 자본주의만큼이나 소련에도 잘 들어맞는다. 뿐만 아니라 소련은 '성숙한' 마르크스가 자본주의를 독특한 생산양식으로 규정하게 만든 특징도 잘 보여 준다. 즉, 전자본주의 사회에서는 생산이 지배계급의 욕구에 따라서 결정되는 반면에 자본주의에서는 생산을 통제하는 자들이 서로 경쟁적으로 생산수단을 축적하고자 잉여가치를 최대한 뽑아내야 한다는 압력을 받는데, 이것이 생산의 성격과 동역학을 좌우한다. 서방 자본주의와 다르게 소련에서는 지배계급이 국가를 통제해서 산업을 소유하지만, 그렇다고 해서 이 근본적 특징이 바뀌는 것은 아니다. 그래서 지난 40년 동안 소련에 존재한 사회의 성격을 규정하는 유일하게 유의미한 마르크스주의적 용어는 '국가자본주의'뿐이다.

스탈린 시대

소련 내의 모든 것이 중공업 발전에 종속되는 동안 고초를 겪은 것은 노동자, 농민, 노예 노동자[강제수용소 재소자]들만이 아니었다. 관료집단 내부에서도 공포정치가 실시됐다. 노동자·농민 등을 착취하는 것에 조금이라도 양심의 가책을 느끼는 관료는 투옥되고, 추방되고, 고문받고, 마침내 대숙청 기간에 처형당했다. 국가·당 기구에 은밀히 남아 있던 볼셰비키는 마지막 한 명까지 제거됐다.[37] 잉여를 뽑아내서 그것을 새로운 생산수단으로 만드는 데 조금이라도 방해가 될 만한 사람은 전부 숙청됐다. 상부에 복종하지 않았을 때 당할 일에 대한 두려움이 아래로부터 노동자와 농민이 가하는 압력을 상쇄하고 남을 만큼 커야 했다. 그 필연적 결과는 획일적 정치 노선의 강요였다. 관료집단 내부에서 논쟁이 벌어지면 억압받는 대중의 억눌린 염원이 금방 반영될 수 있었기 때문이다. 그래서 언뜻 터무니없게 보이는 감시 기구의 폭압이 계속됐다.

그러나 스탈린 시대에 안정이 유지된 것은 두려움 때문만은 아니었다. 공포정치로 관료 개인이 얼마나 많은 고통을 겪든, 지속적인 피해망상과 불안이 얼마나 심했든 간에 관료 집단 전체는 스탈린의 지배에서 이득을 봤다. 무엇보다, 그들이 지배하는 산업이 성장하고 있었다. 그들의 권력은 강해지고 국제적 지위도 안전해졌다. 그래서 누구나 스탈린을 싫어했지만, 아무도 진지하게 대안을 제시할 수 없었다. 관료들이 자신의 사회적 지위 때문에 어쩔 수 없이 받아들인 목표, 즉 서방과 경쟁적으로 소련의 산업을 발전시켜야 한다는 목표를 감안하면, 스탈린의 정책과 수단은 불가피한 듯했다.

산업이 전례 없이 빠른 속도로 계속 발전하는 동안에는 관료가 아닌 사람들도 이득을 볼 수 있었다. 노동자 대부분의 생활수준은 낮아지고 있었지만, 수만 명 정도의 일부 노동자들은 비대해진 국가기구에서 산업을 관리·감독하는 특권층으로 지위가 상승하기도 했다. 한편 수많은 농민이 원시적이고 혹독한 농촌 생활에서 벗어나 도시로 갔는데 도시에서도 삶이 비참하기는 마찬가지였지만, 기회는 더 많았고 시야도 넓어졌다.

반대파들은 얼마 못갈 거라고 예언했지만[38] 스탈린 정권은 상당한 회복력을 보여 줬고, 심지어 제2차세계대전 초반의 참담한 군사적 패배에도 불구하고 살아남았다. 실제로 독일과의 전쟁에서 승리한 뒤에는 소련이 직접 지배하는 지역이 크게 늘어났다. 동시에 동유럽에서는 소련과 비슷한 정권들을 세우고 소련에 종속시켰다.[39]

제국주의와 반혁명

스탈린의 대외 정책은 국내 정책과 똑같은 동기에서 비롯했다. 그래서 1930년대의 목표는 혁명이 국외로 확산되는 것을 막는 것이었다. 그리고 1940년대에서 1960년대까지는 이런 목표의 연장선이었다. 이렇게 보면 스탈린이 중국의 마오쩌둥이나 유고슬라비아의 티토를 왜 지지하지 않았는지 잘 알 수 있다.[40] 마찬가지로 이탈리아에서 사회당과 [자유주의 정당인] 행동당조차 반동적인 바돌리오 정부에 반대할 때 이탈리아 공산당이 정부를 지지한 것은 스탈린이 압력을 넣었기 때문이었다. 스탈린은 1944년에 프랑스 공산당에도 압력을 넣어 드골 정부에 참여하게 만들었다.

그러나 스탈린을 반대하는 대다수 좌파의 믿음과 달리,[41] 소련 지배자들이 기회가 있을 때조차 자신들의 지배 영역을 확장하지 않았다는 것은 사실이 아니다. 스탈린은 서방에서 혁명가들이 자본주의를 쓰러뜨리려고 시도할 때마다 번번이 반대했지만, 소련 적군赤軍이 직·간접적으로 통제하는 동유럽에서는 소련과 똑같은 체제들을 세우기 시작했다. 여기에서는 소련에 복종하는 각국 공산당이 소련의 힘을 등에 업고 집권당이 됐다. 그들은 부르주아·사민주의 정당과 함께 연립정부에 참여해서 국가기구에 대한 통제력을 얻고, 이를 이용해서 다른 모든 정치·사회 세력을 제거하고 '위로부터의 혁명'을 단행하고, 스탈린주의 관료 기구를 통해 사회를 지배했다.

사실 스탈린의 태도에는 어떤 모순도 없었다. 그는 단지 공산주의 정권이 세워져서 자신이 그 정권을 확실하게 통제하고 그 과정에서 너무 강한 반발에 부딪히지 않기를 바랄 뿐이었다. 동유럽의 대부분(과 북한)에서 그랬다. 처칠, 루즈벨트, 스탈린은 얄타와 포츠담 회담에서 세계를 영국·미국 세력권과 소련 세력권으로 분할했다. (베를린과 한반도 같은 곳에서는) 경계 다툼이 있었지만, 양편 모두 전후 시기 내내 이 흥정 결과를 따랐다. 영국과 미국 군대가 그리스에 반동적 군주제를 다시 강요했을 때, 스탈린은 아무 조치도 취하지 않았다. 미국도 베를린과 부다페스트에서 노동자들이 봉기했을 때, 간단한 선전 말고는 아무것도 하지 않았다.

소련과 그 위성국가들 사이의 경제적 관계를 살펴보면 소련 정책의 근저에 있는 주된 동기를 금세 발견할 수 있다. 소련 관료들은 동유럽 국가들에 대한 통제력을 이용해서 자신들의 축적 목표에 종속시켰다. 처음에 그들은 이 국가들에서 거의 노골적으로 전리품을 뜯어냈다. 예컨대 제2차세계대전 때 독일의 동맹국이었던 나라에는 막대한 '배상금'을 부과했다.(이로 인해 전에는 반동적 지배자들의 정책 때문에 고통을 겪었던 사람들, 즉 평범한 노동자와 농민들이 그 지배자들이 외국에서 저지른 범죄의 대가를 대신 치러야 했다.) 사실 이런 정책은 다른 나라에서도 크게 다를 바가 없었다. 예를 들어 만주에서 소련 군대는 산업 설비를 '전리품'으로 차지하겠다고 선언했다.

동유럽 위성국가의 장기적 경제 발전은 소련의 필요에 종속됐다. 또한 무역을 통해서도 이 나라 사람들은 소련에 착취당했다. 1948년 이후 이 나라들은 모두 무역 상대를 서방에서 소련으로 바꿨다. 소련은 독점적 지위를 이용해서 위성국가와의 무역에서 세계 시장 가격보다 더 낮은 가격으로 물품을 수입하고, 더 높은 가격에 자국의 물품을 수출했다.[42] 1948년에 유고슬라비아가 코민포름과 결별했을 때 가장 큰 불만은 소련이 "우리 나라의 공업화를 방해하는 반혁명적 시도를 하면서도 혁명적 언사로 이를 은폐한다"는 것이었다.[43] 마찬가지로 1960년대에 루마니아가 소련과 단절했을 때에도 그 배경에는 값싼 원료 공급국으로 전락하지 않겠다는 생각이 있었다. 또한 중국인들의 불만 중 하나도 "소련에서 수입하는 상품의 가격이 대부분 세계 시장 가격보다 비싸다"는 것이었다.[44]

이런 정책을 고분고분 따르게 하기 위해서 초기에는 동유럽 각국 공산당 관료들의 숙청이 잇따랐다. 특히 티토가 스탈린과 갈라서고 난 뒤로 각국 공산당 지도자들 중 소련의 헤게모니에 조금이라도 이의를 제기할 만한 사람은 전부 제거됐다. 체코슬로바키아에서는 공산당 서기장과 열 명의 장관이 교수형당했다. 헝가리에서는 라이크가 처형됐고, 카다르는 투옥돼 고문받았다. 불가리아에서는 코스토프가 처형됐고, 폴란드에서는 고무우카가 투옥됐다. 또한 이 시기에 많은 하급 공무원들과 훨씬 더 많은 노동자들도 소련 제국주의의 지배가 강화함에 따라 고통을 겪었다.

획일적 체제의 실패

소련과 동구권은 인류 역사에서 손에 꼽힐 만큼 억압적이고 전체주의적인 사회 체제였다. 전자본주의 시대에도 관료들이 국가와 주요 생산수단을 집단적으로 통제하는 지배계급이 되어 다른 사회 세력이 단결하지 못하게 막은 사례는 많지만, 자본주의에서는 현대적 기술 덕분에 전례 없는 규모의 체계적 억압이 가능해졌다.

그러나 동시에 이전의 관료제 사회와 달리 국가자본주의 체제에서 관료들은 그들이 지배하는 경제적 토대를 끊임없이 변화시켜야만 한다. 그들의 원동력은 생산수단의 끊임없는 확대이다. 그리고 이것은 필연적으로 경직되고 획일적이고 활기 없는 정치 구조와 충돌한다.

이런 현상은 동구권 국가 간의 국제 관계에서 뚜렷이 드러난다. 각국 지배자들은 그들이 지배하는 경제가 변화함에 따라 서로 요구하는 바도 달라진다. 그들의 동기는 각자 자기 나라에서 최대한 빠르게 산업을 발전시키는 것이다. 이런 목표를 달성하는 데 도움이 될 때만, 그들은 다른 나라와 협력할 것이다. 그러나 도움이 되지 않는다면 곧바로 협력을 그만두고 험악한 논쟁을 벌이고 서로 비난하고, 물리적 위협과 심지어 군사적 충돌도 불사한다. 사적 자본주의 국가 간 경쟁이 고조되다가 결국 전쟁으로 치달았듯이, 이른바 '사회주의적' 국가도 전쟁으로 치달았다. 그래서 소련에서 독립적인 스탈린주의 체제들이 수립되자 획일적인 국제 공산주의 운동은 해체될 수밖에 없었다. 그리고 그 결과 루마니아나 북한처럼 전에는 소련의 위성국가였던 나라들이 어느 정도 독립성을 주장할 수 있게 됐다.

그러나 국내에서도 긴장이 고조돼 사회가 분열할 수 있다. 비록 국가자본주의 형태의 [생산] 조직이 특정 조건에서는 전례 없이 빠르게 산업을 발전시킬 수 있지만, 그런 형태가 보편적으로 적용될 수 있는 것은 아니기 때문이다.

억압적이고 관료주의적인 생산 조직이 노동자들에게서 잉여를 계속 짜내려면 실제 노동과정을 외부에서 거의 완전히 통제할 수 있어야만 한다. 그러나 어떤 생산과정은 본질적으로 노동자들의 주도력과 적극적 참여에 의존한다. 이런 생산과정은 위에서 완전히 통제할 수 없다. 왜냐하면 외부 관리자가 정교한 세부 작업들을 일일이 추적할 수는 없기 때문이다.

사실 이것이 스탈린 집권 초기부터 소련 경제의 전반적 발전을 일그러뜨린 요소였다. 농업에서, 특히 축산업의 경우에 노동자 개개인의 주도력과 헌신은 매우 중요하다. 관료주의적 방법은 농업 생산을 증대하기는커녕, 오히려 감소시킬 수 있다.

농업에 적용되는 것은 고도로 발전한 여러 주요 공업 생산 부문에도 적용된다. 공업 부문에서도 관료주의적으로 통제하면 생산성은 낮아지고 생산물의 질도 떨어진다. 이를 극복하는 유일한 방법은 주도권을 중앙 관료에게서 지역 관료와 노동자들에게 넘겨주는 것이다. 그러나 이런 방법이 진짜로 효과를 보려면 지역 관료와 노동자들이 외부의 제약 없이 잘 돌아가는 시스템에 헌신한다는 느낌이 들어야 한다. 따라서 노동자들의 생활수준과 노동조건이 개선돼야만 생산성이 증가할 수 있다. 그러지 않는다면 축적률은 장기적으로 하락할 것이고, 관료들의 국제 경쟁력은 약해질 것이다.

공업화가 진전될수록 이런 문제가 더욱 심각해지는 이유는 전에는 놀고 있던 자원들이 소모되기 때문이다. 스탈린 시대에는 자원이 풍부했기 때문에 자원이 효율적으로 사용되지 않고 노동 생산성이 매우 낮더라도 산업은 성장할 수 있었다. 그러나 1950년대와 1960년대에 이르러서는 상황이 바뀌었다. 그 결과 공업화한 모든 스탈린주의 국가들에서 성장률이 하락했다.

성장률의 하락세를 멈추려면 관료들은 주민 통제 방식을 재정비해야 한다. 또한 대중의 생활수준을 개선할 제품들을 생산하는 경제 부문에 자원을 더 많이 배분해야 한다. 예를 들어 그동안 침체돼 있던 농업이나 소비재 생산 부문 같은 곳에 말이다.

연평균 국민소득 성장률

	1950~1955	1955~1960	1960~1965
동독	11.4	7.0	3.5
체코슬로바키아	8.0	7.1	1.8
소련	11.3	9.2	6.3
헝가리	6.3	6.5	4.7
폴란드	8.6	6.6	5.9
불가리아	12.2	9.7	6.5

그러나 이렇게 하는 과정에서 관료들에게는 피할 수 없는 두 가지 문제가 놓여 있다.

(1) 서방과(그리고 점차 다른 국가자본주의 나라들과도) 단기적 경쟁을 계속해야 하므로 여전히 중공업과 무기 생산 부문에 많은 투자를 해야 한다는 압력이 강하게 작용한다. 그래서 "국제 상황 때문에, 농업에 계획했던 것만큼 많은 투자를 하지 못했다. 그리고 1969년도 투자액이 1968년도 투자액보다 증가했지만 그 수치는 1966~1970년 계획의 예상치에 못 미쳤다."[45] 이 때문에 생산성이 장기적으로 향상될

가능성이 줄어든다.

(2) 산업 조직이 변화하면 관료 내부의 권력 구조도 변화한다. 일부 관료들은 그 과정에서 피해를 본다. 그들 중 일부는 변화에 매우 강력하게 저항한다. 억압 기관을 담당하는 관료들, 중공업 분야의 고위 관리자 등이 그런다. 과거에 관료 전체의 목표를 달성하기 위해 권력을 휘두른 자들이 계속 권력을 쥐고 있으면 이제 새로운 조건에서 생산목표를 달성하기 위해 필요한 변화를 방해하는 데 이 권력을 사용할 수 있다. 그들은 국가와 산업 기구의 모든 층위에서 지지자들을 많이 찾아낸다. 게다가 사회 조직이 획일적이기 때문에 변화에 대한 토론이 심지어 관료 내부에서조차 어렵다. 변화를 요구하는 이들은 당연히 억압받고, 협박당하고, 체포됐다.

그래서 축적률을 유지하기 위한 개혁은 획일적 기구 내부에 개혁을 실행할 의식적 부위가 조직되지 않으면 이뤄질 수 없다. 개혁의 필요성을 깨닫고 있는 관료들은 권력을 휘두르는 보수적 관료들에 맞서 자신들을 보호할 대책을 세워야 한다.

이런 과정의 전형적 형태가 1956년에 헝가리와 폴란드에서, 1968년에 체코슬로바키아에서 나타났다. 세 곳 모두에서 관료의 장기적 필요를 위해서는 개혁을 해야 한다고 생각한 사람들은 설득만으로는 보수적 저항을 극복할 수 없었다. 공식적으로 승인된 개혁조차 그 실행 과정에서 방해에 부딪혔다. 개혁파들은 점점 더 긴급해지는 경제적 상황에 떠밀려서, 그리고 개혁이 실패했을 때 자신에게 닥칠 일이 두려워서, 그들이 통제권을 완전히 장악하는 동안 자신들을 도와 반대파들을 마비시킬 동맹을 찾기 시작했다. 어느 순간 그들은 지배 관료 바깥의 학생이나 지식인 같은 중간계급 사이에서, 심지어 노동자들 사이에서도 동맹을 찾았다. 그러나 그런 지지를 받기 위해서 개혁파 관료들은 경찰 기구와 스탈린주의에 대한 대중의 반감을 표현하는 슬로건을 내걸어야 했다.

폴란드에서는 고무우카가 이 모든 책략을 성공적으로 실행했다. 그는 국가기구를 장악하자마자 완전한 관료적 통제 구조를 다시 확립하고 스탈린주의적 억압 체계를 갖추는 길로 나아갔다.[46]

반면에 헝가리와 체코슬로바키아에서는 개혁파들이 일시적으로 억압 기구를 마비시키려고 시도하는 과정에서 (두 나라에서 속도는 크게 달랐지만) 대중이 정치적 논쟁에 참여하게 됐다. 그러자 많은 개혁파가 대중에 의해 자신들의 계급 지배 자체가 무너질 까 봐 두려워서 반대편으로 돌아섰다(헝가리의 카다르, 체코슬로바키아의 체르니크와 스보보다 등). 또한 소련도 이들 나라에 개입했는데, 그것만이 관료의 지배를 유지할 수 있는 방법이었기 때문이다.

세 곳 모두에서 관료들의 내분이 한창일 때 '개혁파'들은 급진적이고, 민주적이고, 사회주의적인 것처럼 들리는 언사를 썼다. 서방 언론은 대부분 그들의 말을 곧이곧대로 받아들였다. 그러나 사실 급진적 슬로건을 내건 사람들은 스탈린주의자 출신인 경우가 많았고, 관료의 지배 자체를 약화시킬 생각은 결코 없었다. 그들은 그저 관료 지배의 형태만을 바꾸고 싶어했다. 헝가리와 체코슬로바키아에서 진짜로 중요했던 것은 너지나 둡체크의 언사가 아니라, 혁명이 관료층에서 중간계층으로, 그리고 다시 거리와 공장의 노동자들에게 전파되고, 그

절정에서는 노동자 평의회가 조직되는 등 계속 이어졌다는 점이다.

소련에서는 1950년대와 1960년대에 만성적 위기가 있었지만, 일부 동유럽 국가들과 달리 첨예해지지는 않았다. 권력의 최상층에서는 격렬한 권력 싸움이 있었다. 관료 기구 전체의 작동 방식을 바꾸려는 운동도 있었다(예컨대 1956년과 1961~1962년의 스탈린 격하 운동). 그러나 이런 시도는 관료 기구를 완전히 마비시키거나 관료 바깥의 사람들을 동원하는 데까지 나아가지는 못했다. 바로 그 때문에 소련 국가기구가 동유럽에 개입해서 세력 균형을 바꿔 놓을 수 있었던 것이다. 그러나 한편으로 소련 관료 기구의 비교적 강력한 응집력 때문에, 정작 소련이 직면한 중대한 문제들이 제대로 다뤄질 수 없었다. 흐루쇼프가 개혁을 시도하긴 했지만 일부만이 실행됐고, 그조차도 나중에 대부분 폐기됐다.[47]

헝가리와 체코슬로바키아의 경험으로 인해 관료들은 관료 내부의 분열이 얼마나 위험한지 알게 됐다. 여기에 서방과의 군비 경쟁 압력도 더해져서, 대대적 개혁에 반대하는 관료들의 입지가 더욱 강해졌다. 지난 2년 동안 소련의 정책은 다시 노골적으로 억압적인 방식으로 회귀하고 있다. 권력을 장기적으로 강화하기 위해 사회 세력의 변화를 받아들이는 대신, 관료 기구는 변화를 아예 금지하려고 한다. 개혁은 시험 삼아 미적지근하게 추진된다. 오히려 대외적으로는 체코슬로바키아와 중국에, 국내에서는 반체제 지식인에게 노골적으로 무력을 과시한다.

그러나 소련 관료 기구가 오랫동안 지속된 경제 문제를 영원히 무시할 수는 없다. 경제 문제를 해결해야 한다는 요구는 다른 사회 세력들을 상대로 관료 기구의 응집력을 강화해야 한다는 요구와 계속 충돌한다. 관료들은 자신들이 무엇을 하는지, 어디로 향하는지를 명확히 알지 못한 채 그저 어떻게든 해 나가려고만 한다. 다른 사회 세력들에게 분명하고 단호한 행동 방향을 제시하지는 못하면서 노골적 억압만 해서는 반체제 인사들에게 겁을 줄 수 없다. 체포하고, 투옥하고, 생계 수단을 빼앗겠다고 협박하는데도 이들은 계속 자기 목소리를 내고 있는데, 이런 일은 스탈린 치하에서는 없던 일이다. 오늘날 시인이나 지식인들이 재판에서 유죄를 인정하고 자백할 거라고 생각하는 사람은 아무도 없다. 1930년대의 모스크바 재판에서는 피고들이 억압적 정부에 맞서 싸운 오랜 경험이 있었는데도 모두 자백했다.[48]

이런 차이가 발생하는 이유는 오늘날 관료들 스스로도 자신들이 무엇을 하려 하는지 알지 못하기 때문이다. 그들은 억압의 강도를 점차 높이면서도 억압에 대한 저항을 더 불러일으키는 방식으로 행동한다. 그리고 그 결과 억압이 더 많이 필요해진다. 그러면 당면한 문제들을 해결하기 위한 개혁을 실행하기가 더 어려워진다. 그들은 벗어날 수 없는 악순환에 갇혀 있다. 대안은 오로지 한 방향뿐이다. 경제가 비교적 침체되고, 이로 인해 관료 내부에서, 더 중요하게는 대중 사이에서도 불만이 고조돼 결국 대중의 힘이 자연스럽게 터져 나오는 것이다. 아니면 관료 기구 내부에서 분열이 일어나는 것인데, 그러면 마찬가지로 대중이 결집할 수 있다. 1956년과 1968년에 이런 일이 발생했을 때 군대도 대중과 똑같은 영향을 받았다. 그래서 외국의 개입만이 관료의 지배를 되돌려놓을 수 있었다. 그러나 대중의 분출이 모스크바와 레닌그라드를 강타한다면 그렇게 개입할 수 있는 외국 군대는 어디에도 없을 것이다. 투옥된 폴란드 혁명가 쿠론과 모젤레프스키가 썼듯이 "혁명은 발전에 필수적이다. … 혁명은 피할 수 없다."[49]

소련의 발전에 대한 다른 해석들

지금까지 우리는 러시아 혁명의 변질과 그 뒤에 일어난 일을 설명해 보려 했다. 여기서 소련의 발전과 그 결과에 대한 다른 해석들을 간단히 살펴보는 것도 의미가 있을 것이다.

가장 중요한 해석은 소련이 여전히 모종의 사회주의 국가라거나 노동자 국가라고 보는 것이다. 이런 시각에서 소련 사회의 현실을 설명하는 사람들은 기본적으로 건전한 사회 구조가 기형적으로 변질됐기 때문에 억압적 정책이 나타난다고 본다. 최근 서방에서는 이런 해석이 좌파와 혁명적 단체들 사이에서 점점 더 널리 퍼지고 있다. 특히 소련군이 체코슬로바키아를 침공한 이래로 이런 해석이 서방의 공산당 지도자들에게 더욱 인기를 얻고 있다. 그러나 이미 1930년대에 트로츠키가 이런 분석을 누구보다 먼저, 광범하게 발전시켰다.[50]

트로츠키는 관료가 "도시와 농촌의 모순, 농민과 노동자의 모순, 공화국들과 대러시아의 모순, 다양한 농민 집단 사이의 모순, 노동계급의 다양한 부위 사이의 모순, 다양한 소비자 집단 사이의 모순, 마지막으로 소련 국가와 그것이 속한 자본주의 세계 사이의 모순"[51] 때문에 자라난 이물질이라고 주장했다. 그리고 "관료들은 노동 대중 위에 군림하면서 이런 모순들을 조정한다." 이런 식으로 그들은 "기생하는 카스트"로 성장할 수 있었다. 그러나 그렇다고 해서 노동자 국가라는 소련의 근본적 성격이 변한 것은 아니었다. "관료들은 [계급의 ─ 지은이] 사회적 특성이 전혀 없다. 그들은 생산과 분배 과정에서 독립적 위치를 차지하지 않는다."[52] 그들은 그저 "소비 영역 안에서 불평등을 규제"하고 분배 영역에서 "경찰관" 노릇을 하기 위해서 등장했다.

따라서 소련 사회의 발전 동력은 관료가 아닌 다른 세력들에서 온다고 봐야만 한다. 이 다른 세력들 사이에서 줄타기를 해야 살아남을 수 있기 때문에 스탈린 체제의 수명은 매우 짧을 수밖에 없다. "보나파르트 체제는 그 본질상 오래 유지될 수 없다. 피라미드의 꼭대기에 놓인 공은 반드시 어느 쪽으로든 굴러 떨어진다."[53] 그러므로 소련의 미래는 분명했다. "관료가 점차 노동자 국가 안에서 세계 자본가계급의 도구가 돼 새로운 소유 형태를 뒤엎고 소련을 다시 자본주의로 후퇴시키거나, 아니면 노동계급이 관료를 분쇄하고 사회주의로 나아가는 길을 열어젖히거나" 둘 중 하나였다.[54] 그리고 이런 미래는 "몇 년 안에, 심지어 몇 달 안에" 결정될 터였다.

그러므로 트로츠키가 볼 때 관료들이 정치 영역에서는 의사결정의 자율성을 가졌을지라도, 그들은 다른 사회 세력들 사이에서 줄타기만을 할 수 있을 뿐이었다. 관료들이 독자적으로 할 수 있는 역사적 구실은 전혀 없었다. 트로츠키는 이것을 이렇게 비유했다. "종양은 엄청난 크기로 자라날 수 있고 심지어 생명체를 죽일 수도 있지만, 절대로 생명체가 될 수는 없다."[55]

그러나 사실 관료는 독자적인 생존 역학이 있다. 심지어 트로츠키 생전에도 이것은 분명하게 드러났다. 1929년에 관료들은 1917년의 결과인 국유화를 단지 보존한 것이 아니라, '집산화'로 혁명 때보다 더 많은 재산을 국유화했다. 관료들이 그럴 수 있었던 것은 트로츠키가 설명한 것처럼 "중간주의자들[즉 스탈린파 ─ 지은이]가 노동자들의 지지를 받았"기[56] 때문이 아니었다. 사실 위에 언급한 것처럼 관료들은 몇 년 동안 다른 사회 세력들을 서로 싸우게 해서 덕을 보다가 마침내 노동자와 농민을 동시에 공격하면서 독립했다. 그때부터는 농민을 공격해도 노동자에게 양보하지 않아도 됐다. 마찬가지로 노동자나 당에 남아 있는 몇 안 되는 볼세비키를 공격할 때도 농민에게 양보하지 않아도 됐다. 트로츠키는 이 점을 보지 못해서 또 다른 분석 상의 실수를 했다. 즉 그는 "'사회주의' 부문 안에 있는 강력한 부르주아 경향들",[57] 예컨대 "부유한 집단농장의 농민" 등을 계속 과대평가했다.

트로츠키는 정직했으므로 자신의 분석과 모순되는 방향으로 상황이 전개되자 분석에 부족한 점이 있었다는 것을 인정했다. 그러나 이 때문에 그는 근본적인 개념들의 정의와 그 정의에서 이끌어 낸 결론을 계속 수정해야 했다.

그래서 그는 1931년에 다음과 같이 적었다.

지금의 소련이 노동자 국가라고 인식한다는 것은 자본가계급이 무장봉기 말고는 권력을 잡을 방법이 없다는 의미일 뿐 아니라 프롤레타리아가 새로운 혁명 없이도, 즉 개혁적 방법과 경로로 관료를 굴복시킬 수 있으며, 당을 회생시키고 프롤레타리아 독재 체제를 바로잡을 수 있다는 의미다.[58]

따라서 노동자들이 평화롭게 국가권력을 장악할 수 있기 때문에 소련은 노동자 국가라는 것이다.

그러나 1935년이 되자 소련의 상황과 코민테른의 국제 정책을 보고 트로츠키는 노동계급의 혁명만이 건전한 노동자 국가를 재건할 수 있는 방법이라는 사실을 깨달았다. 1931년에 자신이 정의한 대로라면 그는 소련이 더는 노동자 국가가 아니라고 인정해야 했다. 그러나 그는 '노동자 국가'에 대한 자신의 정의를 — 더불어 마르크스, 엥겔스, 레닌의 정의도 — 바꾸는 편이 낫겠다고 생각했다. 그래서 노동자 국가에서 중요한 것은 노동자들이 실제로(심지어 잠재적으로라도) 국가를 통제하는 것이 아니라 재산이 국유화됐다는 사실이라고 주장했다. 이렇게 견해를 바꾼 근거로는 국유화가 10월 혁명의 토대 위에서만 가능했다는 점을 들었다. 관료는 "국가 소유가 그들의 권력과 수입의 원천이므로 이를 옹호할 수밖에 없다. 이런 점에서 그들은 여전히 프롤레타리아 독재를 위한 무기다."[59]

이런 말을 썼을 때 소련 관료가 새로운 계급이라는 것을 반박하며 트로츠키가 내놓은 결정적 주장은 "관료들이 아직 자신의 지배를 사회적으로 지탱해 줄 특별한 소유 형태를 만들어 내지 못했다"는 것이었다.[60] 그러나 그는 나중에 이 주장조차 폐기하게 됐다. 그는 말년에 쓴 글에서[61] 국가 소유에 바탕을 둔 지배계급이 존재할 수 있다는 가설을 인정했다.

제2차세계대전 이후(그리고 트로츠키가 암살당한 후) 트로츠키의 이론으로는 결코 설명할 수 없는 일들이 벌어졌다. 첫째로 소련 관료는 주요한 역사적 위기(전쟁 초기의 패배)를 겪고도 살아남았을 뿐 아니라 트로츠키의 예상과 달리 오히려 더 강해졌다. 그들이 지배하는 지역은 크게 넓어졌는데, 이로써 관료가 '반혁명적' 구실을 한다는 트로츠키의 규정이 틀렸음이 밝히 드러났다. 둘째로 소련과 거의 똑같은 특징을 가진 체제들이 여러 나라에서 세워졌는데, 그 과정에서는 노동자 혁명도 없었고, 사회주의자들의 의식적인 지도도 없었고, 심지어 몇몇 나라에서는 '변질된 노동자 국가'인 소련의 개입조차 없었다.

소련에 대한 트로츠키의 해석을 신봉하는 사람들은 그때 이 사건들을 전혀 이해하지 못했고, 지금까지도 이해하지 못하고 있다. 어떤 사람들은 제멋대로 '기형적 노동자 국가'나 '변질된 노동자 국가'와 그렇지 않은 국가들로 구분 지었다. 또 어떤 사람들은 생산수단을 국유화한 국가들을 모두 노동자 국가로 인정했다. 그러나 둘 모두 제멋대로 경계를 나눈다는 점이 중요하다. 이런 생각은 트로츠키의 이론에 근거한 것이 아니라 매우 실용주의적이고 경험주의적으로 덧붙인 임시방편 가설에 근거한다. 무엇보다도, 소련과 동유럽의 똑같은 체제들을 멋대로 구별하는 일을 피하려면 그들은 마르크스주의의 근본 원리, 즉 노동자 국가는 의식적 투사들의 당이 이끄는 노동계급 혁명으로 세워진다는 원리를 수정할 수밖에 없다. 그들은 트로츠키 이론의 형식을 방어하기 위해 트로츠키가 충실하게 따랐던 마르크스주의 개념을 통째로 폐기해야 한다.

이런 모든 이론의 기본적 결함은 그것들이 스탈린의 정책 이면에서 작용하는 동력을 밝혀내지 못한다는 점이다. 그들은 소련이라는 몸에는 기본적으로 사회주의적 신진대사가 이뤄지지만, 이것을 방해하는 사마귀나 심지어 암 덩어리가 생겼기 때문에 이것만 제거하면 된다고 본다. 그들은 그 신진대사의 성격 자체가 변했다는 사실을 이해하지 못한다. 그들은 1929년 이후 어떤 일이 일어났는지 설명하지 않는다. 그저 그 뒤의 변화를 정상에서 벗어난 일탈로 보고 그렇게 기록할 뿐이다. 무엇보다도 그들의 무능은 여러 관료주의 체제의 국제적 행위, 그 체제들과 서방 제국주의 사이의 갈등의 본질, 관료주의 체제끼리 서로 갈등하고 심지어 전쟁도 벌이게 만드는 동력을 이해하지 못하는 데서 드러난다.

트로츠키의 이론과 비슷한 다른 모든 이론도 마찬가지다. 소련과 그 밖의 관료주의 국가를 '관료화한', '변질된' 또는 '기형적' 사회주의 국가'나 '노동자 국가'로 묘사하면, 이 나라들의 발전 동력을 결코 밝힐 수 없다.

잘못된 정의만 문제인 것이 아니다. 더 근본적인 문제가 있다. 세계관으로서 마르크스주의의 뛰어난 점은 역사상 처음으로 사회주의가 가능해졌다는 것, 따라서 계급사회의 특징인 소외, 착취, 비인간성, 빈곤, 폭력, 전쟁을 극복할 수 있게 됐다는 것을 안다는 사실이다. 노동자 국가의 건설은 이 길로 나아가는 첫 단계다. 그러나 동구권 국가들의 최근 상황은 소외와 착취와 빈곤과 전쟁에서 결코 멀지 않다. 우리는 여느 자본주의 국가와 똑같이 그 국가들에서도 이 모든 것을 낳는 정책이 실행되는 것을 보고 있다. 그런 체제를 '사회주의'나 '노동자 국가'라고 부른다면 마르크스주의의 근본적 의미는 사라지고 말 것이다.

결론

과거에 서방의 혁명적 좌파는 40년 전에 스탈린 체제가 1917년 혁명을 파괴했다는 사실을 알지 못했다. 그래서 엉뚱한 세력과 잘못된 연대를 했고, 옹호할 수 없는 것을 옹호했고, 다른 사람에게는 숨길 수 없는 현실을 자기 자신에게는 숨기려 했다. 필연적으로 그들의 이데올로기는 신뢰를 잃었고, 수없이 많은 지지자가 환멸을 느꼈고, 좌파의 행동이 가장 절실한 순간에 그들은 마비됐다.

동구권 체제에 대한 명쾌한 분석은 서방 좌파가 다시 새로 성장하는 데 꼭 필요한 전제 조건이다. 동구권 각국의 지배자들의 근본 문제, 즉 자본을 축적하는 문제에 초점을 두고, 이 문제 때문에 그들끼리, 또 그들과 각국 노동계급이 충돌할 수밖에 없다고 분석하는 이론을 통해서만 그들의 지배 형태와 정책을 역사적으로 이해할 수 있다.

이것은 당연히 서방의 자본가계급이든 동구권의 관료든 지배계급이 떠받치고 있는 세계 체제가 곧 그들을 좌우한다는 것을 인정한다는 의미다. 이들 중 누구도 세계 체제의 존재를 부인한 채 행동할 수는 없다. 그들의 상호 경쟁이 촉발하는 과정을 통제할 수 있는 사람은 아무도 없다. 모든 지배계급은 인간의 필요와 무관하게 산업을 발전시키고, 인간의 필요를 영원히 파괴할 수 있는 끔찍한 무기를 개발하도록 강제하는 동력을 유지하는 일에 주저 없이 나선다. 이 체제에 몸 담은 지배계급 중에 이 체제를 끝장낼 수 있는 사람이 한 사람이라도 있을 것이라는 믿음은 어리석다. 프랑켄슈타인의 왼손은 절대그 몸 전체를 파괴할 수 없다. 정말로 필요한 일은 체제 자체가 만들어 내는 진정한 저항 세력을 조직하는 것이다. 그런 저항 세력들은 세계 도처에, 즉 베를린과 포즈난과 부다페스트와 프라하의 거리, 모스크바와 레닌그라드의 공장, 시베리아의 감옥뿐 아니라 베트남의 논과 미국의 도시 빈민가에도 실제로 존재한다.

국가자본주의론: 실천을 뒷받침하는 이론

내가 1961년에 사회주의노동자당의 전신인 소셜리스트리뷰그룹에 가입했을 때 다른 좌파들은 우리를 '국가자본주의론자'라고 불렀다. 이것은 우리가 국가자본주의를 좋아했기 때문이 아니라(우리 회원 중에 바로 그 이유로 가입한 사람이 있다는 풍문이 있기는 했다) 소련과 중국, 동유럽 국가들을 일종의 사회주의 국가나 노동자 국가로 보는 것에 반대했기 때문이다.

우리는 다음과 같이 주장했다. 정부 정책을 놓고 토론할 때조차 체포될까 걱정해야 하는 곳에서, 어떻게 노동자들이 국가를 통제하고 자유롭게 사회주의를 건설하고 있다고 말할 수 있는가?

이런 주장은 당시 영국에서나 국제적으로나 극좌파 사이에서 극소

"State capitalism: the theory that fuels the practice", *Socialist Review* 341(November 2009).

수 견해였다. 심지어 소련과 중국의 여러 측면에 비판적이던 사람들도 이 나라들이 서방 자본주의보다는 낫다고 생각했으니 말이다.

그러나 국가자본주의론은 옛 소련과 동구권 국가들에 대한 비판 이상의 것을 담고 있었다. '국가자본주의'라는 용어를 사용했기 때문에 우리는 소수 중 소수가 됐다. 소련이 사회주의가 아니라는 주장에 동의한 사람들도 다수는 소련이 서방 자본주의와 근본적으로 다르다고, 즉 소련이 계급사회이기는 하지만 자본주의와 지배계급도 다르고 경제 작동 방식도 완전히 다른 사회라고 봤다. 1930년대부터 트로츠키를 지지한 미국의 사회주의자 막스 샤흐트만이 이런 견해를 이론적 형태로 제시했다. 이런 견해는 조지 오웰의 소설 《1984》에도 녹아 있다.

이런 견해에는 매우 위험한 실천적 함의가 있다. 이런 견해를 받아들인 사람들은 소련이 서방 자본주의보다 질적으로 더 나쁘다고 생각했다. 이 논리를 그대로 따르면 서방 자본주의를 지지하고 소련에 반대하게 되며, 그 결과 소련을 지지하는 좌파에 반대하게 된다. 조지 오웰은 국가에 공산당 지지자 명단을 넘겨 줬고, 샤흐트만은 1961년 미국의 쿠바 침공을 지지했다.

국가자본주의론의 결론은 매우 달랐다. 국가자본주의론은 동구권 지배자들이 경쟁 논리에 따라 국가를 운영한다는 인식에 근거한 이론이었다. 그런 경쟁 논리는 국내적 경쟁이 아니라 서유럽 국가들과의 국제적 경쟁에서 발생했다. 시장을 둘러싼 경쟁도 점차 늘어나긴 했지만, 군사적 경쟁이 압도적으로 컸다. 이런 상황은 서구 경제에서 기업들이 경쟁하는 것과 달라 보일지 몰라도, 체제의 경제적 동역학이라는 면에서는 같은 효과를 냈다.

동구권 지배자들은 노동자들을 최대한 쥐어짜고, 그렇게 해서 얻은 잉여를 산업 발전에 투입해야 경쟁에서 살아남을 수 있었다. 이는 카를 마르크스가 《자본론》에서 묘사한 상황과 정확히 일치했다. 마르크스는 자본가들이 서로 상품 판매 경쟁을 하다 보면 "축적을 위한 축적"을 하게 된다고 설명했다.

축적 경쟁은 두 가지 결과, 즉 한편으로는 대규모 경제 위기, 다른 한편으로는 지배계급을 무너뜨릴 잠재력을 지닌 노동계급을 만들어 낸다. 아무리 억압적이고 전체주의적인 국가도 노동계급을 무한정 통제하지는 못하는 법이다.

국가자본주의론의 창시자 토니 클리프는 1947년에 쓴 책에서 이 이론을 일반론적으로 제시했다. 우리는 1970년에 다음 10년을 전망하며 이 이론을 더 구체화했다. 우리는 서방 자본주의가 위기에 빠지는 것과 같은 이유로 소련에도 경제 위기가 발생해 결국 소련이 무너질 것이라고 예상했다.

그때까지도 많은 좌파에게 전 세계의 3분의 1을 통치하던 이른바 '사회주의' 국가들이 실패했다는 견해는 최악의 비관론과 다름없어 보였다. 그러나 1989년 베를린 장벽이 무너지자 더는 진실을 회피할 수 없었고, 대개 사회주의는 실패했다고 결론내렸다.

반대로 우리에게 1989년에 벌어진 사건은 모든 형태의 자본주의가 착취당하는 사람들의 대중적 저항에 취약하다는 사실을 보여 준 사례였다.

국가자본주의론에 따르는 논점이 하나 더 있다. 동구권 국가들의 위기가 세계 체제 안에서 벌이는 축적 경쟁에서 비롯한 것이라면, 그들이 서방식 자본주의로 전환한다고 해서 이런 위기를 피할 수는 없다는 점이다. 브레즈네프와 고르바초프 치하에서 시작된 소련 경제의 위기가 [이른바 '서방식 자본주의'로 전환한 뒤인] 1990년대 초에 심화했고 오늘날 세계경제 위기에서 더욱 심각해진 것을 보면 우리가 옳았음을 알 수 있다.

어떤 사람들은 오늘날에도 이 이론이 효용이 있느냐고 물을 수도 있다. 그러나 국가자본주의론은 동구권에만 적용되는 이론이 아니기 때문에 여전히 유의미하다. 국가자본주의론은 서방에도 적용된다. 오늘날 서방 경제의 최소 3분의 1이 국가 부문이다. 데이비드 하비 같은 저명한 마르크스주의자조차 여전히 국가 부문이 자본주의 경제 바깥에 있다고 보지만, 우리는 그것이 체제의 핵심적 일부라고 본다.

여기엔 매우 실천적인 함의가 있다. 내가 소셜리스트리뷰그룹에 가입했을 때, 이 단체의 강령은 이렇게 시작했다. "사회가 계급으로 나뉜 탓에 전쟁은 피할 수 없다." 국가는 자본주의 체제의 일부고 군사력 증강은 국가 간 경쟁의 한 형태이기 때문에 오늘날까지 전쟁은 사라지지 않는다.

언젠가 레닌이 썼듯이, 혁명적 이론 없이 혁명적 실천이 있을 수 없다. 레닌이 조금 과장했을 수도 있다. 그러나 더 많은 사람이 우리의 국가자본주의론을 받아들였다면 [옛 소련과 동유럽이 붕괴했을 때] 좌파 전체가 더 강력했으리라는 데는 의심의 여지가 없다.

4부
──
경제학

이윤율과 오늘의 세계

광란의 시장에 대한 진정한 대안

존 메이너드 케인스의 두 얼굴

경제의 정치학

경제 위기와 계급투쟁

민영화

이윤율과 오늘의 세계

'이윤율 저하 경향'은 카를 마르크스의 지적 유산 가운데 가장 논쟁적인 주제 중 하나다.[1] 마르크스는 이윤율 저하 경향을 자본주의 체제 분석에 자신이 기여한 가장 중요한 성과 중 하나로 여겼다. 그는 《자본론》 집필을 위한 첫 번째 연구노트(지금은 《정치경제학 비판 요강》으로 출간된)에서 이윤율 저하 경향이 "모든 측면에서 근대 정치경제학의 가장 중요한 법칙"이라고 썼다.[2] 그러나 마르크스가 주장한 이윤율 저하 경향은 1894년에 출간된 《자본론》 3권에서 처음으로 활자화한 이래로 계속 비판을 받았다.

1890년대 이탈리아의 자유주의 철학자 베네데토 크로체와 독일 신고전파 경제학자인 오이겐 폰 뵘바베르크 같은 마르크스주의 반대

"The rate of profit and the world today", *International Socialism* 115(summer 2007).

자들이 처음으로 이윤율 저하 경향을 비판했다. 그런데 이런 비판은 1940년대의 폴 스위지부터 오늘날의 제라르 뒤메닐과 로버트 브레너 같은 사람들에 이르는 많은 마르크스주의자들도 수용했다.

이윤율 저하 경향을 둘러싼 논쟁은 예나 지금이나 중요하다. 왜냐하면 마르크스의 이윤율 저하 경향 이론은 자본주의에 치유할 수 없는 근본적 결점이 있다는 결론에 이르기 때문이다. 이윤율은 자본가들이 축적이라는 목표를 달성하는 데서 핵심이다. 그러나 축적이 진행될수록 자본가들이 축적의 지속에 필요한 만큼 이윤을 얻기가 어려워진다. "자본주의의 자체 확장률, 즉 이윤율은 자본주의 생산의 목적이라서 이윤율이 하락하면 … 자본주의 생산 과정 자체가 위협받는다."[3]

이 점은 "자본주의 생산양식의 역사적·일시적 성격"과 "특정 단계에서 자본주의 생산양식이 자체의 추가적인 발전을 가로막는다는 것을 증명한다."[4] 그것은 "자본주의 생산양식의 진정한 장애물은 자본 자체"라는 점을 보여 준다.[5]

마르크스와 그의 비판자들

마르크스 주장의 요지는 매우 간단하다. 개별 자본가는 자신이 고용한 노동자들의 생산성을 높여서 자신의 경쟁력을 강화할 수 있다. 이를 위해 노동자 1인당 사용하는 "생산수단" ― 도구, 기계 등 ― 의 양을 더 늘린다. 그래서 마르크스가 "자본의 기술적 구성"이라고 부른 비율, 즉 고용된 노동력의 양에 대한 생산수단의 물리적 양의 비율이 증가한다.

그러나 생산수단의 물리적 양이 증가하면, 생산수단을 구입하기 위한 투자도 늘어날 것이다. 그래서 생산수단에 대한 투자가 노동력에 대한 투자보다 더 빠르게 증가할 것이다. 마르크스가 말한 용어를 사용하면, "불변자본"이 "가변자본"보다 빨리 증가한다. 마르크스가 "자본의 유기적 구성"이라고[6] 부른 이 비율의 증가는 자본 축적의 논리적 결과다.

그러나 체제 전체로 볼 때 가치의 원천은 오직 노동뿐이다. 노동력보다 투자가 더 급속하게 늘어난다면, 투자는 분명히 이윤의 원천, 즉 노동자들이 창출한 가치보다 더 빨리 증가할 것이다. 간단히 말해, 자본 투자가 이윤의 원천보다 더 빨리 증가한다. 그 결과, 투자 대비 이윤의 비율 — 이윤율 — 을 하락시키는 압력이 나타날 것이다.

개별 자본가는 경쟁자들을 앞지르기 위해 생산성을 높여야 한다. 그러나 개별 자본가에게 이익으로 보이는 것이 자본가계급 전체에게는 재앙이다. 생산성이 증가할 때마다, 경제 전반에서 상품 생산에 필요한 평균적인 노동량 — 마르크스가 "사회적 필요노동"이라고 부른 — 이 하락한다. 그리고 바로 이 "사회적 필요노동"이 다른 사람들이 그 상품을 구매하기 위해 치러야 할 가격을 결정한다. 그래서 오늘날 새 기술이 생산성을 가장 빠르게 증가시키는 산업에서 생산된 컴퓨터나 DVD 플레이어 같은 상품의 가격이 계속 하락하는 것을 볼 수 있다.

마르크스에 대한 반론들

마르크스를 비판하며 거듭거듭 제기된 주장은 다음 세 가지다.

첫째는 신규 투자가 "노동 집약적" 방식이 아니라 "자본 집약적" 방식으로 이뤄질 이유가 없다는 것이다. 경제 체제 안에 사용 가능한 유휴노동이 존재한다면, 자본가들이 노동이 아니라 기계에 투자해야 할 이유가 없을 것이라는 주장이다. 그러나 이런 주장에 대해 이론적으로 다음과 같이 반론할 수 있다. 자본가들은 경쟁자들을 앞서기 위해 기술 혁신을 추구할 수밖에 없다. 그러한 혁신 중 일부는 자본 집약적이지 않은 기술을 사용할 수 있다. 그러나 생산수단이 더 많이 필요한 다른 기술 혁신들도 있을 것이다. 그리고 두 가지 혁신을 모두 이용해서 투자하는 자본가가 성공할 것이다.

경험적으로도 반론할 수 있다. 실제로 물질적 투자가 노동력보다 더 빨리 증가했다. 예를 들면, 미국의 고용 노동자 1인당 순자본총량은 1948년부터 1973년까지 해마다 2~3퍼센트씩 늘어났다.[7] 오늘날 중국에서 투자는 대부분 "자본 집약적"이다. 중국은 농촌에 엄청난 유휴노동력이 있지만, 고용 노동자들은 해마다 약 1퍼센트 정도만 늘어났다.

마르크스의 주장에 대한 두 번째 반론은 생산성이 증대하면 노동자들이 기존 생활수준을 유지하는 데 드는 비용("노동력의 가치")이 줄어든다는 것이다. 따라서 자본가들은 창출된 가치에서 더 많은 몫을 차지해 이윤율을 유지할 수 있다는 것이다.

이 주장은 쉽게 반박할 수 있다. 생산성이 증가하면 노동자들이 생활조건을 유지하는 데 필요한 비용에 해당하는 노동시간이 줄어서 이윤율 저하 경향을 "상쇄하는 효과"를 낳을 수 있다는 점은 마르크스 자신도 인정했다. 그러면 자본가들은 굳이 실질임금을 삭감하지 않고도 노동자들의 노동에서 더 많은 몫을 가져갈 수 있다("착취율" 증대). 그러나 이 상쇄 효과에는 한계가 있다. 노동자들이 생계 유지를 위해 하루에 4시간 일한다면, 이를 1시간 줄여서 3시간으로 만들 수는 있다. 그러나 5시간을 줄여서 하루에 마이너스 1시간을 일하게 할 수는 없다. 이와 달리, 노동자들의 과거 노동을 훨씬 더 많은 생산 수단 축적으로 돌리는 데는 어떠한 한계도 없다. 착취 증대는 자본으로 갈 수 있는 이윤을 증가시켜서 미래의 축적 잠재력을 증대시킨다. 노동자들이 무보수로 일하는 상황, 즉 가상의 "최대 착취율" 조건에서 나타나는 현상을 살펴보는 방법으로도 "상쇄 효과"에 한계가 있다는 점을 주장할 수 있다. 이런 조건에서도 결국 투자 대비 이윤의 비율이 하락하는 것을 막을 수 없을 것이다.

마르크스에 대한 세 번째 반론은 '오키시오 정리'다. 이에 따르면, 기술 변화만으로는 이윤율이 하락하지 않는다. 신기술 도입으로 이윤이 증대할 때만 자본가들이 이런 기술을 도입하려 하기 때문이다. 그런데 개별 자본가의 이윤율이 증가하면 자본가계급 전체의 평균 이윤이 반드시 증가하기 마련이다. 즉, 이언 스티드먼이 주장하듯이, "경쟁 압력 때문에 각각의 산업은 경제 전체에서 되도록 가장 높은 단일 이윤율을 창출하는 생산 방식을 차례로 채택할 것이다."[8] 이로부터 나오는 결론은 오직 실질임금 상승이나 국제 경쟁 격화만이 이윤율을 낮출 수 있다는 것이다.

이 설명이 놓치는 점은 기술을 처음으로 도입한 자본가는 다른 자본가들과의 경쟁에서 초과이윤이라는 비교우위를 누릴 수 있다는 것이다. 그러나 이런 초과이윤은 신기술이 일반화하면 사라진다. 자본가들이 상품을 판매할 때 화폐 형태로 얼마를 얻게 될지는 상품에 포함된 평균적인 사회적 필요노동량에 달려 있다. 어떤 자본가가 더 생산적인 신기술을 도입하고 다른 자본가들은 그러지 않는다면, 신기술을 도입한 자본가는 실질적·구체적 노동력에 대한 지출을 전보다 줄이면서도 여전히 전과 동일한 사회적 필요노동량의 가치를 가진 재화를 생산한다. 따라서 그의 이윤은 증가한다.[9] 그러나 똑같은 재화를 생산하는 자본가들이 모두 신기술을 도입하면, 그 재화의 가치는 신기술로 그 상품을 생산하는 데 필요한 평균 노동량과 일치할 때까지 하락한다.[10]

오키시오와 그의 추종자들은, 생산수단을 더 많이 사용한 결과로 생산성이 증가하면 생산물의 가격이 하락할 것이고, 따라서 경제 전반의 가격이 낮아지고, 그래서 생산수단 구입 비용도 낮아질 것이라고 반론한다. 그들은 이렇게 투자가 저렴해지면 이윤율이 오를 것이라고 주장한다.

언뜻 보면 이런 주장은 설득력 있는 것처럼 들린다. 그리고 오키시오 정리를 수학적으로 나타내기 위해 사용한 연립방정식은 많은 마르크스주의 경제학자들을 납득시켰다. 그러나 이 주장은 틀렸다. 그것은 실제 세계에서는 고려할 수 없는 일련의 논리적 단계들에 의존하고 있다. 생산 과정에서 투자는 현재의 시점에서 일어난다. 향상된 생산 기술의 결과로 추가 투자가 저렴해지는 일은 그 뒤의 시점에서 일어난다. 이 둘[투자와 투자의 저렴화]은 동시에 일어나지 않는다.[11] 서로 다른 시간대에 일어나는 과정에 연립방정식을 적용하는 것은 어리석은 실수다.

이런 속담이 있다. "내일의 벽돌로 오늘 집을 지을 수는 없다." 생산성 증대로 1년 후 기계 구입 비용이 줄어들 것이라고 해서 자본가가 오늘 기계를 구입하는 데 드는 비용이 줄어드는 것은 아니다.

자본가의 투자는 몇 차례의 생산 순환 동안 동일한 고정 불변자본(기계와 건물)의 사용을 포함한다. 두 번째, 세 번째, 네 번째 생산 순환 후에는 초기 투자 비용이 줄어들 것이라는 사실 때문에 첫 순환 전의 초기 투자 비용이 달라지는 것은 아니다. 이미 투자한 자본의 가치 하락은 확실히 자본가들에게 문제가 된다. 사업에서 살아남기 위해 그들은 과거 투자의 총비용을 이윤으로 벌충해야 하고, 예를 들어 기술 진보로 과거 투자의 현재 가치가 과거 가치의 절반으로 줄었다면, 자본가들은 그만큼의 돈을 총이윤에서 상각해야 한다. 설비 노후화로 인한 자본의 "가치 저하"는 이윤율의 직접적인 하락만큼이나 자본가들의 골치를 썩이면서 자본가들이 한쪽에서 얻은 것을 다른 쪽에서 잃게 만든다.

마르크스 주장의 함의는 훨씬 광범하다. 자본주의가 축적에 성공하는 것 자체가 더한층의 축적에 장애물이 된다. 핵심적 경제 부문의 자본가들이 투자를 지속하는 데 충분한 이윤율을 유지하지 못하면 위기는 피할 수 없다. 과거 축적의 규모가 클수록 위기도 더 깊을 것이다.

위기와 이윤율

그러나 위기 때문에 체제가 곧 끝장나는 것은 아니다. 역설이게도, 위기는 체제의 새로운 돌파구가 될 수 있다. 위기는 일부 자본가들을 파산시켜 다른 자본가들의 이윤을 회복시켜 줄 수 있다. 생산수단을 싸게 구입할 수 있고, 원료 가격은 하락하고, 실업 때문에 노동자들은 낮은 임금을 받아들일 수밖에 없다. 생산은 다시 수익성을 회복하고 축적이 재개된다. 마르크스의 이윤율 저하 경향 법칙을 인정하는 경제학자들은 이것의 함의를 둘러싸고 오랫동안 논쟁해 왔다. 일부는 이윤율이 장기적으로, 몇십 년 동안 하락하는 경향이 있다고 주장했다. 각각의 호황-불황 순환 때마다 경기 상승과 하강이 있을 뿐 아니라, 매번 호황은 그 전의 호황보다 더 짧아지고 불황은 더 깊어지는 장기적 하향 추세도 존재할 것이라는 주장이다. 다른 마르크스주의자들은 이와 달리, 구조조정이 이윤율을 그 전 수준으로 회복시킬 수 있고 그러다가 투자가 증가하면 이윤율이 다시 낮아질 것이라고 주장했다. 이 견해에 따르면, 이윤율은 필연적으로 장기 하락하는 것이 아니라 순환 운동을 하는데, 구조조정이라는 강렬한 위기가 이따금 그 순환 운동을 중단시킨다. 따라서 마르크스의 법칙을 "이윤율 저하 경향과 상쇄 경향의 법칙"으로 불러야 한다는 것이다.[12]

자본주의의 역사에서 위기가 수익성이 나쁜 자본을 대거 제거해서 이윤율의 장기 하락을 저지한 시기들이 있었다. 예컨대, 산업혁명 초기에 이윤율 하락이 있었는데, 면화 산업의 경우 시장 개척자들의 이윤율이 1770년대와 1780년대에는 매우 높았지만 1810년대에는 훨씬 더 낮아졌다.[13] 이 때문에 애덤 스미스와 데이비드 리카도는 이윤율 하락을 피할 수 없다고 보았다(스미스는 이윤율 하락의 원인을 경쟁에서 찾았고, 리카도는 농업의 수확체감 탓으로 돌렸다). 그러나 그 후 이윤율은 상당히 회복된 듯하다. 로버트 C 앨런은 1840년의 이윤율이 1800년의 갑절이었다고 주장한다.[14] 그의 수치는 (만일 정확하다면) "구조조정을 통한 이윤율 회복"이라는 주장과 부합한다. 1810년과 1840년 사이에 세 번의 경제 위기가 있었고, 1826년 한 해에만 3300개의 기업이 파산했기 때문이다.[15]

위기가 항상 이렇게 이윤율 저하를 상쇄할 수 있다면 마르크스가 자신의 법칙을 자본주의의 종말을 알리는 전조로 본 것은 틀린 셈이다. 왜냐하면 체제는 지난 180년 동안 거듭되는 위기에도 살아남았기 때문이다.

그러나 이렇게 주장하는 사람들은 구조조정이 항상 일부 자본에는 해를 끼치지만 다른 자본에는 해를 끼치지 않는 식으로 일어날 수 있다고 가정한다. 1970년대에 마이클 키드런은 이런 주장에 중요한 비판을 가했다. 그의 주장인즉슨, 자본주의가 단지 순환적으로 발전할 뿐 아니라 시간이 지남에 따라 변모한다는, 즉 노후한다는 것이다.[16]

자본의 집적과 집중

일부 자본이 다른 자본의 희생을 바탕으로 성장하는 과정 — 마르크스가 자본의 "집적과 집중"이라고 부른 — 때문에 결국 경제 체제의 특정 분야에서 소수 거대 자본들이 지배적 구실을 하게 된다. 이 자본들의 활동은 그들 주위의 크고 작은 다른 자본들의 활동과 긴밀하게 결합된다. 거대 자본들이 파산하면 다른 자본들의 활동도 어려워진다. 즉, 다른 자본들의 시장도 파괴되고, 원료와 부품 공급도 중단된다. 그러면 수익성 없는 기업과 함께 수익성 있는 기업도 파산하는 누적적 붕괴가 일어나 체제의 심장부에 '블랙홀'을 창출할 위험이 있다.

양차 세계대전 사이의 대불황에서 이런 일이 일어나기 시작했다. 일부 기업들의 파산은 위기를 끝내기는커녕 몇 년 후에는 위기가 낳은 충격을 심화시켰다. 그 결과, 자본은 어디서나 자신을 보호하기 위해 국가에 기댔다. 정치적 차이에도 불구하고 미국의 뉴딜, 독일의 나치 집권기, 라틴아메리카에서 등장한 포퓰리즘 정권들, 전시에 케인스주의적 국가 개입을 경제학 정설로 최종 수용한 영국에서 모두 그런 일이 일어났다. 이렇게 국가와 거대 자본의 상호의존 — '국가자본주의'(내가 선호하는 용어), '조직된 자본주의', '포디즘' 등 다양하게 부른 체제 — 이 제2차세계대전 이후 30년 동안 체제 전반에 걸쳐 일반적이었다.[17]

국가 개입은 항상 이중적 효과를 냈다. 국가 개입은 위기의 첫 징후가 완전한 붕괴로 발전하는 것을 막았다. 그러나 국가 개입은 일부 자본이 다른 자본들을 희생시켜 자신의 이윤율을 회복하는 능력 또한 차단했다.

이것은 1945년 이후 10년 동안에는 큰 문제가 되지 않았다. 왜냐하면 양차 대전 사이의 불황과 제2차세계대전의 여파로 기존 자본이 이미 엄청나게 파괴됐기 때문이다(어떤 추정치에 따르면 총자본의 3분의 1에 달한다). 그래서 전쟁 전보다 더 높은 이윤율로 축적이 다시 시작될 수 있었고, 이윤율이 거의 하락하지 않거나 매우 느리게 하락했다.[18] 자본주의는 지금 흔히 '황금기'라고 부르는 시대를 구가할 수 있었다.[19]

그러나 1960년대 이후로 이윤율이 다시 하락하기 시작하자, 체제는 '블랙홀'에 빠지거나 아니면 이윤율을 충분히 회복할 만큼 구조조정을 이루지 못할 위험에 빠지게 됐다. 체제는 위기가 체제를 강타하도록 내버려두는 구조조정을 감행할 수 없었다. 대규모 파산 사태를 막기 위해 국가가 개입했다. 그러나 그러다 보니 파산 위기를 부른 이윤율 저하 압력을 극복하는 데 필요한 구조조정을 국가가 방해했다. 키드런이 전에 이 잡지(《인터내셔널 소셜리즘》)의 편집자 서문에 썼듯이, 체제는 "경직"됐다.[20]

내가 1982년에 이 잡지에 썼듯이,

위기를 완화하기 위한 국가 개입은 단지 위기를 무한정 연기시킬 뿐이다. 그렇다고 해서 세계 경제가 단지 쇠퇴할 운명이라는 말은 아니다. 전반적 정체 경향 속에서도 반짝 호황들이 찾아와 일시적으로 고용이 약간 늘어날 수 있다. 그러나 그런 반짝 호황은 체제 전체의 문제를 약화시킬 뿐이고, 전반적 정체를 심화시키고 체제의 특정 부문들을 완전히 황폐화시킨다.

나는 "2~3개의 선진국 경제"의 파산이 "체제에 새로운 축적 순환 기회를 제공"할 수 있지만, 체제의 다른 부문을 운영하는 자들은 이런 파산이 나머지 경제와 은행들을 끌어내려 "다른 자본들이 잇따라 붕괴"하는 사태를 피하기 위해 안간힘을 쓸 것이라고 주장했다. 나는 현재의 "위기 국면은 세계의 대부분이 야만으로 빠지거나 노동자 혁명이 잇따라 일어나서 위기가 해결될 때까지 계속 진행될 것 같다"는 결론을 내렸다.[21]

실제 상황

지난 30년 동안의 이윤율 수치는 이 다양한 주장들과 얼마나 부합하는가? 그리고 오늘날 어떤 함의가 있는가?

그동안 이윤율의 장기 추세를 계산하려는 일련의 시도들이 있었다. 그 결과가 항상 서로 완전히 일치하지는 않았다. 왜냐하면 고정자본 투자를 계산하는 방법이 여러 가지이고, 기업과 정부가 제공하는 이윤 관련 정보가 엄청나게 왜곡되기 십상이기 때문이다.(기업들은 흔히 노동자들의 저임금을 정당화하거나 정부에 세금을 적게 내려 할 때는 이윤을 축소한다. 그러나 주가를 떠받치고 차입 능력을 높이려 할 때는 주주들에게 이윤을 부풀리기 일쑤다.) 그럼에도 프레드 모슬리, 토머스 마이클, 안와르 샤이크와 에르투그룰 아멧 토낙, 제라르 뒤메닐과 도미니크 레비, 우푹 투탄과 앨 캠벨, 로버트 브레너, 에드윈 N 울프, 피루즈 알레미와 던컨 K 폴리는[22] 모두 1960년대의 이윤율 추세를 실증적으로 연구한 조셉 질먼과 셰인 메이지의 뒤를 따르고 있다.

뒤메닐과 레비가 미국의 기업 부문 전체의 이윤율을 계산한 그래프(그림1)와 브레너가 미국·독일·일본의 제조업 부문의 이윤율을 계산한 그래프(그림2)가 보여 주듯이 특정 패턴이 나타난다.

그림1: 미국 이윤율 추계(실선)와 금융의 영향을 배제한 추계(점선)[23]

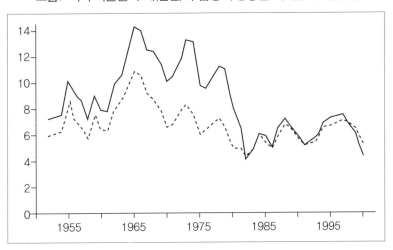

1960년대 말부터 1980년대 초까지 이윤율이 하락했다는 점에 대해서는 대체로 의견이 일치한다. 또한 1980년대 초 이후 이윤율이 부분적으로 회복됐지만 1980년대 말과 1990년대 말에 회복 추세가 중단됐다는 데도 의견이 일치한다. 또한 1970년대 중반부터 1980년대 초까지의 이윤율 하락은 임금인상 때문이 아니라는 데도 중요한 의견 일치가 있다. 왜냐하면 당시는 미국의 실질임금이 하락하기 시작한 때였고 1990년대 말에야 실질임금은 부분적으로 회복됐기 때문이다. 마이클,[24] 모슬리, 샤이크와 토낙, 울프[25] 모두 노동 대비 자본 비율의 상승이 이윤율 하락의 요인이라고 결론짓는다. 이런 결론은 오키시오 정리를 실증적으로 반박한 것이다. 자본가들이 저마다 경쟁력과 수익성을 높이려고 '자본집약적' 투자를 한 것은 경제 전체의 수익성을 하락시키는 효과를 낸 것이다. 마르크스 주장의 핵심은 타당하다.

그림2: 미국, 독일, 일본의 제조업 순이윤율[26]

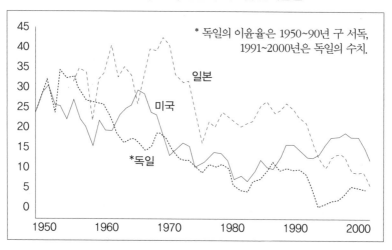

이윤율은 1982년쯤부터 회복됐다. 그러나 그 전 시기의 이윤율 하락의 절반 정도만을 회복했을 뿐이다. 울프에 따르면, 이윤율은 1966~1979년에 5.4퍼센트 하락했다가, 1979~1997년에 3.6퍼센트 "반등했다." 프레드 모슬리에 따르면, 이윤율은 "단지 이전 시기의 약 40퍼센트만 회복됐다."[27] 뒤메닐과 레비는 "1997년의 이윤율"이 "여전히 1948년의 절반, 1956~1965년 평균치의 60~75퍼센트에 불과하다"고 계산했다.[28]

설명

이윤율은 왜 회복됐는가? 한 가지 중요한 요인은, 국민총생산에서 '노동'으로 가는 몫이 줄고 '자본'으로 가는 몫이 늘어난 데서 알 수 있듯이 경제 전체에서 착취율이 증대한 것이다. 모슬리는 "잉여가치율이 1975년 1.71퍼센트에서 1987년 2.22퍼센트"로 증가했다는 것을 보여 줬다.[29]

그러나 노동자들에 대한 투자의 비율('자본의 유기적 구성')이 증가하는 추세가 적어도 1990년대 중반까지는 둔화했다는 요인도 있다. 대략 1980년 이후 체제에 중요한 변화가 일어났다. 1930년대 이후 처음으로 위기 때 대규모 파산이 일어나기 시작한 것이다.

제2차세계대전부터 1970년대까지 파산은 뉴스에서 주요 화제가 아니었다. 철도 회사를 예외로 치면, 미국에서 주목할 만한 기업 파산은 많지 않았다. 1970년대에 유명한 기업 파산은 1970년의 펜 중앙운송회사와 1975년의 W T 그랜트 컴퍼니 두 건이었다.

그러나

1980년대와 1990년대 초는 모든 유형의 파산 신청이 기록적으로 늘어났다. 많은 유명 기업들, 이스턴항공, 텍사코, 컨티넨탈항공, 얼라이드백화점, 페더레이티드백화점, 그레이하운드, R H 메이시, 팬아메리칸월드항공 … 맥스웰커뮤니케이션, 올림피아앤드요크 — 이 파산 신청을 했다.[30]

2001~2002년의 경제 위기 동안에 이런 일이 더 큰 규모로 반복됐다. 예를 들어, 엔론의 파산은 스티글리츠가 썼듯이 "월드콤이 파산하기 전까지는 가장 큰 기업 파산"이었다.[31]

미국에서만 이런 일이 일어난 것은 아니다. 맥스웰엠파이어와 올림피아앤드요크 같은 기업들의 파산에서 드러나듯이 1990년대 초 영국에서도 그런 일이 일어났다. 그리고 비록 영국이 2001~2002년에 전면적인 경기 후퇴를 피할 수 있었지만, 갓 설립된 '닷컴' 회사들과 첨단기술 기업들이 대거 파산했을 뿐 아니라 주요 기업 두 개, 마르코니/제너럴일렉트릭컴퍼니와 로버가 파산했다. 똑같은 현상이 유럽 대륙에서도 두드러지기 시작했다. 옛 동독의 대기업들이 대부분 파산하거나 서독 기업에 헐값 매각됐다.[32] 그리고 1997~1998년의 위기 때는 아시아에서도 마찬가지 현상이 나타났다. 이런 상황은 국가들의 파산 — 특히 국내총생산이 한때 미국의 3분의 1에서 심지어 절반에 이르렀던 러시아 — 에서 극에 달했다. 좌파들은 대부분 이 국가들이 '사회주의'였다는 혼란스런 생각에 빠져 있었다. 이런 혼란스런 생각 때문에 많은 논평가들은 이 국가들이 붕괴한 이유가 국제 경쟁에서 살아남는 데 드는 비용을 감당할 만큼 이윤율이 충분히 높지 않았기 때문이라고 생각할 수 없었다.[33] 또한 이 엄청난 양의 자본 파괴가 세계 체제에 미칠 영향도 분석할 수 없었다.[34]

이 기간에 일어난 일은 '위기를 통한 구조조정'이 국제 수준에서 거듭되는 것이었다. 그러나 그것은 살아남은 자본에 도움이 되도록, 수익성이 떨어지는 자본을 제거하는 옛 메커니즘의 제한적인 반복이었을 뿐이다. 국가가 매우 큰 기업들을 떠받치거나 은행에 압력을 가해 그렇게 하도록 개입하는 경우가 여전히 많았다. 미국에서 1979~1980 년에 크라이슬러가 거의 파산 직전까지 갔을 때,[35] 1980년대 말에 저축대부조합(사실상 미국의 건설 회사들)이 위기에 빠졌을 때, 1998년에 거대 파생상품 투기 회사인 롱텀캐피틀매니지먼트가 파산했을 때 이런 일이 있어났다. 그때마다 경제적·사회적·정치적 불안정에 대한 두려움 때문에 경제 위기를 통해 수익성 없는 자본들이 체제에서 제거되는 일은 일어나지 않았다. 올란도 카피타 리바에 따르면, 미국에서 "국가가 구조조정을 … 지원했다. 1970년에 공공투자는 민간투자의 겨우 10퍼센트에 불과했다. [그 후] 공공투자는 1990년에 24퍼센트로 늘었고, 그때부터 줄곧 1970년 수준의 갑절을 유지했다."[36]

공식적으로는 신자유주의의 미사여구를 사용했지만, 실제 정부 정책에서는 국가자본주의의 요소가 강력히 지속됐다. 미국만 그랬던 것이 아니다. 스칸디나비아 국가들에서 일본에 이르기까지 다양한 나라의 정부들은 국가 금융 체제 전반을 손상시킬 수 있는 은행 붕괴를 막기 위해 달려들었다. 설사 최후 수단으로 국유화를 하는 한이 있더라도 말이다.[37] 통일 후 독일 정부는 옛 동독 지역에 막대한 돈을 쏟아부었다. 그러지 않았다면 옛 서독 기업들이 동독에서 새로 인수한 자회사들이 이익을 낼 수 없었을 것이다. 그리고 세계의 금융 기관들은 잇따른 외채 위기 대응책으로 서방의 대형 은행들이 파산하지 않도록 보호하는 계획들을 내놓았다. 때때로, 예를 들어 〈이코노미스트〉가 이런 정책 때문에 체제의 활력을 완전히 회복시켜 줄 유일한 처방이 가로막힌다고 불평했지만 말이다.

비생산적 노동과 낭비

　모슬리, 샤이크와 토낙, 사이먼 모훈은 모두 자본주의의 최근 발전의 또 다른 특징 — 이미 1970년대에 키드런이 강조한 — 을 지적했다. 그 특징이란 경제에서 '비생산적' 부문이 증대한다는 것이다.

　주류 신고전파 경제학은 구매와 판매를 포함하는 모든 경제 활동을 '생산적인' 것으로 본다. 이런 생각은 시장에서 거래가 이뤄지는 방식에만 초점을 맞추는 협소함에서 비롯한다. 애덤 스미스, 데이비드 리카도처럼 마르크스도 이보다 더 근본적인 문제, 즉 자본주의 성장의 동역학을 밝히는 데 관심을 가졌다. 그래서 마르크스는 스미스가 발견한 '생산적' 노동과 '비생산적' 노동의 구분을 더 발전시켰다. 마르크스는 생산을 확대해 잉여가치를 창출하는 노동을 생산적 노동으로 봤다. 비생산적 노동은 생산을 확대하지 않고 이미 창출된 가치를 단지 분배·관리·소비하는 노동이다. 예를 들어, 개인이 고용한 하인, 경찰, 군인, 영업사원의 노동이 그렇다.

　마르크스의 구분은 물질적 생산과 '서비스' 사이의 구분이 아니다. '서비스'로 분류되는 것들 중 일부는 세계의 부를 진정으로 늘린다. 따라서 일부 운송 노동자들처럼 재화를 생산지에서 소비지로 운송하는 일은 생산적이다. 영화배우의 연기도 사람들에게 즐거움을 주고 그래서 사람들의 생활수준을 개선시켜서 자본가들에게 이윤을 가져다주는 한은 생산적이다. 이와는 반대로, 단지 이미 생산된 것을 판매하기 위한 기능만 하는 광고에서 하는 연기는 비생산적이다.

　마르크스의 구분법은 마르크스가 《자본론》을 썼을 때보다 교육과 의료 서비스 같은 것들이 훨씬 더 중요해진 오늘날의 자본주의에 맞게 다시 정의돼야 한다. 오늘날의 마르크스주의자들은 대부분 사람들의 생산 능력을 향상시키는 교육(단지 아이들을 훈육하는 것이 아닌)이 적어도 간접적으로는 생산적 노동이라고 생각할 것이다. 키드런은 더 나아가, 자본의 추가 축적에 기여하는 것은 생산적이라고 주장했다. 생산수단 생산은 자본의 추가 축적에 기여한다. 그리고 노동자들과 그 가족들이 착취당하기에 적합하도록 건강을 유지해 주는 재화(즉, 그들의 '노동력'을 재생산하는 재화)의 생산도 마찬가지다. 그러나 자본가계급과 그 측근들에게 사치재를 공급하기만 하는 생산은 생산적이라고 할 수 없고, 무기 생산도 마찬가지로 비생산적이다.[38]

비생산적 노동을 정확히 어떻게 정의하든지 간에, 비생산적 노동은 오늘날의 자본주의에서 매우 중요하다. 프레드 모슬리의 계산을 보면, 미국에서 상업 부문에 종사하는 사람들의 수는 1950년에서 1980년 사이에 890만 명에서 2100만 명으로 늘었고, 금융 부문에 종사하는 사람들의 수는 190만 명에서 520만 명으로 늘어난 반면, 같은 기간에 생산적 노동인구는 2800만 명에서 겨우 4030만 명으로 증가했다.[39] 샤이크와 토낙은 미국에서 총노동 중 생산적 노동이 차지하는 비율이 1948년에서 1989년 사이에 57퍼센트에서 36퍼센트로 하락했다고 계산했다.[40] 사이먼 모훈은 미국에서 "물질적 부가가치"에서 "비생산적" 임금·봉급이 차지하는 비율이 1964년 35퍼센트에서 2000년 50퍼센트로 증가했다고 계산했다.[41] 키드런은 폭넓은 정의를 사용해 "자본의 관점에서 볼 때 1970년대에 미국인들이 실제로

한 노동의 5분의 3은 낭비된 것이었다"고 계산했다.[42]

모슬리, 샤이크와 토낙, 키드런(그가 나중에 발표한 글들)의[43] 견해는 분명했다. 비생산적 노동에 대한 지출 부담은 잉여가치와 이윤율의 배출구 노릇을 한다.[44] 모슬리, 샤이크와 토낙은 "생산적" 부문의 이윤율("마르크스가 말한 이윤율")을 계산했고, 그 결과를 기업들과 미국 정부 산하 전국연금관리기구NIPA가 제시한 경제 전체의 이윤율 수치들과 비교했다.[45] 샤이크와 토낙은 다음과 같이 계산했다. 1948년부터 1989년까지 "마르크스가 말한 이윤율은 거의 3분의 1쯤 하락했다. … NIPA가 제시한 평균 비율은 48퍼센트 이상 하락했고, 기업의 경우에는 가장 크게 하락해서 57퍼센트 이상 하락했다. 이런 급락은 생산적 활동에 대한 비생산적 활동의 비율이 상대적으로 증가한 것으로 설명할 수 있다."[46] 모슬리는 "전후 미국 경제는 1970년대 말까지 전통적 이윤율이 마르크스 비율보다 훨씬 더 하락했다"고 결론지었다. 전통적 이윤율은 40퍼센트, 마르크스가 말한 이윤율은 15~20퍼센트 하락했다는 것이다. 모슬리는 1990년대에 이윤율이 완전히 회복되지 못한 데는 비생산적 노동의 증가가 주요하게 작용했다고 주장한다.

왜 이렇게 비생산적 지출이 증가했는가? 그러지 않았다면 더 높았을 이윤율을 억제하는 수준으로까지 말이다. 여러 요인들이 결합돼 있는데, 각각의 요인 자체가 낮은 이윤율에 대한 대응(이고 위기를 저지하려는 기업들과 각국 정부의 노력)이다.

- 자본은 비생산적 방식으로 시장을 보호하고 확대하려는 노력에

자원을 더 많이 쏟아붓는다.

• 자본가들이 화폐 시장, 금융 투기, 헤지펀드 등에 도박하듯이 투자해서 쉽게 이윤을 얻으려고 함에 따라 투기성 투자 물결이 일어난다.

• 하급 직무 종사자들에게 더 많은 압력을 가하려는 노력 때문에 경영 위계가 증가한다. 이것은 오늘날 공공 부문과 민간 부문 모두에서 전형적인 특징이다.

• 생산적으로 고용될 수 없는 사람들에게 지급되는 최소한의 복지 급여와 '보안' 관련 지출을 통해 체제가 사회 평화[계급투쟁의 최소화]를 유지하는 데 드는 비용이 늘어난다.

• 국가는 자국 자본들이 직면한 문제를 처리하기 위한 방편으로 군사적 모험을 추구한다.

모순된 효과들

악순환이 존재하는데, 이윤율 하락에 대한 개별 기업과 국가의 대응이 생산적 축적에 사용할 수 있는 자원을 더 줄이는 효과를 내는 것이다.[47]

그러나 비생산적 지출의 효과가 이윤율을 낮추기만 하는 것은 아니다. 자본의 유기적 구성 상승 압력도 낮출 수 있다. 마이클 키드런은 이런 통찰을 이용해서 제2차세계대전 종전 후 수십 년 동안 막대한 군비 지출이 체제에 미친 '긍정적' 효과를 설명했다. 그는 지배계급과 그 측근들의 사치재 소비와 마찬가지로 군비 지출도 체제를 운영하는 자들에게 적어도 한동안은 의도치 않은 유용한 효과를 낸다고 봤다.

키드런은 '낭비되는' 노동은 자본집약적 축적을 향한 압력을 증대시키지 못한다고 주장했다. 낭비되지 않았다면 노동자 대비 생산수단의 비율을 상승시켰을 가치가 체제 밖으로 빠져나가기 때문이다. 축적은 전보다 느려지지만 꾸준한 속도로 계속 진행된다. 마치 이솝 우화에서 토끼와 경주하는 거북이처럼 말이다. 이윤율은 낭비적 지출 때문에 압박을 받지만, 자본-노동 비율이 급격히 상승해서 이윤율이 급락하는 일은 일어나지 않는다.

이런 설명은 전후 초기 상황과 부합하는 듯하다. 미국 국민총생산의 약 13퍼센트를 차지하는 군비 지출은(간접 지출까지 합하면 아마 15퍼센트쯤 될 것이다) 잉여가치를 추가적인 축적에서 빼내 다른 곳으로 돌리는 주요 수단이었다. 군비 지출은 또, 미국의 세계 패권에 도움이 되고(소련과 대결하는 것뿐 아니라 유럽 자본가계급을 미국 편에 결속시키는 데도), 미국 경제의 중요한 생산적 부문 일부에 시장을 확보해 준다는 점에서, 미국 지배계급이 이득을 얻고자 지출한 것이기도 하다. 이런 의미에서 자본가들은 군비를 다른 사치재 소비와 마찬가지로 자신들에게 이익이 되는 것으로 여길 수 있었다. 이 점에서 가난한 사람들의 생활조건을 개선하는 '비생산적' 지출과는 매우 다른 것이었다. 그리고 군비 지출 때문에 축적률이 낮아졌다고 하더라도, 재앙적인 일은 아니었다. 왜냐하면 불황과 전쟁을 통한 자본 구조조정으로 축적이 이미 1930년대보다 훨씬 더 높은 수준으로 이루어지고 있었기 때문이다. 국내에서는 모든 기업들의 조건이 똑같이 불리했기 때문에 시장 경쟁에서 다른 기업들에게 패배할 일이 없었다. 국제적으로는, 전후 초기에 미국과 상당한 수준의 경제적 경쟁을 벌였던 다른 나라들(영국·프랑스 같은 옛 제국주의 열강)이 상대적으로 높은 군비 지출을 부담하느라 어려움을 겪었다.

오늘날은 상황이 매우 다르다. 1960년대 초 이후로 주요 경제적 경쟁국들이 다시 나타나자 미국이 국민총생산 중 군비에 쏟는 몫을 줄여야 한다는 강력한 압력이 형성됐다. 1960년대 중반의 베트남전 기간과 1980년대의 '제2차 냉전' 기간에 군비 지출 증대는 미국 경제를 잠시 부양했을 뿐 나중에 엄청난 문제를 드러냈다. 조지 부시가 대통령으로 있는 동안 군비 지출이 국민총생산의 3.9퍼센트에서 4.7퍼센트로(기업의 순투자의 약 3분의 1에 달한다) 상승해 미국의 재정 적자와 무역 적자가 더욱 악화했다.

이 모든 형태의 '낭비'가 체제 전체에 미치는 긍정적 효과는 50년 전보다 훨씬 못하다. 낭비적 지출은 여전히 자본의 유기적 구성 증대에 따른 이윤율 저하 압력을 줄일 수 있을 것이다. 분명히, 이윤율은 잉여가치가 모두 축적에 투입되는 경우보다는 천천히 상승할 것이다. 그러나 이런 낭비적 지출 때문에 선진 자본주의 국가들은 생산적 축적의 둔화와 장기 성장률 둔화라는 대가를 치렀다. 그래서 자본과 국가는 노동자, 노령자, 실업자, 장기요양자에게 지급하는 급여를 삭감해서 이윤율을 끌어올리려는 '신자유주의적' 시도를 반복했다. 이런 시도에는 시장 메커니즘에 의존해서 교육과 의료 비용을 줄이려는 노력, 제3세계 국가들에게 제 살을 깎아서 외채를 갚으라고 강요하기,

세계에서 가장 중요한 원료[석유]를 두 번째로 많이 가진 나라를 지배하기 위한 미국의 군사적 모험이 포함된다.

현 상황을 영속적 위기로 보는 것은 틀린 것이다.[48] 그보다는 거듭되는 경제 위기의 하나로 봐야 맞다. 1980년대(특히 일본)와 1990년대(미국)의 경제 회복은 '반짝 경기' 이상이었다. 과거에 수익성이 낮았다고 해서 자본가들이 미래에는 엄청난 이윤을 벌어들일 수 없을 것이라고 생각하지 않거니와, 전 세계에서 잉여가치를 뽑아내 미래의 이윤을 노린 사업에 뛰어들지 않는 것이 아니다. 그런 사업의 다수는 부동산, 상품시장, 주가 등의 거품처럼 완전히 비생산적 분야의 투기성 도박이다. 그러나 자본가들은 잠재적으로 생산적인 부문에 자원을 투입해서 이윤을 벌어들이려는 생각도 할 수 있고, 그래서 몇 년간 지속되는 급속한 호황을 만들어낼 수 있다. 미국에서 투자는 1991~1999년에 갑절로 늘었다.[49] 거품이 터졌을 때, 광섬유 통신망 같은 실물 부문의 막대한 투자가 결코 수익을 낼 수 없을 거라는 점이 드러났다. 〈파이낸셜 타임스〉는 "1조 달러짜리 불장난"이었다고 썼다.[50]

실제로 당시는 이윤율이 어느 정도 회복된 때였다. 그러나 그렇다고 해서 실제로 존재하지 않는 투기적 이윤을 기대하는 '이상 과열'이 사라지지는 않았다. 사실상 모든 주요 기업들이 투기적 이득을 얻으려고 일부러 이윤을 부풀렸다. 그래서 기업이 발표한 이윤은 실제 이윤보다 약 50퍼센트가 높았다.[51]

지금 미국에서(아마 영국에서도) 당시와 유사한 상황에 가까워지는 듯한 징후가 많다. 미국의 투자는 지난 경기후퇴 동안 하락했다가 지금은 1990년대 말 수준으로 회복했다.[52] 그러나 미국의 회복은 막대한 재정 적자, 해외에서 빌려오는 자금의 유입으로 지탱하는 국제수지 적자, "미국 국내총생산에서 임금소득이 차지하는 비중이 49퍼센트에서 46퍼센트로 하락함"에 따라 생계비를 충당하기 위한 가계 대출에 의존했다.[53] 이것이 헤지펀드, 파생상품 시장, 주택 거품, 거대 기업들을 인수하기 위한 사모펀드의 막대한 차입(1980년대 말의 대형 인수·합병 물결에서 "문 앞의 야만인들"의* 정크본드** 발행을 상기시킨다) 같은 투기성 사업이 분출하는 배경이다. 이런 상황에서 기업 이윤은 계속 부풀려지다가 갑자기 현실과 단절될 것이고, 모든 일이 매우 잘 풀리는 것처럼 보이다가 별안간 상황이 나빠지고 있다는 사실이 드러날 것이다. 그리고 미국이 감기에 걸리면 영국은 독감에 걸릴 가능성이 농후하다.

영국의 이윤율은 당장은 높은 듯하다. 어떤 계산을 보면, 영국에서 2006년 4사분기에 모든 비금융 민간 기업의 이윤율은 15.5퍼센트였는데, 이것은 1969년 이래 가장 높은 수치다. 신노동당 집권 기간에 국내총생산에서 이윤이 차지하는 비중이 거의 27퍼센트에 달하는 기록적인 수치에 도달했다.[54] 그러나 평균 이윤율로 표현된 이 수치는 현

---

* 1988년 사모펀드 KKR이 차입·매수LBO에 의한 적대적 인수·합병으로 거대 다국적 식품담배 회사인 나비스코의 경영권을 장악한 사건을 파헤친 동명의 책(국역: 《문 앞의 야만인들》, 크림슨(2009))에서 유래한 말로, LBO를 활용한 기업 사냥 전문 사모펀드들을 가리킨다.

** 쓰레기 채권이라는 뜻으로 수익률이 높지만 신용 등급이 낮아 원금 손실 위험이 큰 채권.

재 북해 유전과 가스에서 얻는 높은 이윤 수준에 의해 부풀려졌을 것이다. 그리고 영국 기업들이 계산한 이윤은 영국 내에서 창출된 이윤과 같지 않다. 영국의 대기업들은 경제 규모가 큰 다른 선진 자본주의 나라들보다 해외 활동에 더 많이 의존하기 때문이다. "서비스 부문"의 수익성은 높다. 그러나 많이 쇠퇴했지만 여전히 중요한 산업 부문의 이윤율은 1998년 15퍼센트에서 지금은 약 10퍼센트로 하락했다. 1970년대, 1980년대, 1990년대에도 결국은 호시절이 끝났듯이 지금도 곧 그럴 것이라고 두려워하는 자본주의 찬양론자들이 미국에 많다.

엄청난 생산적 투자가 일어나고 있는 세계 체제의 일부 — 바로 중국 — 에 대한 의심도 존재한다. 일부 논평가들은 중국이 세계 체제 전체를 구해 줄 것이라고 생각한다. 중국 자본은 훨씬 더 많은 잉여가치를 재투자할 수 있었다. 이는 국민총생산의 40퍼센트 이상으로 미국, 유럽, 심지어 일본보다 더 높다. 중국은 노동자들을 더 많이 착취할 수 있었다. 그리고 지금까지 선진 자본주의 나라들의 특징인 비생산적 지출 수준 때문에 [축적이] 방해받지도 않았다(비록 쇼핑몰, 호텔, 고층빌딩의 확산이 지금 부동산 호황의 특징이지만 말이다). 이 모든 요인 덕분에 중국은 많은 상품 수출 시장에서 선진 자본주의 나라들의 주요 경쟁자로 떠오를 수 있었다. 그러나 중국의 매우 높은 투자 수준은 이미 이윤율에 영향을 미치고 있다. 마르크스주의 범주들을 중국 경제에 적용한 최근 계산을 보면, 중국의 이윤율이 1984년 40퍼센트에서 2002년 32퍼센트로 하락한다. 반면, 자본의 유기적 구성은 50퍼센트 증가했다.[55] 서구의 몇몇 연구자들은 중국 대기업들의 일부는 이윤율이 매우 낮지만, 이 기업들을 성장시키기 위해 거대 국유은행들이 받는 압력 때문에 낮은 이윤율이 감춰졌다고 확신한다.[56]

미래를 억측하기는 쉽지만, 소용없는 일이다. 체제의 대략적 개괄은 가능하지만, 몇 달, 심지어 몇 년 후에 어떻게 현실화할지를 결정하는 무수한 개별 요인들의 작용을 확실히 알 수는 없다. 중요한 것은 체제가 살아남을 수 있었던 — 심지어 지난 30년 동안 가끔은 꽤 빠르게 성장할 수 있었던 — 이유는 위기의 반복, 노동조건에 대한 압력 강화, 잠재적으로 투자 가능한 가치의 엄청난 낭비 때문이었다는 사실을 인식하는 것이다. 체제는 '황금기'로 돌아갈 수 없었고, 앞으로도 마찬가지일 것이다. 체제는 영속적 위기에 빠진 것은 아닐지라도 탈출할 수 없는 반복되는 위기 국면에 놓여 있다. 그리고 이 위기는 반드시 경제적 위기일 뿐 아니라 정치적·사회적 위기이기도 할 것이다.

광란의 시장에 대한 진정한 대안

미국의 경제 위기가 심화하자 자본주의를 가장 열렬히 지지하는 사람들조차 신자유주의 이데올로기를 의심하고 있다. 지난 30년 동안 체제를 정당화하는 데 이용한 이데올로기를 이제 불신하는 것이다.

세계 9대 은행인 도이체방크의 요제프 아커만 회장은 2주 전 프랑크푸르트에서 "나는 시장의 자기 치유 능력을 더는 믿지 않는다" 하고 말했다.

더 놀라운 일은 영국 자본주의의 대표 신문인 〈파이낸셜 타임스〉의 평론가들이 미국 정부가 순수 시장 원리를 깨고 막대한 자금을 쏟아부어 한 은행[베어스턴스]의 파산을 막는 것을 보며 고뇌한다는 점이다.

오랫동안 신자유주의를 열렬하게 옹호했던 마틴 울프는 미국 정부의 구제금융이 투입된 "2008년 3월 14일은 세계 자유 시장 자본주의

"Our alternative to market madness", *Socialist Worker* 2095(5 April 2008).

라는 꿈이 사멸한 날이다" 하고 말했다.

마이클 스캐핀커도 고뇌에 빠졌다. 스캐핀커는 지금 사상이 현저히 변화 중인데, 이것은 30년 전에 일어난 변화만큼 중요한 현상이라고 말한다.

당시 많은 자본주의 옹호론자들은 케인스주의(국가 개입으로 자본주의 경제 위기를 극복할 수 있다는 이론)를 폐기하고 오늘날 신자유주의(국가 개입은 자유 시장 자본주의의 원활한 작동을 방해한다는 주장)로 알려진 이데올로기를 받아들였다.

그러나 스캐핀커는 자본주의를 지지하는 자신의 독자들을 위로하는 한 마디를 덧붙였다. "좌파나 극좌파의 웹사이트들을 훑어 보면 마찬가지로 대안을 전혀 제시하지 못한다는 것을 알 수 있다"고 말이다.

그러나 그는 〈소셜리스트 워커〉 웹사이트를 '뒤져서' 딱 한 문장만 인용했을 뿐이다.

스캐핀커가 우리의 출판물을 진지하게 살펴봤다면 우리가 오래 전부터 현대 자본주의의 대안을 설득력 있게 주장해 왔음을 알 수 있었을 것이다.

모순

우리가 주장하는 대안은 매우 간단한 관찰에서 시작한다. 바로 현대 자본주의 체제는 핵심적 모순에 기반한다는 점이다. 한편으로, 현대 자본주의는 60억 세계 인구의 노동을 사실상 하나의 세계적 협력 체제로 통합하는 네트워크에 의존한다.

이 점은 사람들이 입고 있는 옷만 봐도 알 수 있다. 이 옷은 세계 어디선가 생산된 면사나 양모가 다른 곳에서 생산된 강철로 만들어진 배에 실려 제3의 장소로 운반돼 천으로 직조되고, 다시 제4의 장소에서 옷으로 만들어지고, 제5의 장소에서 채취된 석유를 사용하는 교통수단에 실려 운반되는 등 여러 단계를 거쳐 사람들의 손에 들어간다. 아주 간단한 품목을 만드는 데도 수많은 사람의 노동이 필요하다.

다른 한편으로, 이런 네트워크의 형성은 협력이 아니라 소수 특권층 간의 무자비한 경쟁을 바탕으로 한다. 그들은 생산에 필요한 수단, 즉 도구, 기계, 유전油田, 첨단 통신 시스템, 토지를 독점하고 있다.

이들 소수 특권층, 즉 이런저런 자본가들이 재화를 생산하는 동기는 인간의 필요 충족이 아니다. 그것은 바로 경쟁에서 다른 자본가들보다 앞서 나가야 한다는 압박이다.

경쟁에서 앞서기 위해 중요한 것은 이윤을 남기고 그 이윤을 새로운 생산수단에 투자하는 것이다.

때로 대중에게 실제로 유용한 물건을 생산하는 데 돈이 투자되기도 한다. 그러나 대개는 경쟁 업체의 슈퍼마켓 옆에 새로운 슈퍼마켓을 짓거나, 신약을 개발하는 대신 기존 약을 이름만 바꿔서 팔거나, 자신의 소프트웨어가 더 복잡하고 느린데도 시장 독점을 이용해 경쟁 업체의 더 나은 소프트웨어를 고사시키거나, 다른 나라의 석유를 차지하기 위해 전쟁을 벌이거나, 가격을 올리기 위해 곡물을 사재기하는 데 막대한 돈이 투자된다.

이런 체제는 위기가 거듭될 수밖에 없다. 이윤을 좇는 자본가들은 수익성이 있는 듯한 사업이면 그것이 무엇이 됐건 경쟁적으로 돈을 쏟아붓기 때문이다. 그 결과 원료 가격이 급등하고, 자본가의 이윤을 늘리려고 임금이 억제된 노동자들로서는 구입할 엄두도 내지 못하는 제품들이 대거 생산된다.

이런 체제에 대한 사회주의적 대안은 간단하다. 자본가들의 경쟁을 바탕으로 하는 의사 결정 시스템을 진정한 민주주의로 교체하는 것이다. 그래서 대중이 경제적 우선순위를 민주적으로 결정하고 그것을 달성할 계획을 수립하는 데 서로 협력하는 것이다.

흔히들 현대 생산 시스템은 너무 복잡해서 그런 계획을 세우는 것이 불가능하다고 말한다. 그러나 주요 자본주의 기업은 모두 나름대로 목표를 달성하기 위해 계획을 세운다.

테스코[영국 최대의 유통업체]는 매장의 진열대에 채울 상품을 동네 시장에서 사오지 않는다. 테스코는 모든 대형 마트에 공급할 수많은 제품을 차질 없이 확보하기 위해 몇 년 전부터 계획을 세운다.

계획

마찬가지로 닛산과 지엠 같은 자동차 회사들도 수많은 자동차 부품을 생산하기 위해 치밀한 계획을 수립한다. 심지어 하청 부품 업체들에 갖가지 압력을 가하는 것까지도 치밀하게 계획한다.

중요한 사실은 기업 소유주가 실제로 계획을 짜는 경우는 아주 드물다는 것이다. 그런 계획은 그들이 고용한 전문가들이 수립한다.

마찬가지로 새로운 생산기술을 연구하고 개발한 사람, 바로 자본주의 체제의 성과라고 떠들어대는 진보를 실제로 이룩한 사람도 기업 소유자나 이사가 아니라 그들에게 고용된 노동자들이다.

계획과 혁신이 자본주의 체제에서 가능하다면, 이윤을 얻기 위한 경쟁이 또 다른 경쟁으로 치닫는 체제가 아니라 민주적 의사 결정을 거쳐 인간의 필요를 충족하는 체제에서도 계획과 혁신은 가능할 것이다.

사실, 오히려 그런 민주적 체제에서 계획은 더 쉬울 것이다. 지금 자본주의 기업에서 이뤄지는 계획은 항상 경쟁 업체들의 계획 때문에 빗나가기 마련이다.

닛산이 막대한 돈을 쏟아부어 새로운 자동차 모델을 출시해도 이미 시장에는 폭스바겐이나 도요타가 생산한 자동차들이 넘쳐난다. 테스코가 내년 상반기를 겨냥해 야심찬 계획을 수립하더라도 금융시장의 맹목적인 경쟁에서 비롯한 위기 때문에 테스코 제품을 소비해야 할 사람들의 구매력이 떨어지면 그 계획은 아무 소용이 없다.

바로 이런 경쟁 때문에 소련 경제는 재앙을 맞았다. 아래로부터의 민주적 결정이 없었던 소련에서 지배자들의 목표는 서방과의 군사적 경쟁(마지막 20년 동안은 서방과 중국과의 군사적 경쟁)에 모든 것을 종속시키는 것이었다. 국내 계획이 외부적 경쟁에 종속되면서 그 대립물로 바뀌었다.

그렇다면 사회주의자들은 지금 당장 모든 시장 원리를 폐지하는 일에 달려들어야 하는가? 우리의 적들이 항상 떠들어 대듯이, 사회주의자들은 '모든 구멍가게의 국유화'를 주장하는가?

결코 그렇지 않다. 오늘날 자본주의 사회의 현실을 좌우하는 것은 수많은 소규모 상점에서 일어나는 일이 아니라 거대 자본주의 기업들에서 일어나는 일이다.

개조

사회를 사회주의적 방향에 맞게 재조직하려면 거대 기업들을 통제하고, 그들의 투자 결정을 조정하고, 민주적으로 결정된 우선순위를 이행하도록 강제해야 한다.

이 결과에 따라 경제의 덜 중요한 부문에서 시장 원리가 얼마나 오랫동안 작동할 것인지가 결정될 것이다.

이런 민주주의는 오늘날 존재하는 '민주주의'와 사뭇 다를 것이다. 지금의 민주주의에서는 진정한 권력은 기업들에 있고 평범한 사람들에게는 경제 운용에 대한 발언권이 전혀 없다.

사회주의 사회에서는 대중이 참여한 가운데 인류의 필요를 충족할 물품을 생산할 계획에 대해 민주적으로 토론할 것이다.

이런 대안을 실행하기 힘든 이유는 현실성이 없기 때문이 아니다. 오늘날 부의 생산을 통제하고 소유한 자들이 자신들의 기득권을 지키려고 온 힘을 다해 저항하기 때문이다.

그들이 도이체방크 회장처럼 신자유주의에서 국가 개입 강화로 태도를 바꿀 수는 있다. 그러나 그들은 자신의 경제적 권력을 끝까지 지키려 할 것이다. 자본주의 체제에서 고통받는 사람들의 대규모 투쟁만이 체제를 끝장낼 수 있다.

중요한 점이 하나 더 있다. 그런 투쟁들은 한 나라에서 시작될 수 있고, 부자들이 소유한 부를 대중에게 재분배해 중요한 성과들을 거둘 수도 있다.

그러나 자본주의 경쟁의 국제적 성격을 감안하면, 자본주의의 영향력에서 궁극적으로 벗어날 수 있는 길은 한 나라에서 다른 나라로 투쟁이 확산되며 발전하는 것뿐이다.

그래야만 민주적으로 통제되는 새로운 생산 네트워크가 모든 자원을 마음껏 활용해 인류 전체에게 더 나은 삶을 제공할 수 있을 것이다.

존 메이너드 케인스의 두 얼굴

〈파이낸셜 타임스〉는 존 메이너드 케인스를 두고 "지금 모든 사람이 위대한 경제학자에게 사로잡혔다"고 썼다. 실제로도 그런 것 같다. 미국 재무부 장관 헨리 폴슨과 연방준비제도이사회의 의장 벤 버냉키는 한쪽 극단에서, 래리 엘리엇과 그레이엄 터너는 다른 쪽 극단에서 같은 주장을 한다. 그들 모두 1930년대에 케인스가 경제 위기를 멈출 방법을 보여 줬고, 오늘날에도 케인스의 방법론이 효과가 있을 거라고 말한다.

그러나 이 주장에는 큰 약점이 있다. 바로 케인스가 1930년대에 경제 위기를 멈추는 법을 보여 주지 않았다는 점이다. 케인스가 한 일은 노동자들의 생활수준을 깎아내려서 경제 위기를 극복할 수 있고, 이런 경제 위기야말로 시장 체계가 잘 돌아가게 하기 위해서 치러야 할

"Two faces of John Maynard Keynes", *Socialist Review* 330(November 2008).

비용이라고 주장한 사람들을 통쾌하게 반박한 것이었다.

케인스가 시장의 문제를 해결하기 위해서 시장에 의존하는 어리석음을 비판한 것은 오늘날에도 여전히 유효하다. 당시 주류 경제학자들은 '세이의 법칙'이라고 불린, 물건을 파는 사람이 있으면 반드시 그것을 사는 사람도 있기 때문에 과잉생산에 의한 일반적인 위기는 일어나지 않는다는 주장을 신봉했다.

케인스는 카를 마르크스가 이미 60년 전에 밝힌 것과 같은 주장을 했다(비록 그는 마르크스의 저작을 한사코 읽으려 들지 않았지만 말이다). 그것은 바로 시장경제에서 생산된 모든 상품이 팔리기 위해서는 노동자는 자신의 임금을, 자본가는 자신의 이윤을 모두 사용해야 한다는 점이었다. 노동자는 대개 자신의 임금을 다 써 버릴 수밖에 없다. 그러나 자본가는 이윤을 다시 투자하거나 자기를 위해서 다 써 버리는 대신 은행에 보관하거나 침대 밑에 숨겨 둘 수 있다. 이 경우 생산된 것과 판매될 수 있는 것 사이에 차이가 발생한다.

노동자가 임금 삭감을 받아들여서 제품 가격이 하락한다면 더 많은 상품이 생산되고 실업이 사라질 것이라는 주장에 케인스는 임금이 삭감되면 노동자가 살 수 있는 물건이 오히려 더 적어질 뿐이라고 반박했다. 그러면 임금을 더 많이 삭감해야 하고 그 결과 판매량은 더 적어질 것이다. 이런 식으로 케인스는 대량 실업에 아무런 조치도 취하지 않는 것을 정당화한 정설적 주장을 논파했다. 그러나 그는 자기 주장이 반자본주의적이라고 생각하지는 않았다. 오히려 케인스는 자본가들이 자본주의 체제가 계속 돌아가게 할 변화를 받아들이도록 설득하고자 했다.

케인스는 그의 이론이 "중도 보수적"이라고 생각했다. 그의 전기를 쓴 로버트 스키델스키는 그가 "재계의 심리를 고려해서" 딱 맞는 제안을 했고, "실제로 매우 조심스러운 성격이었다"고 말한다. 그가 보기에 위기를 극복하기 위해서 필요한 것은 오로지 기성 국가가 경제에 개입해서 투자와 소비에 대한 지출 수준을 늘리는 것뿐이었다. 이를 위해서는 두 가지 조치가 필요했다.

첫째로 정부는 금리를 낮춰야 했다. 그러면 부유한 사람들이 소득을 저축하는 대신에 소비를 더 많이 할 것이고, 그 결과 시장이 형성돼 기업은 투자를 늘리게 될 것이다. 그러나 케인스는 "통화정책만으로 효과가 있을지는 회의적"이라고 인정했다.

둘째로 정부는 돈을 빌려 직접 지출을 할 수 있다. 이런 "적자 재정" 정책을 펴면 경제의 규모가 커지고 정부 세수가 늘어날 것이기 때문에 언젠가는 지출한 돈을 다시 거둬들일 수 있게 된다.

그러나 이런 정책이 실제로 시행되자 케인스는 자본가들의 심기를 거스를까 봐 항상 전전긍긍했다. 자본가들의 심리에 따라서 투자가 이루어질지 아닐지가 결정된다고 봤기 때문이다. 결국 그의 제안은 대공황을 끝내기에는 너무 온건했다. 1930년대 초에 실업률이 두 배 가까이 치솟자 그는 로이드 조지를 도와서 공공 토목 사업을 벌였지만 실업률은 여전히 미미하게 감소했을 뿐이다. 또 그는 루스벨트에게 "이미 늦어 버린 경제 개혁과 사회 개혁"을 추진하면 안 된다고 조언했는데, 그 이유는 "재계의 자신감을 떨어뜨려 경기회복이 더뎌질" 것을 걱정했기 때문이었다.

1930년대 불황이 가장 극심했을 때의 실업자 300만 명에게 전부

일자리를 주려면 정부 지출을 56퍼센트 정도 늘려야 했다고 추정된다. 케인스의 "점진주의적" 해결책으로는 절대 그렇게 할 수 없었다. 그러면 자본의 해외 도피, 수입 증대, 무역수지 적자, 이자율의 가파른 상승이 벌어질 것이기 때문이었다.

주요 저서인 《고용, 이자 및 화폐의 일반 이론》에서 케인스는 이런 온건한 정책으로는 문제를 해결하는 데 충분치 않다는 사실을 반쯤 깨달은 것처럼 보인다. 그는 투자가 감소하는 원인이 체제의 근본적인 요소, 즉 "투자의 한계효용" 감소 때문이라고 시사한다. 이것은 마르크스가 말한 이윤율 저하 경향과 비슷한 것으로, 자본주의에 이자율 조정이나 정부 지출로는 해결할 수 없는 근본적인 문제가 있다는 것을 암시한다. 그래서 케인스는 그로서는 유일하게 급진적 주장으로 나아간다. "광범위한 투자의 사회화만이 완전고용에 근접하도록 하는 유일한 수단임이 입증됐다."

케인스 자신은 이 통찰을 일관되게 따르지 않았고, 추종자들도 마찬가지였다. 케인스와 마찬가지로 그의 추종자들은 그저 자본주의가 받아들일 수 있다고 생각되는 것만 요구했다.

케인스가 그랬듯 오늘날 미국과 영국을 비롯한 여러 유럽 국가들은 자본주의를 지키기 위해서 케인스주의로 개종하고 있다. 이는 곧 자본가들을 기쁘게 하기 위해서 나머지 사람들이 대가를 치러야 한다는 말이다. 좌파 케인스주의자라면 이런 방식을 좇아 자본주의가 계속 굴러가게 하든지 아니면 케인스의 급진적인 통찰을 진지하게 받아들여서 마르크스주의자와 함께 자본의 지배에 도전할지 둘 중 하나를 선택해야 할 것이다.

경제의 정치학

엄청난 경제 위기가 벌어지면 세계 자본주의에서 착취하고 지배하는 사람들과 자기 노동으로 체제가 굴러가게 하는 사람들 모두 한바탕 소란을 겪게 된다.

금융 위기가 발생한 올해도 예외가 아니었다. 1989~1991년에 동구권과 소련이 붕괴한 이래로 주요 지배계급이 이렇게 혼란에 빠진 모습을 본 적이 없다.

이제 지배계급은 금융 제도의 붕괴를 막기 위해 쏟아부은 천문학적인 돈이 효과가 있기를 기도하고 있다. 그러나 금융 제도의 붕괴를 막는다 하더라도 이번 위기의 충격파가 일으킬 불안정은 막을 수가 없을 것이다.

자본주의의 심장부에서 불황이 발생했다. 자본주의는 빚을 먹고

"The politics of economics", *Socialist Review* 331(December 2008).

자라나는데, 금융 위기로 자본주의의 성장이 중단된 것은 세계적으로 기업들이 자신의 상품을 팔 수 없게 됐다는 것을 의미한다. 북미, 유럽뿐 아니라 중국, 인도에서도 매일 기업들이 생산량을 줄이고 노동자를 해고하고 있다고 보도된다. 그리고 지엠이나 크라이슬러 같은 거대 기업도 파산 직전이다.

금융 위기에 대한 당장의 반응은 '단호함'을 가장하려 하나 실상 허둥지둥하는 모습이었다. 위기 전에는 강경한 신자유주의자였던 사람들이 이제는 판매량을 유지하기 위해 '재정 정책'(정부 지출을 늘리고 세금을 줄이는 것)을 지지하고 있다.

신자유주의자들은 자유 시장 외에 '대안은 없다'던 그동안의 주장을 단념해야 했다. 여기에는 어마어마한 이데올로기적 함의가 있다. 체제가 낳는 고통이 급속히 커지면서 자본주의를 정당화하는 데 쓰이던 낡은 핑계거리들이 전부 의심을 사게 됐다는 것이다.

그러나 단기적 해결책이 효과가 있을 것이라고 아무도 장담하지 못한다. 사람들은 은행에 엄청난 손실을 일으킨 근본 원인을 건드리지 않는다. 이 빚을 갚을 현금을 확보하지 못한다면 금융 위기는 재발할 것이다.

게다가 언젠가 은행에 쏟아부은 돈을 되찾으려면 대중을 공격해야만 한다. 그러나 정부가 너무 일찍 공격에 나서면 구매력은 더 떨어질 것이고 불황은 깊어질 것이다. 그래서 〈파이낸셜 타임스〉는 유럽과 미국 정부에게 단기간의 공공투자 이후 중기적인 긴축을 해야 한다고 조언한다. 고든 브라운은 이 말을 지금은 적자 재정 정책을 펴고 나중에 선거에서 승리를 거두면 더 강도 높은 긴축정책으로 돈을 거둬들이라는 뜻으로 받아들인 듯하다.

그러나 지배계급의 탐욕으로 위기가 발생한 것을 똑똑히 지켜 본 수많은 사람이 분노하고 있는 탓에 정부의 계획은 온통 꼬이고 있다.

긴축이 시행된 나라에서는 이미 분노한 사람들이 거리로 뛰쳐나왔다. 그리스에서 투쟁의 물결이 이어지고 있고, 이탈리아에서는 갑작스럽게 노동자 시위와 학생들의 점거가 벌어지고 있다. 아일랜드 더블린에서도 연금생활자와 학생들이 시위에 나섰다(경찰의 방해로 이 둘은 분리됐다).

미국에서는 버락 오바마의 당선으로 분노가 다른 방식으로 표출됐다. 아프리카계 흑인, 히스패닉, 이라크 전쟁 반대파, 자유주의 좌파와 함께 백인 노동자들도 미국 역사상 최초의 흑인 대통령을 당선시키는 '선거 반란'에 가담했다.

미국 자본주의는 지난 수십 년 동안 상대적으로 약해지긴 했지만 여전히 세계에서 가장 강력하다. 그러나 엄청난 위기 탓에 대중 정서를 통제하기 힘들어지자 미국 정부도 효과를 확신할 수 없는 경제정책을 펴야 하는 상황에 처했다. 그래서 미국 자본주의의 충실한 일꾼인 폴 볼커(전 연준 의장이자 신자유주의의 선구자), 로버트 루빈(클린턴 정부에서 재무 장관을 지낸 월스트리트 은행가), 워렌 버핏(미국에서 가장 돈이 많은 사람) 같은 자들이 사태를 주도할 수 있다는 희망을 품고서 오바마를 지지하는 것이다.

나머지 국가들은 이용할 수 있는 자원이 훨씬 적다. 이미 헝가리, 아이슬란드, 우크라이나 같은 나라는 IMF의 도움을 받아야 할 상황인데, 그렇게 된다면 생활수준 저하와 복지 후퇴를 포함한 뼈아픈 대가를 치러야 할 것이다. 자본주의의 핵심부 몇몇 나라에서는 단기적으로 케인스주의 정책을 펴겠지만, 훨씬 더 많은 나라에서는 더욱 강화된 신자유주의 정책을 펼 것이다.

2001~2002년에 아르헨티나에서 있었던 것과 비슷한 일이 발생할 수도 있다. 당시 아르헨티나 경제가 붕괴해서 분노한 사람들이 거리로 뛰쳐나왔고 네 명의 대통령을 연달아 갈아치우는 엄청난 정치 위기가 벌어졌다. 이번에는 아르헨티나가 대여섯 개쯤 있는 거나 다름 없다. 경제 위기는 아주 큰 정치 위기로 번질 수 있다.

아르헨티나에서 있었던 일은 어떻게 사람들이 하루아침에 수동성을 내던지고 적극적으로 변할 수 있는지 보여 줬다. 그러나 아르헨티나는 아직도 자본주의 국가이고 1990년대보다 빈곤율이 훨씬 높다. 아르헨티나의 혁명적 좌파는 반란을 겪으며 성장했지만 정치적 대안을 보여 주기에는 너무 약했다. 관료화된 노동조합은 노동계급의 고용된 부문이 집단적으로 투쟁에 나서지 못하게 막았다. 그 결과 노동조합과 연관 맺고 있던 페론주의 정당이 아르헨티나 자본주의를 다시 안정시켰다.

역사는 객관적인 힘, 즉 중요한 경제적 발전과 그것이 주요 사회 계급에 미치는 영향력에 의해 만들어진다. 그러나 정치적으로 각성된 개인들의 네트워크, 즉 정치 조직이 계급의 행동에 영향을 줄 수 있는 중대한 순간이 있다. 우리는 지금의 위기에서 그런 중대한 순간을 많이 발견하게 될 것이다.

경제 위기와 계급투쟁

자본주의 사회가 불안정해지면, 바로 내년 경제가 어떨지도 전혀 예측할 수 없게 된다. 지금 이런 불확실성이 지배자들을 두려움에 떨게 만들고 있다.

전 세계 지배계급은 경기 침체로 기업이 연쇄 파산할 가능성을 우려하고 있다. 그러나 그들은 심각한 불황이 낳을 이데올로기적 효과도 우려하고 있다.

〈파이낸셜 타임스〉의 주요 칼럼니스트 마틴 울프는 2주 전에[2008년 1월] "나는 지금 금융 체제의 취약성과 내부자거래로 가장 중요한 것, 즉 시장경제 자체의 정치적 정당성이 훼손될까 봐 두렵다" 하고 고백했다.

"Economic turmoil and class struggle", *Socialist Worker* 2086(2 February 2008).

울프의 걱정은 매우 당연하다. "대중 자본주의"를 믿었던 사람들도 지금은 그 믿음이 심각하게 흔들릴 것이다.

지난주 스코티시위도우생명보험은 소액 투자자들의 펀드 환매를 막았다. 더 극적인 사례는 유럽의 대형 은행 중 하나인 소시에테제네랄의 한 증권 중개인이 유럽의 선물 시장에 수십억 유로를 투자했다가, 이 은행을 거의 파산시킬 뻔한 일이다.

영국 신노동당 정부가 노던락 은행의 주주인 헤지펀드에 500억 파운드를 지원하면서도 로버자동차를 구제하는 데 필요한 20억 파운드는 지원하지 않자 사람들은 크게 분노했다.

불과 1년 전만 해도 자본주의 체제에 그럭저럭 만족한다고 답했을 사람들이 현재 벌어지는 상황을 두고는 엄청난 혼란을 느낄 것이다.

경제 위기는 대중이 자기 처지에 엄청난 분노를 느끼게 만든다. 만약 오랫동안 연기금에 돈을 납입해 왔는데 주식시장이 무너져 하루 아침에 그 가치가 폭락한다면 누구나 분노할 것이다.

노동계급에서 가장 보수적인 부문으로 여겨지는 사람들도 매우 큰 분노를 느낄 것이다.

격렬한 분노

30년 동안 똑같은 직장으로 출퇴근하며 1주일 중 5일, 심지어는 6일 동안 사장의 노예처럼 살아온 노동자가 어느 날 갑자기 자신이 '잉여 인력'이라는 말을 듣는다면 어떤 기분일까? 가장 흔한 반응은 아마도 '격노'일 것이다. 이 때문에 마틴 울프 같은 자들이 걱정하는 것이다. 그들은 자본주의 체제에 정면으로 도전하는 정치가 떠오를까 봐 염려한다.

그러나 경제 위기는 계급투쟁에 모순된 영향을 미친다. 실직 직후에는 분노가 솟구치더라도 오래지 않아 사기가 떨어질 수 있고, 대중이 서로 반목할 수도 있다.

1970년대 후반 경제 위기 시기에 실제로 이런 일이 벌어졌다. 1979년에 마거릿 대처가 집권한 뒤 2년 동안 대규모 파업과 시위가 벌어졌다. 철강 노동자들은 16주 동안 파업을 벌였다. 심지어 우파 노조 지도자들까지 총파업을 선언했다.

그러나 불과 1~2년 만에 대량 실업으로 노동계급의 사기가 꺾였고, 그 영향력은 1984년 광산 파업 때까지 계속됐다.

사회주의자들은 경제 위기를 바라지 않는다. 우리는 경제 위기로 고통받는 것은 기업주가 아니라 노동자라는 사실을 안다.

또 위기가 자동으로 반란을 불러일으키지 않는다는 것도 안다. 위기는 분노를 낳지만 그것이 사기 저하로 끝나지 않으려면 체제에 맞선 투쟁으로 발전해야 한다.

오늘날 1930년대는 '배고픈 30년대'로 불린다. 그러나 이 시기의 정치적 분노는 전 세계에서 좌파의 대중 운동을 만들어 냈다. 미국에서 노동자들이 공장을 점거했고, 프랑스에서 대중파업이 벌어졌고, 스페인에서는 노동자 혁명이 일어났다.

현재 영국 총리 고든 브라운은 수십 년 동안 꾸준히 성장해 온 금융 부문을 지키는 데 필사로 매달리고 있다. 이를 위해서 금리를 최대한 높게 유지해 파운드화의 가치 하락을 막는 동시에, 공공 부문 부채를 최대한 적게 유지해야 한다. 이 때문에 정부 지출과, 특히 임금 인상이 억제될 것이다.

많은 경제 분석가들은 미국 중앙은행의 금리 인하로 물가가 대략 10퍼센트 정도 오를 것으로 예측하고 있다. 영국 또한 이런 상황에 영향을 받을 것이다.

경제학자들은 경기 후퇴와 인플레이션이 결합되면 매우 심각한 결과를 낳을 수 있다고 본다. 노동자들의 대규모 투쟁을 촉발할 수 있기 때문이다.

이런 조건에서 파업은 사회 곳곳에 쌓인 분노에 초점을 제공하고 계급적 분단선에 따라 정치 양극화를 심화시킴으로써 '저들 대 우리'라는 정서를 형성할 수 있다. 또 파업은 좌파가 자본주의의 대안을 제시할 절호의 기회를 제공한다.

주의 돌리기

그런 분위기가 형성되는 것을 막으려고 자본가들은 온갖 수단을 동원할 것이다. 우파 신문과 정치인 들은 이주민과 난민에 대한 공포를 조장해 대중의 분노가 계급투쟁으로 발전하지 못하도록 애쓸 것이다.

오늘날 좌파에게 주어진 가장 중요한 과제는 먼저, 자본주의가 미친 체제이며 대안이 필요하다고 대중을 설득하는 것이다.

둘째로, 모든 현장에서 왜 노동조합이 임금 동결에 맞서 싸워야 하는지 주장하는 것이다.

마지막으로, 사회주의자들은 신자유주의와 전쟁에 반대하는 모든 운동에 개입하면서 여러 투쟁들 사이에 정치적 연결고리를 만들려고 노력해야 한다.

우리가 저지를 수 있는 가장 큰 실수는 전투적 노동조합운동만으로 위기에 대처할 수 있다고 생각하는 것이다. 자본가들의 공세를 물리치려면 사회주의자들이 정치적으로 대응하는 것이 매우 중요하다.

민영화

지난 십 년 동안 민영화가 자본가들 사이에 대유행했다. 러시아, 이탈리아, 영국, 페루, 인도, 헝가리 등 세계 곳곳에서 민영화는 경기 침체로 몸살을 앓는 경제들에 새로운 활기를 불어넣을 수단이었다.

그래서 1980년대 초에 대처가 시험 삼아 해 봤던 조치가 이제는 전세계 정부들이 가야 할 단 하나의 길로 받아들여진다. 그러나 이런 의문을 제기해 볼 수 있다. "민영화가 체제에 무슨 이득이 되지?" 이 의문은 보기보다 대답하기 쉽지 않다.

지난 50년 동안에는 민영화가 아니라 국유화가 세계적으로 유행했다. 히틀러, 무솔리니, 볼드윈, 페론 등 다양한 정부들이 모두 주요 산업을 국유화했다. 1970년대까지도 이런 추세가 계속돼 서방 자본주의의 보루인 남한, 대만, 이탈리아도 주요 산업을 국유화했다.

"Privatisation", *Socialist Review* 216(February 1998).

정부들은 두 가지 중요한 점을 인식하고 있었다. 1930년대의 위기로 많은 자본주의 기업들은 자기보다 큰 자본이 득실거리는 무질서한 세계에서 살아남으려면 국가의 보호가 필요하다는 교훈을 얻었다. 그리고 역사에는 개인의 사유재산을 기반으로 한 것이 아니라 국가를 장악함으로써 인구의 대다수를 집단적으로 착취한 지배계급이 성공한 사례가 매우 많다.

이런 점 때문에 전 총리인 해럴드 맥밀런 같은 보수당 일부는 1980년대 중반에 대처의 민영화 추진에 반대했다.

이제 대처주의자든 블레어주의자든 아니면 스탈린주의 출신이든, 각종 민영화 예찬론자들은 모두 민영화가 비용을 절감하고 효율성을 증진하기 때문에 대안이라고 주장한다. 그들 주장에 따르면 국유 산업은 비대하고, 과잉 고용을 하고, 비용이 많이 들고, 비효율적이다.

그러나 놀랍게도 이런 주장을 뒷받침하는 통계는 거의 없다. 아마도 민영화에 대한 연구가 그것을 입증해 주지 못하기 때문이다.

영국에서 시행된 11개 기업의 민영화를 자세히 다룬 연구가 최근 있었다(석탄, 전기, 철도 민영화는 제외됐다). 그 결과는 스티븐 마틴과 데이비드 파커가 쓴 《민영화의 영향》이라는 책으로 출간됐다. 그 책의 결론은 아주 세부적이지만, 전반적으로는 민영화가 이윤 증대를 제외하고는 애초 약속했던 것들을 거의 이루지 못했다는 것을 보여 준다. 그리고 실제로 개선된 이윤조차 장기적이지 않고 단기적이었다.

그래서 저자들은 "민간 부문이든 공공 부문이든 본래 더 효율적인 생산이란 없으며, 생산성은 여러 가지 요소가 복합적으로 작용한다"고 주장한다.

이 책은 더 나아가서 생산성과 효율성이 크게 향상된 것은 민영화 직전에 경영진이 기업을 매각할 (그리고 자신의 연봉과 스톡옵션을 늘리려는) 준비를 하며 노동자를 대량 해고할 때였다고 말한다. 여기에는 증거가 있다. 민영화 계획이 발표된 뒤 상대적 부가가치가 늘어나는 초기 구조조정 효과가 11개 기업 중 7개에서 있었다. 그러나 민영화 이후 상황은 서로 엇갈린다. 11개 기업 중 5개 기업에서 민영화 이후 4년 동안 상대적 부가가치가 상승했다. 그러나 나머지 6개 기업에서는 정체되거나 떨어졌다. 그리고 민영화가 다른 산업에 새로운 자극을 주지 않은 것도 분명하다. 11개 기업 중 7개 기업의 부가가치 증대가 경제 전체의 부가가치 증대보다 낮았기 때문이다.

크게 '증가'한 것은 수익성이었는데, 민영화의 이전과 이후를 비교한 40개 항목 중에서 28개 항목에서 향상됐다. 이 글을 읽는 사람들에게는 그다지 놀랄 일이 아니겠지만, 민영화의 진짜 목적은 효율성이나 경제의 활력이 아니라 노동자들을 대량 해고하고 남은 노동자들은 더 적은 임금을 받으며 더 열심히 일하게 만드는 조건을 창출하는 것이다.

그러나 이게 끝이 아니다. 이 연구에 따르면, 민영화로 인해서 증가한 이윤이 언제나 그대로 유지되는 것은 아니다. 사실 많은 기업들이 수익성 하락을 겪었다.

민영화의 위협에 맞서 방어를 해야 했던 노동자들은 새로운 체제 아래서 다양한 방식으로 자기 권리를 주장하는 법을 배운 듯하다. 가장 최근 통계는 비록 노동 소득의 몫이 모든 경우에서 줄어들고 있지만, 영국항만연합ABP을 제외하면 대부분의 민영화된 기업에서 임금 격차가 줄어들고 있다는 것을 보여 준다.

어느 경우든 민영화는 마르크스가 자본주의의 가장 큰 골칫거리라고 지적한 이윤율 저하 경향을 살짝 완화해 줄 뿐이다. 그렇다면 우리는 처음에 가졌던 질문으로 돌아가게 된다. 민영화의 장기적인 효과가 크지도 않은데 지배자들은 왜 이토록 민영화 추진에 열심인가?

답은 바로 '단기적 이익만 좇는 것이다. 월 휴튼 같은 사람의 주장과 달리 단기적 사고방식은 영국 경제가 독특해서 나타나는 것이 아니다. 지배계급은 자신의 생산양식이 장기적인 위기에 휩싸일 때면 언제나 단기적 이익 추구에만 곧잘 매몰됐다.

사적 자본의 수익이 떨어지면 자본가들은 그동안 국가가 소유했던 부문을 재빨리 차지하려 든다. 보수당의 중소 자본가들이나 노동당의 지방의회 의원들은 이런 일에 가담해 한몫 챙길 수 있다는 것을 안다. 대기업은 노동자들이 분열되면 약해진다고 믿는다. 그리고 중앙정부는 민영화를 경제 침체로 타격 입은 세수를 메울 마법 같은 방법으로 여긴다. 마치 유럽의 절대주의가 위기에 빠진 시기에 징세 청부에 필사적으로 매달린 것과 똑같다.

마지막으로 이 모든 것을 하나로 묶어 주는 것이 바로 이데올로기의 문제다. 역사상 어떤 지배계급도 사회가 어디로 흘러가는지 모른다는 것을 인정하려 들지 않았다. 뭔가 잘못되면 언제나 책임을 돌릴 희생양과 황금기로 돌아갈 마법 같은 해결책을 찾으려 들었다.

민영화는 배부른 자본가들을 더 배불릴 뿐 아니라, 그들이 흥분에 들떠 체제의 문제를 외면하게 만든다. 그러나 당연하게도 그것은 결국 자본가들에게 재앙일 뿐이다.

5부

쟁점

새로운 '신좌파'

파시즘의 공세에 긴급히 맞서야 한다

기후변화와 계급투쟁

새로운 '신좌파'

사회주의 사상은 오랫동안 바보 같은 주장으로 폄하돼 왔다. 마르크스주의가 방법론으로는 거의 완벽한데도, 최근 30년간 그것을 적용해 풍부한 성과를 남긴 사례는 거의 없었다. 신좌파의 논문 모음집인 《사회주의를 향하여》는 마르크스주의를 잘못 적용한 최근 논문들을 한가득 싣고 있다.

나는 여기서 그 책의 핵심 논문들인 톰 네언이나 페리 앤더슨의 논문을 세부 사실을 낱낱이 따져 가며 반박하지는 않을 것이다. 그런 논쟁은 이미 에드워드 톰슨이 1965년에 《소셜리스트 레지스터》에서 시작했다(그리고 아마 끝냈을 것이다). 대신에 톰슨이 주목하듯이 이런 연구들이 흔히 현실을 왜곡한다는 점과 그런 왜곡의 방법론적이고

"The new 'new left': a critique", The Agitator(early 1966). 《아지테이터》는 런던대학교 정치경제대학 사회주의자연합(국제사회주의자들의 학생 단체)이 발행한 잡지다.

실천적인 원인을 밝히는 데에 집중하려고 한다.

앤더슨과 네언 논문의 핵심 주장은 영국의 자본가계급이 스스로 혁명을 일으키지 않았기 때문에 그들은 진정한 '헤게모니hegemonic' 계급이 아니고, 이데올로기적으로나 정치적으로나 귀족에게 종속돼 있다는 것이다. 그들에 따르면 "귀족은 자본가계급의 선봉대가 됐고 지금도 여전히 그렇다." 그들은 자본가계급이 일관된 정치 이데올로기를 분명히 표현하지 않고 따분한 공리주의에서 한 치도 벗어나지 않는다고 본다. 그리고 영국 노동운동에도 이런 경향이 옮았다고 한다. 그래서 "영국에서는 게으른 자본가계급이 게으른 노동계급을 만들어 냈다"고 말한다. 또 노동계급은 스스로 지배적hegemonic 이데올로기를 만들어 낸 적도 없다. 노동계급은 '조합주의적corporative' 시각에 계속 갇혀 있다.

엔더슨과 네언은 모든 것을 설명하려고 하지만 자세히 들여다보면 사실 아무것도 말하지 않는다. 그들이 사용한 '헤게모니'와 '조합주의'라는 핵심 용어는 좋게 말해도 단순한 묘사에 불과하고 나쁘게 말하면 일부러 모호하게 쓴 것이다. '헤게모니적'이라는 말은 사회주의자들의 전통적 용어로는 '혁명적'인 것을 가리키고, '조합주의적'이라는 것은 레닌이 '노동조합' 또는 '경제주의적' 의식이라고 부른 것과 같은 의미로 보인다. 앤더슨·네언식 범주의 문제는 첫째로 영국 노동운동 내부에서 개혁주의에 맞서 투쟁하며 쌓아 온, 경제주의적이라거나 조합주의적이라고 간단히 도식화할 수 없는 전통을 송두리째 무시한다는 것이다. 둘째로 이런 범주화는 운동 전체가 개혁주의와 단편적 접근법에 의문을 제기했던 시기 — 특히 1910~1914년과 1918~1921년

— 도 설명할 수 없다. 그리고 마지막으로 이 접근법은 노동당식 사고 방식의 구체적 본질, 즉 그것이 완전히 다른 사회를 지향하는 요구들을 포함하면서도 기성 사회의 제도적 뼈대와 그 이데올로기적 뒷받침을 받아들인다는 점도 보지 않는다.

설명이 이처럼 얄팍하다면, 앤더슨·네언식의 분류법은 절대 현실을 설명할 수 없다. 노동운동이 왜 지금과 같은 상황이 됐는지를 이해하려면 지난 150년 동안 영국의 노동자들이 처했던 구체적인 문제들과 노동자들이 그런 문제를 두고 취한 행동과 사상적 대응, 이런 대응이 자본주의에 어떻게 도전했고 자본주의는 또 어떻게 그것을 억압했는지에 대해서 이해해야 한다. 간단히 말해, 노동계급이 일상의 존재 위기에 대항해서 자신을 하나의 계급(즉, 독립적으로 행동하는 역사적 구성 요소)으로 만들어 낸 방식에 대해서 이해해야 한다는 말이다.

그러나 앤더슨과 네언은 정확히 이것을 거부했다. 계급의 진짜 문제와 상황은 — 불황, 호황, 산업 구조의 변화, 전쟁, 상시 군비 경제는 — 그들의 논문에 거의 나타나지 않는다. 이런 문제에 대한 노동자들의 대응은 — 살쾡이 파업, 총파업, 선거로 표출된 불만이나, 반란에 가까운 소요는 — 어쩌다 한 번 언급할 뿐이고, 그조차도 매우 추상적이고 단순 설명에 불과하다.

그 결과 앤더슨과 네언은 노동운동을 만들어 낸 주체(노동자)를 빼놓고서 노동운동에 대해 설명한 셈이다. 노동운동은 그저 지식인 엘리트가 빚어낸 것에 불과하며, 조합주의를 넘어서지 못한 것도 같은 이유 때문이라고 보는 듯하다. "이차적이고 결합적 요인"이라고 단서를 달면서도 번번이 "19세기 말까지 지식인이 대거 노동계급과 결합하지 못한 것"을 유일한 결정 요인으로 여기는 듯하다. 페이비언주의 자들이 초기 노동운동에 거의 영향을 미치지 못했다는 역사적 증거가 있는데도 앤더슨과 네언은 이들을 노동당의 지적 마비를 초래한 장본인으로 본다. 이런 지적 마비가 노동자들이 자본주의에 맞서 대응하는 형태를 결정했다기보다 오히려 그런 지적 마비야말로 노동자들이 자본주의에 대응한 결과로 발생했다는 점과, 오로지 부르주아 정치에 참여하는 것만을 목표로 삼는 노동 관료의 성장과 이런 지적 마비가 깊은 관련이 있다는 점은 논의되지 않는다. 독일에 명확하고 유능한 마르크스주의 이론가들(특히 룩셈부르크와 메링)이 있었음에도 '수정주의' 논쟁에서 보듯 비슷한 현상이 발생했다는 점도 빠져있다.

앤더슨과 네언은 자신들의 범주의 구체적 의미라든가, 그것이 특정한 역사적 상황에서 나타나는 개별 인간 행동에 대해 어떻게 설명하는지를 밝히지 않는데, 그들 분석의 일부 단계에서만 그러는 것이 아니다. 그들의 접근 방법이 전체적으로 그렇다. 그리고 그럴 수밖에 없다. 마르크스주의란 모름지기 세계에 발 딛고 있는 인간의 행동을 다루며, 마르크스주의의 범주는 오로지 인간 행동 이면에 있는 것을 표현할 때만 진실이 될 수 있다. 예를 들어 '계급'이라는 개념이 현실을 이해하는 데 도움이 되려면 그 개념에 포함된 각 개인들의 행동에서 공통된 요소를 표현할 수 있어야 한다. 그러나 앤더슨과 네언은 그러지 못했다. 이는 그들의 분석이 옳지 않을 뿐 아니라 진정한 의미로 마르크스주의적이지도 않다는 뜻이다. 그들의 범주는 사회 세계의 '내면', 즉 세계를 만들어 낸 인간의 구체적인 행동을 드러내지 못하고 세계와 피상적 관계만 맺을 뿐이다. 그래서 모호하고 불분명하고 추상적인 용어를 사용한 가짜 변증법이 현실에 꿰맞춰진다. 현실의 '매개들'을 고려해야 한다는 아주 훌륭한 말과 반대로 그들의 용어는 그러한 매개 없이 병치될 뿐이다. 게다가 그들의 글은 프랑스어로 번역된 헤겔 철학과 사르트르의 용어법을 빌려 쓰는 데다가 근본적으로 전前변증법적이기도 하다. 범주가 현실을 제대로 표현하지 않는데도, 그들은 이 점을 깨닫지 못하는 것 같다. 헤겔이 말한 존재의 "무한성" — 고정되고 추상적인 범주를 만들어 내는 끊임없는 흐름은 필연적으로 자기 모순을 만들어 낸다는 것 — 의 의미를 전혀 이해하지 못하는 것처럼 보인다. 그들의 범주는 세계를 이해하고 행동하기 위한 길잡이가 되지 못하고 선험적 진리에 그치고 만다. 앤더슨이 톰슨에 대한 답변으로 《뉴 레프트 리뷰》에 실은 글에서 '부르주아'라는 단어는 도시와 관련되기 때문에 농업 자본주의에서는 부르주아가 생겨날 수 없다고 주장했을 때 이런 약점이 잘 드러났다.

현실을 범주에 꿰맞춘 결과 그들의 주장은 불완전한 설명과 왜곡 사이를 오갈 뿐이다. 현실은 범주의 움직임에 따라서 기계적으로 움직인다. 세상의 모든 헤겔 용어를 동원해도 이 점을 감출 수는 없다. 이것은 앤더슨의 글 "사회주의 전략의 문제들"에서 아주 잘 나타난다. 그는 다른 글과 마찬가지로 역사를 다룰 때에 왜곡을 저지른다. 예를 들어 앤더슨은 레닌주의 덕에 소련이 산업화되고 동유럽이 점령됐다고 주장한다. 이 두 가지 업적 모두 레닌의 중요한 이론적 저작인 《국가와 혁명》에 나오는 분명한 민주주의 개념과 정면으로 모순된다는 점, 그 두 가지를 수행한 세력은 모든 면(사회적 구성, 다른 사회 세력과의 관계, 이데올로기)에서 1917년의 볼셰비키와는 완전히 달랐다는 점, 이 세력은 비록 과거에는 볼셰비키에 속해 있었지만, 바로 볼셰비키와의 투쟁(좌익 및 우익 반대파와의 투쟁과 구 볼셰비키 말살 등)을 거쳐서 권력을 차지하게 됐다는 점은 전혀 문제 삼지 않는다. 집산화, 숙청, 국외 추방 등은 우발적인 정치적 선택으로 설명된다. 그러므로 앤더슨은 이런 일들을 "사회주의적 범죄"들로 간주한다. 노동계급 권력의 직접적 표현체들을 모두 말살하고 혁명을 이끌었던 당 핵심부를 파괴한 뒤에야 이런 일들이 가능했다는 사실은 그에게 중요하지 않다. 앤더슨에게 역사와 인간 주체 사이의 관계는 그저 우발적일 뿐이다. 사회주의는 이제 인간 해방을 의미하지 않는다. 사회주의란 그저 "사적 전유가 아닌 사회적으로 전유되는 경제와 사회주의 이데올로기"를 의미할 뿐이다. '사회적' 전유는 여전히 소수를 위한 전유이며, '사회주의 이데올로기'는 '모든 인간은 평등하지만, 어떤 사람들은 다른 사람들보다 더 평등하다'는 류의 주장과 크게 다를 바 없다는 점은 그한테는 별 상관없는 문제들이다. 그런 식으로 '사회주의'를 범주화하는 것에 반대하고, 사회주의는 어쨌든 노동계급의 자력 해방과 관련 있다는 주장은 그가 보기에 "현학적이고 편협"할 뿐이다.

이것은 두 번째 왜곡으로 이어지는데, 바로 사회주의의 역사를 스탈린주의와(앤더슨은 레닌주의라고 부른다) 사회민주주의 사이의 양자택일로 해석하는 것이다. 앤더슨은 국제 노동계급 운동의 모든 측면을 무시한다. 진실로 혁명적인 정치 경향과 지도자들은 언제나 사회주의와 그것을 이룰 기구 모두 매우 민주적으로 운영돼야 한다고 생각했다. 마르크스와 엥겔스, 또는 룩셈부르크와 레닌을 떠올려보면 이것을 이해할 수 있을 것이다. 인간의 행위를 중요하게 생각하지 않는 앤더슨은 인간의 행위에 대한 사회주의자들의 견해를 전혀 이해하지 못한다.

사회주의 운동 내부에 역사적으로 존재해 온 실제 전략적 차이를 전혀 이해하지 못하기 때문에 이 문제에 대한 앤더슨의 견해는 결국 독창적이지도 실천적이지도 않다. 과거를 스탈린주의적 엘리트주의와 사회민주주의적 '민주주의'의 측면으로만 바라본다면, 미래는 그 둘이 혼합된 어떤 것일 수밖에 없다.

앤더슨은 '헤게모니' 정당이 필요하다고 주장한다. 이런 정당은 사회주의적 문화와 기관들을 구현해 자본주의를 대체할 것이다. 좋은 생각이다. 비록 앤더슨만큼 거창하게 설명하지는 않지만, 사회주의자들은 언제나 그런 정당을 원했다. 그러나 그런 정당이 하루아침에 마법처럼 생겨날 수는 없다. 그것은 오로지 자본주의와 투쟁할 운명을 타고난 사람, 즉 노동자들의 투쟁을 통해서만 건설될 수 있다. 그러나 앤더슨의 도식에는 노동자들이 능동적 행위자로서 끼어들 여지가 없다. 그저 지금 존재하는 노동계급의 기관을 차지해서 거기에 사회주의적 '이데올로기'를 도입하면 된다(불행히도 앤더슨은 그런 기관의 지도자들이 사회주의적 '이데올로기'를 달가워하지 않는다는 사실을 무시한다). '지식인'(즉 앤더슨 자신과 친구들)이 해야 할 일이 바로 이것이다. 노동당은 '헤게모니 정당'으로 바뀌어야 한다. 그리고 그런 정당이 가장 먼저 해야 할 일은 바로 … 선거일을 공휴일로 지정하는 것이다!

기성 노동계급 기관과 사상이 사회주의로 이행하는 데 부족하다는 사실은 의심의 여지가 없다. 심지어 현재 자본주의가 제기하는 문제를 해결하는 데도 부족할 수 있다. 그런데 이런 기관과 사상은 기성 노동당류의 혼합물에 '헤게모니'를 부여하는 것만으로는 바뀌지 않을 것이다. 변화는 노동자들이 현실에 대한 새로운 관점이 필요하다는 사실을 느낄 때, 즉 지금 자신의 사상이 현실의 투쟁에 장애가 된다고 생각할 때 생길 수 있을 것이다. 그때 노동자들은 세상을 보는 관점을 재구축하면서 지식인과 마르크스주의 사상의 도움을 모두 반길 것이다. 그러나 앤더슨과 네언의 자족적이고 현실을 무시하는 주지주의 사상은 노동자들에게 필요 없을 것이다. 영국의 노동운동이 낡은 사상과 불충분한 개념 탓에 어려움을 겪고 있는 것이 사실이지만, 그것이 맹장염 정도라면 앤더슨의 사상은 복막염이라고 할 만하다.

범주가 추상적이고 인류의 현실을 무시하며 나아가 왜곡하기까지 한다는 점에서 앤더슨과 네언의 이데올로기는 현실을 설명할 수 있고 현실을 바꾸려는 노동자들의 요구에도 부합하는 진짜 마르크스주의 이론보다는 이를테면 탤컷 파슨스의 저작과 더 비슷하다고 할 수 있다.

파시즘의 공세에 긴급히 맞서야 한다

이녹 파월의 버밍엄 연설 이후 인종 차별 감정과 활동이 급격히 늘었고, 이는 영국 정치가 새로운 단계에 접어들었음을 보여 준다. 지배 계급의 일부는(비록 아직은 결코 지배적 부분은 아니다) 가장 조악한 형태의 편견에 의지해 노동자들을 혼란·분열시키고 그들의 주의를 현실의 투쟁으로부터 다른 곳으로 돌리려고 한다. 이런 상황의 배경은 영국 자본주의가 더는 1950년대와 1960년대처럼 대중을 만족시키며 그 지배를 보장받을 수 없다는 두려움에 쫓겨 사람들의 생활수준을 떨어뜨리고, 실업을 비교적 높은 수준으로 방치하고, 집세와 물가를 올릴 수밖에 없는 상황으로 몰리게 된 것이다. 파월은 대중 사이에 인종 차별주의를 조장해 이런 문제를 해결할 수 있다고 믿는다. 수 세기에 걸쳐 자본주의와 제국주의가 심어 놓은 인종 차별적 의식

"The urgent challenge of fascism"(1968), 국제사회주의자들의 리플릿.

이 노동자들 사이에 널리 퍼져 있음이 파월의 연설로 즉시 드러났다. 역설적이게도 이것은 사람들이 지금의 사회에 얼마나 진저리를 내는 지 보여 주는 것이기도 하다. 사람들은 기성 정치에 환멸을 느끼고 거듭거듭 자신들의 신뢰를 저버리는 정치인들을 믿지 못한다. 그러나 사람들은 진짜 적을 비난하고 자신의 불만을 자아내는 진정한 근원을 찾는 대신에 이민자를 탓한다.

전통적 좌파 단체들은 자본주의를 대체할 진정한 사회주의적 대안을 전혀 제시하지 못했고, 고조되는 인종 차별주의에 맞서 싸우지도 못했다. 노동당 좌파는 노동계급과의 접점을 완전히 잃었다. 공산당에는 투사들이 많지만, 인종 차별주의에 너무 더디고 소극적으로 대응했다. 국제주의적 주장이 즉시 나오지 않았고, 맞불 시위도 조직되지 않았다. 노동조합 간부들은 훌륭한 몇몇을 빼놓고는 대부분 사태가 저절로 잦아들기를 바라며 책임을 회피하기 바빴다.

지난 몇 주간 일어난 일은 인종 차별에 진정으로 반대하는 진영이 극도로 고립되고 분열됐다는 사실을 보여 줬다. 과거에 현장에서 경제투쟁을 성공적으로 이끌었던 많은 투사들은 인종 차별의 파도 속에 홀로 남겨진 듯한 기분을 느꼈을 것이다.

인종 차별이 더는 발전하지 못하도록 저지하고 파시즘이 자리 잡고 성장하지 못하도록 맞서 싸우려면 사회주의 진영이 즉시 다시 조직돼야 한다. 과거의 차이는 잠시 접어 두고 공통의 위협에 대항해 싸우자. 자본주의가 만들어 내는 절망과 불안에 대한 사회주의적 대안은 인종 차별에 반대하는 체계적이고 광범한 선전과 결합돼야 한다.

새롭고 시급한 전투에 대응할 혁명적 사회주의자들의 단일한 조직이 필요하다. 우리는 다음의 계획에 찬성하는 모든 사람이 모여서 함께 운동을 건설할 것을 제안한다.

1. 제국주의에 반대하고, 모든 진정한 민족해방운동의 승리를 지지한다.
2. 모든 종류의 인종 차별과 이민 규제에 반대한다.
3. 노동조합에 대한 국가 통제에 반대하고, 모든 진보적 파업을 지지한다.
4. 사회와 산업에 대한 노동자 통제만이 파시즘에 맞설 유일한 대안이다.

함께 토론하고 행동하는 데 관심이 있다면 뒷면에 있는 '국제사회주의' 연락처로 알려 주십시오.

기후변화와 계급투쟁

주류 정치에서 주변적 문제로 취급되던 기후변화가 지난 2년 사이 핵심 쟁점으로 부상했다. 거의 매주 기후변화에 관한 국제회의가 열린다. 온갖 정치인들과 기업들이 문제 해결을 위한 실천 의지를 밝히고 있다. 심지어 부시조차 기후변화의 심각성을 인정한다.

여기에는 다양한 이유가 있다. 보수당 총재 데이비드 캐머런이 소형 풍력 발전기를 지붕에 설치한 것은 순전히 여론의 관심을 끌기 위한 것이었다(그리고 그조차도 얼마 안 가 철거했다). 그러나 세계 자본주의를 운영하는 지배자들 중 일부는 자신의 체제가 발 딛고 있는 지구 환경이 한두 세대 안에 붕괴될 위기에 직면했다는 것을 깨닫고 있다.

지금 일어나고 있는 일에 대해서는 논쟁의 여지가 없다. 지구온난

"Climate change and class conflict", *Socialist Review* (July/August 2007).

화를 일으키는 가스(온실가스)가 대기 중에 쌓여 전 세계 평균 기온이 상승하고 있으며, 이것은 잠재적으로 재앙적 결과를 낳을 수 있다. 기후가 바뀌면서 작물 수확량도 영향받을 것이다. 폭풍과 가뭄이 빈번해질 것이다. 빙하가 녹을 것이다. 해수면 상승으로 나일 강 삼각주와 방글라데시, 플로리다 주 일부 같은 저지대가 침수 위기에 처할 것이다. 나중에는 런던 중심가와 맨해튼도 물에 잠길 수 있다.

온실가스는 대부분 탄소(석탄)와 탄화수소(석유)를 태울 때 발생한다. 오늘날 우리가 사용하는 에너지는 거의 대부분 이런 과정을 거친다.

온실가스가 계속 축적될 때 나타날 결과를 두고는 저마다 복잡한 예측을 내놓는다. 그러나 전 세계 기온의 예상 상승 범위와 그 결과에 대해서는 대부분 의견이 일치한다. '기후변화에 관한 정부 간 협의체IPCC'가 예측치를 발표하고 있고, 지난해 10월 영국 정부가 발간한 스턴 보고서는 그 예측치를 받아들였다(물론 이 예측치가 문제를 과소평가한다는 연구 결과도 있다).

스턴 보고서와 유럽연합은 전 세계 평균 기온이 2도 이상 오르는 것을 막아야 한다고 주장한다. 지구 기온이 2도 오르면 세계에서 가장 가난한 지역에 사는 사람들이 극심한 곤란을 겪을 것이고, 그보다 더 오르면 재앙적 피해를 입을 수 있다고 경고한다. 그러나 현재 정책으로는 기온이 2도 이상 상승하지 않도록 억제할 수 없다.

온실가스의 농도는 대기중 '이산화탄소 등가물'을 ppm(백만분율) 단위로 측정한 것인데, 현재 이 수치는 459ppm이다. IPCC는 이 수치가 510ppm에 도달하면 기온이 2도 이상 오를 확률이 33퍼센트가 된다고 예상한다. 590ppm을 넘으면 그 확률이 90퍼센트로 높아진다.

그러나 스턴 보고서의 배출 감축 목표는 550 ppm이다. 영국 정부의 목표치는 666ppm이다. 저술가이자 활동가인 조지 몬비오는 배출량이 이 정도 되면 온도가 3도 이상 오를 가능성이 60~95퍼센트나 되는데 그러면 매우 심각한 기후변화가 일어날 것이라고 말했다.

지난 6월 독일 로스토크에 모인 G8 정상들은 이 정도 목표도 받아들이지 않았다. 지구온난화의 심각성이 알려진 지 2년이 지났지만, 세계 정상들은 문제 해결을 위한 어떤 조처도 시작하지 않았다. 기껏 그들이 내놓은 것이라곤 온실가스 배출량을 2050년까지 절반으로 줄이겠다는 것뿐이다. 지구 온도가 2도 이상 오르는 것을 막으려면 배출량의 80퍼센트를 줄여야 하는데도 말이다.

문제의 근원

약 한 세기 반 전에 노동계급이 거주하는 슬럼가에서 장티푸스와 콜레라가 창궐하자 이것이 상층계급 거주지로 퍼지는 것을 막기 위해 지배계급이 나서야 했다. 오늘날도 이와 마찬가지로 각국 정부와 기업들은 기후변화 저지에 진정한 이해관계가 있다.

오늘날 지배계급이 직면한 문제는 더 심각하다. 자신의 생명뿐 아니라 세계 자본주의의 안정성이 위협받고 있기 때문이다. 그러나 자본주의 체제의 원동력인 경쟁적 자본축적에 브레이크를 걸지 않고서는 이를 막을 수 없다.

자본주의는 언제나 환경 파괴를 낳았다. 카를 마르크스는 《자본론》의 기계에 관한 장에서 이것을 설명하고 있다. "또한 자본주의적 농업에서 일어난 모든 발전은 노동자를 착취하는 기술의 진보일 뿐 아니라 토지를 강탈하는 기술의 진보이기도 하다. 그동안 토지를 비옥하게 만드는 기술이 진보하면 언제나 비옥함의 근원이 고갈됐다. 미국을 비롯한 더 많은 나라들이 현대 산업을 기반으로 경제 발전을 시도할수록 이런 파괴는 더 빨라진다."

19세기 초 영국 자본가들에게는 전염병보다 이윤 충동 때문에 노동계급의 건강 상태가 나빠지는 것이 더 위협적이었다. 결국 착취할 노동력이 부족해질 수도 있었다. 자본가계급 전체한테는 노동자들이 쇠약해지는 것을 방지할 법안과 정부 감시를 확립하는 게 이익이었다. 그러나 개별 자본가는 그런 조처에 맞서 있는 힘을 다해 저항했다. 국가가 관리 조치를 도입한 뒤에야 그들도 대체로 건강한 노동계급이 허약한 노동계급보다 착취하기 더 낫다는 사실을 알게 됐다.

자본주의는 이제 세계 전역으로 퍼져 나갔고 이제는 일부 지역이 아니라 지구 환경 전체를 파괴하고 있다. 과거 노동자들에게 기관지염을 일으키던 공장 굴뚝의 매연이 이제 인류 전체를 파멸시킬 수도 있는 온실가스로 변모했다.

지구온난화가 국제적 문제인 탓에 자본주의 체제를 지지하는 자들은 해결책을 찾기가 쉽지 않다. 그들은 배출량을 줄이기 위한 과감한 조처들이 다른 회사나 국가에게 시장에 침투할 기회를 줄까 봐 염려한다. 자본주의는 자신이 발 딛고 있는 기반을 스스로 허물고 있다. 우리와 우리 후손들의 미래가 위협받고 있다.

어떻게 대응할 것인가?

어떤 사람들은 기후변화에 대처하는 유일한 방법은 기후변화를 다른 모든 쟁점보다 우선시하는 것이라고 주장한다. 정부와 기업들이 문제 해결을 위해 필요한 조치들을 취하도록 강제할 강력한 운동을 건설하는 데 모든 힘을 집중해야 한다는 것이다.

그러나 순전히 기후변화에만 초점을 맞춘 운동을 건설하는 것은 해결책이 될 수 없다. 이런 방식으로 현 상황에 대한 문제의식을 고취할 수는 있지만 그것만으로는 해결 방안을 강제할 조직된 힘을 결집하지 못한다. 단일 쟁점 운동으로 가장 성공적이었던 반전운동은 수만 명, 때로는 수십만 명을 시위에 불러 모았다. 비슷한 방식으로 단일 쟁점 운동은 정부의 인기 없는 정책을 중단시키거나, 때로는 대중에게 이득이 되는 조치를 도입하도록 정부를 강제할 수 있었다.

반전운동으로 미국과 영국 정부가 이라크 전쟁 수행에서 겪는 어려움이 커진 것이 바로 그런 사례다. 그러나 더 근본적인 변화를 위해서는 그 이상이 필요하다. 자본가들의 군건한 이해관계를 거슬러 운동의 요구를 강제할 힘이 필요하다. 세계 석유 자원에 대한 지배권을 지키려고 바그다드를 두 번이나 폭격한 자들이 여론만으로 쉽게 양보할 리 없다.

기후변화도 마찬가지다. 탄소 기반 경제는 자본주의 체제가 작동하는 모든 방식과 긴밀히 얽혀 있고, 그 속에서 사는 우리의 생활도 마찬가지다. 이 점을 깨달은 환경 운동가들은 흔히 사람들이 자신의 개인적 생활양식을 바꾸는 것만이 기후변화의 유일한 해법이라고 결론짓는다. 물론 우리 모두 탄소 에너지에 의존해 살아 가기 때문에 우리 자신이 문제의 일부인 것처럼 보일 수 있다.

그러나 이런 논리로는 문제를 해결할 수 없다. 개인의 이기심이 근본 원인이 아니다. 사람들에게는 당장 자신의 기본적인 필요를 충족할 다른 대안이 존재하지 않는다. 나 자신을 비롯한 많은 사람이 매일 아침 이산화탄소를 내뿜으며 움직이는 쇳덩어리에 몸을 싣고 일터에 가는 것을 비이성적이라고 생각한다. 그러나 적절한 대중교통 수단이 없다면, 노동자들은 자가용을 이용할 수밖에 없다.

이산화탄소를 배출하지 않는 멋진 주택이 존재하지만, 전 세계 수많은 사람들은 그런 집에 살지 않을뿐더러 그런 집을 구입할 수도 없다. 실생활에서 개인들이 이산화탄소를 배출하는 에너지를 사용하지 않는 가장 쉬운 방법은 고효율 전구를 사용하거나 쓰지 않는 컴퓨터의 전원을 끄는 것인데, 이것은 마른 땅에 침 뱉는 정도로 미미한 효과밖에 없다.

이런 현실을 자각하면서 개인적 실천을 대안으로 여겼던 사람들이 국가의 개입을 요구하기 시작했다. 이것이 조지 몬비오의 대체로 훌륭한 책 《CO₂와의 위험한 동거》가 내놓은 답이다. 몬비오는 오직 전 세계 정부들만이 대중의 생활수준을 하락시키지 않고도 온실가스 배출을 감축해 기후변화를 막을 수 있다고 주장한다. 그러나 몬비오는 세계에서 가장 많이 오염 물질을 배출하는 국가들이 그런 조치를 실행하도록 강제할 주체, 즉 능동적 대중의 힘을 만들어 낼 방법은 말하지 않는다. 그는 훌륭한 정치적 계획을 내놓았지만, 그 계획을 실천할 정치적 세력이 존재하지 않는다.

통상적인 의회정치를 통해 그런 정치 세력을 결집할 수 있을까? 그런 시도는 개인적 해결책이 부딪혔던 것과 똑같은 강력한 장애물에 부딪힌다. 결국 환경 운동가들은 기성 체제를 지나치게 흔들지 않고도 성취할 수 있는 수준으로 요구를 제한한다. 그래서 교토 의정서가 온실가스 배출 증가를 막는 데 아무런 도움이 안 되는데도 각국 정부에 교토 협약에 가입하라는 압력을 넣으며 이것이 "최소한의 시작점"이라고 말하거나, 아일랜드 녹색당처럼 기후변화를 막기 위한 진지한 노력을 기울일 생각이 없는 정부에 입각하기도 한다.

정부는 무엇을 하려 하는가?

G8 정상회의에서 각국 정부는 기후변화에 대해 저마다 다른 접근 방식을 취했다. 심지어 가장 확고한 신자유주의자들인 메르켈, 사르코지, 블레어조차 부시가 거부한 규제 도입을 주장했다.

이것은 일부 자본주의 국가들이 다른 국가에 비해 탄소 에너지 의존도가 약간 낮다는 사실을 반영한다. 예를 들어 서유럽 국가들은 미국보다 탄소 소비가 적은데, 이것은 자체 석유 공급원이 없어서 그동안 석유를 많이 소비하지 않으려고 애썼기 때문이다. 프랑스는 대규모 핵발전소들을 보유하고 있다. 영국은 제조업 규모가 반으로 줄면서 온실가스 배출량도 줄었다.

제한적 온실가스 규제 조치가 도입되면 대량 석유 소비국인 미국이나 고도성장 중인 중국 같은 국제적 경쟁자들이 더 큰 부담을 질 것이기 때문에 유럽 국가들은 이를 지지한다. 그러나 서유럽 국가들도 기후변화를 실질적으로 막을 수 있는 더 포괄적인 조처의 도입은 꺼린다. 대신 "배출권 거래"나 "탄소 배출 상쇄"처럼 최대 오염국들의 배출량은 유지한 채 다른 지역에서 부분 감축을 유도하는 방식을 선호한다.

그 방식으로 보통 나무 같은 "온실 가스 흡수원"을 심는 것이 인기 있지만, 나무가 죽어 부패하는 과정에서 이산화탄소가 도로 방출된다. 시장을 통하는 다른 많은 방법과 마찬가지로, 이 방법도 별로 효과적이지 않다. 세금을 회피하려고 일상적으로 회계 장부를 조작하는 기업들에게 탄소 배출량을 조작하는 일쯤은 식은 죽 먹기다.

각국 정부는 자국의 특수한 자본주의적 이해관계에 들어맞는 대안을 주장하기도 한다. 부시가 바이오 연료에 갑자기 열광하는 것은 미국 농업 자본의 이윤을 크게 늘릴 가능성이 열렸기 때문이다. 곡물 재배로 평균 수준의 이윤을 내던 광대한 농지에서 석유를 대체할 대안 에너지를 생산해 엄청난 이윤을 창출할 수 있게 됐다. 제3세계의 열대 지역에 대토지를 소유하고 있는 다국적기업들은 지방종자[옥수수, 콩, 유채씨 등 기름을 짜 낼 수 있는 씨앗] 식물을 재배해 디젤유를 생산하려 한다.

이것은 이미 현실에 중대한 영향을 미치고 있다. 〈파이낸셜 타임스〉에 따르면, 바이오 연료 사용 비율이 석유 사용량의 1퍼센트밖에 안되는데도 전 세계적으로 곡물 가격이 1970년대 이래 가장 빠른 속도로 오르고 있다. 중기적으로는 상황이 더 악화될 수 있다. 이런 현상이 지속되면, 기후변화로 주요 곡물 생산 지역에서 흉작이 발생할 가능성이 높아진 것처럼 전 세계적으로 곡물과 지방종자의 비축량이 고갈될 수 있다. 그러면 곡물 가격이 오를 뿐 아니라 수억 명이 기근을 겪게 될 것이다.

계급투쟁

바이오 연료의 예에서 한 가지 중요한 보편적 결론을 이끌어 낼 수 있다. 기후변화는 자본주의 체제가 끊임없이 팽창하고 축적하는 기반인 지구 환경을 훼손함으로써 체제에 엄청난 균열을 낼 것이다.

갑작스런 기후변화는 대중의 삶에 엄청난 영향을 미치고 심각한 사회적·정치적 긴장을 낳는다. 허리케인 카트리나가 뉴올리언스를 폐허로 만들었을 때, 미국 사회의 모든 계급적·인종적 모순이 만천하에 드러났다. 다르푸르에서는 농부와 목축업을 하는 사람들이 오랫동안 평화롭게 공존해 왔으나 가뭄과 제국주의 개입의 이중고로 인해 서로 총을 겨누고 있다.

기후학자들은 카트리나 재난과 다르푸르 가뭄과 같은 개별 이상기후 사건이 지구온난화의 직접적인 결과라고 확신할 수는 없다고 옳게 지적한다. 그러나 분명한 것은 기후변화가 앞으로 이런 사건들을 수없이 만들어 낼 것이라는 점이다.

올해 초 멕시코시티에서는 멕시코의 주식인 토르티야 가격 인상에 항의하는 대규모 "토르티야 시위"가 벌어졌다. 토르티야 가격이 오른 이유는 그 재료인 옥수수가 바이오 연료 생산에 점점 더 많이 사용됐기 때문이다. 멕시코인들을 굶겨서 캘리포니아의 SUV 차량 연료통을 채우는 셈이다. 우리는 앞으로 이와 비슷한 시위들을 더 많이 보게 될 것이다. 계급만이 아니라 국가, 인종, 종교 집단 간에도 치열한 갈등이 벌어질 것이다.

1200년 전 멕시코 남부에서 번성했던 마야 문명의 붕괴처럼, 환경 재해로 문명이 붕괴한 사례는 과거에도 있었다. 마야에서는 무리한 경작으로 토지 비옥도가 떨어졌고, 결국 수많은 사람이 굶주림에 빠졌다. 그러나 상층계급은 별로 고통을 겪지 않았다. 그러자 격렬한 계급투쟁이 벌어져 사회가 완전히 해체됐고, 대중은 기존 생활방식을 포기할 수밖에 없었다.

기후변화의 효과가 나타나기 시작하면 비슷한 일이 벌어질 것이다. 하나의 거대한 운동이 벌어지는 것이 아니라, 각 계급이 서로 다르게 반응하면서 다양한 투쟁이 벌어질 것이다. 흔히 이 투쟁들의 핵심 쟁점을 찾기 힘들 수도 있다. 자본가와 국가는 물가와 세금을 올려 가난한 사람들의 생활수준을 공격하는 방식으로 온실가스 문제에 대응할 것이다. 켄 리빙스턴[런던 시장]이 혼잡 통행료를 부과하자 부자들만 런던 중심가를 더 쉽게 통과할 수 있게 된 것처럼 말이다.

그러면 치솟은 물가를 즉시 다시 내리려는 시위와 파업, 소요가 일어날 것이다. 이것의 근본적 동기는 강력한 계급적 불만이지만, 지배계급의 일부는 이 운동을 빌미로 더 많은 배기가스를 배출해 더 많은 이윤을 얻으려고 할 수도 있다. 또 국가와 자본가가 대중의 생활수준을 낮추는 정책을 도입하면서 이를 기후변화 해결 방안으로 포장하는 일도 수없이 많이 일어날 것이다.

기후변화의 원인이 맹목적 자본축적에 있다고 생각하는 활동가라면 이런 투쟁들의 밑바탕에 있는 계급적 동력을 이해해야 한다. 이 말은 곧 앞으로 벌어질 투쟁에서, 온실가스 배출에 대한 진정한 대안을 제시하면서 동시에 대중의 생활수준을 보호할 대안도 제시해야 한다는 것이다.

기후변화에 맞서 우리를 가장 확실하게 보호하는 방법은 이윤 축적에 기반한 사회를 필요를 위한 생산에 기반한 사회로 바꾸는 것이다. 그러나 이런 변화가 저절로 일어나지는 않는다. 기후변화는 몇몇 기후변화 쟁점을 둘러싼 산발적 저항들뿐 아니라 자본주의가 낳는 모든 투쟁을 격화시킬 것이다. 기후변화를 초래하는 자본주의 체제를 끝장낼 수 있는 세력을 건설하는 방법은 단 하나다. 바로 다양한 투쟁에 참여하면서 그 운동에 참여하는 사람들을 자본주의 체제에 도전할 수 있는 세력으로 결집하는 것이다.

6부
제국주의와 저항

제3세계 민중에게 용기를 준 호찌민

아랍 혁명을 방어하라

제국주의 국가

제3세계 민중에게 용기를 준 호찌민

전 세계의 혁명가들이 호찌민의 죽음을 애도하고 있다. 최근 몇 년간 많은 사람에게 호찌민은 호전적인 미국에 맞선 베트남 민중의 결단과 용기를 상징했다.

그리고 제국주의가 강요하는 빈곤과 착취와 비참함을 더는 용납하지 못하는 수많은 제3세계 민중에게 베트남 민중의 투쟁은 희망의 구심점이 됐다. 중동, 남아프리카, 라틴아메리카의 투사들은 베트남 혁명에서 용기를 얻었고 그 지도자의 이름을 따서 부대 이름을 짓기도 했다.

우리는 그런 투쟁을 완전히 지지해야 한다. 선진국에서 노동자를 착취하는 바로 그 거대 기업들이 손쉽게 이윤을 얻으려고 개발도상국들을 아수라장으로 만들고, 오랜 문명을 파괴하고, 자원을 강탈하

"Ho: he gave the Third World a heart", *Socialist Worker*(11 September 1969).

고, 사람들을 기아 상태에 빠뜨리고, 저항하는 사람들한테 네이팜탄과 세열폭탄을 퍼부었다.

민족해방운동은 이런 나라들에서 민중이 반격에 나설 때 발생한다. 그러나 이런 운동의 지도자가 혁명적 사회주의자들과 공동의 적에 맞서 싸우더라도 항상 그 목표까지 똑같은 것은 아니다.

예를 들어 1860년에서 1916년까지 베트남에서 프랑스 침입자들에 맞서 싸우다 처참히 깨진 운동의 지도자는 대부분 베트남의 구지배 계급, 즉 사대부 계층 사람들이었다. 그 뒤 발전한 운동, 즉 베트남국민당VNQDD은 중간계급이 이끌었다.

두 사례 모두 지도자들은 프랑스 제국주의를 증오했고, 흔히 목숨까지도 기꺼이 바쳤다. 그러나 이런 사람들이 사회주의자여서 그랬던 것은 아니다. 사대부 계층은 제국주의 침략 이전의 전前자본주의 사회로 돌아가길 바랐고, 베트남국민당은 베트남 토착 자본주의의 발전을 바랐다.

식민 지배 때문에 고통받은 것은 프랑스인에게 직접 착취당한 노동자와 농민만이 아니었다. 특권적 지위를 기대할 만한 사회적 배경을 가진 수많은 베트남인도 프랑스의 지배 탓에 좌절을 겪어야 했다.

호찌민이 건설한 운동은 많은 점에서 이런 초기 운동과 구별됐다. 그 운동은 과거 운동의 패배와 러시아 혁명의 승리로부터 제국주의를 격퇴할 유일한 길은 대중의 지지를 얻는 것뿐이라는 교훈을 얻었다.

이것은 중간계급의 전통적 편견을 극복하지 않고서는, 또 농민에게 혁명이 가져다줄 직접적인 경제적 이익(예컨대 세리稅吏와 고리대금업자들로부터의 보호나 경우에 따라 토지개혁 실시 등)을 제시하지 않고서는 불가능한 일이었다.

또 이미 세계가 제국주의 열강의 각축장이 돼 버린 상황에서 새로이 독립적으로 경제를 발전시키려면 국가가 산업과 농업을 소유해야 한다는 교훈도 얻었다.

그런데 흔히들 그러듯 호찌민이 이끈 운동의 지도부가 노동자와 농민이 아니었다는 사실을 잊는 것도 매우 잘못된 일이다. 그 지도부는 압도적으로 중간계급으로 이뤄져 있었고, 그 계급은 제국주의가 자생적 경제 발전을 방해한 탓에 자신의 미래가 암울하다고 여겼다.

심지어 오늘날도 베트남 공산당의 "노동자 비율은 18.5퍼센트밖에 안 되고, 고위직으로 올라갈수록 노동자의 비율은 더 낮다"(레득토가 9월 7일에 〈선데이 타임스〉에 한 말). 공산당은 언제나 착취계급들의 지지를 받으려 노력했다. 예컨대 비엣민의* 강령은 "부유층, 군인, 노동자, 농민, 지식인, 회사원, 상인, 청년, 여성 …"을 대변한다고 밝혔다.

호찌민은 러시아 혁명이 아니라 바로 스탈린과 마오쩌둥으로부터 구중간계급 일부를 관료적으로 통제하는 정당에 결합시켜 새로운 국가자본주의 지배계급의 기반을 형성할 수 있다는 점을 배웠다. 이런 정당은 제국주의와 맞서 싸우려 하고 그 점에서는 노동자와 농민에게도 이익이지만, 그 싸움이 승리한 뒤에는 결국 자신의 이익을 위해 노동자와 농민을 착취하려 들 것이다.

---

* 베트남독립동맹의 약칭. 제2차세계대전 중 항일 통일전선으로 1941년 5월 결성됐다. 모든 계급의 혁명 세력을 총집결해 프랑스의 식민주의자와 일본 파시스트에 맞서 투쟁할 것을 목표로 했다. 베트남국민당 등 민족주의 세력도 참가했으나 사실상 공산당이 주도했다.

싸워야만 했을 때 호찌민과 그 지지자들은 매우 용감히 싸웠다. 호찌민은 오랫동안 망명 생활을 하고 감옥에도 갇혔다.

이런 시기에 베트남 공산당은 농민의 편에 서서 지지를 받으려 했다. 그러나 1945~1946년과 1954년에 제국주의와 타협해 토착 국가 자본주의를 발전시킬 기회가 엿보이자 공산당은 승리를 눈앞에 두고도 싸우길 멈췄다.

1945년에 비엣민은 프랑스가 베트남 남부를 계속 지배하고 무력 충돌 없이 하노이의 전략적 요지를 재점령하도록 허용했을 뿐만 아니라, 계급투쟁과 민족 투쟁을 이어 나가야 한다고 주장한 사람들, 특히 베트남 남부에서 영향력 있던 따투터우 주변의 트로츠키주의자들을 학살하기도 했다.

1954년에 프랑스가 베트남에서 철수하려고 또다시 안달하는데도, 호찌민과 공산당은 베트남을 인위적으로 분단한 제네바 협정을 받아들였다. 국토의 절반에서라도 즉각 '사회주의'를 건설하려는 계산이었다. 남쪽에 남겨진 투사들은 파시스트에 가까운 응오딘지엠 정권에 맞서서 외로이 싸워야 했다.

1959년까지 북베트남이 보여 준 것은 실망뿐이었다.

북베트남에서는 토지개혁으로 농민에게 줬던 땅을 '집산화' 정책으로 도로 몰수했다. 그 결과 1956년에 새 정권에 맞서 응에안의 농민들이 반란에 가까운 계급투쟁을 일으켰지만, 결국 군대에 의해 진압됐다.

1946년과 1959년 이후 제국주의적 압력이 거세질 때마다 제국주의 국가와 타협해서 독립적인 민족 발전을 이룰 수 있을 것이라는 호찌민의 환상이(소련뿐 아니라 중국 혁명도 이런 환상을 조장했다) 깨졌다. 그러면 투쟁이 또다시 용감하게 시작됐다.

이것은 존경스러운 일이다. 그러나 그것을 이유로 호찌민과 베트남 공산당이 저지른 오류와 그들이 스탈린주의 이론과 국가자본주의적 실천에 뿌리내리고 있다는 사실에 눈을 감아선 안 된다. 또 베트남의 다른 혁명가들이 바로 그런 이유로 어떤 일을 당했는지도 잊어선 안 된다.

그렇다고 해서 미국에 맞선 베트남 민중의 투쟁에 대한 지지가 조금이라도 줄어드는 것은 아니다. 그러나 그 투쟁을 지지한다고 해서 북베트남과 그 지도자의 실체를 착각해서는 안 된다.

분명히 하자. 북베트남은 스탈린주의 일당독재 국가다. 폴란드나 루마니아와 비슷하다고 할 수 있다. 이런 나라들은 사회주의와 아무런 관련이 없다.

호찌민은 상냥한 '호 아저씨'가 아니다. 그러나 서방 제국주의와 싸워야 했다.

그 투쟁이 승리한다면 호찌민이 대표하는 계급뿐 아니라 베트남의 노동자와 농민에게도 좋은 자산이 될 것이다. 나중에 베트남 민중은 호찌민의 계승자와도 싸워야 할 테지만 말이다. 또 이런 승리는 제국주의와 싸우는 모든 사람들에게 자극이 될 것이다.

우리가 호찌민을 기억해야 할 이유가 있다면 바로 이 점 때문이다.

아랍 혁명을 방어하라

현대에 들어 손꼽힐 만큼 거대한 민족 봉기가 지난주 요르단에서 일어났다. 압도 다수의 민중이 게릴라 단체들과 민병대를 따라 후세인의 반동 정권을 타도하기 위해 싸웠다.

서구 언론조차 "사람들이 게릴라를 도와 작전을 방해한다"는 왕의 군대의 불평을 보도했다. 군대는 무자비하게 민중 봉기를 분쇄하기 시작했다.

지난주 내내 후세인 왕은 암만의 빈곤하고 인구가 조밀한 구역들로 대포와 탱크를 총동원했다. 바로 게릴라가 크게 지지 받는 곳들이었다.

난민들이 간신히 생계를 이어 가던 함석 오두막, 텐트, 콘크리트로 지은 조악한 집들이 포탄에 산산조각 났다. 마지막 한 명의 저격수까

"Defend Arab revolution", *Socialist Worker*(26 September 1970).

지 '소탕'하려고 아파트를 통째로 날려 버리기도 했다.

추정 사망자 수는 이미 1만 5000명에 이르렀고, 군대는 부상자를 치료하던 팔레스타인계 병원들에 아무런 거리낌 없이 포를 쏴 댔다.

그러나 후세인 군대의 집중 공격을 받은 암만에서조차 저항은 거의 분쇄되지 않았다.

팔레스타인 사람들은 계속 싸우고 있다. 그것 말고는 다른 선택의 여지가 없다고 생각하기 때문이다. 팔레스타인 사람들은 20년 동안 난민 캠프에 갇힌 채 UN이 주는 구호품으로 연명해야 했고, 쥐 죽은 듯 살라는 말만 들었다.

이제 팔레스타인 민중은 스스로 미래를 결정할 기회를 맞았다. 그들은 이 기회를 놓치지 않으려 하고, 그래서 빈민가에서는 여전히 격렬한 저항이 펼쳐지며 소총과 기관총이 불을 뿜고 있다.

영국 언론은 후세인을 온갖 역경에 맞서 홀로 고군분투하는 현대의 영웅으로 둔갑시키려고 해 왔다.

이것은 당연한 일이다. 45년 전 후세인의 조부인 압둘라한테 요르단 강 동안에 인위적 왕국을 마련해 준 것이 바로 영국 정부였다. 1958년에 후세인의 즉위를 지원한 것도 영국 군대였다.

서방의 시사 해설자들이 후세인의 몰락을 우려하는 진정한 이유는 영국과 미국의 대기업, 특히 아랍의 부를 대부분 장악한 석유 독점 기업의 이윤이 줄어들까 걱정해서다.

그러나 후세인을 돕는 것은 서방 정부만이 아니다. 소련도 팔레스타인 민중의 혁명적 열정이 수에즈 운하 재개통 같은 자국의 이해관계를 위협한다고 생각한다. 그래서 소련은 시리아에게 요르단에서 벌어지는 일에 관여하지 말라고 압박한다.

한편 나세르는 오랫동안 '아랍 혁명의 지도자'를 자처했지만, 이제 슬쩍 비켜서서 왕이 이기기를 바라고 있다.

요르단 북부에서 팔레스타인 군이 승리하자 서방 언론은 '외부 개입'을 규탄한다고 나섰는데, 시리아를 겨냥한 게 거의 확실하다. 서방이 지원한 총과 탱크, 제트기로 자국민을 공격하는 후세인에 맞서서 탱크를 지원한 것이 '범죄'라는 것이다.

시리아의 개입은 아직 확인할 수 없다. 그러나 시리아가 제1차세계대전 이후 제국주의적 분할의 일환으로 서방 열강이 인위적으로 그어놓은 국경을 무시하고 후세인의 친서방 반동 독재 정권과 맞서 싸우는 형제들을 돕는 것은 매우 정당한 일이다.

시리아 개입을 떠드는 이면에는 더 사악한 계획이 있다. 미국과 이스라엘 모두 팔레스타인이 승리할 것에 대비한 개입 계획을 세우고 있다.

미국은 '자국민 보호'를 준비해야 한다고 말한다. 5년 전에도 똑같은 말을 했는데, 그때는 콩고에 은밀하게 개입해 꼭두각시 정권에게 유리하게 국면을 전환하려는 연막이었다.

지금 요르단에서 벌어지는 갈등의 한편에는 낡은 권력이 있다. 바로 석유 독점 기업들, 봉건적 족장들, 아랍인을 차별하는 시온주의 정치인들, 반유대인 위협을 일삼는 아랍 군주들, 베트남 민중을 상대로 잔혹한 전쟁을 벌이는 자들, 부다페스트와 프라하의 노동자를 짓밟은 자들이다.

그 반대 편에는 팔레스타인 사람들이 홀로 서 있다. 그들의 유일한 지지자는 아랍 여러 나라의 민중뿐이다. 이들은 팔레스타인이 제국주의 지배로부터 벗어나 무슬림, 유대인, 기독교인이 함께 살아갈 땅을 되찾기 위해 벌이는 투쟁을 지지한다.

소수 팔레스타인 사람들은 이것 이상을 목표로 삼는다. 이들은 그런 민주적인 국가는 오직 중동에 사회주의적 연합을 창출하는 것으로만 가능하다는 점을 안다.

그러나 어쨌든 지금 벌어지는 갈등에서 모든 사회주의자와 노동조합원이 누구의 편을 들어야 하는지는 분명하다.

게릴라

파타 또는 팔레스타인 해방운동 지도자는 야세르 아라파트로, 가장 큰 게릴라 단체다. 민주적이고 비인종 차별적, 비종파적 팔레스타인의 회복을 목표로 투쟁하지만, 이런 목표는 중동에서 사회주의 혁명을 위한 별도의 '단계'를 이룬다고 여긴다. 아랍 국가들이 재정을 지원한다.

팔레스타인해방인민전선PFLP 지도자는 조지 하바시로, 양대 좌파 게릴라 단체 중 하나다. 최근의 비행기 납치처럼 극적인 '직접 행동'에 집중한다. 이런 점에서 파타와는 다르고, 중동에서 사회주의를 이루기 위해 투쟁하는 마르크스·레닌주의 조직임을 공공연하게 주장한다.

해방인민민주전선PDF 지도자는 나예프 하와트메로, 팔레스타인해방인민전선에서 분리된 단체다. 분리 이유는 PFLP가 말로만 사회주의를 떠들기 때문이라고 한다. 노동자와 농민의 투쟁에 참여해 이를 기반으로 아랍 정부에 의존하지 않고 독자적으로 재정을 조달한다.

팔레스타인해방기구PLO 게릴라 단체들을 폭넓게 통솔하는 상부 기구다. 파타가 지배적이나 PDF와 PFLP도 포함한다.

팔레스타인해방군PLA 게릴라가 아닌 정규군이다. PLO가 조직했고 아랍 군대들에 소속돼 있다. PLO에 따르면 시리아에서 요르단으로 들어온 탱크는 PLA 소속이라고 한다.

영국군이 요르단에 개입할까?

〈소셜리스트 워커〉가 입수한 소식에 따르면 영국 예비군이 현재 파병 대기 중이라고 한다. 예비군들은 국영 방송에서 복귀 명령이 발표될 수 있으므로 대비하라는 통지를 받았다. 명령이 떨어지면 예비군들은 해외 파병 부대로 소집될 것이다.

이 정보는 정부가 미국과 공모해 중동 개입을 심각히 고려하고 있다는 것을 보여 준다.

1956년 수에즈에서 그랬듯 그들은 '중재자' 노릇을 구실로 이런 계획을 실행할 수 있다. 아니면 요르단의 영국 국민을 구조한다는 얄팍한 변명을 댈 수도 있다.

그러나 노동자와 노동조합 운동은 영국의 개입이 아랍 민중이 아니라 후세인과 석유 독점 기업을 편드는 일이라는 사실을 분명히 알아야 한다.

제국주의 국가

    때로 짧은 뉴스 하나로 정부 정책 이면의 진정한 동기를 알 수 있을 때가 있다. 지난 달 〈가디언〉의 한 켠에 실린 기사가 바로 그랬다. 그 기사는 2003년에 총리 관저에서 열린 조찬 회의에서 토니 블레어와 비피BP, 유니레버, 보다폰, 에이치에스비씨HSBC, 셸 등의 '다국적기업 회장단'이 논의한 내용이 실려 있었다. 기업 회장들은 정부 정책이 영국에 기반을 둔 다국적기업에 어떤 영향을 줬는지 얘기하며 불만을 늘어놓았다.

    불만 중 하나는 상위 5000명의 부유한 연금 수령자들에 대해 세금을 늘리려는 정부 계획을 취소해야 한다는 것이었다.

    그러나 또 다른 걱정도 있었다. 바로 이라크 전쟁이다. 그들이 걱정하는 것은 대규모 폭격으로 희생된 바그다드 사람들이나 실제로는

"The state of imperialism", *Socialist Review* 323(March 2008).

있지도 않은 이라크의 대량 살상 무기나 의심스러운 서류들이 아니었다. 그들의 관심사는 영국이 이라크전에 참전한 대가를 받아낼 수 있도록 블레어가 미국에 압력을 가해야 한다는 것이었다. 그리고 그 대가는 바로 "영국 기업을 더 호의적으로 대하는 것"이었다. 다시 말해 영국의 참전도 자신들의 이윤 추구에 도움을 줘야만 가치가 있다는 것이다.

이런 태도는 그들이 주장하는 자유 시장 이데올로기와 정면으로 반대된다. 자유 시장 이데올로기에 따르자면 자본주의는 평화로운 경쟁에 기반하고, 따라서 전쟁을 벌일 이유도 없다. 전쟁은 오직 살육광을 멈추고, 인종 청소를 막고, '파탄 국가'에 질서를 세워야 할 때에만 필요하다. 상품과 자본이 전 세계를 자유롭게 이동한다면 평화는 영원히 지속될 것이다.

심지어 좌파 중에서도 이런 비슷한 주장을 받아들이는 사람이 있다. 마이클 하트와 토니 네그리가 《제국》에서 주장하는 바가 그렇다. 그 책은 아주 모호한 용어를 쓰는데도(또는 바로 그렇기 때문에) 반자본주의 운동에서 크게 칭송받았다. 그 책에 따르면, 자본은 막힘없이 자유롭게 이동할 수 있게 됐고, 국가 간의 경쟁에도 아무런 이해관계가 없기 때문에 제국주의라는 용어가 더는 유효하지 않다.

엘런 메익신스 우드, 레오 패니치, 샘 진딘 같은 마르크스주의자들도 자유 시장 이데올로기의 또 다른 변형을 받아들인다. 그들은 자본가들에게 세계 경찰 노릇을 할 국가는 미국 같은 강력한 국가 하나만 있으면 된다고 본다. 따라서 자본주의의 이윤 경쟁이 자본주의 국가 간의 갈등으로 이어진다는 분석도 더는 맞지 않는다. 사실 메익신스 우드가 생각하기에 그런 분석은 단 한 번도 옳았던 적이 없었다. 그는 1914년에 전쟁을 벌인 거대 제국들도 전前자본주의적 방식에 의존해 부를 쌓은 정치 세력들이 주도했다고 주장한다.

거대 기업이 모두 다국적 기업이기 때문에 이런 주장은 오늘날 현실에 잘 들어맞는 것처럼 보인다. 사람들은 대기업이 정부를 지원해서 타국에 있는 자기 공장에 폭탄을 퍼붓도록 하는 것은 말이 안 된다고 생각한다. 그리고 1914년과 1939년에 있었던 유럽 국가들 사이의 전쟁도 이제는 상상조차 할 수 없게 됐다. 그러나 그렇다고 해서 문제가 끝난 것은 아니다.

세계적인 거대 기업들이 세계 곳곳에서 영업한다고 해서 그들이 특정 국가에 탄탄한 기반을 두지 않는 것은 아니다. 초국적지수TNI를 보면 거의 모든 다국적기업이 자산과 인력, 매출의 절반 정도를 한 국가에 두고 있다는 것을 알 수 있다. 그리고 특히 미국 기업은 그 비율이 대체로 더 높다. 모든 다국적기업은 국가 간 경쟁에서 자기가 기반을 둔 국가의 지원을 받길 바라기 때문에 이런 방식으로 국가기구와 밀접하게 결합한다.

그런데 이것은 곧 기업이 다른 국가에게 자신의 이해관계를 고려하도록 압력을 넣으려면 '자기' 국가가 필요하다는 뜻이기도 하다. 기업들이 '자기' 국가 밖에서 영업을 더 많이 할수록 이것이 더 중요해진다. 그들은 무엇보다 외국 정부가 시장 참여 기회를 보장하고, 가능한 한 적은 세금을 부과하고, 대규모 공공 시설을 사용하게 해주기를 바란다. 바로 이 때문에 세계무역기구WTO에서 국제 무역 협정이 이루어질 때마다 각국 정부가 자국에 기반을 둔 대기업의 이익을 최대한으로 보장하기 위해서 격렬한 논쟁을 하는 것이다.

미국 기업들은 언제나 이윤을 늘리기 위해서 미국 국가기구에 의존해왔다. 예를 들어 CIA를 이용해 외국 정부를 전복하거나, 미국이 국제통화기금^{IMF}과 세계은행에서 휘두르는 영향력을 이용해 타국의 외채 위기에서 자기 몫을 챙기거나, 환율이나 환경 규제 같은 문제에서 자기 이익을 관철시킨다. 그리고 미국의 궁극적 힘은 전쟁에서 본보기 삼아 보여 주는 막강한 군사력이다. 이라크 전쟁의 목표가 바로 이것이다.

다른 국가들도 초강대국과 직접 군사적으로 대립하기보다는 협상력을 키우려고 한다. 하나의 방법은 러시아와 중국이 미국의 반대에도 개의치 않고 이란과 협력한 것처럼 미국의 특정 요구에 따르지 않는 것이다. 두 번째 방법은 타국에서 벌어지는 끔찍하지만 국지적인 '대리전'을 지원하는 것이다. 세 번째는 프랑스와 독일이 이라크 침공 때 그랬듯 자신의 군사적 도움이 없으면 미국의 군사적 모험이 성공할 수 없다는 것을 보여 주는 것이다. 마지막 방법은 영국 다국적기업들의 바람처럼 대가를 받는 조건으로 미국을 아낌없이 지원하는 것이다.

이렇게 보면 하트와 네그리의 주장과 달리 자본주의는 전혀 국가의 군사력을 포기하지 않았다. 그저 제국주의 국가 간에 21세기의 형태로 갈등이 일어나고 있을 뿐이다. 이라크에서처럼 아프가니스탄과 소말리아에서도 자본가들은 피 튀기는 학살이 이윤을 늘리는 방법 중 하나일 뿐이라고 생각한다.

후주

여성해방과 계급투쟁

1 이 주장 때문에 누구보다 이 글의 초안을 읽은 사람들 사이에서 많은 논쟁이 벌어졌
   다. 인류학이 실제로 모든 사회에서 남성 지배와 여성 차별이 존재한다는 것을 보여
   줬다는 주장이 제기됐다. 구조주의 인류학자인 고들리에 같은 사람들이 인용됐는
   데, 그 취지는 "우리의 역사적·인류학적 근거가 아무리 빈약하더라도 … 결국 남성이
   지금까지 권력을 장악해 왔다고 보는 것이 지금은 합리적인 듯하다. … 가장 평등한
   사회를 포함한 모든 사회에서 권력의 위계가 존재하고 그 정점에 남성이 있다"는 것
   이다.

   그런 주장은 지난 반세기 이상 인류학계에서 아주 확고한 지식이었고, 인류학과 관
   련된 사회학과 마찬가지로 인류학이 '과학'의 지위를 주장했기 때문에 심지어 많은
   마르크스주의자도 그런 주장을 받아들였다. 그러나 사실 인류학은 선진 자본주의
   사회의 방문자들이 다양한 전前자본주의 사회를 관찰 조사한 것일 뿐이다. 이런 관
   찰 결과들이 계급 발생 이전 사회에 관한 정보를 제공한다고 액면 그대로 받아들일
   수 없는 것은 다음의 두 가지 이유 때문이다.

   ⑴ 이런 관찰을 수행한 인류학자들은 거의 모두 출신지인 자본주의 사회의 편견을

공유했다. 인류학자들은 "원시"인들을 이런 정형에 비춰 바라봤고, 자본주의에서의 행동을 설명하는 데 쓰는 용어들로 그들의 행동을 설명했다(에번스프리처드, 레비스트로스, 말리노프스키 같은 인류학자들의 편견을 잘 보여 주는 글로는 Karen Sacks, *Sisters and Wives*, pp1-67을 보라).

따라서 인류학자들은 핵가족을 부부가 아이를 낳는 모든 사회의 공통된 특징으로 봤다. 수렵·채집 사회의 남녀 관계 역할이 현대 영국과 현저히 다른데도 말이다. 또, 레비스트로스와 그 추종자들은 한 혈족의 여성이 다른 혈족으로 시집가서 함께 사는 사회들에서 "여성의 교환"을 언급한다. 그러나 보통 '교환'이라는 말은 상품 생산 사회에서 주고받는 것을 언급할 때만 사용할 수 있다. 주고받는다는 것은 비상품 생산 사회에서는 아주 다른 의미를 지닌다. 남성이 자신의 혈족이 아닌 여성과 결혼해 아내의 가족과 함께 살아야 하는 사회들이 존재한다는 것이 이 점을 입증한다. 그렇다면 이것은 '남성의 교환'인가? 그러나 레비스트로스는 이런 사실을 무시한다. 엘리너 리콕이 지적했듯이, 4백 쪽에 달하는 Levi-Strauss, *Elementary Structures of Kinship* 에서 고작 한 쪽 반만 그런 "모처제" 사회들을 다룬다. 게다가 그 부분에만도 사실 관계가 잘못된 곳이 네 군데나 있다!

이렇게 조잡한데도 고들리에 같은 사람들은 레비스트로스의 주장을 액면 그대로 받아들인다. 그러나 이 알튀세르의 옛 동료는 자신이 자본주의 이전 사회인 뉴기니의 바루야족 사회에 노동가치론이 적용되지 않았음을 입증해서 노동가치론을 반박했다고 생각한다.('Salt currency and the circulation of commodities among the Baruya of New Guinea', in *Studies in Economic Anthropology*, 1971 를 보라. 페미니스트들이 고들리에를 비판한 것으로는 Barbara Bradby. 'Male Rationality in Economies', in *Critique of Anthropology*, 1977년 9/10 합본호 를 참조하라.)

(2) 약 6천 년 전에 계급사회가 등장할 때까지 모든 인류가 살던 사회들과 오늘날의 '원시' 사회들을 단순하게 동일시해서는 안 된다. 오늘날의 '원시' 사회들은 모두 부분적으로는 그 사회들이 접촉하게 된 계급사회의 영향력 때문에 세월이 지남에 따라 변화해 왔다. 그들 가운데 적어도 일부는 '유사類似 원시 사회'이다. 이 사회는 한때 더 높은 사회 발전 단계에 있다가 퇴행한, 예를 들면 농경에서 수렵·채집으로 퇴행하는 상황이 빚어 낸 사회들이었다(예를 들어, Levi-Strauss, 'The concept of

Archaism in Anthropology', *Structural Anthropology*, p101 이하 참조). 현존하는 수렵·채집 사회 중에서 구석기 사회와 똑같은 사회는 찾아볼 수 없다. 레이나랩 레이터는 다음과 같이 썼다.

"우리는 현존하는 채집인들(칼라하리 사막의 쿵족, 즉 부시맨과 에스키모, 오스트레일리아 원주민 등)의 생활이 구석기 시대의 생활상을 보여 주거나 모사한다고 생각해서는 안 된다. 또한 우리는 수천 년을 지나오면서 환경 위기로 내몰려 수적으로 감소하고 사회적으로 주변화된 사람들의 존재가 태초의 특징들을 보여 줄 것이라고 가정해서도 안 된다."('The search for origins', Critique of Anthropology, 앞의 책).

자본주의가 세계 체제로 확장하면서 자본주의와 접촉한 전자본주의 사회들은 모두 새로운 형태를 취하게 됐다. 오늘날 수렵·채집 사회와 원시 농경 사회들은 정도는 저마다 다르지만 자본주의 세계와 거래하고 있다(상품을 사고 팔거나 노동력을 제공하는 등). 이 때문에 이들 사회 내부 조직에 근본적 변화가 일어났다. 동시에, 바깥세계의 기관들(정부, 교회, 학교 제도)은 이런 사회에 '문명화된' 행동 규범(자본주의 재산법, 자본주의 결혼 형태 등)을 강제하려고 해왔다. 그런 환경에서 '선진' 사회들에서 발견할 수 있는 여성 차별의 여러 특징이 잔존한 '원시' 사회에서도 발견된다고해서 놀라운 일은 아니다.

자본주의의 영향력이 이런 사회들의 특징을 왜곡했기 때문에 인류학자들이 우리 사회의 사회적 범주('위계', '종속', '권력', '핵가족' 등)를 그 사회들에 적용하기가 훨씬더 쉬워졌다. 엘리너 리콕은 북미의 몽타네나스카피족과 이로쿼이 인디언의 두 가지의미심장한 사례를 통해 이런 일이 어떻게 벌어졌는지 보여 주려 했다. ('Women's Status in Egalitarian Societies', *Current Anthropology*, vol 10 no 2, 1978년 6월호, 그리고 *Myths of Male Dominance*(New York 1981) 참조).

이런 '원시' 사회의 원래 특징들을 흐리는 자본주의의 영향력이 매우 커서, 몇몇 권위자들은 계급사회가 등장하기 전에 여성들의 상황이 어땠는지 알 수 있는 가능성을 의심할 정도다('Women's Status etc', 앞의 책에 실린 Leacock의 주장에 대한 Judith K Brown의 논평 참조).

그러나 우리는 무언가 알 수 있다. 바로 남성과 비교해 여성의 지위가 우리 사회(나

다른 어느 계급사회)의 여성의 지위와 아주 다른 사회들이 있고 이런 사회에서는 여성이 억압받았다고 전혀 말할 수 없다는 점이다. 몽타녜나스카피족, 쿵족, 음부티족 같은 수렵·채집 사회에서 여성은 아주 최근까지도 모든 주요한 의사결정에 참여했고, 자신의 성을 통제했으며 다른 여성과 남성과의 상호 협력에 바탕을 둔 생활을 주도했다(Leacock, 앞의 책 참조).

다른 수렵·채집 사회들을 둘러싸고 많은 논쟁이 있다. 엘리너 리콕이 한때 모든 수렵·채집 사회에서 여성이 높은 지위를 누렸다고 주장하는 반면, 어니스틴 프리들 같은 사람들은 식량을 대부분 채집(주로 여성이 수행)에 의존하는 수렵·채집 사회와 에스키모족이나 오스트레일리아 원주민처럼 수렵(주로 남성이 수행)이 중요한 수렵·채집 사회를 구별한다(Women and Men, An Anthropologist's View, New York 1975).

그러나 프리들도 지적하는 바는 심지어 남성의 활동을 여성의 활동보다 높게 평가하는 수렵·채집 사회에서도 계급사회에서 볼 수 있는 체계적 여성 차별에 견줄 만한 것은 존재하지 않는다는 것이다. 여성은 언제나 중요한 의사결정에서 일정한 구실을 하고 더는 참을 수 없는 남편을 떠날 자유가 있다.

"남성과 여성 모두 그들의 일상을 존중하면서 각각의 결정을 내릴 수 있다. … 남성과 여성은 사냥을 나갈 것인지 채집을 나갈 것인지, 누구와 함께 나갈 것인지 등 하루를 어떻게 보낼지 자기들 마음대로 정한다."

수렵·채집 사회에 적용되는 것들은 일부 '원시 농경' 사회, 즉 쟁기보다는 괭이와 뒤지개를 이용해 농작물을 경작하는 사회에도 적용된다. 오늘날 이런 사회들은 대개 세계 자본주의 체제에 통합돼 시장에 판매할 농작물을 재배하지만, 최근까지도 이들 사회에서 여성은 계급사회에서 여성이 하는 구실과는 아주 다른 기능을 수행했다.

가장 유명한 것은 이로쿼이족의 사례다. 모건의 연구(Ancient Society[국역: 《고대사회》, 문화문고)에서 영감을 얻어 엥겔스는 Origins of the Family[국역: 《가족, 사유재산, 국가의 기원》, 두레)을 썼다) 이후 관찰자들은 여성이 의사 결정에서 행사하는 영향력 때문에 충격을 받았다.

모든 '모계·모거제' 사회(즉, 친족 관계가 모계를 따라 이뤄지고 남편이 아내의 친족과 함께 사는 사회)에서 여성은 비교적 높은 지위를 누리는 듯하다. 이런 사회들을

'모권제 사회'로(이 사회들에서는 남성이든 여성이든 가부장적 사회의 남성과 달리 지배력 같은 것을 행사하지는 않는다는 점을 근거로 든다) 설명하는 것은 잘못이지만, 이들 사회는 소수 남성이 권력을 독점한 사회들과는 현격한 대조를 이룬다.

고든 차일드(*Man Makes Himself*와 *What Happened in History*[국역: 《인류사의 사건들》, 한길사]를 참조하라) 같은 고고학자들은 엥겔스를 따라, 모든 사회는 "야만"(모건과 엥겔스, 차일드가 원시 농경 사회를 지칭하기 위해 사용한 용어) 시대 초창기에 이와 같았다고 주장했다. 카렌 삭스는 "공동체 생산"이 우세했던 이런 사회들의 낮은 단계와 "친족 집단"이 통제권을 쥐고 있었던 높은 단계를 구별했다. 여기서 지도력은 "족장"에게 있었고 그는 여러 여성들과 결혼해 그들의 노동에 대한 통제력을 획득해 자신의 통제권을 늘렸다. 그러나 심지어 이 단계에서조차 여성들도 나이가 들면서 "자기 형제의 자녀 혈통 문제를 통제하는 자매이자, 자기 아이들과 그 아이들의 생산 수단을 통제하는 어머니로서 … 노동과 생산수단의 통제자"가 됐다. 때때로 여성 자신이 "족장"이 될 수 있었는데, 심지어 다른 여성들의 노동력을 통제하기 위해 그들의 "남편"이 될 수도 있었다(앞의 책, pp117-121).

따라서 이런 사회에서조차 여성의 지위는 일단 사회가 계급으로 나뉜 뒤에 나타나는 완전한 종속과는 매우 달랐다.

엘리너 리콕이 다음과 같이 쓴 것은 옳다고 할 수 있다.

"원시 농경 사회에 존재했을지도 모르는 그런 부계적 요소들은 계급 구조와 사유 재산, 정치 조직을 갖춘 사회에서 발전한 부계제와 전혀 달랐다 … 개별 남성이 부인과 자녀, 하인이나 노예 등 모든 식구를 완전히 통제할 수 있는 가부장적 가족과 같은 것은 정치 발생 이전의 세계에 존재하지 않았다."

(이 주제를 둘러싼 더 진전된 토론은 다음을 참조하라. Carolyn Fluer-Lobban, 'A Marxist Reappraisal of Matriarchy', in *Current Anthropology*, June 1979. Ala Singer, 'Marriage Payments and the Exchange of People', *Man* 8:80-92, 1971, Martin K White, 'The Status of Women in Pre-Industrial Society', *Critique of Anthropology*, special issue 8-9, 1977. Evelyn Reed의 *Women's Evolution*이 이런 글들보다 잘 알려져 있다. 그러나 리드는 인류학자들이 자본주의적 범주들을 계급 발생 이전 사회들에 억지로 끼워맞춘 방식을 아주 잘 반박하긴 했지만, 매

우 상이한 사회들에서 얻은 잘못된 자료들을 뒤섞으며 얼토당토않게 추측해서 자신의 논거를 망쳐 버린다. 리드에 대한 더 자세한 비판은 *Myths of Male Dominance*, 앞의 책에 실린 엘리너 리콕의 서평을 참조하라.)

2 Engels, *The Origins of the Family, Private Property and the State*을 참조하라. 엥겔스를 갱신하려는 시도로는 Leacock, 앞의 책, Sacks, 앞의 책, Fluer-Lobban, 앞의 책을 참조.

3 이것은 본래 엥겔스의 주장으로 고든 차일드, 앞의 책이 받아들인 것이다. 최근의 몇몇 인류학적 증거들은 이런 관점을 뒷받침하는 경향이 있다. 그래서 에이벌은 이렇게 지적한다.

"대개 모계제는 목축이나 대규모 공공 사업 같이 남성이 수행하고 조정하는 주요 활동이 없는 원시 농경 사회와 관련이 있다. 모계제는 쟁기 경작과 함께 사라지는 경향이 있고 산업화가 일어나면 완전히 없어진다."(David F Aberle, *Matrilineal Descent in Cross Cultural Perspective*, in David Schneider and Kathleen Gough (eds), *Matrilineal Kinship*.)

모계제를 모권제와 동일시할 수는 없지만 여성의 지위가 비교적 높은 사회들에서 모계제가 존재하는 경향이 있다.

삭스의 연구에도 같은 시각이 들어 있다. 삭스는 계급과 국가가 등장하면서 "친족 집단"이 "해체"되는 것과 동시에 여성이 종속됐다는 점을 강조한다.

리콕은 여성에게 영향력을 부여한 혈족이 상품 생산의 발달 때문에 약화됐다고 강조한다. 이것은 일부 사례에서 벌어진 일을 설명해 준다. 그러나 다른 사례에서는 상품 생산의 발달 없이 국가 관료나 성직자 지배층의 분화를 통해 계급이 발전했다.

4 이것은 중세 유럽의 경우 진실이었다. 예를 들면, Susan Cahn, 'Patriarchal Ideology and the Rise of Capitalism', *IS* 2:5 참조.

5 몇몇 서아프리카 사회에서처럼, 여성이 상업을 통제하던 곳에서는 여성의 지위가 매우 높았다. 그리고 때때로 유럽의 일부 지역에서도 마찬가지였다. 월터 스콧은 남편이 대개 바다에 나가 있어서 여성이 물고기를 팔고 가족 수입을 관리한 몇몇 스코틀랜드 어촌에서 여성이 누린 높은 지위(스콧이 "여성 정치"라고 부른)를 언급했다("상품을 파는 사람이 재산을 관리하고, 재산을 관리하는 사람이 집안을 지배한다",

The Antiquary(London, 1907), p304). 페미니스트 인류학자들은 아주 최근에 스페인 북서부 갈리시아의 일부 마을에서 비슷한 현상이 있음에 주목했다.

6 19세기 중엽 노동계급 가족의 경우는, Ivy Pinchbeck, *Women Workers and the Industrial Revolution*과 Janet Humphries, 'The Persistence of the Working Class Family'를 참조.

7 Ruth Milkman, 'Women's work and economic crisis: Some lessons of the Great Depression', *Review of Radical Political Economy*, 1976 참조.

8 내 책 *Explaining the Crisis*(London 1984)[국역: 《마르크스주의와 공황론》, 풀무질]에서 'Labour Power in the Long Boom' 부분을 참조하라.

9 영국과 미국의 여성운동을 다룬 훌륭한 저서로는 Tony Cliff, *Class Struggle and Women's Liberation*(London 1984)[국역: 《여성해방과 혁명》, 책갈피]을 참조하라.

10 카렌 삭스가 지적했듯이, 이런 페미니스트들은 종속이 모든 사회의 "본질적" 특징이라고 보는 남성 우월주의자들의 전제를 공유한다.

"많은 페미니스트 사상은 … 본질주의적 접근법으로 형성된다. … 본질주의적 세계관을 받아들이면서 그것을 변형해 여성들에게서 나쁜 특징들을 제외함으로써 여성의 평등권을 도모하는 것이 … 현대 급진주의 페미니즘 일부의 기초를 이룬다.(Sacks, 앞의 책, p25.)"

11 *New Statesman* 1980년 1월 호에 실렸고 모음집 *No Turning Back*에 재수록된 그의 글을 참조하라.

12 Lindsey German, 'Theories of Patriarchy', *IS* 2:12

13 Heidi Hartmann, 'The Unhappy Marriage of Marxism and Feminism'[국역: "마르크스주의와 여성해방론의 불행한 결혼", 《여성해방이론의 쟁점》, 태암], *Capital and Class*, no 8, summer 1979.

14 여기서 나는 '재생산'이라는 단어를 가장 좁은 의미로, 즉 종의 개별 구성원을 육체적으로 재생산하는 것을 뜻하는 의미로 사용했다. 물론, 사회적으로 필요한 일을 할 수 있는 완전히 사회화된 성인의 재생산을 뜻하는 더 넓은 의미도 있다. 이런 재생산이 이뤄지는 방식은 확실히 사회마다 달랐다. 그러나 이 때문에 근본적 주장이 달라지는 것은 아니다. 이런 변화들은 다른 사회적 요인들의 결과이지 그 자체의 동

학에 따라 발전하는 것은 아니기 때문이다. 특정 사회들에서 여성이 금욕 기간을 둬서 자신의 출산을 통제하는 방식에도 똑같은 점이 적용된다. 이런 문제에 관해서는 Friedl, 앞의 책, p8을 참조.

15 Sheila Rowbotham, *Women's Consciousness, Men's World*(Harmondsworth 1973), pp59-66. 잘못된 이론에도 불구하고, 이 책은 현대 여성운동에서 나온 여느 글들(실라 로보섬의 최근 글들을 포함해)보다 훨씬 낫다.

16 *IS* 1:100.

17 *IS* 2:1.

18 *IS* 1:68.

19 *IS* 2:3.

20 *IS* 1:104.

21 이런 패배가 여성운동에 미친 영향을 다룬 글로는 Cliff, 앞의 책 참조.

22 1970년대 초 혁명적 사회주의자들의 크나큰 실수는, 이 점을 이해하지 못한 결과 계급투쟁 수준이 높았음에도 여성 혁명가들은 오직 여성 노동자들만 조직할 수 있다고 생각한 것이다. 이것은 캐스 애니스가 그녀의 훌륭한 1973년도 글에서 빠져든 오류였고, 내가 1979년 2월 사회주의노동자당의 *Internal Bulletins*에 쓴 글, "*Women's Voice*, Some of the Issues at Stake"에서도 되풀이한 오류다. 우리는 위대한 여성 혁명가들의 경험에 더 유념했어야 했다!

23 'Socialism needs feminism', *IS* 2:14.

24 Lindsey German, 앞의 책.

25 'Review of Brothers', *Socialist Review, no.61*.

26 여기서 인용한 문구들은 바버라 윈즐로의 팸플릿 *Revolutionary Feminism*과 존 스미스의 여러 글에 나오는 것이다. 그러나 그것들만이 1970년대의 무모한 시도였던 것은 아니다. 1977~1982년의 *IS* 및 사회주의노동자당 *Internal Bulletins*에서 벌어진 *Women's Voice* 발행을 둘러싼 논쟁을 참조하라.

철학과 혁명

1 이 글의 다양한 원고를 읽고 나에게 귀중한 도움이 되는 논평을 해 준 피터 빈스, 존 몰리뉴, 앤 로저스, 존 리즈에게 감사한다. 또, 사회주의노동자당의 '마르크시즘 1983'에서 이 주제 토론에 참가한 사람들 모두에게(알렉스 캘리니코스를 포함해서) 감사한다.

2 그러나 《역사와 계급의식》을 이렇게 비판한다고 해서, 캘리니코스처럼 그 책은 청년 루카치의 '낭만적 반자본주의'와(1918~1923년의 좌파 공산주의 시기에도 여전히 강하게 남아 있었다) 그 책의 마지막 두 글과 《레닌》(1924)을 저술한 시기의 더 유물론적 견해 사이의 과도기 저작이라고 설명하는 것이 옳다는 말은 아니다. 사실 루카치는 그 책이 완성되기 18개월 전부터 어떤 종류의 '좌파 공산주의자'도 아니었다. 코민테른을 일찍부터 지지한 다른 많은 사람들처럼 루카치도 처음에는 의회 선거를 회피하는 노선을 원칙적으로 지지했고 그런 취지의 글을 썼던 것이 사실이다. 그러나 루카치가 (1920년에) 출판된 레닌의 《좌파 공산주의 — 유치증》을 읽고 견해를 바꿨다는 것도 사실이다. 마찬가지로, 루카치는 비록 1921년 독일의 3월 행동 시기에 초좌파적 '공세 이론'을 열렬히 옹호하는 글을 썼지만 다시 레닌과 토론하고 나서 재빨리 생각을 바꿨다. 그리고 (1921년 8월) 코민테른 3차 대회에서 '공세 이론'에 반대하는 발언을 했다(이로 인해 독일 공산당의 멘토였던 카를 라데크에게 격렬한 비판을 받았다. 자세한 내용은 Michel Löwy, *George Lukacs, From Romanticism to Bolshevism*, London 1979, pp158-164 참조).

3 알래스데어 매킨타이어의 'Out of the Moral Wilderness' (*New Reasoner*, 1960); 'Breaking the Chains of Reason' (in E.P. Thompson (ed.), *Out of Apathy*, 1960) and *What is Marxist Theory For?* (Socialist Labour League pamphlet, 1960) 참조.

4 특히 그의 글 'What is revolutionary leadership?'(*Labour Review*, October-November 1960에 실림) 참조.

5 *For Marx*, footnote p200.

6 "만약 제국주의가 핵전쟁을 일으킨다면 … 그 결과는 오직 제국주의의 절멸이지 절대로 인류의 절멸은 아닐 것이다."(*The Differences Between Comrade Togliatti*

and Us, Peking 1963). 이 소책자에는 알튀세르한테서 발견되는 정치적 요소들이 모두 들어 있다(즉, 분명한 '반反수정주의'(즉, 스탈린주의적 흐루쇼프 비판) 논조, 스탈린주의가 선언한 '사회주의 건설'의 초역사적 법칙에 대한 믿음, 계급 협력을 기꺼이 지지하는 태도(예컨대, 다자간 핵무기 금지 조약 체결 촉구 운동)).

7 예컨대, 이 나라의 《뉴 레프트 리뷰》 편집자들은 메를로퐁티와 사르트르의 '실존주의적 마르크스주의'를 신줏단지 모시듯 하다가 하룻밤 사이에 알튀세르에 열광하며 심취하는 쪽으로(비교적 단명했지만) 돌아섰다.

8 이 개념을 가장 자세히 설명한 것은 트로츠키의 《러시아 혁명사》와 《레닌 이후의 제3인터내셔널》이다. 그러나 그 기본 구상은 마르크스의 추상적 노동 개념이나 제국주의를 다룬 룩셈부르크와 레닌, 청년 부하린의 저작에 나타나는 세계경제 개념에도 함축돼 있다.

9 이론과 실천의 관계에 대한 그런 견해는 1905년 이후 레닌의 많은 저작에 함축돼 있다. 그러나 그 견해를 가장 자세히 설명한 것은 그람시의 《옥중수고》에서 사상과 실천의 관계를 다룬 부분, 특히 '철학이란 무엇인가?'라는 절이다. 노동당 좌파나 유러코뮤니즘을 지지하는 이른바 '그람시주의' 학자들이 《옥중수고》의 이 부분을 거의 완전히 무시한 것은 결코 우연이 아니다.

10 *Lire le Capital*, p194.

11 예컨대, Tony Cliff, *Lenin* (four volumes); Chris Harman, *Party and Class*; John Molyneux, *Marxism and the Party* 참조.

12 《마르크시즘의 미래는 있는가?》에서 캘리니코스 자신이 그렇게 설명했다.

13 캘리니코스가 이런 함정에 빠지는 이유 하나는 (우리 전통에서 제시한 설명들을 고찰하지는 않고 안타깝게도) 옥스퍼드대학교 철학자 코헨의 책(《마르크스의 역사 이론 옹호》)이 마르크스의 정설을 설명하는 것이라고 보기 때문이다.

14 피터 빈스의 일부 표현들을 그 논리적 결론까지 밀고 나가면, '다양한 담론 양식들' 운운하는 포스트알튀세르주의자들과 매우 비슷한 주관주의에 이를 것이다. 그런 주관주의는 '급진 과학' 지지자들 사이에서 발견할 수 있는데, 그들은 심지어 기존 과학의 결론들이 부분적 진리라는 것조차 부인한다. 물론 이것은 피터의 견해는 아니(지만 그의 일부 표현들은 그렇게 해석될 여지가 있)다.

15 그런 혼란에 빠질 수 있음을 보여 준 사례로는 에리히 프롬이 1966년에 편집한 글 모음집 *Socialist Humanism* 참조.

정당과 계급

1 Leon Trotsky, *The First Five Years of the Communist International*, Vol 1, New York, 1977, p98.

2 Karl Kautsky, *The Erfurt Program*, Chicago, 1910, p8.

3 Karl Kautsky, *The Road to Power*, Chicago, 1910, p24.

4 Karl Kautsky, *Social Revolution*, p45 참조. 또, Carl E. Schorske, *German Social Democracy 1905-1917*, Cambridge, Mass, 1955, p115도 참조.

5 Karl Kautsky, 앞의 책, p47.

6 Karl Kautsky, *The Erfurt Program*, p188.

7 같은 책, p188.

8 같은 책, p189.

9 Karl Kautsky, *The Road to Power*, p95.

10 Leon Trotsky in *Nashe Slovo*, 17th October 1915. Leon Trotsky, *Permanent Revolution*, London, 1962, p254에서 인용.

11 레닌은 비록 1915년 〈소치알 데모크라트〉에 쓴 중요한 기사에서 소비에트를 "혁명적 통치기관"으로 언급하지만, 별로 강조하지는 않는다. 4쪽짜리 기사에서 소비에트를 언급한 부분은 대여섯 줄밖에 안 된다.

12 *Organisational Questions of the Russian Social Democracy*(룩셈부르크의 아류들이 《레닌주의냐 마르크스주의냐Leninism or Marxism?》라는 제목으로 펴냈다)와 *The Mass Strike, the Political Party and the Trade Unions*(Bookmarks, London, 1986)[국역: 《대중파업론》, 풀무질, 1995]도 참조.

13 Rosa Luxemburg, *Leninism or Marxism?*, Ann Arbor, 1962, p82. 아주 흥미롭게도, 레닌은 룩셈부르크의 비판에 답변하는 글에서 중앙집중주의 문제를 일반적

으로 다루는 데 집중하지 않고 룩셈부르크의 글에 나타난 사실관계 오류와 차이를 지적하는 데 집중한다.

14 Rosa Luxemburg, *The Mass Strike*, p57.

15 같은 책.

16 Rosa Luxemburg, *Leninism or Marxism?*, p92.

17 같은 책, p94.

18 같은 책, p93.

19 같은 책, p93.

20 Leon Trotsky, *Results and Prospects* (1906), in *The Permanent Revolution and Results and Prospects*, London, 1962[국역: 《연속혁명 평가와 전망》, 책갈피, 2003], p246.

21 I Deutscher, *The Prophet Armed*, London, 1954[국역: 《무장한 예언자 트로츠키》, 필맥, 2005], pp92-93에서 인용.

22 같은 책.

23 유감스럽게도, 여기서는 트로츠키가 나중에 이 문제를 논의한 내용을 다룰 여유가 없다.

24 V I Lenin, *Collected Works*, Vol VIII, p104.

25 같은 책, Vol VIII, p564.

26 V I Lenin, *Collected Works*, Vol X, p32.

27 Raya Dunayevskaya, *Marxism and Freedom*, New York, 1958, p182에서 인용.

28 V I Lenin, *The Collapse of the Second International*, in *Collected Works*, Vol XXI, pp257-258.

29 Leon Trotsky, *History of the Russian Revolution*, London, 1965, p981.

30 V I Lenin, *Collected Works*, Vol XXVI, pp57-58.

31 V I Lenin, *What is to be Done?*, Moscow, no date, p25.

32 V I Lenin, *Collected Works*, Vol VII, p263 참조.

33 같은 책, Vol VI, p491.

34 같은 책, Vol VII, p265.

35 같은 책, Vol VIII, p157.

36 같은 책, Vol VIII, p155.

37 Antonio Gramsci, *Passato e Presente*, Turin, 1951, p55.

38 Antonio Gramsci, *The Modern Prince and other Essays*, London, 1957, p59.

39 같은 책, pp66-67.

40 Antonio Gramsci, *Il Materialismo storico e la filosofia di Benedetto Croce*, Turin, 1948, p38.

41 Antonio Gramsci, *The Modern Prince and other Essays*, p67.

42 V I Lenin, *Collected Works*, Vol VII, p117.

43 같은 책, Vol VIII, p145.

44 같은 책, Vol VIII, p196.

45 V I Lenin, *What is to be Done?*, p11.

46 V I Lenin, *Collected Works*, Vol VIII, p154.

47 같은 책, Vol VII, p116.

48 이와 반대되는 순진한 견해는 'An Open Letter to IS Comrades', *Solidarity Special*, September 1968 참조.

49 이 문제에서 모종의 혼란이 생긴 것은 1918년 이후 러시아의 경험 때문이다. 그러나 소비에트의 지배와 당이 서로 대립하게 된 것은 당의 형태 때문이 아니라 노동계급의 해체 때문이었다는 점이 중요하다(C Harman, 'How the Revolution Was Lost', *International Socialism*, First Series, Vol 30 참조). 클리프는 "트로츠키의 대리주의론"(이 책의 3장)에서 이 점을 지적하지만, 무슨 이유 때문인지 레닌의 조직 이론이 대리주의적이라는 트로츠키의 초기 주장에서 "우리는 트로츠키의 예언자적 천재성, 선견지명, 삶의 온갖 측면을 체계적으로 통합하는 능력을 엿볼 수 있다"고도 주장한다.

50 T Cliff, *Rosa Luxemburg*, London, 1959[국역: 《로자 룩셈부르크》, 북막스, 2001], p54. 여기서도 위대한 혁명가에게 존경을 표하려는 클리프의 의욕이 진정한 과학적 평가를 압도하는 듯하다.

노동자 정당이 집권하면 노동자 정부인가

1   L Trotsky, *First Five Years of the Communist International*, Vol 2, p173.

2   AO 4차 대회 테제들, p75.

러시아 혁명은 어떻게 패배했나

1   Trotsky, *The Russian Revolution*, p72

2   Martov to Axelrod, 19 November 1917, Israel Getzler, *Martov*(Cambridge 1967)에서 인용.

3   Israel Getzler, 앞의 책, p183.

4   같은 책, p199.

5   Trotsky, *Hue and Cry over Kronstadt*를 보시오.

6   Max Shachtman, *The Struggle for the New Course*(New York 1943), p150 에서 인용.

7   Lenin, *Collected Works*, Vol.32, p24.

8   랴자노프가 '강령'을 내세우는 당내 분파들의 습성을 금지해야 한다고 주장하자 레닌은 다음과 같이 말했다. "근본 문제들을 놓고 이견이 있을 때 당에서 논쟁할 권리를 당과 중앙위원회에서 박탈해선 안된다. 나는 그런 일을 상상조차 할 수 없다!" Lenin, *Collected Works*, Vol.32, p261.

9   E.H Carr, *The Interregnum*, p369의 부록.

10 Shachtman, 앞의 책, p172.

11 E.H. Carr, 앞의 책, p39.

12 같은 책.

13 Stalin, *Lenin and Leninism*, Russian ed.1924, p40: "여러 선진국 노동계급의 노력과 연관맺지 않고 일국에서 사회주의가 최종 승리할 수 있는가? 아니, 불가능하다." (Trotsky, *The Third International after Lenin*, p36에서 인용).

14 우리는 여기서 이전의 반대파, 예컨대 노동자 반대파와 민주적 중앙집중파에 대해서는 논하지 않는다. 이 반대파들이 일찍이 관료화와 혁명의 퇴보에 대한 대응으로 등장하긴 했지만 부분적으로는 객관적 현실(즉 농민이 진정한 힘을 가지고 노동계급은 힘이 약해져 있는 상황)에 대한 공상적 대응이기도 했다. 노동자 반대파에서 주요 구실을 한 몇몇 사람들은 좌익반대파의 일부가 됐다. 그 지도자였던 콜론타이와 실랴프니코프는 스탈린에게 굴복했지만 말이다.

동구권

1 Martov to Axelrod, 19 November 1917, G Getzler에서 인용.

2 L Trotsky, *History of the Russian Revolution*(London 1965), p812.

3 S M Schwartz, Max Schachtman, *The Bureaucratic Revolution*(New York 1962), p69에서 인용.

4 Trotsky, 앞의 책, p55.

5 자세한 것은 Chris Harman, *How the revolution was lost*(London 1969)(이 책에 실려 있다)와 T Cliff, 'Trotsky on Substitutionism', *International Socialism* 2를 보시오.

6 Trotsky, 앞의 책, p1147.

7 Lenin, *Collected Works*, M Lewin, *Lenin's Last Struggle*(London 1969), p12에서 인용.

8 조지아에 대해서는 Lewin, 앞의 책, p91과 그 이하를 참조하시오.

9 1934년 17차 당대회에서 혁명 전부터 당원이었던 대의원은 40퍼센트였고, 1919년 이전부터 당원이었던 사람은 80퍼센트였다. 1939년 18차 당대회에서는 혁명 전부터 당원이었던 대의원이 겨우 5퍼센트밖에 되지 않았고, 1919년 이전부터 당원이었던

대의원은 14퍼센트였다. 또 1939년에 1918년부터 볼셰비키 당원이었던 사람이 20만 명은 될 것으로 예상했으나 겨우 2만 명(예상치의 10분의 1)만이 남아있었다. 이에 대해서는 Schwartz, 앞의 책을 참조하시오.

10 이 부분에 대한 더 자세한 정보를 위해서는 T Cliff, *Russia: A Marxist Analysis*(London, nd), chapter 1을 보시오.

11 이 시기의 임금협상에 대해서는 E H Carr and R W Davies, *Foundation of a Planned Economy*, vol 1(London 1969), chapter 1를 보시오.

12 Cliff, 앞의 책, p36에서 수치를 보시오.

13 E H Carr and R W Davies, 앞의 책, p36, section A, B와 I Deutscher, *Stalin*(London 1961), pp328과 그 이하를 보시오.

14 E H Carr and R W Davies, 앞의 책, p25.

15 Cliff, 앞의 책, p25에서 규정을 인용.

16 Cliff, 같은 책에서 수치를 보시오. 1928~1933년의 다른 수치는 E H Carr and R W Davies, 앞의 책, p342 참조.

17 Cliff, 앞의 책, pp30-31.

18 E H Carr and R W Davies, 앞의 책, pxii.

19 같은 책, p277.

20 Kuibishev, E H Carr and R W Davies, 앞의 책, p277에서 인용.

21 같은 책, p313.

22 Cliff, 앞의 책, p33와 비교하시오.

23 Stalin, 'Problems of Leninism', p356, Deutscher, 앞의 책, p328에서 인용.

24 Stalin, Carr and Davies, 앞의 책, p327에서 인용.

25 Marx, *Capital* I, pp648-652.

26 그러나 엥겔스는 'Afterword', *Capital* III, p884d에서 꽤 분명하게 "1865년까지 자본주의에서 증권 거래소는 여전히 이차적인 구성요소였다"고 서술했다.

27 이런 동일시에 대해서는 E Mandel, *The Inconsistencies of State*

Capitalism(London 1969)를 보시오.

28 같은 책.

29 K Marx, *Fondements de la Critique de l'Economie Politique*(Paris 1967), p147.

30 같은 책.

31 Marx, *Capital* I, p592.

32 같은 책.

33 R Hilferding, *Das Finanzkapital*(Vienna 1910), p286.

34 Lenin, *Works*(in Russian), vol XXV, p51, T Cliff, 앞의 책, p153에서 인용.

35 소련과 서방 간의 무역은 증가하고 있었다 해도 소련 총생산의 겨우 1퍼센트밖에 되지 않았다. 그러나 특정 시점에 이것이 소련의 발전에 결정적으로 중요했다. 예를 들어 1930년대 초에 세계 시장에서 농작물의 가격이 떨어지자 스탈린은 공업화에 필요한 기계를 구입하기 위해 더 많은 양의 농작물을 수출해야 했고, 그 결과 '집산화'를 통해 훨씬 더 많은 잉여를 긁어모아야 했다. 다른 스탈린주의 국가(예를 들어 체코슬로바키아와 쿠바)에서는 무역 경쟁의 직접적 압력이 더 크게 작용했다.

36 Marx, *1844 Manuscripts*(Moscow 1959), p70.

37 1930년대 초에 유능하고 교육받은 사람이 부족해서 스탈린은 다양한 반대파에서 사람들을 데려와야 했던 것 같다. 1930년이 돼서야 스탈린의 교육 체계가 확보돼 인력을 창출할 수 있었다. 1928~1940년에 전문가의 수는 77배 늘어났다. 그래서 스탈린은 반대파 일부와 무능한 사람들을 실제로 제거할 수 있었다.

38 트로츠키가 가장 주요했다.

39 북한에서도 그랬다. 그러나 유고슬라비아와 알바니아의 정권은 전적으로 고유한 운동을 거쳐 세워졌다.

40 예를 들어 Harrison Salisbury, *The Coming War between Russia and China*(London 1969)나 더 앞선 설명으로 Ygael Gluckstein, *Mao's China*(London 1957), pp394와 그 이하를 참고하고, 유고슬라비아에 대해서는 M Djilas, *Conversations with Stalin*(London 1967), pp11-14 를 보시오.

41 트로츠키가 스탈린주의 정당을 '반혁명적'이라고 정의한 것을 진지하게 받아들인 트로츠키 지지자들이 흔히 그렇다.

42 심지어 세계 시장의 가격을 통해서도 덜 발전한 국가들은 더 발전한 국가들로부터 착취당한다. 예를 들어 Popovic, *On Economic Relations Between Socialist Countries*(London 1950) 를 보시오.

43 Borba, Y Gluckstein, *Stalin's Satellites in Europe*(London 1952), p245 에서 인용. 더 자세한 것은 H Draper, 'The Economic Drive Behind Tito', *New International*, October 1948와 A Sayer, 'Between East and West', *International Socialism* 41를 보시오.

44 *Peking Review*, 8 May 1964. 서방의 마르크스주의자들은 오래 전부터 착취적 관계를 알고 있었다. Gluckstein, 앞의 책, p167를 보시오.

45 *Financy*, SSR 28/69.

46 이 시기에 대한 가장 뛰어난 설명은 J Kuron and K Modzelewski, 'A Revolutionary Socialist Manifesto (An Open Letter to the Party)', *IS*, London에 나와있다. 1956~1957년의 문서에 대해서는 J J Marie and B Nagy (eds), *Pologne-Hongrie, 1956*(Paris 1966)를 보시오.

47 예를 들어 "처녀지 개간 사업"과 소브나르호즈를 통한 산업 조직이 있다.

48 유일하게 자백을 거부했던 크레스틴스키는 압력을 받자 결국 자백했다.

49 앞의 책, p54.

50 더 긴 설명을 위해서는 Cliff, 앞의 책의 트로츠키의 분석을 보시오.

51 *Trotsky, The Worker's State and the Question of Thermidor and Bonapartism*(London), p8.

52 Trotsky, *The Revolution Betrayed*(London 1957), p59.

53 Trotsky, *The Workers' State and the Question of Thermidor and Bonapartism*, p19.

54 Trotsky, *The Revolution Betrayed*, 같은 쪽.

55 Trotsky, *The Class Nature of the Soviet State*(London 1967), p13.

56 Trotsky, *The Workers' State and the Question of Thermidor and Bonapartism*, p4.

57 Trotsky, *The Revolution Betrayed*, p235.

58 Trotsky, *Problems of the Development of the USSR*(New York 1931), p36.

59 Trotsky, *The Revolution Betrayed*, p249.

60 같은 책.

61 Trotsky, *USSR and The War*.

이윤율과 오늘의 세계

1 이 글은 21세기 자본주의를 다룬 책을 출판할 목적으로 탐구한 결과를 바탕으로 썼다. [이 책은 2009년에 Zombie Capitalism: Global Crisis and the Relevance of Marx (좀비 자본주의: 세계적 위기와 마르크스의 적실성)이라는 제목으로 출간됐다.]

2 Marx, *Grundrisse* (Penguin, 1973), p748.

3 Marx, *Capital*, volume three (Moscow 1962), pp236-237.

4 같은 책, p237.

5 같은 책, p245.

6 마르크스는 자본의 유기적 구성을 c/v(c=불변자본, v=가변자본) 공식으로 대수적으로 정의했다.

7 Clarke, "Issues in the Analysis of Capital Formation and Productivity Growth", *Brookings Papers on Economic Activity*, volume 1979, number 2, 1979, p427. 또, M N Bailey, pp433-436의 논평도 보시오. 자본-노동 비율의 장기적 상승을 나타내는 그래프는 Duménil and Lévy, *The Economics of the Profit Rate* (Edward Elgar 1993), p274를 보시오.

8 Steedman, *Marx After Sraffa* (Verso 1985), p64; 또한 pp128-129와 비교하시오.

9 수치 예시가 있는 마르크스의 주장은 Marx, *Capital*, volume one (Moscow

1965), pp316-317을 보시오.

10 내가 예로 든 간단한 수치를 포함해 이 주장의 더 자세한 내용은 Harman, *Explaining the Crisis: A Marxist Reappraisal* (Bookmarks 1984), pp29-30 을 보시오.

11 이 점은 앤드류 글린이 "곡물 모형corn model"을 사용해 이윤율 저하를 반박하려 했을 때 로빈 머레이가 이를 비판하면서 제기했다.(Murray, 1973) 벤 파인과 로런스 해리스도 *Rereading Capital* (Fine and Harris, 1979)[국역: 《현대 정치경제학 입문》, 한울, 1985]에서 같은 태도를 취했다. 이런 견해는 최근 앨런 프리먼과 앤드루 클라이먼의 "시점간 단일체계 해석"의 핵심 주장이다. 예를 들어, Freeman and Carchedi, *Marx and Non-equilibrium Economics* (Edgar Elgar 1996) 과 Kliman, *Reclaiming Marx's "Capital": A Refutation of the Myth of Inconsistency* (Lexington 2007)을 보시오.

12 Fine and Harris, *Rereading Capital* (Macmillan 1979), p64. 앤드루 클라이먼도 이 주장을 수용한다. Kliman, 앞의 책, pp30-31을 보시오.

13 Harley, "Cotton Textiles and the Industrial Revolution Competing Models and Evidence of Prices and Profits", Department of Economic, (University of Western Ontario 2001)에서 수치를 보시오.

14 Allen, "Capital Accumulation, Technological Change, and the Distribution of Income during the British Industrial Revolution", (Department of Economics, Oxford University 2005).

15 Flamant and Singer-Kérel, *Modern Economic Crises* (Barrie and Jenkins 1970), p18.

16 그래서 키드런은 에르네스트 만델이 유행시킨 "후기 자본주의"라는 용어가 아니라 "노후한 자본주의"라는 말로 오늘날의 자본주의를 설명한다.

17 후자의 용어는 잘못됐다. 왜냐하면 그것은 대량생산적 착취 방식, 소비 지출 증대, 국가의 경제 개입을 동일한 것으로 여기기 때문이다. 마치 누군가가 이 세 가지를 모두 만들어 내기 시작했다는 듯이 말이다. 이와 달리, 자본의 집적과 집중의 논리가 발현된 것으로 보는 것이 옳다. "포스트포디즘"이라는 용어는 훨씬 더 혼란스럽다.

왜냐하면 대량생산 방식은 경제의 많은 부문에 존재하며, 국가와 자본의 복잡한 상호작용은 어디서든 존재하기 때문이다.

18 다양한 이윤율 수치들은 이 기간에 대해 약간씩 다른 모습들을 보여 준다.

19 마이크 키드런은 두 권의 책에서 이를 군비 지출 덕분으로 돌렸다. Kidron, *Western Capitalism Since the War* (Pelican 1970) (첫번째 장을 온라인에서 볼 수 있다: www.marxists.org/archive/kidron/works/1970/westcap)과 Kidron, *Capitalism and Theory* (Pluto 1974), 나는 Harman, 앞의 책에서 이 견해를 지지했다. 이 문제는 이 글의 뒷부분에서 더 자세히 다루겠다.

20 Kidron, "The Wall Street Seizure", *International Socialism* 44, first series (July-August 1970), p1.

21 Harman, "Arms, State Capitalism and the General Form of the Current Crisis", *International Socialism* 26 (spring 1982), p83. 이 글은 약간 수정해서 Harman, *Explaining the Crisis: A Marxist Reappraisal* (Bookmarks 1984) 3장에 재수록됐다.

22 Alemi and Foley, "The Circuit of Capital, US Manufacturing and Non-financial Corporate Business Sectors, 1947-1993", manuscript, September 1997.

23 Duménil and Lévy, "The Real and Financial Components of Profitability", 2005a, p11.

24 Michl, "Why Is the Rate of Profit Still Falling?", The Jerome Levy Economics Institute Working Paper number 7 (September 1988), http://ssrn.com/abstract=191174.

25 Wolff, "What's Behind the Rise in Profitability in the US in the 1980s and 1990s?", *Cambridge Journal of Economics*, volume 27, number 4, 2003, pp479-499.

26 Brenner, *The Economics of Global Turbulence* (Verso 2006), p7.

27 Moseley, "The Rate of Profit and the Future of Capitalism", May 1997.

28 Duménil and Lévy, "The Profit Rate: Where and How Much Did it Fall? Did It Recover? (USA 1948-1997)", 2005.

29 Moseley, *The Falling Rate of Profit in the Post War United States Economy* (Macmillan 1991), p96.

30 Mastroianni, *The 2006 Bankruptcy Yearbook & Almanac*, (chapter 11을 www.bankruptcydata.com/Ch11History.htm 에서 볼 수 있다), 2006, 11장.

31 Stiglitz, *The Roaring Nineties: Why We're Paying the Price for the Greediest Decade in History* (Penguin 2004).

32 Dale, *Between State Capitalism and Globalisation* (Peter Lang 2004), p327.

33 Harman, "Poland: Crisis of State Capitalism", *International Socialism* 93 and 94, first series (November/December 1976, January 1977), Harman, "The Storm Breaks", *International Socialism* 46 (spring 1990)을 보시오.

34 켄 멀러가 거듭 조언하지 않았다면, 나는 이 점을 곰곰이 따져 봐야겠다고 마음먹지도 못했을 것이다.

35 "하원의장 팁 오닐은 하원에서 흔치 않은 감정적 연설을 하면서 암울했던 대불황 시기를 회상하고 크라이슬러를 구제하지 못하면 대량 해고 사태가 벌어져 새로운 불황을 촉발할 수 있다고 경고해서 의사당을 숙연하게 했다. 그는 '앞으로 10년 동안 우리는 자승자박 신세를 면치 못할 것입니다' 하고 말했다." Time magazine, 31 December 1989.

36 Leiva, "The World Economy and the US at the Beginning of the 21st Century", *Latin American Perspectives*, vol 134, no 1, 2007, p12.

37 OECD, 1996을 보시오.

38 Kidron, *Capitalism and Theory* (Pluto 1974)의 "Waste US: 1970"를 보시오. 또한, 이에 관한 내 주장은 Harman, *Explaining the Crisis: A Marxist Reappraisal* (Bookmarks 1984)를 보시오.

39 Moseley, *The Falling Rate of Profit in the Post War United States Economy* (Macmillan 1991), p126. 그가 자본주의 경제에서 공공 부문을 제외해서 비생산

적 노동과 생산적 노동의 양을 과소평가한 것은 실수다. p35을 보시오.

40 Shaikh and Tonak, *Measuring the Wealth of Nations* (Cambridge University Press 1994), p110.

41 Mohun, "Distributive Shares in the US Economy, 1964-2001", *Cambridge Journal of Economics*, volume 30, number 3, 2006, 표6.

42 Kidron, *Capitalism and Theory* (Pluto 1974), p56.

42 Kidron, "Failing Growth and Rampant Costs: Two Ghosts in the Machine of Modern Capitalism", *International Socialism* 96 (winter 2002), http://pubs.socialistreviewindex.org.uk/isj96/kidron.htm, p87.

44 그러나 뒤메닐과 레비는 비생산적 지출이 필연적으로 이윤율을 낮춘다는 점을 받아들이지 않는다. 그들은 비생산적 지출이 관리 감독 강화를 통해 생산성에 영향을 미쳐서 이윤율 회복에 도움이 될 수 있다고 주장한다. 그들은 1920년대부터 1940년대 말까지의 이윤율 상승을 이런 식으로 설명할 수 있다고 주장한다. 그들의 주장은 두 측면에서 잘못됐다. 당시 이윤율이 상승한 가장 분명한 원인은 불황과 전쟁으로 말미암은 자본 파괴였다. 그리고 생산성 증대 자체는 이윤율을 상승시킬 수 없다. 왜냐하면 생산성 증대가 체제 전체에서 발생하면, 생산에 필요한 사회적 필요 노동을 줄이고 따라서 생산물 각 단위의 가치도 줄이는 효과를 낼 것이기 때문이다. 뒤메닐과 레비의 견해는 생산성과 가치의 관계에 대한 마르크스의 견해를 거꾸로 이해한 데서 비롯한다. 그들의 견해는 가치가 가격의 기초라는 점을 부정해서 사실상 노동가치론을 포기하는 것이다. 뒤메닐과 레비의 *Capital Resurgent*[국역: 《자본의 반격》, 필맥, 2007]에 대한 내 논평은 Harman, 2005를 보시오.

45 Moseley, *The Falling Rate of Profit in the Post War United States Economy* (Macmillan 1991), p104.

46 Shaikh and Tonak, 앞의 글, p124.

47 모슬리 분석의 한 가지 오류는 그가 이 점을 보지 않고, 낭비 수준의 증가를 설명하는 다른 요인들을 찾는다는 점이다.

48 내가 1982년에 이렇게 정식화한 것은 실수였다. 비록 당시 우리 세대는 진정한 경기후퇴를 겨우 두 번밖에 경험하지 못한 상태였고, 첫 번째 경기후퇴가 끝난 지 겨우 4년

만에 두 번째 경기후퇴가 왔다는 점이 변명거리가 될 수 있다고 생각하지만 말이다.

49 Leiva, 앞의 글, p11.

50 *Financial Times*, 5 September 2001.

51 *The Economist*, 23 June 2001.

52 Leiva, 앞의 글, p11.

53 Riley, "Equities Run Short of Propellant", *Financial News US*, 16 Apr 2007.

54 영국의 이윤율 수치는 모두 Barell and Kirkby, "Prospects for the UK economy", *National Institute Economic Review*, April 2007에서 인용.

55 O'Hara, , "A Chinese Social Structure of Accumulation for Capitalist Long-Wave Upswing?", *Review of Radical Political Economics*, volume 38, number 3, http://hussonet.free.fr/rrpe397.pdf, 2006.

56 이에 대한 더 자세한 내용은 Harman, "China's economy and Europe's crisis", *International Socialism* 109 (winter 2006)을 보시오.

Selected Writings - Chris Harman
First published in July 2010 by Bookmarks Publications
ⓒ Bookmarks Publications

Korean translation edition ⓒ 2016 by Chaekgalpi Publishing Co.
Bookmarks와 협약에 따라 이 책의 한국어 판권은 책갈피 출판사에 있습니다.

크리스 하먼 선집: 시대를 꿰뚫어 본 한 혁명가의 시선

지은이 | 크리스 하먼
엮은이 | 최일봉
펴낸곳 | 도서출판 책갈피

등록 | 1992년 2월 14일(제2014-000019호)
주소 | 서울 성동구 무학봉15길 12 2층
전화 | 02) 2265-6354
팩스 | 02) 2265-6395

이메일 | bookmarx@naver.com
홈페이지 | http://chaekgalpi.com

첫 번째 찍은 날 2016년 7월 30일

값 18,000원

ISBN 978-89-7966-120-0
잘못된 책은 바꿔 드립니다.